T0191361

CÓMO CRIAR HIJOS CON FORTALEZA MENTAL

Combinando el poder de la neurociencia
con amor y lógica para que crezcan confiados,
responsables, bondadosos y resilientes

CÓMO CRIAR HIJOS CON FORTALEZA MENTAL

Combinando el poder de la neurociencia

con amor y lógica para que crezcan confiados,

responsables, bondadosos y resilientes

DANIEL G. AMEN, M.D.
& CHARLES FAY, Ph.D.

Tyndale House Publishers
Carol Stream, Illinois, EE. UU.

ADVERTENCIA MÉDICA

La información que se presenta en este libro es el resultado de años de experiencia práctica e investigación clínica por parte de los autores. La información en este libro es, por necesidad, de una naturaleza general y no un substituto para la evaluación o el tratamiento por un especialista médico o psicológico competente. Si usted cree que necesita intervención médica o psicológica, por favor consulte a un profesional médico lo antes posible. Los casos en este libro son verdaderos. Los nombres y las circunstancias de muchos individuos se han cambiado para proteger la anonimidad de los pacientes.

Visite Tyndale en Internet: tyndaleespanol.com y BibliaNTV.com.

Visite a Daniel G. Amen, M. D., en DanielAmenMD.com

Tyndale y el logotipo de la pluma son marcas registradas de Tyndale House Ministries.

Cómo criar hijos con fortaleza mental: Combinando el poder de la neurociencia con amor y lógica para que crezcan confiados, responsables, bondadosos y resilientes

© 2024 por Daniel G. Amen, M. D., y Charles Fay, Ph. D. Todos los derechos reservados.

Originalmente publicado en inglés en el 2024 como *Raising Mentally Strong Kids: How to Combine the Power of Neuroscience with Love and Logic to Grow Confident, Kind, Responsible, and Resilient Children and Young Adults* por Tyndale House Publishers con ISBN 978-1-4964-8479-6.

Fotografía de la portada © por pop_jop/Getty Images. Todos los derechos reservados.

Fotografía de Charles Fay © por 2023 por Janssen Photography. Todos los derechos reservados.

Fotografía de Daniel G. Amen © 2013 por Lesley Bohm. Todos los derechos reservados.

Diseño: Eva M. Winters

Traducción al español: Patricia Cabral para AdrianaPowellTraducciones

Edición en español: Ayelén Horwitz para AdrianaPowellTraducciones

Publicado en asociación con la agencia literaria de WordServe Literary Group, www.WordServeLiterary.com.

Las citas bíblicas sin otra indicación han sido tomadas de la *Santa Biblia*, Nueva Traducción Viviente, © 2010 Tyndale House Foundation. Usada con permiso de Tyndale House Publishers, 351 Executive Dr., Carol Stream, IL 60188, Estados Unidos de América. Todos los derechos reservados.

Para información acerca de descuentos especiales para compras al por mayor, por favor contacte a Tyndale House Publishers a través de espanol@tyndale.com.

ISBN 978-1-4964-8960-9

Impreso en Estados Unidos de América
Printed in the United States of America

30	29	28	27	26	25	24
7	6	5	4	3	2	1

Contenido

SEGUNDA PARTE: CONSEJOS Y HERRAMIENTAS PARA TRANSFORMAR LOS DESAFÍOS COMUNES EN FORTALEZA DE CARÁCTER

Prólogo

Por Jim Fay, cofundador del Love and Logic Institute (Instituto Amor y Lógica)

Para cuando usted abra este libro, habré trabajado durante setenta años con niños, padres y educadores. Me gustaría decirle que siempre ha sido con gran éxito, pero lamentablemente la primera parte de ese tiempo fue usando algunos de los antiguos métodos tradicionales de regañar y rescatar. Eso funcionaba con los niños dulces y obedientes, pero solía ser contraproducente con los niños confrontativos y tercos. Acuñé los términos «padre *helicóptero*» y «*sargento de instrucción*» porque me di cuenta de que yo era un poco de ambos.

También me gustaría presumir de que crie a mis primeros dos hijos, pero en realidad los crio la voz de mi padre que estaba dentro de mi cabeza. Cada vez que yo abría la boca, salían sus palabras y su voz. Intentaba ser más paciente, pero siempre incurría en la disciplina con gritos y al rescate de helicóptero, cada vez que algo salía mal. Mi papá seguía dirigiendo mi vida. Eso no me gustaba, pese a que había llegado a quererlo.

En 1968, cuando empecé a ejercer como maestro, trastabillaba constantemente por mi falta de preparación. Los niños buenos me tenían miedo. Los desafiantes y poco colaboradores me consideraban un débil. Como consecuencia, apenas logré sobrellevar el año y estuve a punto de renunciar. Pero como fui criado por un irlandés terco que insistía con la idea de que nada merece realizarse a menos que sea odioso, no me veía retirándome de esta desgracia. No podía renunciar a la enseñanza. Tenía que dominarla, así que me aferré con uñas y dientes a cursar una maestría en la Universidad de Denver. Eso ayudó un poco. Lo que en realidad marcó un cambio fue la posibilidad de trabajar con algunos expertos formidables en el campo, asistir a la vertiginosa cantidad de capacitaciones que ellos daban y compartir todo esto con mi hijo, Charles. Si bien en esa época él estaba comenzando la escuela primaria, escuchaba con gran interés y no se quejaba demasiado cuando yo lo usaba como sujeto de prueba. Nuestra relación floreció gracias a nuestras conversaciones sobre la naturaleza humana, las teorías psicológicas y los autos con motores V8. Pronto descubrí que yo tenía madera para transformar las teorías en habilidades prácticas.

También tuve el beneficio de experimentar con muchos estudiantes, observar a muchos maestros y padres sumamente eficaces, otros no tan eficaces, y ver muy claramente qué funcionaba y qué no. A medida que pasaron los años y adquirí una enorme cantidad de práctica clínica, descubrí verdades sobre la crianza de los hijos por medio de modos orgánicos y prácticos. Esto fue sumamente útil, pero mis métodos de estudio y experimentación eran bastante primitivos en comparación con los de los neurocientíficos que llevan a cabo las investigaciones universitarias formales.

Mi sueño era lograr que los padres y los educadores pensaran y hablaran de una manera diferente sobre la relación adulto-niño. Más o menos por esa época conocí al Dr. Foster Cline, un psiquiatra innovador. Juntos creamos los inicios de la filosofía de Amor y Lógica y fundamos el Instituto Amor y Lógica. A medida que empezamos a enseñar las aplicaciones prácticas de los principios psicológicos, me sorprendí cómo se entusiasmaba la gente con su sencillez y su efectividad. A cada rato escuchábamos: «¡Increíble! ¡Esto sí que funciona!».

Con el paso de los años, mi sueño se transformó en perfeccionar las técnicas y simplificarlas, haciéndolas más fáciles para su aprendizaje y aplicación. Para esa época, mi pequeño Charles se había convertido en un respetado investigador, autor y orador, conocido como el Dr. Charles Fay. Cuando él se sumó formalmente a nuestro equipo, continuamos con las discusiones innovadoras que habíamos comenzado cuando era un niño. Mediante sus conocimientos, su experiencia y su trabajo incansable, Amor y Lógica llegó a ser respetado en todo el mundo.

El trabajo y la paternidad iban bien, pero aún había una nube que se cernía sobre mí. En mi inseguridad, seguía preguntándome: *¿Qué tal si mis descubrimientos fracasan ante las investigaciones modernas que están haciéndose sobre el cerebro? ¿Y si un día tengo que enfrentar la realidad de que ninguno es pertinente? ¿Y si un día tengo que pararme ante todo el mundo y pedir disculpas por haber guiado a las personas en la dirección equivocada?*

Para mi fortuna, me enfermé de algo serio. Luego de ser diagnosticado con un trastorno autoinmune grave llamado miastenia grave, consulté a un neurocientífico y psiquiatra famoso, el doctor Daniel Amen. Él me ayudó con mi estado. Prácticamente me curó de esta enfermedad incurable. Pronto descubrí que él ya estaba bastante familiarizado con Amor y Lógica y que le entusiasmaba la correspondencia que había entre lo que él estaba observando en las tomografías cerebrales y lo que nuestro enfoque podía hacer para ayudar a padres e hijos a desarrollar cerebros y comportamientos más fuertes y sanos. Este brillante científico y psiquiatra borró años de preocupaciones.

¡Qué alivio! pensé. *Qué reconfortante es saber que Amor y Lógica y la ciencia del cerebro encajan uno en la otra como una máquina bien aceitada. Con ambos, los niños y las familias tienen más poder para elegir cerebros saludables y futuros sanos.* Por eso, estoy tan entusiasmado con este libro que apenas puedo contenerme. Estoy entusiasmado por usted, el lector, porque nunca hubo una combinación más poderosa de enfoques reunidos en un libro práctico. Es sumamente apasionante y satisfactorio saber que familia tras familia disfrutarán de mayor armonía y gozo por lo que Daniel y Charles han elaborado aquí.

Jim Fay

Introducción

¿Está preparado para algunas estrategias prácticas y científicamente sólidas para criar hijos que lo respeten y lo amen a tal punto que adopten los valores más arraigados en usted? ¿Y si estas técnicas lo ayudaran a evitar las discusiones imposibles de ganar y las luchas de poder? ¿Cómo sería si estas estrategias, además, ayudaran a sus hijos a desarrollar mentes fuertes y hábitos de comportamiento necesarios para tener confianza en sí mismos y resiliencia en este mundo complejo?

A lo largo de unos ochenta años, en conjunto, hemos ayudado a los padres a criar niños y jóvenes respetuosos, responsables y con fortaleza mental. Por lo tanto, las páginas de este libro no fueron escritas por principiantes, sino por dos hombres que han dedicado su carrera y su vida a la ciencia y a la práctica de la crianza. Tan importante como esto, ambos hemos formado nuestras propias familias y hemos vivido buenos y malos momentos, experimentado la naturaleza aleccionadora de la vida familiar y moldeado pequeños manojos de alegría hasta convertirlos en personas adultas.

Sabemos cómo era antes la crianza de los hijos y cómo es ahora. Así es, somos lo suficientemente viejos como para recordar la época cuando los mayores desafíos tecnológicos que enfrentaban los padres eran la televisión y el teléfono, el cual tenía un cable de cinco metros. Lo crea o no, algunos niños desafiaban a sus padres mirando la tele a escondidas y pasando el cable del teléfono por debajo de la puerta de su habitación (esos cables se mezclaban con los pelos largos de la alfombra, lo cual dificultaba que los padres agobiados pudieran detectarlos).

Aunque eran más simples, aquellos tiempos llegaron con desafíos serios que afectaron a casi todas las familias. El alcohol siempre ha sido un problema. La marihuana y otras drogas estaban haciéndose más populares y accesibles. Cada vez eran más los niños que sentían que podían mostrarse descaradamente irrespetuosos y muchos abandonaban la escuela. Los embarazos adolescentes eran otra gran preocupación. Durante las últimas cuatro décadas, estos y muchos otros desafíos han alcanzado proporciones épicas para una gran cantidad de familias.

Con el crecimiento de Internet y la aparición de la tecnología inalámbrica, en la actualidad hay un universo de información disponible a través de dispositivos tan pequeños que incluso caben en el bolsillo de los pantalones más ajustados. Estamos criando a nuestros hijos en una época en donde los dispositivos disponibles contienen más tentaciones que las que tuvimos que enfrentar nosotros en toda nuestra niñez. Desde luego, parte de la información que hay afuera es sana y beneficiosa. Lamentablemente, otra gran parte es engañosa, oscura y peligrosa. Las empresas que diseñan estos dispositivos y los programas informáticos en los que se basan han dominado la ciencia de la adicción: suministran contenidos apasionantes de manera aleatoria e impredecible para que los usuarios siempre tengan la sensación de que se pierden algo si no están en línea continuamente. Facilitan contenido que apunta a sus necesidades más profundas, como el afán de notoriedad, de ser adorados y valorados como parte de una red social. Hacen que el cerebro de los niños se vuelva adicto a la dopamina, la sustancia química de recompensa, y logran que el uso de estos dispositivos sea más fascinante que cualquier otra cosa (a excepción, por supuesto, del sexo riesgoso, las drogas y otras conductas nocivas).

Como todos sabemos en nuestro interior, el verdadero gozo viene de las relaciones auténticas, del sentido de propósito, de ayudar a otros y de procurar desafíos sanos que nos generen sentimientos de ser capaces. También sabemos que una vida llena de distracciones perjudiciales siempre causa decepción, ansiedad y una profunda depresión. A pesar de que la mayoría lo entendemos, a muchos nos agobia la idea de tener la responsabilidad de proveer un hogar seguro y feliz y de criar a nuestros hijos de tal manera que tomen buenas decisiones, tengan relaciones sanas, sean amables con los demás, se conviertan en miembros productivos de la sociedad, no se desmoronen ante las dificultades y asuman la responsabilidad de sus objetivos y de sus actos.

Pero hay una buena noticia: usted es más inteligente que el teléfono inteligente de su hijo. Tiene más sabiduría que sus dispositivos inalámbricos. Tiene mucha más esperanza y motivación sincera que el disco rígido más grande del mundo. Y, además, cuenta con el beneficio de estar leyendo un libro incomparable, el cual marida cuarenta años de investigaciones sobre cómo desarrollar cerebros sanos con cuarenta años de estrategias psicológicas para cuidarse bien a sí mismo mientras cría a sus hijos para que comprendan una verdad inequívoca: la calidad de su vida (y de la vida de los demás) dependerá de la calidad de sus decisiones. Y esto no tiene por qué ser difícil.

SOY EL DOCTOR DANIEL AMEN

Crecí en una familia libanesa que tenía siete hijos en la cual me tocó estar en el medio, en términos de edades. ¿Por qué es importante este dato? En nuestra cultura, el hijo mayor era considerado especial, así como lo era la hija mayor.

Por supuesto, el bebé era el consentido. Aunque mi madre se involucraba en todo y era cariñosa, usted probablemente imaginará lo ocupada que debía estar. Lo mismo mi padre. Ambos trabajaban a más no poder para cuidarnos, pero la mezcla de prioridades culturales y los malabares que debían hacer por tener tantos hijos y otras responsabilidades me hacían sentir irrelevante.

Cuando cumplí dieciocho años, la guerra de Vietnam todavía arrasaba. Así que decidí convertirme en médico de infantería. Fue entonces cuando nació mi amor por la medicina. Al cabo de un año, me di cuenta de que en realidad no me atraía la idea de que me dispararan, por lo que volví a capacitarme como técnico en radiología y me enamoré de las resonancias médicas. Mientras estaba en segundo año de Medicina me casé con mi novia de la adolescencia, pero, dos meses después, ella comenzó a tener tendencias suicidas. La llevé a consultar a un psiquiatra maravilloso, el doctor Stanley Wallace, y me di cuenta de que si él la ayudaba (cosa que hizo), no solo la ayudaría a ella, sino también me ayudaría a mí y a nuestros futuros hijos y nietos. Me enamoré de la psiquiatría porque me di cuenta de que era algo que podía ayudar a generaciones. La he amado cada día de estos últimos cuarenta y cinco años.

Pero había un problema: me había enamorado de la única especialidad médica que casi nunca ve el órgano que trata. Por consiguiente, mi amor por la psiquiatría y mi amor por los diagnósticos por imágenes estaban en conflicto. Como solían decir mis profesores en la facultad de Medicina: «¿Cómo puedes saber si no lo observas?». En otras palabras, ¿cómo podemos entender lo que está pasando en realidad en el cuerpo... dentro del cerebro... a menos que escaneemos los órganos que nos interesan? No tenía sentido que los psiquiatras no miraran el cerebro. Sabía que eso tenía que cambiar. Lo que no sabía era que yo sería parte del cambio.

En 1991, asistí a una conferencia sobre imágenes cerebrales SPECT (del inglés: Single Photon Emission Computed Tomography, es decir: «tomografía computarizada por emisión de fotón único»). La SPECT observa la circulación sanguínea y la actividad del cerebro y, básicamente, les indica tres cosas a los médicos: si el cerebro está sano, hipoactivo o hiperactivo. Durante los años siguientes, mi práctica de la psiquiatría cambió radicalmente. Y, en los últimos treinta y tres años, las Clínicas Amen han realizado más de doscientas cincuenta mil imágenes de cerebro con SPECT a pacientes de 155 países. Hemos aprendido infinidad de enseñanzas a partir de nuestro trabajo con las imágenes cerebrales. La más importante es que, en lugar de considerar los problemas psiquiátricos como «enfermedades mentales», los vemos como problemas de salud mental. Esta sola idea lo cambia todo. Recupere la salud de su cerebro y su mente se acoplará. Eso me ha llevado a hacer hincapié reiteradamente en lo siguiente:

Cuando su cerebro está perturbado, los niños, los adolescentes y los jóvenes están más tristes, se enferman más y tienen menos éxito en todo lo que hacen, incluyendo las tareas escolares, los deportes y las interrelaciones. Un cerebro perturbado significa una vida perturbada, mientras que un cerebro más fuerte y más sano significa una vida más fuerte y más sana.

En este libro le brindaré una gran cantidad de información para ayudarlos a usted y a sus hijos a desarrollar un cerebro fuerte. Como habrá notado, esto ha sido la pasión de mi vida y es un honor compartirla con usted. Al ver el panorama general, aprenderá a:

1. **Amar a su cerebro.** Tiene que amar la masa de un kilo y medio que hay entre sus orejas, porque su cerebro controla cómo piensa, actúa, siente y resuelve aquellas situaciones difíciles que le generan ganas de regañar, amenazar, gritar o usar alguna otra estrategia ineficaz en la crianza. Obviamente, el cerebro lo ayuda a ser más reflexivo que reactivo, una de las características distintivas de una crianza formidable. Cuando se enamora de su cerebro, comienza a cuidarlo mejor. Lo alimenta, lo ejercita y lo hace descansar. Su cerebro también lo ayuda a demostrar consecuentemente *firmeza* y *amabilidad*. Décadas de investigaciones enseñan que esta combinación es uno de los factores primordiales que diferencian a los padres que tienen éxito de los que no lo tienen[1].

2. **Enseñarles a sus hijos a amar y a proteger su cerebro.** Como quizás ya sepa, ser ejemplo para sus hijos es una de las maneras más poderosas de enseñarles. Cuando ellos vean que usted está perdidamente enamorado de su cerebro, desearán enamorarse de manera similar. Serán receptivos a aprender que el cerebro es blando mientras que el cráneo es duro y tiene varias crestas puntiagudas. Cuando la cabeza sufre cualquier forma de impacto, el cerebro rebota dentro de esta cubierta dura y puntiaguda. En las tomografías cerebrales, he visto a niños de apenas ocho años que sufrieron lesiones graves

en la cabeza por jugar al fútbol americano una sola temporada. Sí, leyó bien: ¡una lesión cerebral a los ocho años! De hecho, recientemente trabajé con una paciente que fue jugadora de fútbol americano durante la escuela secundaria y la universidad. Si bien nunca había sufrido una conmoción cerebral, su cerebro no estaba sano (y hacía años que no lo estaba). El traumatismo cerebral que padecía, *del que nunca se había enterado*, le dificultaba cada aspecto de su vida como madre, esposa, empleada y amiga.

3. **Educar a sus hijos sobre *cómo* cuidar su cerebro.** No es difícil. Yo empecé a enseñarle a mi hija, Chloe, cómo tomar decisiones para cuidar su cerebro cuando tenía apenas dos años (aprenderá más al respecto en el capítulo 1). Muestre, mediante su conducta, cómo evitar cualquier cosa que dañe al cerebro (por ejemplo, los traumatismos, las drogas, el alcohol, la alimentación convencional estadounidense) y cómo hacer cosas que lo ayuden (tales como comer bien, ejercitarse, dormir una buena cantidad de horas, aprender cosas nuevas, resistir los pensamientos inadecuados y negativos, evitar la exposición excesiva a las pantallas e ingerir suplementos de alta calidad).

SOY CHARLES FAY, DOCTOR EN FILOSOFÍA

Dos padres sumamente bondadosos, quienes reconocían sinceramente que no tenían idea de qué hacían cuando se trataba de la crianza de los hijos, nos criaron a mis dos hermanas mayores y a mí. Como suelo decir, mi mamá Shirley tuvo el trabajo más exigente de los dos: quedarse en casa con los tres niños. Mi padre, Jim, músico de circo y de clubes nocturnos, pronto se cansó de los viajes y mendigó un empleo para enseñar música y arte en una escuela de un barrio pobre de la ciudad. Consiguió el empleo.

No pasó mucho tiempo antes de que pusieran en la clase de mi papá a un alumno seriamente problemático. Scott manifestaba todas las características de un sociópata frío: falta de empatía, crueldad extrema, obsesión por iniciar incendios y absolutamente ningún respeto por la autoridad. Esto fue a fines de los años sesenta, cuando la mayoría de los maestros recibía escasa a ninguna capacitación sobre cómo tratar a alumnos como Scott. Las exigencias, los sermones y las amenazas con castigos no daban resultado. A decir verdad, lo único que lograron fue enfurecer tanto a Scott que él descargó su enojo extremo con sus compañeros y con la mascota de su clase. Al comienzo de la primavera de ese año escolar, mi papá tenía los nervios destrozados y se vio ante una situación con Scott que le cambió la vida:

—¡Tienes que sentarte y dejar de molestar a tus compañeros de clase! —rugió mi padre.

Con una sonrisa de suficiencia, Scott contestó con un súbito estallido de obscenidades extremas. Desesperado y furioso, mi padre le dio una bofetada tan fuerte como para hacerle un pequeño corte en el labio. Años después, mi padre confesó que su primer pensamiento fue: *Soy un inútil. Soy una persona inútil y horrible. Yo quiero a mis alumnos. ¿Qué acabo de hacer?*

Su segundo pensamiento fue: *Amo enseñar, pero esto es el fin de mi carrera.*

Hasta ese momento, el castigo físico todavía era algo común y corriente. La madre soltera de Scott también se sentía superada por el comportamiento de su hijo. No pudieron encontrar un reemplazo que quisiera trabajar en esa difícil escuela, así que mi padre se las arregló para conservar su trabajo. Lo sintió como un milagro, excepto por un hecho ineludible que le aguijoneaba la conciencia: *No tengo las competencias para trabajar con niños difíciles. ¡Me cuesta hasta con los fáciles que tengo en casa! Necesito aprender maneras positivas de lograr que los niños se porten bien sin gritarles o amenazarlos.*

Profundamente motivado por la culpa y el deseo de descubrir técnicas positivas, mi papá pasaba casi todo su tiempo libre leyendo materiales sobre el comportamiento humano, analizando investigaciones educativas y psicológicas y asistiendo a las capacitaciones de algunos de los especialistas más famosos de la época. Fascinado por lo que lo apasionaba, comencé a estudiar los mismos recursos, cosa que empezó cuando yo tenía alrededor de ocho años. Incluso logró hacerme entrar en muchos de los seminarios a los asistía. A mí me costaban mucho las clases de Matemáticas y de Lengua en la escuela, pero me devoraba el contenido que mi papá y yo aprendíamos juntos. Algunos de los recuerdos más queridos de mi niñez incluyen las discusiones que mi padre y yo teníamos sobre la naturaleza humana.

Cuando comenzó a utilizar las técnicas conmigo y con mis hermanas, me tomó por sorpresa. A los quince, me obsesioné con tener una motocicleta. El viejo papá hubiera dicho: «¡Por todos los cielos! ¿Tú piensas que el dinero crece en los árboles?».

Mi nuevo papá respondió con voz calma:

—Entiendo que un joven quiera una. ¿Cómo planeas pagarla?

Tracé un plan para financiar mi nueva pasión con unos trabajos ocasionales en el pueblo. Después de meses de trabajar arduamente, le compré una Yamaha muy usada a un amigo. Mi padre me dijo solo dos cosas: «Estoy feliz por ti, hijo» y «Puedes tenerla, siempre y cuando cumplas todas las normas de seguridad de las que hemos hablado y hagas tus quehaceres del hogar».

No obedecí las normas de seguridad y tampoco mantuve al día los quehaceres.

—Esto es muy triste —expresó un mes más tarde con sincera comprensión—. Yo te amo demasiado para regañarte, recordarte lo que dije o ver que te lastimas. Por eso, pagué para que alguien haga los quehaceres que has estado descuidando. Glenn, el empleado de mantenimiento, estuvo dispuesto a llevarse tu motocicleta a cambio.

Mi papá nunca levantó la voz ni dio marcha atrás. A medida que pasaban las semanas, mi bronca se transformó en respeto. Yo le importaba tanto a mi papá, como para que me pusiera límites y me exigiera responsabilidades. Le importaba tanto como para hacerlo con amor y con firmeza, en lugar de rabia y frustración.

A medida que mi padre, Jim Fay, y su buen amigo el doctor Foster Cline ampliaban su aprendizaje, estudiaron a miles de niños, familias y escuelas de todo el mundo y elaboraron una gran variedad de los muy queridos materiales de Amor y Lógica. Por haber estudiado junto a ellos y haber obtenido mi doctorado académico en Psicología Clínica, impulsé el enfoque asegurándome de que se mantuviera congruente con las últimas investigaciones y con las demandas que enfrentan los padres y los educadores en la actualidad. También he recorrido el mundo compartiendo estas habilidades poderosas con una diversidad de padres y de educadores que se enfrentan al vertiginoso despliegue de los desafíos del mundo real.

Las prácticas médicas y neuropsiquiátricas integrales que exploró mi amigo, el doctor Amen, cambiarán su manera de criar a sus hijos. Además, se beneficiará del maridaje de su labor con las ideas psicológicas profundas pero simples de implementar el método de Amor y Lógica. Los principios básicos incluyen:

1. **Dignidad recíproca:** Los niños aprenden en gran medida a tratar a los demás y a sí mismos según cómo los tratamos a ellos y cómo permitimos que nos traten a nosotros. Ambos aspectos requieren que pongamos límites que nos posibiliten cuidarnos bien a nosotros mismos y a quienes nos rodean.

2. **Control compartido:** Cuando nos esforzamos por acaparar el control, lo perdemos. Cuando compartimos una parte, lo ganamos. Los niños llegan a ser más felices y más respetuosos cuando les permitimos aprender la responsabilidad, les cedemos gran cantidad de pequeñas decisiones y los dejamos vivir con las consecuencias de sus decisiones. También se hacen más fuertes cuando descubren que ellos pueden encargarse de dichas consecuencias.

3. **Pensamientos compartidos:** El cerebro se fortalece solo cuando animamos a los niños a reconocer y resolver los problemas que tienen o que generan. Si les ladramos órdenes y les describimos exactamente qué deben pensar y hacer, impedimos su desarrollo. Los resultados son similares cuando actuamos de una manera permisiva y los rescatamos de los límites y las consecuencias que enfrentan. Por el contrario, cuando nos mantenemos firmes y amorosos, guiándolos a desarrollar las soluciones para los dilemas que encuentran, sus cerebros se fortalecen y pueden enfrentar los problemas más grandes del mundo real. Además, la crianza se vuelve más fácil.

4. **Empatía sincera:** Cuando reaccionamos con ira y frustración a los errores o al mal comportamiento de nuestros hijos, nos apropiamos del problema y nos volvemos un blanco fácil para que ellos nos echen la culpa. Cuando reaccionamos con empatía, les dificultamos que nos vean como el origen del problema. A medida que lea este libro, empezará a ver con claridad cómo la empatía abre el cerebro al aprendizaje. También descubrirá cómo reduce su estrés y su ansiedad sobre la crianza.

5. **Relaciones cariñosas:** Nada funciona si no hay relaciones sanas y cariñosas. Cuando criamos a nuestros hijos según los primeros cuatro principios de Amor y Lógica, este quinto se vuelve más o menos automático. Cuando sucede eso, la vida es mucho más gratificante y nuestros hijos empiezan a adoptar nuestros valores de manera subconsciente. Cuando se relacionan con nosotros, se relacionan con nuestras creencias más profundas.

¡Tenemos una gran esperanza!

Hace unos años, recibí una llamada inesperada de Sam, uno de mis amigos de la infancia. Nos conocimos en el jardín de infantes, seguimos siendo amigos hasta la secundaria y nos divertíamos mucho haciendo bromas.

—¿Cómo estás, Charles? El otro día me encontré con tu papá y él me dio tu número —dijo Sam—. Me gustaría presentarte a mi esposa, Phoebe. Salgamos a cenar algún día.

Al viernes siguiente, estaba sentado mesa de por medio con alguien a quien no había visto durante casi cuarenta años. Sam no tardó en preguntar:

—Y, dime: ¿cómo terminaste convirtiéndote en psicólogo? Cuando éramos niños, no te entusiasmaba demasiado la universidad. Es un gran cambio. ¿Qué pasó?

—Bueno, siempre me había interesado, pero no creía que fuera tan inteligente como para ir a la universidad. De niño me picó una garrapata y me enfermé de fiebre eruptiva de las Rocallosas. También tuve infecciones crónicas por estreptococo. Eso me dificultaba el aprendizaje. Cuando mejoré de salud, me di cuenta de que mis problemas de aprendizaje tenían que ver con esas enfermedades —le dije.

—¡Qué coincidencia! —respondió Sam—. El Dr. Daniel Amen descubrió algunos problemas similares en nuestra hija, Jana. También le causaron algunos problemas graves en su aprendizaje y en su conducta, pero las cosas están mejorando. Y, a propósito, el Dr. Amen elogia mucho a Amor y Lógica. Lo ha integrado al plan de nuestro tratamiento.

Yo había oído hablar del Dr. Amen. Me sorprendía que este psiquiatra preeminente y mundialmente famoso incluyera el enfoque de Amor y Lógica como parte del tratamiento que les daba a sus pacientes.

A medida que avanzó la conversación con Sam y Phoebe, me enteré de que habían adoptado a Jana, quien llegó con una larga lista de rótulos que incluían los de trastorno por déficit de atención e hiperactividad (TDAH), trastorno oposicionista desafiante, trastorno de integración sensorial, trastorno de conducta y dificultad de aprendizaje.

—Hay dos cosas que marcaron un enorme cambio —Phoebe se zambulló en la conversación—. La primera fue la tomografía cerebral. Nos ayudó a ver que su cerebro no estaba físicamente sano. En realidad, esa fue una buena noticia porque nos incentivó a saber cómo podíamos mejorar las cosas cambiando su alimentación, incorporando actividad física, ayudándola a seguir una mejor rutina de sueño y atender sus cuestiones bioquímicas con ciertos suplementos muy simples.

—Tu enfoque en Amor y Lógica también sirvió —continuó Sam—. Nos animó a darle libertad y a permitirle cometer todo tipo de pequeños errores. Como éramos padres nuevos y estábamos superpreocupados por sus problemas, controlábamos todo en exceso. Nos aterraba que cometiera cualquier clase de error.

Phoebe interrumpió:

—Éramos unos tremendos padres helicóptero. La rescatábamos de todo.

—Sí. Eso estaba mal —coincidió Sam—. Trabajábamos en su vida mucho más que ella misma, tratando constantemente de hacer todo perfecto. Resultaba muy contraproducente. Luego, decidimos soltarla y darle la oportunidad de equivocarse. Fue perfecto. Discutió con nosotros por los deberes que tenía que hacer. Entonces, Phoebe empatizó con ella: «Ah, nosotros te amamos, Jana. De hecho, te amamos demasiado para tener una discusión por tu tarea. Te amaremos, ya sea que la termines y saques una buena nota o que no la hagas y te pongan una mala nota. Tu papá y yo decidimos que te ayudaremos solo cuando sea divertido para nosotros».

—Cómo se enfadó... se enfureció porque yo no me enfurecí —continuó Phoebe—. Se marchó enojada y gritando: «¡Está bien! Supongo que me irá mal por tu culpa». Arruinó la tarea y tuvo que vivir con las consecuencias en la escuela. Fueron pocas. No fue algo grave, pero eso dio comienzo a nuestro hábito de dejarla aprender lo que ustedes siempre enseñan: «Espere y ore que sus hijos cometan muchos errores "baratos" cuando son pequeños para que tengan fortaleza mental y un buen sentido de causa y efecto cuando el costo a pagar tenga que definirse entre la vida y la muerte».

—Las cosas mejoraron drásticamente porque el Dr. Amen está ayudándonos a hacer un gran progreso con los problemas de su salud cerebral, mientras que el método Amor y Lógica nos ayuda a ser más empáticos, a poner mejores límites y a evitar las discusiones con ella y entre nosotros —dijo Sam—. Es un gran combo de enfoques.

Esa noche, luego de la cena, me senté a la mesa de la cocina preguntándome cómo se había creado semejante unión maravillosa: un poderoso enfoque en la salud mental enlazado con las habilidades psicológicas que mi padre y yo habíamos enseñado y perfeccionado durante años. No pasó mucho hasta que establecí una amistad con el Dr. Amen y me aboqué a pulir esta alianza.

En el 2021, oficializamos este dúo potente cuando Amor y Lógica se sumó a la familia de las Clínicas Amen. A medida que lea los conceptos y los recursos incluidos en este libro, tenemos la seguridad de que se sentirá inspirado y lleno de esperanza, listo para encarar los grandes desafíos de la crianza de los hijos, desde el vientre hasta el lugar de trabajo. No tiene por qué ser difícil.

¡Que disfrute el viaje!

Dr. Amen y Dr. Fay

PRIMERA PARTE

NEUROPSICOLOGÍA PRÁCTICA PARA LA CRIANZA EXITOSA DE LOS HIJOS

Aprenderá que el secreto para la crianza exitosa se basa en el maridaje entre la neurociencia y la psicología práctica o, como la llamamos nosotros, la neuropsicología práctica. Solo cuando aborda de la misma manera el cerebro y la mente de su hijo (y la suya), es que puede criar eficazmente niños y jóvenes con fortaleza mental. Esta combinación poderosa le brinda soluciones que funcionan, incluso en momentos difíciles y con niños desafiantes. Al terminar la primera parte, tendrá herramientas y estrategias que lo ayudarán a:

- Desarrollar una actitud centrada en el cerebro hacia usted y hacia sus hijos
- Tener expectativas realistas basadas en la etapa del desarrollo de su hijo
- Establecer metas claras para usted como padre y para su hijo
- Adoptar un estilo de crianza que fomente en los niños una mejor toma de decisiones
- Promover la vinculación afectiva y la relación con su hijo
- Establecer reglas familiares y límites claros y aplicables
- Aprender a dejar que los niños cometan errores y enfrenten consecuencias razonables
- Dejar de ser un felpudo y poner límites sanos para usted mismo y para sus hijos
- Pensar de manera clara y lógica y ayudar a que su hijo haga lo mismo desde una edad temprana
- Reforzar el comportamiento positivo de su hijo
- Criar hijos con determinación, que no se desmoronen cuando enfrenten obstáculos
- Dejar de mortificarse por no ser un padre perfecto
- Ser consecuente de manera clara e impasible cuando el comportamiento de su hijo sea inaceptable
- Lograr que su hijo preste atención la primera vez que usted diga algo (sí, leyó bien: ¡la primera vez!)
- Elegir los mejores alimentos y suplementos para sustentar el cerebro, la mente y el cuerpo de su hijo (y también los suyos)
- Ayudar a que su hijo aprenda a cultivar su propia felicidad
- Cambiar el chip del bajo rendimiento para que su hijo pueda alcanzar su potencial
- Evitar que su hijo se meta en problemas con la tecnología
- Saber qué hacer cuando surgen los problemas de salud cerebral/mental

CEREBROS SANOS: LA BASE DE LA FORTALEZA MENTAL, LA RESPONSABILIDAD, EL DOMINIO EMOCIONAL Y EL ÉXITO

Usted debe ser el lóbulo frontal de su hijo hasta que el de él esté desarrollado, pero también tiene que darle las herramientas para que sepa cómo ocupar el asiento del conductor una vez que su cerebro madure.

¿Alguna vez conoció a alguien que, simplemente, no entiende? La clase de persona que continuamente comete los mismos errores, una y otra vez, por lo cual usted se pregunta: *¿En qué estaba pensando?* Tal vez, tenga un amigo o un pariente (incluso, un cónyuge) que tiene la mejor de las intenciones, pero sigue equivocándose y generando un drama innecesario dentro de la familia.

Imagine que este amigo va manejando por la autopista mientras el tránsito frena y avanza y, por el espejo retrovisor, ve a alguien que conduce pegado a su auto. Esto lo enfurece y hace que su cabeza dé vueltas pensando cómo se la devolverá al que viene atrás, pisando el freno de golpe. Pero mientras su amigo va con la mirada fija en el espejo retrovisor, visualizando su venganza... ¡BUM!, choca desde atrás al automóvil que venía adelante del suyo. Iba tan metido en el momento, que se descuidó y no consideró cuáles serían las consecuencias de sus actos.

Ahora, piense en otra persona que usted conoce, alguien que usa la cabeza. Ya sabe, la clase de persona racional que toma decisiones tan buenas que nunca lo seleccionarían para un programa de televisión como *Gran Hermano* porque sería demasiado aburrida. Digamos que esta persona está en el mismo supuesto escenario del tránsito. Puede que mire de vez en cuando el espejo retrovisor y se sienta fugazmente irritada, pero luego lo olvida y vuelve a concentrarse en la carretera que tiene por delante. Este amigo no sufrirá ni un rasguño.

¿Cuál es la diferencia fundamental entre estos dos tipos de personas?

La salud de su cerebro.

En las Clínicas Amen, hemos analizado el cerebro durante más de treinta años. Contamos con más de doscientas cincuenta mil imágenes cerebrales hechas en personas de más de ciento cincuenta países (la mayor base de datos mundial de imágenes cerebrales relativas al comportamiento). Luego de analizar todas estas imágenes en las últimas décadas, hay una cosa que es muy clara: cuando su cerebro funciona bien, usted funciona bien. Cuando su cerebro está perturbado (por la razón que sea), es más probable que usted tenga problemas en su vida[1]. Todo lo que hacen (usted y sus hijos) ayuda o daña el funcionamiento y el desarrollo del cerebro, y cada aspecto de su vida actual y futura. Asimismo, la salud de su cerebro tiene un gran impacto en la salud cerebral y en la fortaleza mental de su hijo.

Le daremos los conceptos básicos sobre el cerebro que necesita saber para ayudarse a sí mismo y a su hijo a enamorarse de la materia gris que tiene entre los oídos. Le mostraremos cómo amar y cuidar al cerebro para tener una relación sin dramas y vivir exitosamente en su hogar, en la escuela y en la vida. Cuando su cerebro está sano, la crianza es más fácil. Se lo garantizamos. También delinearemos cómo la combinación de un mejor funcionamiento cerebral con las estrategias de crianza fundamentadas en la psicología de Amor y Lógica es el principal secreto para criar hijos con éxito. El maridaje entre estas dos piezas del rompecabezas de la crianza lo ubica a usted en el camino para criar hijos con fortaleza mental y divertirse más en el proceso.

CONCEPTOS BÁSICOS SOBRE EL CEREBRO

Aunque los cerebros manejan las escuelas, las amistades, los negocios, las iglesias y uno mismo, la mayoría de las personas rara vez piensan en su cerebro y, menos aún, en el de sus hijos. La fortaleza mental, sin embargo, empieza por un cerebro sano. Es muy importante saber sobre el cerebro, amarlo y, quizás, hasta obsesionarse un poco con él, en especial por el bien de sus niños. Es igualmente crucial enseñarles a sus hijos desde una edad temprana a amar y a cuidar su propio cerebro. ¡Eso simplificará mucho la crianza de los hijos, a la vez que los equiparará para obtener la fortaleza mental que los ayudará a triunfar en cada área de la vida! Recuerde que, si bien es mejor comenzar tempranamente, nunca es demasiado tarde para enseñarle a su hijo, adolescente o joven, sobre la salud del cerebro.

Observemos más a fondo la supercomputadora que hay dentro de su cabeza. El cerebro humano pesa, por lo general, cerca de un kilo y medio. Tiene una consistencia como la de la mantequilla blanda, el tofu o la natilla y está alojado en un cráneo duro que tiene crestas óseas puntiagudas[2]. ¡No es para sorprenderse que el cerebro pueda sufrir daños reiterados por cabecear pelotas de fútbol o al chocarse casco contra casco en el fútbol americano!

El cerebro es una sinfonía de partes que trabajan juntas para crear y sostener una vida. Es el órgano responsable de aprender, amar, crear y comportarse. Y es el órgano más complejo y asombroso del universo.

Datos curiosos sobre el cerebro

- Conforma el 2% del peso del cuerpo.
- Utiliza entre el 20% y el 30% de su ingesta calórica y el 20% del oxígeno del cuerpo y del flujo sanguíneo.
- La información viaja a 430 km/h en el cerebro.
- Su capacidad de almacenaje equivale a seis millones de años del *Wall Street Journal*.
- Los varones tienen 10% más de neuronas.
- Las mujeres tienen más conexiones.

DESARROLLO DEL CEREBRO: DESDE EL NACIMIENTO HASTA LA EDAD ADULTA

Aunque su hijo se convierte en adulto ante la ley a los dieciocho años, su cerebro aún no ha madurado por completo. La verdad es que el cerebro no madura por completo hasta los veinticinco años (y veintiocho años en los hombres). Hasta ese momento, los niños necesitan su ayuda. Y durante el periodo del desarrollo, usted debe proporcionarles las herramientas y las técnicas que ellos necesitan para fomentar los hábitos de un cerebro sano.

Una manera fácil de entender el desarrollo del cerebro es pensar dónde estaba su mente en edades distintas. Cuando tenía cinco años, ¿qué le resultaba interesante? ¿Los camiones, las muñecas, jugar en el arenero, los bocadillos? Las decisiones que tomaba eran simples: cualquier elección que le ofrecieran su mamá o su papá. Cuando tenía doce años, sus intereses cambiaron, quizás dadas las amistades que formaba en la escuela, las manualidades que hacía o los libros que leía por su cuenta. Sin duda, pensaba las decisiones de otra manera: *¿Qué ropa usaré hoy? Si ignoro lo suficiente a mamá, ¿se dará por vencida de intentar que haga mis quehaceres? Ay, cómo detesto los quehaceres del hogar.* Una vez que rondó los dieciocho, los juguetes y los juegos cobraron un sentido completamente diferente. Quizás tuvo su primer auto, un empleo y, tal vez, un novio o una novia. En cada año de su desarrollo personal, hubo cambios en aquello que le llamaba la atención y en la capacidad para tomar decisiones.

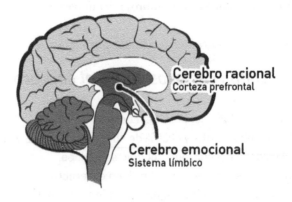

He aquí la línea temporal de cómo se desarrolla el cerebro desde el nacimiento hasta la edad adulta.

Prenatal y recién nacidos. Cuando el bebé nace, aunque su cerebro ya ostenta cien mil millones de neuronas, apenas una cantidad relativamente pequeña de neuronas están mielinizadas, y tienen menos conexiones. Conforme pasa el tiempo, la mielina, sustancia blanca grasosa que funciona como aislante, rodea las células y mantiene la energía concentrada y moviéndose en una dirección. El cerebro de un niño hace miles de millones de conexiones en los primeros diez años. Por lo tanto, usted no quiere que nada interrumpa la mielinización.

Unas tres cuartas partes del cerebro se desarrollan fuera del útero, en respuesta al entorno y a la experiencia, además de la genética. Las experiencias de la primera infancia crean el contexto para el desarrollo y el aprendizaje, además de influir en la forma en que se conecta el cerebro. A su vez, la conexión afecta los sentimientos, el lenguaje y el pensamiento. Las experiencias moldean y esculpen el cerebro. La naturaleza y la crianza siempre trabajan juntas.

El desarrollo del cerebro es rápido durante el primer año. A los doce meses, el cerebro del bebé por fuera se parece al de un joven adulto normal. En términos de desarrollo exterior y psicológico, esto es lo que sucede en el caso de los bebés y de los niños. Desde el nacimiento hasta los dieciocho meses, el bebé es completamente dependiente, no puede posponer sus deseos ni sus necesidades, piensa que él y su madre son casi la misma persona y aprende, más que nada, a través de sus sentidos.

Recomendaciones para la crianza en esta etapa: los estudios muestran que, incluso antes de la concepción, los hábitos de vida de los padres sientan las bases para la salud física y mental de su bebé, así como para su bienestar general[3]. En el vientre materno, el cerebro del bebé comienza a desarrollarse. Si la futura mamá fuma (o si está expuesta al humo pasivo), come comida chatarra, bebe demasiado alcohol, tiene estrés crónico o sufre infecciones durante el embarazo, puede provocar una influencia negativa en el desarrollo cerebral del bebé. Por otra parte, si la mamá evita fumar, come alimentos nutritivos, toma vitaminas prenatales, controla su estrés y se mantiene saludable a lo largo del embarazo, todo esto estimula la salud cerebral del bebé. Cuidar su propia salud cerebral mejora la salud cerebral de su recién nacido.

Primera infancia. Los niños comienzan a darse cuenta de que son personas aparte e independientes y empiezan a ejercer la independencia diciendo: «¡No!» y «Yo solo». Esta nueva independencia a menudo los asusta. Por eso suelen tener miedos y tienden a ser más dependientes. Desarrollan un sentido de confianza en sí mismos si se les permite ejercer un comportamiento independiente (bajo la supervisión adecuada). En oposición, si son demasiado controlados, desarrollan un sentido de vergüenza.

A los tres años, el cerebro del bebé ha realizado unos mil billones de conexiones (casi el doble de las que tienen muchos adultos). Alrededor de los tres años, comienza a ocurrir un veloz desarrollo social, intelectual, emocional y físico. La actividad cerebral de esta franja etaria supera por más del doble a la actividad de la edad adulta. A lo largo de la vida se forman nuevas sinapsis, pero el cerebro nunca volverá a tener la capacidad de dominar con tanta facilidad las nuevas habilidades o de adaptarse a los contratiempos.

Los años preescolares llevan a una independencia y a un descubrimiento continuos. Los niños de esta edad demuestran iniciativa y curiosidad. Ya sabe, las preguntas que parecen no terminar nunca. Además, son sumamente imaginativos, pueden tener amigos imaginarios y, quizás, les cueste un poco separar la realidad de la fantasía. Por ello, no es sorpresa que piensen mágicamente, lo cual significa que creen que sus pensamientos tienen poder y que ellos son responsables de todo lo que los rodea. Cuando sucede algo bueno, se sienten orgullosos. Cuando ocurre algo malo durante esta etapa (un divorcio, la muerte de un hermano, etcétera), suelen sentirse culpables, piensan que de alguna manera fue por algo que hicieron ellos, cosa que puede llegar a durar toda la vida.

Recomendaciones para la crianza en esta etapa: este período es importante para vincularse afectivamente, desarrollar la confianza con su hijo y es la edad ideal para empezar a usar los conceptos de Amor y Lógica. Alrededor de los dieciocho meses es el momento de empezar a poner límites amorosos como forma de disciplina (en el capítulo 6 verá más sobre cómo la disciplina en realidad es una herramienta para enseñar y capacitar). También es un tiempo para dejar que los pequeños inicien el aprendizaje práctico: permitirles a los niños que cometan pequeños errores que impliquen consecuencias leves y, también, que disfruten la emoción de los primeros triunfos; presentarles el concepto de la salud cerebral y empezar a enseñarles a amar el cerebro. Un curso en línea como nuestro Brain Thrive Pre-K—Grade 1 (El crecimiento del cerebro para Preescolares—1.° Grado) puede ayudar (disponible en inglés en www. AmenUniversity.com).

Los años de la escolaridad primaria. Una vez que llegan a la edad escolar, entre los seis y los once años, establecen amistades y vínculos fuera del hogar (por ejemplo, en los exploradores, en los deportes) y se identifican con el progenitor del mismo sexo. Su capacidad de concentración aumenta de manera drástica y piensan más en términos literales, a menudo en blanco o negro. Necesitan supervisión, reglas y estructura para sentirse cómodos. Entonces, su cerebro llega a la siguiente gran etapa de desarrollo.

Recomendaciones para la crianza en esta etapa: durante este período, es una buena idea empoderar a su hijo para la resolución de problemas y permitirle involucrarse progresivamente en desafíos más grandes. Cuando los niños aprendan a andar en bicicleta, a montar una patineta o participar en deportes, asegúrese de que usen un casco que proteja su cerebro y disuádalos de practicar aquellos que puedan causar daños cerebrales, como el fútbol americano. Incentive a los niños de edad escolar a que empiecen a adoptar hábitos saludables para el cerebro (ver la página 27, principio 6).

Preadolescentes y jóvenes adolescentes. A los once años, el cerebro comienza a reducir las conexiones adicionales. Los circuitos que se mantienen son más específicos y eficientes. El cerebro es uno de los mejores ejemplos del principio «lo que no se usa se pierde». Las conexiones que se usan reiteradamente en los primeros años se vuelven permanentes, mientras que las que no se usan se recortan. Por lo tanto, si un niño no hace deportes cuando es joven, esos circuitos nerviosos serán recortados. O si una niña no aprende a tocar un instrumento musical, el cerebro corta esas conexiones. Es por eso que es más difícil aprender actividades nuevas más adelante en la vida.

En la vida cotidiana, así es como se ve esta nueva etapa del desarrollo cerebral. Los preadolescentes y los jóvenes adolescentes, desde los once a los catorce años, avanzan hacia una manera de pensar más independiente, luchan por encontrar su identidad, batallan con la sensación de timidez sobre su cuerpo y se dan cuenta de que los padres no son perfectos e identifican sus defectos con precisión. (Quizás, esto nos ayude a mantenernos humildes). Los jóvenes adolescentes son influenciados en mayor medida por sus pares. Los amigos íntimos se vuelven importantes. Es entonces cuando también empiezan a poner a prueba las reglas y los límites.

Recomendaciones para la crianza en esta etapa: entienda que este es el momento cuando los hijos necesitan aprender a equilibrar la autonomía y el proceso de individualización con la seguridad. Siga aplicando los límites y concéntrese en ser ejemplo de hábitos para la salud mental (ver la página 27).

Adolescentes. Cerca de los catorce años, los adolescentes avanzan hacia una mayor independencia, empiezan a quejarse de sus padres («¡Yo sé cómo hacer esto por mí misma!», «¿En serio, mamá?») y se repliegan emocionalmente de mamá y papá. Se preocupan al extremo por su aspecto físico. Sus amigos son las personas más importantes de su vida, aunque a menudo cambien de relaciones. Durante los años que promedian la adolescencia, los hijos muestran más interés en profesiones específicas.

Una vez que los adolescentes tienen entre diecisiete y diecinueve años, se vuelven más seguros en su identidad y más estables en sus relaciones. Pueden prever las consecuencias de sus actos y manifestar la capacidad de retrasar sus necesidades y sus deseos. Se preocupan más por los demás y por su propio futuro.

Recomendaciones para la crianza en esta etapa: una de las causas por las cuales padres y adolescentes luchan entre sí es porque, a medida que los hijos crecen, usted espera cada vez más de ellos, pero los adolescentes no tienen las capacidades cerebrales del adulto. De hecho, muchos adolescentes están «comportándose según su edad» cuando se esfuerzan por hacer lo correcto. Cuanto mejor entienda el cerebro y sus funciones clave, más empatía y ayuda podrá ofrecerle a su hijo cuando desafíe sus límites. A esta edad, tiene que ayudar a los adolescentes a entender la diferencia entre aceptación y acuerdo. Aunque los adolescentes puedan verse lo suficientemente maduros como para tomar sus propias decisiones, su tarea como padre aún es intervenir como su lóbulo frontal cuando sea necesario. Incentive un comportamiento saludable para el cerebro. Nuestro curso en línea Brain Thrive 25 (Haz prosperar tu cerebro 25) ofrece pautas para que los adolescentes y los jóvenes adultos adopten buenos hábitos cerebrales (www.AmenUniversity.com).

Jóvenes Adultos. Durante el final de la adolescencia y hasta los veinticinco años, el tercio frontal del cerebro (llamado lóbulo frontal o cerebro ejecutivo) continúa desarrollándose. La mielina sigue depositándose en el lóbulo frontal hasta los veinticinco o veintiséis años, haciendo que el lóbulo frontal funcione a un nivel superior y más eficiente. La industria de los seguros de automóviles sabe desde hace mucho sobre la madurez y el desarrollo del cerebro. Comúnmente, los precios de los seguros para autos cambian a partir de los veinticinco años porque los conductores son más cuidadosos y tienen muchos menos accidentes porque su centro de decisiones funciona mejor.

Recomendaciones para la crianza en esta etapa: siga animando a los jóvenes adultos a hacerse cargo de su propia salud cerebral.

SIETE PRINCIPIOS DEL CEREBRO PARA PADRES E HIJOS[4]

1. **Su cerebro interviene en todo lo que hace.** Cómo piensa, cómo siente, cómo actúa y cuán bien se lleva con sus hijos, su cónyuge y sus amigos tiene que ver con el funcionamiento de su cerebro a cada momento. El cerebro es el órgano que está detrás de su inteligencia, su carácter, su personalidad y cada decisión que toma.

2. **Cuando su cerebro funciona bien, usted funciona bien. Cuando su cerebro tiene problemas, usted tiene problemas en su vida.** Cuando su cerebro está sano, usted suele ser más feliz, más fuerte mentalmente, más sano (porque toma mejores decisiones) y es un mejor padre. Cuando su cerebro no está sano, por la razón que sea (traumatismos múltiples, malos hábitos alimenticios o antecedentes familiares de problemas de salud mental), usted tiende a estar más triste, más enfermo, a ser menos exitoso, más vulnerable a las cuestiones de salud mental y a ser un padre menos eficaz. Lo mismo le sucede a sus hijos.

3. **Su cerebro es el órgano más asombroso del universo.** Su cerebro pesa alrededor de un kilo y medio, tiene unos cien mil millones de neuronas (células nerviosas) y más conexiones que estrellas en nuestra galaxia.

4. **Tiene que enamorarse de su cerebro y celarlo.** Dado que el cerebro maneja su vida (y la vida de su hijo), debe cuidarlo. Lamentablemente,

no hay suficientes personas que cuiden el cerebro, porque no pueden verlo. Usted puede ver las arrugas que tiene en la cara o la grasa que acumuló alrededor de la panza y hacer algo al respecto si eso le molesta. Sin embargo, ya que la mayoría de las personas no pueden ver su cerebro, no saben si hay problemas allí o si van por mal camino.

5. **Hay muchas cosas que dañan al cerebro. Evítelas.** Basándonos en el trabajo con imágenes cerebrales en las Clínicas Amen y más de treinta años de práctica clínica, hemos identificado los once factores de riesgo más importantes que dañan al cerebro y se apoderan de la mente. Si usted tiene cualquiera de estos factores de riesgo, la crianza de los hijos puede parecer más difícil de lo que debería ser. Y si su hijo tiene alguno de ellos, puede privarlo de la fortaleza mental, la resiliencia y la atención que necesita para tener éxito en la vida. Hemos desarrollado la nemotecnia BRIGHT MINDS (el concepto en español es «mentes brillantes») para ayudarlo a recordar los once factores de riesgo más importantes[5]. Escribí sobre estos factores de riesgo en varios libros, pero aquí los he adaptado para mostrarle cómo pueden lastimar al cerebro e impactar en su vida como padre y en la vida de su hijo.

- B (*Blood flow*, **circulación sanguínea**). La circulación sanguínea proporciona el oxígeno y los nutrientes importantes que su cerebro necesita para el funcionamiento óptimo; además, se lleva los desechos. Nuestro trabajo con imágenes cerebrales muestra que la baja circulación sanguínea (por hipertensión, falta de ejercicio físico u otras cuestiones) está asociada con muchos problemas que pueden afectar a los padres o a los hijos en diferentes edades, incluyendo problemas de atención, estados de ánimo, adicciones, entre otros.
- R (*Rational thinking*, **pensamiento racional**). Cada pensamiento que tiene causa la liberación de neuroquímicos que afectan el funcionamiento del cerebro. Los pensamientos pueden ser positivos y beneficiosos o negativos y nocivos. Si su cerebro está

plagado de ANTs (sigla para *Automatic Negative Thoughts*; es decir, pensamientos negativos automáticos), pueden acaparar su mente o robarle la alegría a usted o a su hijo.

- I (*Inflammation*, **inflamación**). Tener altos niveles de inflamación perjudica a los órganos de su cuerpo, incluyendo el cerebro. La inflamación elevada está ligada a las cuestiones de estados de ánimo, falta de motivación y un intestino permeable, el cual causa problemas gastrointestinales y alergias, entre otros. Los estudios demuestran que la inflamación sistémica crónica a una temprana edad en los niños produce efectos a largo plazo en el desarrollo del cerebro[6].

- G (*Genetics*, **genética**). Aunque los problemas de salud cerebral y mental sin duda son cuestiones hereditarias, sus genes no determinan su destino. Sus hábitos cotidianos pueden influir sobre aquellos genes y activarlos o desactivarlos.

- H (*Head trauma*, **traumatismo craneal**). Los traumatismos y las lesiones craneales (aun los leves que suceden a cualquier edad) pueden contribuir a los problemas de aprendizaje, atención, estado de ánimo, ansiedad y vulnerabilidad hacia el abuso de alcohol o drogas, entre otros.

- T (*Toxins*, **toxinas**). La exposición a las toxinas medioambientales que están en los productos de higiene personal, los productos no orgánicos, el moho, la pintura, el alcohol, el humo, los pesticidas y otros artículos cotidianos es nociva para el cerebro. Los estudios muestran que el cerebro en desarrollo de los niños es particularmente vulnerable a la exposición a los tóxicos[7]. La confusión mental, los problemas de aprendizaje, el autismo, el TDAH y otras cuestiones han sido relacionados con la exposición a las toxinas.

- M (*Mental health*, **salud mental**). Tener problemas de salud mental dificulta mucho más ser un padre eficaz y les complica a los niños el tener un buen desempeño en la escuela y en la vida. Por ejemplo, el TDAH puede complicarles la concentración o cumplir con las cosas. Por la ansiedad, usted puede volverse sobreprotector e interferir con la vida escolar, familiar y las amistades del niño. Estar deprimido puede privarlos a usted o a su hijo de la motivación y la alegría. En promedio, transcurren once años desde la primera vez que la persona tiene síntomas de una enfermedad mental hasta que es evaluada y tratada[8]. Las investigaciones publicadas en el 2020 revelan que los jóvenes de hasta veinticinco años experimentan el retraso más prolongado desde la aparición de los síntomas hasta el momento que reciben un tratamiento[9]. Eso es demasiado tiempo.

- I (*Immune System Problems and Infections*, **problemas e infecciones en el sistema inmunológico**). Si su sistema inmunológico es inestable, puede ser más vulnerable a las infecciones que aumentan el riesgo de niebla cerebral, problemas de salud mental y problemas de memoria. Se sabe que, en algunos niños, ciertas infecciones (incluyendo el estreptococo, la enfermedad de Lyme, COVID y la mononucleosis) han provocado la aparición de problemas neuropsiquiátricos[10].

- N (*Neurohormone Issues*, **problemas neurohormonales**). Cuando las hormonas están desfasadas, hay un impacto negativo sobre el funcionamiento del cerebro. Por ejemplo, los problemas en la tiroides pueden suprimir la energía, producir un pensamiento confuso y causar dificultades para concentrarse o prestar atención. Dichos problemas pueden ser diagnosticados erróneamente como trastornos de salud mental.

- D (*Diabesity*, **diabesidad**). La palabra *diabesidad* es la combinación de *diabetes* y *obesidad*. Ambas enfermedades reducen el tamaño y el funcionamiento de su cerebro. La diabesidad puede afectar el humor, la memoria, el aprendizaje, la concentración, etcétera.

- S (*Sleep*, **sueño**). El cerebro necesita el sueño para mantenerse sano. En los adultos, dormir menos de siete horas por noche está relacionado con un mayor riesgo de padecer ansiedad, depresión, demencia, TDAH, etcétera[11]. La falta de sueño tiene un efecto especialmente nocivo en los adolescentes. Un estudio de investigación que involucró a 27.939 alumnos de escuelas secundarias descubrió que, por dormir apenas una hora menos durante los días de semana, el resultado fue que se sentían un 38% más desesperanzados. Asimismo, aumentaron significativamente las posibilidades de abuso de sustancias, el considerar seriamente el suicidio y los intentos de suicidio[12].

6. **Muchas cosas ayudan al cerebro. Practique hábitos saludables para el cerebro.** La noticia fascinante es que muchas cosas también son buenas para su cerebro y pueden estimular su funcionamiento. Cuando las pone en marcha en su vida cotidiana, la crianza de los

hijos puede ser menos agotadora y más gratificante. Incorporarlas en la vida de su hijo mejora su capacidad para estar a la altura de su potencial. Estas son las estrategias BRIGHT MINDS que usted puede usar para minimizar sus factores de riesgos y los de su hijo.

- **B por Circulación sanguínea.** Dedique treinta minutos por día a hacer ejercitación física, practique meditación u oración y coma alimentos como granadas, cítricos y nueces (que aumentan la circulación sanguínea).
- **R por Pensamiento racional.** No es necesario que crea cada pensamiento estúpido que tiene. Los pensamientos vienen y van y son influenciados por lo que usted ve, escucha y come. El solo hecho de que tenga un pensamiento no significa que tenga que prestarle atención. Ayudar a que los niños aprendan esto desde una edad temprana puede tener un efecto poderoso en la trayectoria de su vida, los preparará para tener más confianza en sí mismos, ser menos susceptibles a la crítica constructiva y tener una actitud positiva frente a los obstáculos. Aprenda a acabar con los ANTs (pensamientos negativos automáticos) poniendo en duda sus pensamientos. Enseñe este método simple a los niños de todas las edades: siempre que tengas un pensamiento que te haga sentir mal, furioso, triste o fuera de control, pregúntate a ti mismo si es verdad. Para más información sobre cómo eliminar los ANTs, ver el capítulo 7.
- **I por Inflamación.** Aliméntese con una dieta antiinflamatoria, incluya más comidas altas en ácidos grasos Omega 3 (como el salmón). Tome suplementos como el aceite de pescado y los probióticos y déselos también a sus hijos. Use hilo dental a diario y enséñeles a sus hijos a usarlo.
- **G por Genética.** Si tiene antecedentes familiares de trastornos en la salud mental, problemas de conducta o dificultades en la memoria, tómese en serio la salud cerebral lo antes posible. Sométase tempranamente a una evaluación y preste atención a cualquier señal de problemas en sus hijos. Infórmese sobre

los factores de riesgo de su familia y trabaje para prevenirlos a diario. Por ejemplo, aunque en la familia del doctor Amen hay obesidad y cardiopatías, él —a sus sesenta y nueve años— no tiene ninguna de ambas. Está en un programa de prevención contra la obesidad y las enfermedades cardíacas cada día de su vida.

- **H por Traumatismo craneal.** Proteja su cabeza (y la de su hijo). Use casco cuando anda en bicicleta, esquía, patina, etcétera. No permita que los niños practiquen deportes de contacto como el fútbol americano y evite cabecear las pelotas en el fútbol. Siempre use el cinturón de seguridad cuando esté en el auto y sujétese a las barandas cuando suba o baje escaleras. Evite las escaleras marineras y nunca mande mensajes de texto mientras camina o conduce.
- **T por Toxinas.** Evite la exposición a sustancias tóxicas. Descargue una o varias de las aplicaciones disponibles para reducir la exposición a los químicos, como Think Dirty, y busque alternativas no tóxicas. No sature su cuerpo (ni el de su hijo) con productos que contienen toxinas, tales como: la oxibenzona de los protectores solares, los parabenos y los ftalatos (fragancia) en los cosméticos. Coma alimentos orgánicos siempre que pueda y evite el alcohol, la marihuana y los cigarrillos. Haga revisar su casa si sospecha que hay moho. Además, ayude a los cuatro órganos de su cuerpo que sirven para la desintoxicación:
  - Los riñones: beba más agua.
  - El estómago: coma más fibra y elija alimentos orgánicos.
  - El hígado: deje de fumar y evite las drogas, limite el alcohol y coma coles (repollo, brócoli, coliflor y repollitos de Bruselas).
  - La piel: ejercítese vigorosamente hasta transpirar.

- **M por Salud mental.** Adopte hábitos saludables para su cerebro y elimine los ANTs (ver Pensamiento racional). Haga ejercicio físico a diario, practique técnicas para controlar el estrés y aumente el consumo de ácidos grasos Omega 3.
- **I por Problemas e infecciones en el sistema inmunológico.** Controle los niveles de vitamina D y, si están bajos, tome más sol o ingiera un suplemento. Para la estimulación inmunológica coma cebollas, hongos y ajo. Hágase exámenes para detectar infecciones comunes y asegúrese de tratar tempranamente cualquier infección que usted o su hijo tengan.

- **N por Problemas neurohormonales.** Como padre, examine y optimice sus niveles hormonales y evite los disruptores endócrinos (que se encuentran en los pesticidas, en algunos productos alimenticios y en algunos productos de higiene personal), tanto para usted como para sus hijos.
- **D por Diabesidad.** Elimine o reduzca el azúcar, consuma alimentos saludables para el cerebro y no ingiera más calorías de las necesarias.
- **S por Sueño.** Haga que dormir sea prioritario en su familia. Tenga como objetivo entre once y catorce horas diarias para los más pequeños, de diez a trece horas para los preescolares, de nueve a once horas para los niños en escuela primaria y secundaria, de ocho a diez horas para los adolescentes y entre siete y ocho horas para los adultos. Apague los dispositivos electrónicos entre una y dos horas antes de irse a la cama.

7. **Puede cambiar su cerebro y cambiar su vida.** La lección más importante y esperanzadora que hemos aprendido de las doscientos cincuenta mil imágenes cerebrales es que usted no tiene que quedarse con el cerebro que tiene: puede mejorarlo a cualquier edad de la vida. Antes de tomar una decisión, una de las cosas más sencillas que puede hacer es preguntarse: «¿Esto es bueno o malo para mi cerebro?». Vea el recuadro más abajo para aprender cómo enseñarles esta técnica a sus hijos pequeños. Todos tenemos que trabajar con ahínco para mejorar nuestra salud cerebral porque con un cerebro mejor vendrá una mente mejor, una crianza mejor y una vida mejor.

Hacer que los niños piensen en la salud cerebral: El juego de Chloe

Lograr que a sus hijos les interese la salud del cerebro y aprendan qué es bueno para el cerebro desde sus primeros años producirá un efecto poderoso y positivo para el resto de su vida. De hecho, es algo fácil de hacer. El Dr. Amen descubrió que la manera más fácil de comenzar es convertirlo en un juego. Él empezó a jugar este juego con su hija Chloe cuando ella tenía dos años. Lo llama «El juego de Chloe». Usted puede usarlo con el nombre de su hijo.

¿Esto le hace bien o mal a mi cerebro?

He aquí cómo hacer que sus hijos se pregunten a sí mismos: ¿esto es bueno o malo para mi cerebro? El Dr. Amen decía algo como «frutos secos» y Chloe decía «¡Buenos para mi cerebro!». Si el Dr. Amen decía «salmón», ella decía: «¡Qué rico, muy bueno!». Pero si el Dr. Amen decía: «Andar en patineta sin casco», ella respondía: «¡Malo y me da miedo!». Le sorprendería lo bien que los más pequeños pueden distinguir qué es bueno y qué es malo para ellos.

Siguieron jugándolo mientras Chloe crecía; las preguntas evolucionaron mientras iba haciéndose mayor. Después de que obtuvo su licencia para conducir, el Dr. Amen le preguntaba: «¿Manejar sin ponerte el cinturón de seguridad?»; ella lo miraba con un gesto de desaprobación y decía: «¡Uy, eso es malísimo!». Cuando estaba a punto de irse a la universidad, él le preguntó: «¿Unirte a una fraternidad?». Ella se detuvo a pensarlo. Luego, respondió: «Bueno, los lazos sociales serían buenísimos, pero si beben mucho o hay consumo de drogas, sería terrible». Lo que hace que este juego sea tan genial es que puede jugarlo en cualquier lugar (en el auto, en el supermercado, durante la cena) y puede ser un buen puntapié para las conversaciones.

EL ENFOQUE PRÁCTICO DE LA NEUROPSICOLOGÍA

Su hijo necesita un cerebro sano para ser mentalmente fuerte. Cualquier cosa que interfiera con el funcionamiento cerebral también puede interferir con el carácter. Los daños al cerebro, desde infecciones, traumatismos, desnutrición o exposición a los tóxicos (tales como el alcohol u otras drogas) pueden perjudicar el carácter de su hijo. Si el funcionamiento del cerebro no es sano, los niños no pueden realizar las cosas que nos distinguen como humanos: hacer planes, controlar los instintos y dar y recibir amor. El carácter y la moral están entrelazados.

En una gran cantidad de estudios, el mal funcionamiento cerebral se ha relacionado con el decaimiento moral[13]. Una persona moral es quien hace lo correcto, es justa en sus actos y evita hacer daño sin razones necesarias (como sucede en la guerra). Las personas con escasa moral son aquellas a quienes no les importa si hacen lo correcto, pueden ser injustas al interactuar sin que eso les moleste y lastimar a otros para su beneficio propio.

En quién se convierta su hijo, en gran parte está moldeado por el funcionamiento del cerebro. Un cerebro sano le permite actuar de manera consistentemente positiva. Tener un cerebro sano hace posible que aprenda de usted, de sus hermanos y de sus maestros; le posibilita aprender de los errores que comete para no tener que repetirlos y le permite observar los comportamientos que lo hacen feliz y los que no.

Tener un cerebro sano, sin embargo, es solo una parte de la ecuación de criar seres humanos con fortaleza mental, confiados y resilientes. También hay un poco de psicología básica de crianza que hay que aplicar en el hogar. Piense que el cerebro es una computadora de alta potencia. Usted puede tener el mejor modelo, pero si lo único que hace es descargar videojuegos o mirar YouTube en línea, la computadora no funciona en todo su potencial. Necesita un disco rígido bueno, pero también necesita un programa informático de gran calidad.

Para criar niños con fortaleza mental, necesitamos combinar la neurociencia con la psicología práctica. Como padres, debemos velar por nuestra propia salud cerebral, así como por el desarrollo cerebral de nuestros hijos, además de usar las comprobadas habilidades de crianza. Uno sin lo otro nunca será suficiente.

LOS CUATRO CÍRCULOS DE LA FORTALEZA MENTAL

Observe qué papel desempeñaron los cuatro círculos de la fortaleza mental en la vida de Susan, de cuarenta y cinco años, como madre de cuatro hijos (dos con TDAH) y directora de una organización sin fines de lucro. Cuando Susan entró en el consultorio del Dr. Amen, le dijo:

—No me siento bien. Estoy cansada todo el tiempo, ¡aunque duerma hasta tarde los fines de semana! No puedo recordar las cosas más simples y parece que no logro concentrarme en nada por más de un minuto, antes de que algo me distraiga. Me siento demasiado abrumada.

LOS CUATRO CÍRCULOS DE LA SALUD MENTAL

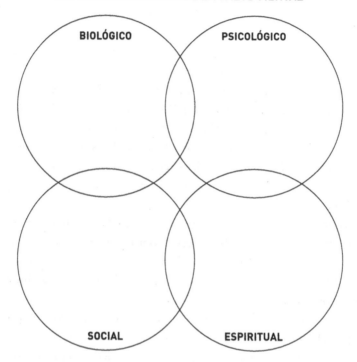

Dejó escapar un suspiro...

—Y la cosa empeora. Lo que antes podía hacer con facilidad, ahora tengo que esforzarme mucho para sacarlo adelante.

Susan era la clásica mamá helicóptero que había llegado a la etapa del desgaste físico. Sus hijos (en especial los dos que tenían TDAH) casi nunca cumplían sus quehaceres del hogar, tenían problemas en la escuela y disfrutaban de provocarla para sacarla de sus casillas. Susan sentía que estaba por tirar la toalla, se irritaba con facilidad con los niños y, luego, se sentía un fracaso como madre. *¿Qué estoy haciendo mal?*, se preguntaba.

Susan es como tantas mujeres que acuden a las Clínicas Amen en busca de ayuda. Ella creía que se alimentaba sanamente, pero comenzaba la mayoría de los días con un café y una rosquilla y era terriblemente dulcera durante el día. Quería hacer ejercicio, pero no encontraba el tiempo. A la noche, sistemáticamente bebía dos copas de vino para relajarse. Había una parte fundamental de su cuerpo a la cual nunca le prestaba la más mínima atención: su cerebro. Lo irónico es que el cerebro de Susan es el que decide qué come y cuánto duerme. Su cerebro decide si les grita a sus hijos o si respira hondo y trata de ser más cariñosa y razonable.

Por supuesto, ninguna de estas decisiones es necesariamente consciente. Pero, aun así, el cerebro de Susan las decide. Si ella supiera cómo cuidar su cerebro —cómo atenderlo en el sentido biológico, psicológico, social y espiritual que este necesita—, es probable que se sintiera mucho mejor y tendría la energía que necesita para ser una madre más efectiva.

Junto a Susan, el Dr. Amen dibujó cuatro círculos grandes en una gran pizarra blanca de su consultorio. En el primer círculo, escribió *Biológico* y comenzó con una tanda de preguntas para ver los factores biológicos que afectaban a su cerebro. Había antecedentes familiares de depresión y su alimentación no era la mejor, lo cual es terrible para el cerebro. Además, por estar tan ocupada, solía comer un montón y a las corridas (esto tampoco le hace bien al cerebro).

Otro problema biológico importante en el perfil de Susan eran las cinco horas (o menos) que alcanzaba a dormir por noche. Con cuatro hijos y un trabajo exigente, le costaba terminar de hacer todo en el día. Pero no dormir lo suficiente es una de las peores cosas que puede hacerle a su cerebro (y al de sus hijos), así que esto era una gran preocupación.

En el segundo círculo, escribió la palabra *Psicológico.* Psicológicamente, Susan pensaba de manera indisciplinada y negativa. Su cerebro agitado volvía todo el tiempo a las mismas preocupaciones, ansiedades y críticas a sí misma: *Tendría que haberlo hecho de otra manera. Mi hija probablemente me odia. No estoy haciendo lo suficiente por mis hijos. ¿Qué problema tengo?* Susan era propensa a la clase de perfeccionismo que exagera los defectos y minimiza las virtudes.

En la mente de Susan, las crisis normales de la infancia de sus hijos evidenciaban sin duda que ella no era una madre suficientemente buena. El Dr. Amen se refiere a estos pensamientos negativos automáticos como ANTs. Estas cuestiones psicológicas eran resultado tanto de la mala salud del cerebro de Susan, como un factor que contribuía a ello.

En el tercer círculo, el Dr. Amen escribió: *Social.* Allí también el cerebro de Susan enfrentaba una buena cantidad de dificultades. Se sentía separada de las personas más importantes de su vida, alejada de su esposo e irritable con los niños. En el trabajo, se sentía sobrepasada. El apoyo que podría haber tenido de sus amigos o de su comunidad eclesiástica parecía inalcanzable porque Susan se sentía demasiado agotada como para acercarse.

En el último círculo, escribió: *Espiritual.* Sorprendentemente, el cerebro de Susan estaba en buenas condiciones en esta área. Tenía un profundo sentido de importancia/trascendencia y de propósito para su vida, lo cual la sostenía aun en ese tiempo complicado. Sentía que su trabajo era importante para otros y sabía que su presencia en casa era fundamental para su esposo y para sus hijos. Se sentía profundamente conectada con Dios, con el planeta y con el futuro. El cerebro de Susan sin duda se beneficiaba de su sentido de importancia y de propósito.

LOS CUATRO CÍRCULOS DE SUSAN

BIOLÓGICO

Historia familiar de depresión

Mala alimentación

Falta de ejercitación física

Consumo diario de alcohol

Falta de sueño

PSICOLÓGICO

ANTs

Preocupación

Ansiedad

Autocrítica

Falta de vínculos

Profundo sentido de propósito

Relación con Dios, el planeta, el futuro

SOCIAL

ESPIRITUAL

Cuando Susan aprendió a optimizar los cuatro círculos de su vida usando las mismas herramientas y estrategias que usted encontrará en este libro, se convirtió en una madre más eficaz y disfrutó mucho más de sus cuatro hijos. Entender cómo afectan su vida los cuatro círculos es el primer paso para aprender a incentivar a sus hijos para que incorporen este enfoque a su propia vida. Descubrir desde temprana edad cómo optimizar todas estas áreas ayuda a crear la vida equilibrada que potencia la fortaleza cerebral y mental.

Hagamos un ejercicio rápido. Piense en los cuatro círculos de su propia vida y de la vida de su hijo y tome nota de las áreas que lastiman al cerebro, dificultan la crianza y le roban a su hijo la fortaleza mental, así como de todas las cosas que estimulan el cerebro, facilitan la crianza y fortalecen el bienestar mental de su hijo.

MIS CUATRO CÍRCULOS

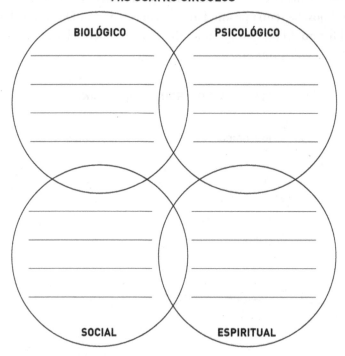

LOS CUATRO CÍRCULOS DE MI HIJO

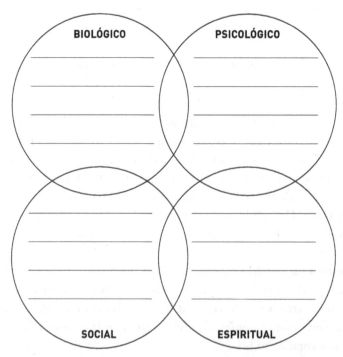

LA HISTORIA DE DOS LANZADORES DE SECUNDARIA

Para ilustrar cómo se entrecruzan la salud cerebral y la psicología, considere la historia de estos dos lanzadores de béisbol de escuela secundaria: Keith y Troy. Keith creció en una familia en la cual ambos padres estaban tan ensimismados que no le prestaban demasiada atención. Cuando Keith era bebé y lloraba, sus padres solían demorar un rato largo en responder o, simplemente, lo dejaban seguir llorando. Esto alteró algunos de los elementos más fundamentales de la vida de un niño: el apego y la empatía.

Una de las primeras cosas que aprenden los bebés es causa y efecto: cuando lloro, alguien viene a abrazarme, arrullarme o satisfacer mis necesidades. Es una ecuación simple: «Si hago A, sucede B». Cuando esto ocurre habitualmente, genera y fortalece las vías neuronales involucradas en el apego y en la empatía. Las personas que crecen sin padres cariñosos no desarrollan esas vías neuronales. Eso suele causar problemas de conducta desde los primeros años de vida. En esos niños, los «terribles dos años» son terribles por demás.

Durante la niñez de Keith, uno de sus entrenadores de béisbol se dio cuenta de que él era zurdo y lo invitó a que probara lanzar. Keith era sobresaliente lanzando la pelota de béisbol y volcó toda su atención al deporte. Sus padres estaban entusiasmados y tenían la desesperada ilusión de que lanzar fuera la llave del éxito para Keith. Definitivamente, no le iba bien en lo académico. Como carecía de empatía y había perdido la oportunidad de aprender sobre causa y efecto cuando era bebé, básicamente no pensaba en las consecuencias de sus actos y tomaba decisiones muy malas. Sus padres iban a rescatarlo cada vez que Keith se metía en problemas.

Keith consiguió una beca para jugar béisbol en la universidad. A pesar de sus problemas en el pasado, le iba muy bien en ese momento y el futuro parecía prometedor. La noche anterior a su primer día en la universidad, sin embargo, se metió en un automóvil con un amigo y gritó: «¡Oye, vamos a robar un cajero automático!». Con esa terrible decisión, la beca y la carrera de Keith en el béisbol se hicieron humo.

Ahora, veamos la historia de Troy. Él no tenía el mismo talento nato de Keith para lanzar, pero sus padres lo cuidaron desde bebé y le brindaron lo que necesitaba para desarrollar los cuatro círculos de la vida. Con esta base, Troy pudo entrenar con dedicación y así mejorar sus habilidades. Finalmente, ganó una beca universitaria como Keith. Y, al igual que él, se metió en un automóvil con un amigo la noche previa a irse a la universidad. Troy y su amigo estaban aburridos y se dijeron: «Deberíamos divertirnos un poco. ¿Qué podríamos hacer?». En lugar de tramar un plan como el de Keith, Troy se echó para atrás y dijo: «Bueno, mañana tengo que irme temprano a la universidad y no quiero estar cansado, así que es probable que lo mejor sea que nos vayamos a casa y durmamos un poco».

Haber generado hábitos saludables para el cerebro a lo largo de la vida y haber tomado buenas decisiones ayudó a Troy a desarrollar la fortaleza mental para hacer lo correcto. Llegó a jugar béisbol en la universidad, se graduó con honores y jugó con los profesionales por un breve tiempo, hasta que se lesionó. Gracias a que, además, les había prestado atención a sus estudios, pudo cambiar casi sin contratiempos de carrera y llegó a ser muy exitoso.

NUNCA ES DEMASIADO TARDE PARA MEJORAR LA SALUD CEREBRAL Y LAS TÉCNICAS DE CRIANZA

Luego de leer sobre lo importante que es el desarrollo temprano del cerebro, tal vez usted esté preocupado porque no inculcó desde un primer momento en sus hijos los hábitos para la salud cerebral. La buena noticia es que nunca es demasiado tarde para empezar. Aunque no haya puesto los mejores cimientos, todavía puede cambiar las cosas. El trabajo con las imágenes cerebrales en las Clínicas Amen demuestra que el cerebro puede cambiar, a pesar de que usted lo haya tratado mal o de que sus hijos hayan adquirido malos hábitos para el cerebro. Y si cometió algunos errores de crianza en el pasado, puede corregirlos con las estrategias de este libro.

Recuerde el ejemplo de los dos conductores al comienzo de este capítulo. Si se mantiene concentrado en el camino que tiene adelante, en lugar de preocuparse por lo que ve en el espejo retrovisor, puede llegar a ser un mejor padre y criar hijos mentalmente más fuertes.

Criar hijos con necesidades o discapacidades especiales

Cuando se trata de la crianza de los hijos, los niños con necesidades especiales presentan alegrías y desafíos singulares. Si su hijo tiene una discapacidad física, un trastorno de aprendizaje, retraso en el desarrollo, un problema en su salud cerebral/mental (más información al respecto en el capítulo 13) u otra cuestión, tenga la seguridad de que puede usar las estrategias y las técnicas de este libro.

Lo alentamos a instruirse sobre la condición de su hijo y a explorar las técnicas terapéuticas que cuenten con beneficios respaldados por la ciencia. Además, es importante que sepa que conseguir el diagnóstico acertado para su hijo puede ser clave para encontrar los tratamientos más efectivos. En las Clínicas Amen, hemos descubierto que las tomografías cerebrales son una pieza importante del rompecabezas, cuando se trata del diagnóstico para muchas afecciones. Hemos visto a niños dispersos, con bajo rendimiento escolar, tristes, enojados o, incluso, agresivos, y cuando les hicimos una tomografía cerebral, descubrimos que previamente habían tenido traumatismos en la cabeza, que habían estado expuestos a toxinas o a alguna infección crónica, como la enfermedad de Lyme, que contribuían a sus síntomas. Saber qué causa o exacerba cualquier problema puede ser sumamente útil para comprender, amar y criar a su hijo.

Nos hemos encontrado con muchos padres de niños con necesidades especiales y suelen sentir mucho estrés, ansiedad, tristeza, dolor y culpa. Esto puede producir agotamiento o desgaste físico. Recuerde que cuidarse a sí mismo es tan importante como cuidar a su hijo. Una de las cosas más importantes que puede hacer por usted como padre (y por su hijo, independientemente de sus necesidades únicas) es seguir hábitos saludables para el cerebro (ver el capítulo 9). Al impulsar su bienestar cerebral y emocional (y el de su hijo), puede desarrollar una relación más cariñosa y mejorar la fortaleza mental de ambos.

Póngalo en práctica

- Día a día, usted da el ejemplo para la salud o la enfermedad. Si quiere que sus hijos vivan con un cerebro saludable, sea un ejemplo.
- Recuerde pensar en qué etapa está el cerebro de su hijo en el proceso de desarrollo.
- Familiarícese con los siete principios del cerebro para tener una vida saludable e impleméntelos en su vida cotidiana.

- Incentive a sus hijos a que se hagan cargo de la salud de su propio cerebro.
- Incorpore los cuatro círculos de la fortaleza mental: biológico, psicológico, social y espiritual.

Para lograr la máxima efectividad, concéntrese en la salud cerebral además de usar las comprobadas habilidades de la crianza, las cuales verá en los capítulos siguientes.

CAPÍTULO 2

LOS NIÑOS CON FORTALEZA MENTAL VIVEN SEGÚN METAS CLARAMENTE DEFINIDAS

Las metas nos ayudan a empezar a hacer cosas positivas, en lugar de seguir estancados preocupándonos por las cosas negativas.

Recuerde la época antes de que naciera su hijo. ¿Usted y su cónyuge se sentaban en el sillón para compartir sus sueños de cómo sería su hijo algún día? Todos lo hemos hecho. Pero dudo que algún futuro papá o futura mamá alguna vez hayan dicho algo como esto:

«Ay, no veo la hora de que nuestra hija crezca para que sea irrespetuosa y se crea que tiene privilegios».

«Me muero de ganas de que nos llamen a la oficina del director para hablar sobre sus actitudes problemáticas».

«Cuando nuestros hijos sean jóvenes adultos, espero que no quieran irse de casa y que no consigan trabajo ni paguen la renta».

«¿No será estupendo que tengamos que criar a nuestros nietos porque nuestros propios hijos adultos estarán tan mal preparados que no podrían criarlos solos?»

Obviamente, nadie quiere ninguno de estos panoramas. Todos deseamos lo mejor para nuestros hijos y queremos que, cuando crezcan, sean independientes, seguros de sí mismos y exitosos: que tengan fortaleza mental. El amor que tenemos por nuestros hijos nos lleva a proveer para ellos, protegerlos, cuidarlos y enseñarles todo lo que podemos. Sin duda, nuestros hijos no quieren ser adultos incompetentes que deban depender de sus padres cuando crezcan, pero las tendencias están mostrando que los adolescentes y los jóvenes adultos son más propensos a experimentar «fallas al despegar» ya que el 56% de los que tienen entre dieciocho y veinticuatro años viven en casa de sus padres, según las estadísticas de la Oficina de Censos de los Estados Unidos[1]. Desafortunadamente, muchos padres están preocupados porque, según cómo fueron criados en su familia o cómo están las cosas en los hogares de otras familias, hay una fuerte posibilidad de que las situaciones antes descritas se hagan realidad.

Eso es lo que sucedía en la vida de Gina. A los cuarenta y un años, ella y su esposo Tony (de cuarenta y tres, quien dirigía el restaurante italiano que habían abierto sus padres), criaban a Luca, su hijo de dieciséis. Toda la vida ellos habían soñado que Luca se les sumara en el negocio familiar y que, algún día, se hiciera cargo. Pensaban que ser ejemplo de padres trabajadores bastaría para inspirar a su hijo a que quisiera realizar ese sueño, pero a él no parecía interesarle nada más que refugiarse en su cuarto a dibujar caricaturas y trabajar en su computadora. Aunque era inteligente, Luca procrastinaba hacer la tarea. Gina intervenía y la hacía por él. Y, a pesar de que ella le pedía que limpiara su habitación, él seguía acumulando ropa sucia en las pilas que había en el piso; y, al final, Gina terminaba recogiéndola por él.

Gina y Tony habían llevado a Luca al trabajo con ellos desde que era pequeño para introducirlo en los distintos aspectos del manejo de un restaurante. Pero su hijo manifestaba poco entusiasmo por continuar el negocio familiar; mucho menos, por enviar una solicitud a una universidad. Gina, quien llevaba la contabilidad, trató de que se interesara en los números. También lo hizo colaborar en la cocina, con los cocineros, y lo puso a trabajar con Tony mientras recibía a los comensales y hacía que el bullicioso restaurante marchara sobre ruedas. Luca era apático a todo. La pareja se preocupaba por el futuro de Luca y se sentían tentados a etiquetar a su hijo de perezoso o desmotivado. Tony intentó que Luca se despidiera de sus caricaturas y su computadora, también lo presionó para que empezara a tomarse en serio el negocio del restaurante. A Gina comenzó a preocuparle que Luca nunca adquiriera las habilidades para hacerlo y dudaba de si alguna vez estaría lo suficientemente motivado como para irse de casa. ¿Qué podía hacer ella?

¿Tiene usted preocupaciones similares? ¿Desearía haber sabido cómo guiar a su hijo en la dirección correcta? Quizás su hijo todavía sea pequeño, pero a usted le preocupa saber cuáles son las mejores maneras de inculcarle la motivación a medida que vaya creciendo. ¿Y si ahora mismo pudiera implementar algunas costumbres poderosas que aumentaran drásticamente las posibilidades de tener un futuro muy promisorio para usted, sus hijos y sus nietos? Criar hijos es uno de los trabajos más difíciles e importantes. Todos queremos hacer lo correcto por nuestros hijos y prepararlos para el éxito, no solo en lo profesional, sino también en las relaciones, la salud, el dinero y lo espiritual. Por eso, explicaremos cómo la combinación de un mejor funcionamiento cerebral con las estrategias de crianza de Amor y Lógica basadas en la psicología es el secreto fundamental para el éxito parental. La unión de estas dos piezas del rompecabezas de la crianza lo encaminará para criar hijos con fortaleza mental y divertirse un poco más al hacerlo.

Es hora de que se ponga a pensar qué trata de lograr en las interacciones diarias con su hijo. De seguro es como la mayoría de los padres y quiere ver que se desarrollen ciertas cualidades en su hijo, por ejemplo, que:

- Sea seguro de sí mismo/confiado
- Sea resiliente
- Sea competente
- Sea responsable
- Sea respetuoso
- Sea amable y cariñoso
- Sea ingenioso
- Sea sensato
- Resuelva problemas
- En general, sea positivo en su actitud
- Sea capaz de tranquilizarse
- Sea capaz de tolerar el malestar
- Sea capaz de postergar la gratificación

- Sea capaz de aprender de sus errores
- Se sienta cómodo con pedir ayuda cuando sea necesario
- Tenga relaciones sanas y ponga límites apropiados con los demás
- Sepa cómo decir no a las tentaciones propuestas por otros
- Tenga las capacidades y la educación para tener un trabajo que disfrute y que, además, pague las cuentas
- Tenga buenas habilidades para construir relaciones y dedique su tiempo a personas de calidad
- Se cuide y se ocupe de estar física y emocionalmente sano
- Viva según metas claramente definidas y un sentido de propósito

Estas son las cualidades de alguien que tiene fortaleza mental; usted puede ayudar a su hijo a desarrollarlas. Si bien todos queremos esto para nuestros hijos, es posible que no sepamos cómo lograrlas o que estemos tan ocupados que perdamos de vista lo que en realidad importa. Puede pasarnos a todos, incluso a los autores, ¡un psiquiatra y un psicólogo de niños!

¿Usted sabe qué está intentando lograr como padre o algunos días siente simplemente que está «improvisando»? A menos que queramos que nuestros hijos vaguen sin rumbo por la vida y a menos que queramos ir de un lado para el otro en la crianza, es necesario que precisemos el destino deseado. Como padres, esto significa imaginar qué tipo de adultos deseamos que lleguen a ser nuestros hijos. Inculcar en sus hijos fortaleza mental, motivación y una actitud de buena voluntad es más fácil de lo que piensa; todo comienza cuando establece sus objetivos para sí mismo y para sus hijos.

Después de reunirse con el Dr. Fay, Gina y Tony se metieron de lleno en el programa Amor y Lógica y pensaron seriamente en sus metas como padres y en el hombre que querían que Luca llegara a ser. Casi de inmediato, tres cosas les llamaron la atención y los ayudaron a avanzar en una mejor dirección con su hijo:

- Enseñarle a hacerse responsable de su propia vida y de sus decisiones.
- Ayudarlo a aprender a interesarse en los demás y a mostrar un buen carácter.
- Ayudarlo a enfocar la mayor parte de su energía en sus fortalezas.

Comenzaron por dejar de hacer la tarea por él y lo dejaron experimentar las consecuencias de no esforzarse. También lo involucraron en algunas actividades de servicio comunitario y empezaron a pedirle que ayudara en la casa. Finalmente, dejaron de criticar las cosas que le costaban y se enfocaron en ver y alentar su amor por el dibujo y el diseño. A pesar de que Luca les dio algunos problemas al principio, su motivación cambió y lo mismo sucedió con su colaboración. Este trabajo inicial les dio el ánimo que necesitaban para seguir usando el poder de las metas.

ESTABLECER METAS DE CRIANZA LO AYUDA A USTED Y A SU HIJO A TENER UNA MAYOR FORTALEZA MENTAL

Cuando el Dr. Amen les menciona por primera vez la idea de establecer metas a los pacientes que son padres, a menudo lo miran perdidos o murmuran algo confuso sobre la profesión o el dinero. Establecer metas no es solo para un sueño remoto. Es para su presente como padre y tiene un rol importante en su habilidad para criar a un hijo seguro de sí mismo, competente y mentalmente firme. Proponerse una meta en la cual usted pueda concentrarse a diario marcará una gran diferencia en su vida. Proseguir las metas establecidas es fundamental para la crianza eficaz. A la vez, la salud del cerebro es esencial para establecer metas y la conducta lo es para lograrlas.

Lo guiaremos a las mejores prácticas y los mejores principios basados en la neurociencia y en Amor y Lógica para establecer metas, tener salud cerebral y fortalecer la relación padre-hijo. Fue así como Gina y Tony tuvieron éxito. Sus metas ayudaron a que sus cerebros los dirigieran a conductas eficaces. En otras palabras, sus metas los sacaron del atolladero y les permitieron empezar a *hacer* cosas, en lugar de *preocuparse* por las cosas.

Adivine qué parte del cerebro controla la determinación de las metas: la corteza prefrontal, la parte más evolucionada de su cerebro de adulto y la menos desarrollada en los niños y en los jóvenes adultos. La corteza prefrontal, la cual está involucrada en la planeación, la previsión, el juicio, el control de los impulsos y la empatía, no se desarrolla plenamente antes de los veinticinco años. Hasta que su hijo tenga esa edad, *usted* tiene que intervenir y actuar como si fuera su corteza prefrontal. (Aprenderá más sobre el cerebro a lo largo de este libro).

Para que esta parte de su cerebro sea lo más eficaz posible, necesita saber qué quiere y qué le importa. Cuando la corteza prefrontal funciona debidamente, usted puede tener un comportamiento dirigido hacia las metas y supervisar eficazmente sus palabras y sus actos. Puede pensar antes de decir las cosas y ser propenso a decir cosas que aumenten sus posibilidades de alcanzar sus metas. También es propenso a pensar antes de actuar. El resto del cerebro ayuda a crear los comportamientos que son congruentes con sus metas.

Cómo encontrar su propósito en la vida

Para que sus metas sean relevantes y eficaces, es importante que entienda su propósito y que lo recuerde mientras cría a sus hijos. Para descubrir su propósito, hágase las siguientes preguntas:

1. ¿Qué le fascina hacer? ¿Le gusta cocinar, escribir, dibujar, enseñar, ser padre, etcétera? ¿En qué se siente calificado para enseñarles a otros?

2. ¿Para quién lo hace? ¿De qué manera su trabajo lo conecta con los demás?

3. ¿Hay heridas del pasado que pueden transformarse en una ayuda para otros? Transforme su dolor para que tenga un propósito.

4. ¿Qué quieren o necesitan otros de usted?

5. ¿De qué manera cambian los demás como resultado de lo que usted hace?

6. ¿Cómo quiere que lo recuerden después de que usted muera? ¿Cuál quiere que sea su legado?

Observe que solo dos de las seis preguntas son sobre usted; cuatro de ellas son sobre los demás. En ayudar a otros se suele encontrar la felicidad y el sentido.

Su mente toma lo que ve y hace que suceda. Por eso, es fundamental visualizar qué quiere para usted como padre y para su hijo y, luego, con el tiempo adapte su comportamiento para lograrlo. Son demasiados los padres que se dejan llevar por el arrebato del momento (o por los caprichos de sus hijos), en lugar de usar su corteza prefrontal para crear un plan estratégico para sí y para sus hijos de todas las edades. ¿Su corteza prefrontal toma las decisiones o usted ha dejado que lo dominen sus emociones?

¿QUÉ QUIERE USTED COMO PADRE? ¿QUÉ QUIERE PARA SUS HIJOS?

Las metas determinan su comportamiento. Tener en claro qué intenta lograr como padre sacará a su comportamiento del ámbito de la repetición inconsciente del pasado y encaminará sus actos hacia una dirección positiva. Cuando tenga en claro las metas que tiene para sí como padre y para sus hijos, será proactivo y positivo. Inculcará en sus hijos los fundamentos que necesitan para tener la suficiente fortaleza mental para ocuparse de las cargas del mundo real y convertirse en adultos responsables. Si no tiene esa claridad, puede volverse reactivo, ineficaz y frustrarse con facilidad (todos los padres han vivido esos momentos). También le faltará la capacidad para enseñarles a sus hijos qué se necesita para tener un propósito en la vida y ser productivos. El resultado de ello es criar hijos que carecen de la resistencia mental, la motivación y la confianza en sí mismos para ser exitosos en todas las áreas de la vida. Para mantenernos enfocados como padres cada uno de nosotros ha puesto por escrito sus metas.

La palabra *escrito* es importante en este punto. Un estudio de imágenes cerebrales realizado en el 2021 por investigadores japoneses que analizaban la eficacia de escribir las cosas en papel, en comparación con ingresar la información en dispositivos móviles, sugiere fuertemente que el acto de escribir algo en un papel estimula partes específicas de nuestro cerebro que tienen mucho que ver con la memoria[2]. Además, en un estudio del año 2015 que analizaba el establecer metas, un profesor de Psicología de la Universidad Dominicana dividió a los ciento cuarenta y nueve participantes en cinco grupos: metas verbales; metas por escrito; metas por escrito y compromisos para actuar; metas por escrito y compromisos para actuar enviados a un amigo y metas por escrito, compromisos para actuar e informes semanales sobre el progreso enviados a un amigo. Después de cuatro semanas, quedó claro que el grupo de personas que escribió sus metas desarrolló los pasos a seguir y envió semanalmente los progresos a un amigo logró significativamente más objetivos que cualquiera de los otros grupos. El grupo que no escribió las metas y simplemente pensó qué querían lograr fue el que menos logró[3].

Debajo, hemos incluido nuestras metas personales para la crianza y lo que cada uno quiere para sus hijos (En el caso del Dr. Amen, para sus hijos adultos; para Chloe, su hija joven universitaria, y para sus sobrinas adolescentes. En el caso del Dr. Fay, para sus hijos adultos y su hijo adolescente). Cada uno guarda una lista de sus metas individuales en un lugar donde podemos verla todos los días. Las del Dr. Amen están en el primer cajón de su escritorio laboral y las del Dr. Fay están clavadas a la pared de su consultorio. Cada uno comienza su día observando sus metas. Empezar el día así nos ayuda a hacer que nuestro comportamiento sea consecuente con lo que queremos.

Metas de crianza del Dr. Amen

Como padre, mi meta general es ejercer una influencia idónea y positiva en la vida de mi hijo.

1. Involucrarme: quiero estar presente para mis hijos, así que me aseguraré de tener tiempo suficiente para ellos.

2. Ser abierto: hablaré con ellos de manera tal que los ayude a hablar conmigo cuando lo necesiten.

3. Ser firme/establecer límites: estipularé una supervisión adecuada y estableceré los límites hasta que ellos desarrollen su propia moral y sus controles internos.

4. Estar juntos: ya sea casados o divorciados, es mejor para los niños cuando ambos padres estamos de acuerdo y nos apoyamos el uno al otro en el proceso.

5. Ser amable: voy a criar a mis hijos de tal manera que quieran venir a verme después que se vayan de casa. Ser padre también es un trabajo egoísta.

6. Ser divertido: haré bromas, haré payasadas y seré divertido con mis hijos. Divertirse es esencial para la salud física y emocional.

Metas de crianza del Dr. Fay

1. Ser cariñoso: estaré presente y demostraré una aceptación incondicional.

2. Ser firme: estableceré límites y responsabilidad mediante consecuencias naturales o lógicas.

3. Ser un buen modelo: mostraré bondad, humildad, honestidad y resiliencia.

4. Ser fiable y digno de confianza: terminaré lo que diga que voy a hacer.

5. Ser agradecido y alegre: me concentraré en lo positivo y demostraré que tengo fe.

6. Ser generoso: tendré una buena actitud en cuanto a compartir mi tiempo y mis recursos con otros.

7. Ser honorable: me esforzaré para dar gloria a Dios en todo lo que hago.

Metas del Dr. Amen para sus hijos

Para mis hijos, la meta principal es mejorar el desarrollo y la fortaleza mental.

1. Ser relacionales: vivimos en un mundo donde nos relacionamos unos con otros. Es imperioso que les enseñe a mis hijos a llevarse bien con los demás.

2. Ser responsables: mis hijos deben creer que tienen cierto control sobre su propia vida y comportarse con esa convicción. Sus problemas no siempre son por culpa de otro. De lo contrario, actuarán como víctimas.

3. Ser independientes: permitiré que mis hijos elijan opciones sobre su propia vida para que puedan tomar buenas decisiones ellos mismos.

4. Tener confianza en sí mismos: motivaré a mis hijos para que participen de distintas actividades que les generen un sentido de aptitud. La confianza en nosotros mismos suele provenir de nuestra capacidad para dominar tareas y deportes.

5. Aceptarse a sí mismos: prestaré más atención a las cosas positivas que a las negativas en mis hijos para enseñarles a poder aceptarse a sí mismos.

6. Saber adaptarse: expondré a mis hijos a distintas situaciones de manera que sean suficientemente flexibles para resolver el estrés con el que se toparán en la vida.

7. Ser libres en sus emociones: permitiré que mis hijos tengan la capacidad de expresarse proveyendo un entorno tolerante. Además, buscaré ayuda para mis hijos si manifiestan síntomas prolongados de malestar emocional.

8. Ser divertidos: les enseñaré a mis hijos a divertirse y a reírse.

Metas del Dr. Fay para sus hijos

1. Ser responsables: dejaré que mis hijos cometan toda clase de pequeños errores cuando sean niños, para que vean que cada decisión que toman tiene consecuencias. Les permitiré ver que culpar a los demás por sus problemas no sirve.

2. Ser respetuosos: seré respetuoso con ellos y esperaré lo mismo de ellos. Los ayudaré a entender que un

comportamiento irrespetuoso provoca consecuencias lamentables.

3. Ser resilientes y habilidosos: dejaré que experimenten la adversidad y que vean que tienen la capacidad para resolver problemas y para sobrellevar el desánimo.

4. Ser generosos: seré un modelo de esto para ellos y les daré muchas oportunidades para que compartan lo que tienen con los demás.

5. Ser humildes: les enseñaré que todas las cosas buenas son regalos misericordiosos de lo alto.

6. Relacionarse con alegría: les enseñaré que las relaciones perdurables son más preciosas que las cosas que poseemos o que las circunstancias en las que nos encontramos.

Si le gustan estas metas, cópielas. Corríjalas para que se adecuen a sus metas y a los deseos personales que tiene para sus hijos, sumándoles sus propios retoques especiales. Luego, póngalas donde pueda verlas a diario y pregúntese a sí mismo: «¿Mi conducta genera lo que quiero para mí como padre y lo que quiero para mis hijos a medida que se transforman en adultos?».

Creemos firmemente que usted debe leer sus metas *todos los días*. De esa manera, saca del campo de las ilusiones sus metas y las ubica en el ámbito del comportamiento cotidiano. Si solo las ve en ocasiones, es probable que corran la misma suerte que los propósitos para el año nuevo: la desilusión.

Cuando sabe lo que quiere, es más probable que cambie su conducta para lograrlo. Esto es porque su cerebro recibe y crea la realidad. De hecho, cuando estudiamos a hijos y padres exitosos, descubrimos que lo que tienen en común es un sentido de responsabilidad personal y metas claras.

Por lo tanto, el Dr. Amen les pide a sus pacientes (ya sea que tengan cinco o setenta y cinco años) que hagan un ejercicio que desarrolló para establecer metas llamado «Milagro en una página» (MUP). Él ha escrito sobre este ejercicio en algunos de sus libros anteriores[4], pero aquí está específicamente adaptado para padres e hijos. Este ejercicio lo ayudará a ser eficaz en casi todos sus pensamientos, palabras y hechos. Es un ejercicio en el que puede enfocarse rápidamente y cambiar su vida y la vida de su hijo.

Especifique exactamente lo que quiere (no lo que no quiere) en las áreas principales de su vida como padre (relaciones, trabajo, dinero y en lo personal) para fomentar un enfoque equilibrado de la vida. En el área personal, deberá tener en cuenta los cuatro círculos de la fortaleza mental. Dedique un tiempo a elaborar su MUP y repáselo a menudo. El agotamiento físico sucede cuando nos extralimitamos en un área o cuando descuidamos una o más áreas.

Milagro en una página para padres

¿Qué quiero para mi vida como padre?
¿Qué estoy haciendo para que eso suceda?

RELACIONES
Cónyuge/pareja: _____
Hijos: _____

TRABAJO
_____
_____

FINANZAS
_____
_____

CONMIGO MISMO
Físico: _____
Emocional: _____
Mental: _____
Espiritual: _____

A continuación, veremos como ejemplo el MUP de Gina, la mamá de Luca, mencionada al comienzo de este capítulo. Ella pasó un tiempo pensando en sus metas como madre, así como en sus metas para su hijo adolescente.

Milagro en una página para padres: Gina

¿Qué quiero para mi vida como madre?
¿Qué estoy haciendo para que eso suceda?

RELACIONES

Cónyuge/pareja: Quiero que mi esposo y yo estemos de acuerdo en cuanto a la crianza de nuestro hijo, para sostener un frente unido.

Hijos: Quiero conocer mejor a mi hijo Luca. Quiero ayudarlo a ser más entusiasta y a desarrollar las habilidades mentales que necesita para ser independiente. Quiero que encuentre un trabajo que le guste y que gane lo suficiente como para disfrutar de cierto estilo de vida.

TRABAJO/FINANZAS

Quiero ser un buen modelo a seguir para Luca, para que vea cuán gratificante puede ser el tener un trabajo que ame.

CONMIGO MISMO

Físico: Quiero estar sana y ser ejemplo de un estilo de vida saludable para mi hijo.

Emocional: Quiero enfocarme más en lo positivo para poder sentirme más tranquila.

Mental: Quiero cambiar mi costumbre de criticar.

Espiritual: Quiero sentir que mi vida es importante.

¿CÓMO AYUDAR A SUS HIJOS PARA QUE SE PONGAN METAS?

Aunque comienza con usted, ponerse metas no es solo para los padres. También es una de las mejores maneras de desarrollar la corteza prefrontal y la fortaleza mental de su hijo para ayudarlo a predisponerse para el éxito. Como sucede con los padres, cuando los hijos saben qué quieren, es más probable que conjuguen su comportamiento para lograrlo. Cuando les preguntamos a niños y a adolescentes sobre sus metas, suelen decir algo como que cuando crezcan quieren ser bomberos, famosos o multimillonarios de la tecnología. Es importante enseñarles a los niños de cualquier edad que tengan tanto metas a corto plazo como metas a largo plazo.

Ayude a su hijo a elaborar su propio MUP para reforzar la claridad sobre lo que él quiere en la vida. En lugar de presentarle esto como una tarea o una obligación, asegúrese de explicarle que el MUP es una herramienta que lo ayudará a hacer realidad sus sueños. Así estará más dispuesto a participar. El MUP es apto para niños de casi cualquier edad, comenzando desde el momento que inician el preescolar o el primer grado. Establecer metas también puede ser beneficioso para los niños con necesidades o discapacidades especiales, porque los ayuda a mantenerse enfocados en objetivos realistas y alcanzables. Piénselo como una oportunidad maravillosa para conectarse con su hijo y llegar a conocer sus deseos más íntimos. Puede que se sienta tentado a «indicarle» a su hijo cuáles deberían ser sus metas, pero es fundamental que se abstenga de hacerlo. Para ayudarlo a identificar sus metas, prepárese para hacerle preguntas como:

- ¿Qué te gusta hacer?
- ¿En qué te gustaría mejorar?
- ¿Hay alguna cosa que nunca has hecho, pero te gustaría intentar?
- ¿Qué te haría feliz?
- ¿Cómo puedes mostrarles a las personas que las amas?
- ¿Cómo puedes ayudar a otros que sufren?
- ¿Cuál crees que es tu propósito en la vida?

A continuación de cada subtítulo (cambie «Trabajo» por «Escuela» o «Tareas del hogar», incluya «Dinero» si recibe alguna mensualidad o si trabaja), haga que su hijo escriba claramente qué le importa en esa área. Asegúrese de que escriba lo que él quiere, no lo que no quiere. Si le cuesta pensar en algo, ayúdelo amablemente sugiriéndole cosas como: «Parece que disfrutas mucho las clases de Matemática» o «He notado que sacas unas fotos estupendas». Sea positivo y hágalo escribir en primera persona. Luego de que termine el primer borrador (querrá actualizarlo a menudo a medida que crezca), ponga esta hoja en un lugar donde usted y su hijo puedan verla todos los días, como en el refrigerador, al lado de la cama de su hijo o en el espejo del baño. De esa manera, cada día su hijo puede enfocar sus ojos y su cerebro en lo que le importa. Eso le hará más fácil conjugar su conducta con lo que quiere. Su vida se volverá más deliberada y usará su energía para alcanzar las metas que son importantes para él, en lugar de desaprovechar sus esfuerzos en cosas que no le sirven. Esto pone las bases para la fortaleza mental y lo ayuda a desarrollar la fuerza de voluntad para realizar las cosas valiosas y negarse a las tentaciones dañinas.

La primera vez que Gina le pidió a Luca que hiciera este ejercicio con ella, él entornó los ojos con fastidio. Pero cuando le aseguró que el ejercicio era para que pudieran enfocarse en qué quería *él* para su vida, no en lo que *ella* quería para él, Luca aceptó. Juntos, pasaron por el MUP. Gina tuvo que morderse la lengua varias veces, pero aprendió muchísimo de su hijo con este simple ejercicio. Resulta que a Luca no le faltaba motivación; simplemente, no le interesaba manejar el restaurante de mamá y papá. Le apasionaban el dibujo, el diseño y las computadoras.

Luca revisó su computadora, abrió un archivo y se lo mostró a su mamá. Había diseñado un logotipo nuevo para el restaurante, pero tenía mucho miedo de mostrárselo a sus padres. Gina estaba asombrada de lo bueno que era y prometió mostrárselo a Tony. Luca también le dijo que había elaborado un plan en cuanto a cómo podían iniciar una tienda en línea para vender la tremendamente famosa salsa marinara familiar, pero no pensó que ellos quisieran escuchar sus ideas. La presión que habían ejercido sobre él para que siguiera sus pasos lo había llenado de resentimiento y lo había desmotivado en otras áreas de su vida. Intentar meterlo a la fuerza en lo que creían mejor para él había sido contraproducente y estaba privándolo de la fortaleza mental que merecía.

Milagro en una página, Luca (16 años)

RELACIONES

Padres: Quiero tener con mis padres una relación en la que pueda sentir que está bien ser yo mismo y que ellos me aceptarán por quien soy.

Hermanos: No tengo hermanos.

Amigos: Quiero tener amigos con los mismos intereses que yo para poder alentarnos mutuamente.

ESCUELA/TRABAJO/QUEHACERES EN CASA

Escuela: Quiero ir a una escuela donde pueda enfocarme en las cosas que amo: dibujar, diseñar y las computadoras.

Maestros: Quiero encontrar maestros que me mentoreen.

Trabajo/Tareas: Quiero llevar nuestro negocio familiar hacia nuevos rumbos, con una tienda en línea, una página mejor en Internet e imágenes actualizadas. En casa, quiero tener un perro, así que me comprometo a sacarlo a caminar una vez al día, todos los días.

CONMIGO MISMO

Físico: Sentirme bien con mi cuerpo.
Emocional: Despertarme sintiéndome emocionado por ese día.
Mental: Enfocarme en que me vaya bien en las materias que amo.
Espiritual: Sentirme más conectado con algo superior a mí y probar meditación.

Estos son ejemplos de otros niños y niñas de edades diferentes, para que vea la clase de metas que pueden ser apropiadas para su hijo.

Milagro en una página, Allie (6 años)

RELACIONES

Padres: Quiero que mis padres estén orgullosos de mí.
Hermanos: Quiero que mi hermano sea más bueno conmigo.
Amigos: Hacer nuevos amigos en mi nueva escuela.

ESCUELA/QUEHACERES EN CASA

Escuela: Ser una buena alumna.
Maestras: Quiero agradarles a mis maestras.
Quehaceres en casa: Quiero aprender a ayudar con la cena familiar.

CONMIGO MISMO

Físico: Estar saludable.
Emocional: Divertirme.
Mental: Ser amable.
Espiritual: Prestar más atención en la iglesia.

Milagro en una página, Joe (9 años)

RELACIONES

Padres: Quiero tener una relación buena y cariñosa con mi mamá y mi papá. Quiero que confíen en mí y que estén orgullosos de mí.

Hermanos: Me doy cuenta de que mi hermano siempre será parte de mi familia. Aunque a veces peleemos, lo trataré como querría que él me trate a mí.

Amigos: Es importante tener amigos. Trataré a otras personas con amabilidad y respeto. Haré amistades nuevas con niños que tengan la misma clase de metas que tengo yo.

ESCUELA/QUEHACERES EN CASA

Escuela: La escuela es para mí. Es para ayudarme a ser la mejor persona que puedo ser. Cada día, doy en la escuela mi mejor esfuerzo. Quiero aprender y llegar a ser una persona inteligente.

Maestros: Mis maestros están para ayudarme. Los trataré con respeto y amabilidad.

Quehaceres en casa: Cuando tenga trabajo que hacer, ya sea en casa o en un empleo algún día, haré lo mejor que pueda y me enorgulleceré de mi esfuerzo. Ayudaré haciendo mis tareas en la casa con una buena actitud. Sé que necesito ayudar a mi familia y hacer mi parte.

CONMIGO MISMO

Físico: Ser saludable y cuidar mi cuerpo.

Emocional: Sentirme bien, feliz.

Mental: Ser agradecido.

Espiritual: Vivir de una manera que me enorgullezca y estar cerca de Dios y ser la clase de persona que él quiere que yo sea.

Milagro en una página, Melissa (20 años)

RELACIONES

Padres: Quiero mantenerme conectada con mis padres, a pesar de que ahora vivo en mi residencia universitaria y ya no en casa.

Hermanos: Quiero ser un buen modelo a imitar para mis hermanos menores.

Amigos: Quiero tener algunos amigos realmente cercanos con los que pueda contar y quiero pasar más tiempo con mi novio.

UNIVERSIDAD/TRABAJO

Universidad: Quiero que me vaya bien en mi trabajo de pregrado para que me acepten en la Facultad de Derecho.

Maestros: Quiero desarrollar una buena relación con los profesores de quienes más aprendo.

Trabajo: Aunque mi empleo de fin de semana no es del ámbito al que me gustaría ingresar, es importante hacer lo mejor que pueda y aprender lo más que pueda sobre cómo tener éxito en el lugar de trabajo.

CONMIGO MISMO

Físico: Quiero mejorar mis habilidades para el vóleibol para poder ascender del equipo juvenil al equipo universitario.

Emocional: Quiero aprender formas de encarar el estrés diario de ir a la universidad, trabajar, estar en el equipo de vóleibol y tener novio.

Mental: Quiero descansar lo suficiente para que mi enfoque y mi atención sean los mejores posibles mientras estoy en la universidad y en los entrenamientos.

Espiritual: Quiero engancharme más con mi iglesia.

Milagro en una página para niños

¿Qué quiero para mi vida?
¿Qué puedo hacer yo para que suceda?

RELACIONES

Padres: _____

_____

Hermanos: _____

_____

Amigos: _____

_____

ESCUELA/TRABAJO

Escuela: _____

_____

Maestros: _____

_____

Trabajo/Quehaceres: _____

_____

CONMIGO MISMO

Físico: _____

_____

Emocional: _____

_____

Mental: _____

_____

Espiritual: _____

_____

¿ENCAJA?

Una de las expresiones más poderosas del idioma inglés es: «¿Encaja?». Cuando usted se pregunta si su comportamiento encaja con sus metas de crianza, es mucho más fácil alcanzar dichas metas. Cada vez que esté a punto de decir algo a sus hijos o de hacer algo, pregúntese: «¿Encaja?». ¿Sus palabras y sus actos encajan con sus metas como padre? ¿Ayudan a sus hijos a lograr sus metas personales? ¿Impulsan su fortaleza mental? Si la respuesta es no, no lo haga. Cuando pueda responder que sí, sabrá que está en el camino correcto.

Es igual de importante que les enseñe a sus hijos a preguntarse a sí mismos: «¿Encaja?». El simple concepto de hacer coincidir el comportamiento para ayudar a lograr lo que ellos en realidad quieren es fácil de comprender, incluso para los más jóvenes. Este es uno de los pasos fundamentales para convertirse en un ser humano con fortaleza mental, competente, responsable y empático.

Enséñeles a los niños que para tener fortaleza mental es esencial enunciar con claridad las metas y que la realización de casi cualquier cosa que ellos quieran se puede desglosar en una sucesión de pasos muy pequeños. La realización de cualquiera de esos pequeños pasos no es inalcanzable para su capacidad, lo cual significa que ese logro en realidad se trata de tener claro qué quieren y luego avanzar cada día hacia sus metas.

Póngalo en práctica

- Dedique un tiempo para pensar qué quiere usted para sí como padre y para sus hijos, a medida que llegan a la adultez. Use esta información para elaborar su propio MUP.

- Pase tiempo con sus hijos para compartir ideas sobre lo que quieren para su vida y ayúdelos a elaborar sus propios MUP.

- Pongan sus MUP donde usted y sus hijos puedan verlos todos los días.

- Pregúntese: «¿Encaja?» para ver si su comportamiento está acorde con sus metas y si está ayudándolo a lograrlas.

- Enséñeles a sus hijos a preguntarse: «¿Encaja?» para estar seguros de que sus actos están mejorando las posibilidades de realizar sus metas.

CAPÍTULO 3

¿SU ESTILO DE CRIANZA ES CULTIVAR LA FORTALEZA O LA DEBILIDAD MENTAL?

Las dos palabras, firme y amoroso, son la esencia de los grandes padres que crían a grandes personas.

¿Ama a su hijo y quiere ser un padre comprometido? ¡Claro que sí! Por eso está leyendo este libro. Pero no todos los padres son iguales. Algunos estilos de crianza complican más el alcanzar las metas que tiene para sí y para su hijo y contribuyen a la falta de motivación y esfuerzo, a la dependencia o a la ansiedad. Otros estilos de crianza facilitan el proceso de criar jóvenes competentes y, mejor aún, nos permiten disfrutar más a nuestros hijos en el presente. Si quiere ir por la vía rápida a la diversión y a un futuro más prometedor, debe revisarse sinceramente a sí mismo. Es posible que, sin darse cuenta, usted esté haciendo más difícil de lo necesario la crianza. ¿Cuál es su estilo de crianza? Haga este rápido cuestionario:

- ¿Hace habitualmente la tarea escolar de su hijo, en lugar de que él la haga?

- ¿Suele solucionar los problemas de su hijo?

- ¿Les da a sus hijos (sin considerar sus edades) instrucciones detalladas para casi todo lo que hacen?

- Por lo general, ¿planea el día de su hijo?

- ¿Cuánto tiempo dedica a las necesidades de su hijo?

- ¿Deja que su hijo cometa errores y sufra las consecuencias?

- ¿A menudo siente que usted se esfuerza más que sus hijos por solucionar los problemas que ellos tienen?

- ¿Hace amenazas que no puede sostener?

- ¿Se niega a contestar (no habla), ignora, menosprecia, avergüenza o reacciona con sarcasmo cuando está enojado?

- ¿Les da vía libre a sus hijos para que hagan lo que quieran?

- ¿Acaso su temor a molestar a sus hijos le impide poner y hacer cumplir los límites que ellos en realidad necesitan?

- ¿Sus decisiones suelen basarse en sus propios temores o heridas del pasado o principalmente se basan en lo que ayudará a su hijo a crecer en responsabilidad y en confianza en sí mismo?

Basándose en sus respuestas, es probable que usted esté dentro de uno de los cuatro principales estilos de crianza, los cuales abarcaremos en este capítulo. Antes de que nos aboquemos de lleno a los cuatro estilos, debe comprender que su estilo de crianza en general es producto de varios factores: lo que sus padres o sus tutores modelaron, otros padres a los que admira, las influencias culturales, la salud cerebral y el bienestar mental, por nombrar algunos. Puede que se sienta cómodo con su estilo actual o, quizás, no esté funcionando suficientemente bien para usted. Este capítulo lo ayudará a perfeccionar su estilo para ser un padre más eficaz y poder criar hijos resilientes, responsables y respetuosos.

En su consultorio, el Dr. Amen suele observar una variedad de estilos de crianza y también la gran cantidad de problemas que vienen con ellos. Décadas de investigaciones, las cuales comenzaron con el trabajo de la psicóloga clínica y evolutiva Diana Baumrind en la década de los años setenta, muestran que los estilos de crianza pueden considerarse a lo largo de dos líneas: de amoroso a hostil y de firme a permisivo[1]. Es probable que usted haya oído estos términos.

AMOROSO Apoyo a mi hijo para que triunfe, y tengo una profunda empatía y compasión por él.	FIRME Cuando digo algo, lo digo en serio, y lo cumplo.
HOSTIL Le exijo que haga las cosas como yo quiero y lo castigaré si se equivoca.	PERMISIVO Yo arreglaré los errores de mi hijo.

Los doctores Jim Fay y Foster Cline describen tres estilos:

- Helicóptero: es el que más coincide con el estilo Amoroso/Permisivo.
- Sargento de instrucción: son los padres firmes, pero hostiles.

• Consejero: estos padres son amorosos y firmes. Además, empoderan a sus hijos para que se responsabilicen de sus decisiones[2].

También incluimos un cuarto estilo, al cual definimos como «Distantes». Son los padres tanto hostiles como permisivos.

Antes de que nos metamos de lleno en estos diversos estilos, queremos que sepa que en las Clínicas Amen nos manejamos según la regla de «no se permiten imbéciles». Este concepto proviene de un libro del 2007 que tenía un nombre ligeramente ofensivo, escrito por Robert Sutton[3]. Básicamente, significa que no contratamos a nadie que trate mal a las personas, porque no queremos que ningún residuo tóxico contamine nuestro plantel. Creemos firmemente que esta regla empieza por nosotros, los que estamos a la cabeza, los que manejamos nuestras empresas. Nosotros marcamos las pautas para todo el proyecto. En la unidad familiar, esto significa que usted no quiere que ningún miembro de la familia sea irrespetuoso ni hiriente, porque eso causará disfuncionalidad para todos. Lo más importante es que todo comienza con usted, el progenitor. Si usted se comporta como un imbécil, hay más posibilidades de que sus hijos también lo hagan. ¡No sea un imbécil! En lugar de eso, siga nuestras reglas sobre cómo comportarse en un hogar de Amor y Lógica.

Cómo nos comportamos en nuestro hogar de Amor y Lógica

- Te trataré con respeto para que sepas cómo tratarme.
- Eres libre de hacer lo que quieras siempre y cuando no le cause problemas a alguien más.
- Si causas un problema, te pediré que lo resuelvas. Por favor, dime si necesitas ideas para hacerlo.
- Si no puedes resolver el problema o decides no hacerlo, yo haré algo.
- Lo que yo haga dependerá de la persona en particular y de la situación en particular.
- Si alguna vez crees que algo que hice es injusto, por favor, házmelo saber susurrándome: «No estoy seguro de que eso sea justo».
- Podemos fijar un tiempo para hablar. Lo que digas puede cambiar o no cambiar lo que yo decida hacer[4].

Ahora, para que tenga una idea más clara de cuál le suena más parecido a usted, analicemos en detalle estos estilos habituales de crianza. Le daremos a conocer los estilos que dificultan más la crianza e incrementan las posibilidades de formar hijos que sean incompetentes, inútiles y que se crean con derecho a todo. También le ofreceremos un vistazo a los estilos que más probablemente lo ayuden a alcanzar sus metas y ayuden a sus hijos de todas las edades a ser mentalmente más fuertes, capaces de resolver problemas por su cuenta y lograr sus metas con éxito.

PADRES HELICÓPTERO (AMOROSOS Y PERMISIVOS)

Este estilo de crianza describe a esos padres que parecen ser dulces y condescendientes con sus hijos y les dan cualquier cosa que los hijos quieran. Son reacios a contradecir o frustrar a sus hijos. Suena razonable, ¿no? Proteger a los hijos. Hacerles la vida lo más fácil y tranquila posible. El problema es cuando estos padres ceden ante cada capricho de sus hijos. Su objetivo general es crear un mundo perfecto para ellos. Un ejemplo de este estilo de crianza son los padres que critican constantemente a los maestros de su hijo, exigiendo que cambien sus notas y que tengan siempre segundas oportunidades para triunfar. Son los mismos padres que, finalmente, contratan abogados para defender al adolescente o al joven adulto porque fue acusado de conducir ebrio, de cometer robos menores o de consumir drogas. Estos padres bien intencionados, pero confundidos, tienen una idea equivocada: quieren agradarles a sus hijos, en lugar de criarlos con cerebros sanos y fortaleza mental. Por desgracia, este método no potencia las habilidades ni las actitudes necesarias para que los hijos triunfen en el mundo real; en cambio, genera adolescentes y adultos narcisistas.

En Amor y Lógica, los llamamos *padres helicóptero*, lo cual se ha convertido en un término extendido que evoca imágenes de padres que se abalanzan para rescatar a sus hijos de las más mínimas dificultades de la vida. Como mencionamos antes, los doctores Jim Fay y Foster W. Cline nombraron este estilo tan común[5]. Jim había dejado hacía poco una escuela en una zona marginal en la cual trabajaba con un montón de alumnos que afrontaban grandes retos (hogares de bajos recursos, inestabilidad alimentaria, ir a pie a la escuela atravesando vecindarios de mucha delincuencia, etcétera) y estaba entusiasmado por empezar un cargo administrativo en una nueva escuela suburbana. Ingenuamente, Jim creía que estar en una escuela donde las familias tenían ingresos más altos significaba que habría menos problemas.

¡Incorrecto!

Poco después de desembarcar en el nuevo predio escolar, Jim se dio cuenta de que le esperaba un nuevo conjunto de desafíos con los que no se había encontrado antes. Los padres llenaban el predio llevando las loncheras, los calcetines y las tareas escolares que sus hijos habían olvidado. Madres y padres entraban en las aulas, confrontaban a los maestros y los responsabilizaban personalmente por el mal desempeño académico de su hijo o por su conducta inaceptable en clase. Si un niño se metía en cualquier tipo de apuro, los padres intervenían, estaban encima del niño y descolgaban una metafórica escalera de cuerdas para llevárselo rápidamente de la áspera tierra de causa y efecto. Para Jim y para el Dr. Cline las imágenes eran tan claras que pronto nació el término *padre helicóptero*. Aunque los padres piensan que lo hacen por el bien de sus hijos, todos esos rescates en helicóptero los privan de la fortaleza mental para defenderse a sí mismos en la vida. (En el capítulo 4, hablaremos de cuándo está bien rescatar a su hijo).

Años después, el Dr. Charles Fay (el hijo de Jim) conoció a una mujer que es un excelente ejemplo de este estilo de crianza. Miranda le reconoció al Dr. Fay que ella solía ser una madre helicóptero muy potente, merodeaba todo el tiempo alrededor de su hija, Wanda. Se paraba afuera del patio de juegos de la escuela con binoculares para vigilar a Wanda y, si notaba cualquier tipo de conflicto, entraba corriendo para resolver las cosas. En las mañanas, siempre se aseguraba de que Wanda estuviera impecablemente vestida, aunque eso significara para Wanda perder el autobús y que Miranda tuviera que llevarla en automóvil a la escuela. Además, Miranda se ofrecía como voluntaria para diversas comisiones escolares, principalmente para vigilar de cerca a los maestros y asegurarse de que estaban haciendo un buen trabajo.

Con el tiempo, todos estos rescates comenzaron a pasarle factura a la salud mental de Wanda. Estaba convirtiéndose en una persona depresiva, apática, incapaz de tomar ninguna decisión y temerosa de intentar cualquier cosa nueva. A su vez, Miranda se sentía exhausta, irritable y agotada. Los padres helicóptero consumen un montón de combustible y, cuando no se rellenan, caen como una piedra. Miranda estaba cayendo en picada.

Padres helicóptero

¿Puede identificarse con un helicóptero que anda con el tanque vacío? He aquí las causas por las que ser un padre helicóptero puede ser tan agotador. Los padres helicóptero:

- Rescatan a los hijos cuando no necesitan rescate.
- Les transmiten este mensaje a sus hijos: «Eres débil e incapaz. Es por eso que tengo que protegerte y rescatarte del mundo».
- Forman hijos que son irresponsables, incapaces y, a menudo, resentidos.
- Sufren un desgaste descomunal por la crianza.
- Crían desde el sistema límbico (los centros emocionales del cerebro), en lugar de hacerlo desde la corteza prefrontal (el director ejecutivo del cerebro, a cargo de las funciones ejecutivas y de los pensamientos lógicos).
- No sostienen consecuentemente los cuatro círculos de la fortaleza mental (biológico, psicológico, social y espiritual) en sí mismos ni en sus hijos a lo largo de la vida.
- Toman la mayoría de sus decisiones por temor.

Al rescatar constantemente a su hija, Miranda le transmitía a Wanda el mensaje implícito de que ella no era tan brillante, fuerte o mentalmente capaz como para hacer su camino en la vida. Miranda creía que debía crear un entorno ideal y sin ningún obstáculo porque Wanda no podría arreglárselas sola. Al actuar por miedo y con el deseo de controlar el resultado, Miranda intentaba manipular el futuro. Lamentablemente, esta técnica resulta contraproducente porque origina hijos que no son responsables, no están preparados y están llenos de resentimiento.

Está documentado que, como seres humanos, crecemos al enfrentar los desafíos. Donald Meichenbaum, psicoterapeuta y uno de los fundadores de la terapia cognitivo conductual, ha escrito extensamente sobre el concepto llamado *entrenamiento en inoculación de estrés*, el cual implica la exposición a estímulos estresantes menores como una forma de desarrollar la resiliencia y las habilidades para manejar los estímulos estresantes mayores[6]. Los padres helicóptero privan a sus hijos de estas oportunidades de aprendizaje, dejándolos efectivamente mal preparados para hacerle frente a la vida.

La buena noticia es que hasta para los padres helicóptero extremos, como Miranda, existe la esperanza de adoptar un estilo de crianza más eficaz. Más adelante en este capítulo, le mostraremos cómo Miranda pasó de ser una mamá helicóptero a dejar que Wanda se hiciera cargo de su propia vida y cómo ahora están más felices, más sanas y psicológicamente más fuertes gracias a ello. Antes de que lleguemos a eso, veamos otro estilo habitual de crianza.

PADRES SARGENTO DE INSTRUCCIÓN (HOSTILES Y FIRMES)

El Dr. Amen fue psiquiatra del Ejército de los Estados Unidos durante siete años y conoció a muchos padres de este tipo. Los sargentos de instrucción militar tienen un rol muy valioso porque defienden a nuestro país. Estamos sumamente agradecidos por su servicio, pero los padres que usan este estilo con los hijos causan una gran aflicción. Han sido criados así o sienten que es la mejor manera para criar hijos responsables y respetuosos. Aunque tienen en alta estima la función de la autoridad y las reglas, los padres sargento de instrucción tienden a ser rígidos e inflexibles, quizás porque su giro cingulado anterior (GCA), en lo profundo de la parte frontal y media del cerebro, está funcionando en un nivel alto. El GCA es como la palanca de cambios del cerebro. Es lo que ayuda a las personas a ser flexibles y pasar de un pensamiento o un acto a otro, pero cuando el GCA está demasiado activo, las personas quedan atrapadas en preocupaciones o en comportamientos que no son útiles y tienden a ser discutidores y poco dispuestos a cooperar. Esto a menudo causa que el niño esté ansioso o temeroso. Además, los hijos de estos padres pueden heredar un GCA hiperactivo, tener la misma propensión a ser combativos y antagonistas y que le cueste desviar la atención.

En resumen, los padres sargento de instrucción quieren que las cosas se hagan a su manera y logran la sumisión de sus hijos a través del enojo, la amenaza y el miedo. Este estilo conduce a mucho conflicto y comunica mensajes tácitos, como:

> *«Lo haces cuando yo lo diga y como yo lo diga, sin preguntar nada. ¡Espero que lo hayas entendido!»*
>
> *«Engrampé tu tarea a tus guantes para que no la pierdas como lo haces siempre».*
>
> *«Puse tus horarios diarios en tu bolsillo porque sé que no puedes pensar por ti mismo».*
>
> *«Aquí tienes tu lista de amigos aprobados. No la pierdas».*
>
> *«Aquí tienes un gráfico que muestra qué puedes pensar, elegir y hacer».*
>
> *«Irás a la misma facultad que fui yo y te especializarás en la misma temática porque tus intereses y tus deseos no me importan».*

Tal vez tenga la sospecha de que los padres sargento de instrucción ladran severamente las órdenes, pero pueden usar una voz suave para darlas. (El tono amable no cambia el método de dictador). Sea como sea, controlan minuciosamente la vida de sus hijos porque, en el fondo, no creen que sus hijos sean capaces de tomar sus propias decisiones. Tristemente, a menudo esto se convierte en una profecía autocumplida, ya que estos niños están condicionados a dudar de sí mismos o a esperar la aprobación de sus padres. Cierta investigación sugiere que el estilo autoritario de crianza también interfiere con el apego sano porque dificulta desarrollar un fuerte vínculo padre-hijo[7]. En el capítulo 4, leerá por qué la vinculación y la relación son tan importantes para la crianza eficaz.

Observe a Tara y a su hijo Chuck. Este muchachito salió del vientre materno queriendo agradar a los demás por naturaleza. Dado que era de buen trato y delicado, Chuck creció disfrutando del arte, la cocina y otras cosas que a su madre no le interesaban en absoluto. Por otra parte, Tara era exigente y muy motivada. Creía firmemente que en el mundo no había problema que no pudiera resolverse en una planilla de Excel. Para ella, poner una marca de verificación en esos casilleros pequeños era señal de una buena vida.

A Chuck las marcas de verificación y los casilleros le resultaban demasiado restrictivos. Para él, todo en la vida se trataba de la creatividad fluida, de socializar con amigos y de pasarla bien en el momento. Pero, como persona complaciente que era, en general hacía lo que le decían y lograba que le fuera bastante bien en la escuela. Luego vino la adolescencia, el subidón de las hormonas y una clase de escritura técnica que implicó algunos de esos temidos casilleros y marcas de verificación.

Tara recibió una llamada de la maestra.

—Tenemos un problema —dijo la maestra.

—¿Cuál es el problema? —preguntó Tara.

—Chuck no ha estado haciendo sus trabajos de ciencias.

Tara se puso furiosa. Le aseguró a la maestra que se ocuparía de eso. Cuando Chuck llegó a casa esa tarde, la sargento de instrucción dentro de Tara puso el grito en el cielo sobre las tareas que él no había hecho. Luego, sintiéndose culpable, improvisó un organigrama y una planilla de cálculo con todas las tareas de la maestra. Le presentó los materiales a Chuck y dijo:

—Vamos a terminar todas estas tareas. Trabajaré contigo en ellas cada noche hasta que todas estén completas. No te preocupes, Chuck, todo va a estar bien.

Este es un ejemplo clásico del ciclo de la culpa que vemos en los padres sargento de instrucción. Se enojan cuando su hijo comete un error o no cumple con sus expectativas, pero luego corren a rescatarlo cuando se sienten culpables. Este es un esquema muy dañino que perpetúa la irresponsabilidad y el resentimiento en los hijos.

En el caso de Chuck, Tara fue a su rescate diciéndole a su hijo qué escribir y cómo escribirlo. Prácticamente, escribió ella las monografías de ciencias. Y Chuck, simplemente, pareció aceptar lo que su madre decía. Tara pensó que estaba haciendo un trabajo asombroso al dirigir la situación para asegurarse de que Chuck tuviera éxito y sacara una buena nota en la clase, pero aproximadamente un mes después la maestra volvió a llamar.

—Todavía no he visto esos ensayos —dijo la maestra.

Esta vez, Tara se enfureció tanto que saltó hasta atravesar la loza del cielorraso y las tejas del techo antes de bajar de nuevo. Exigió tener una junta para arreglar las cosas. En el despacho escolar, la maestra, Tara y Chuck se sentaron incómodamente. La maestra le dijo a Tara que Chuck era muy agradable, pero que no aprobaría su clase si él no entregaba sus deberes. Ese fue el momento en el que Chuck se hizo hombre. Giró su silla, miró a su mamá directamente a los ojos y, relajado por completo, le dijo:

—Mamá, puedes hacerme escribir esos trabajos, pero no puedes obligarme a entregarlos.

Chuck no tenía drogas en su casillero; tenía la pila de monografías. ¿Por qué no las entregó?

¿Le sorprende que alguien como Chuck saboteara su propia vida cuando sintió que estaba siendo manejado? Es así. En su intento por lograr algo de autocontrol, los niños suelen rebelarse y comportarse de maneras que no les sirven. Esto causa que algunos niños, adolescentes y jóvenes adultos muy inteligentes tomen decisiones malas y autodestructivas que no los ayudan a concretar sus metas. También contribuye a que los hijos elijan sistemas de creencias opuestos al de sus padres, muchas veces por rencor o como un modo de vengarse de sus padres por tratar de controlarlos. Según las investigaciones, el comportamiento de los padres controladores puede, incluso, estar relacionado con los trastornos alimentarios en los que los hijos se limitan al comer como una manera de controlar al menos una cosa en su vida[8].

Lo que aprendemos aquí es que cuando los sargentos de instrucción tratan de controlar el resultado, por lo general terminan despojando a sus hijos de su poder de acción. Como sucede con los padres helicóptero, sus actos tienen consecuencias duraderas que alimentan la incompetencia, la infelicidad y la discordia.

Padres sargento de instrucción

- Gritan las órdenes, dan órdenes en un tono suave o controlan meticulosamente.
- Mandan mensajes de «no puedes pensar».
- Crean hijos irresponsables, incapaces y, a menudo, resentidos.

- Suelen caer en el ciclo de la culpa: regañar y, después, rescatar.
- Sufren un desgaste descomunal por la crianza.
- Crían desde el sistema límbico (los centros emocionales del cerebro), en lugar de hacerlo desde la corteza prefrontal (el director ejecutivo del cerebro, a cargo de las funciones ejecutivas y de los pensamientos lógicos).
- No sostienen consecuentemente los cuatro círculos de la fortaleza mental (biológico, psicológico, social y espiritual) en sí mismos ni en sus hijos.
- Toman la mayoría de las decisiones de la crianza por temor disfrazado de enojo o de una naturaleza excesivamente controladora.

Similares a los padres helicóptero, los sargentos de instrucción se involucran mucho porque aman a sus hijos y quieren lo mejor para ellos. Con las estrategias de este libro, los padres que encajan en ambos estilos contraproducentes pueden cambiar el rumbo. Pueden poner la energía en un método más eficaz, el cual ayude a formar niños más felices, más respetuosos, responsables y resilientes. Esto es particularmente importante si están criando hijos con necesidades especiales de cualquier índole.

PADRES DISTANTES (HOSTILES Y PERMISIVOS)

Para decirlo de manera simple, son padres a los que no les importa. Por lo general, están abrumados por su propia vida; tal vez tuvieron una lesión en la cabeza, beben demasiado o han sufrido algún trauma, todo lo cual puede impactar negativamente en el funcionamiento cerebral. Suelen ser personas enojadas y desconectadas de sus hijos. En general, hay una falta de vínculo afectivo, de cuidado y de supervisión adecuada. Cuando el Dr. Amen describió a este tipo de padres en una de sus clases de crianza, un oficial de policía dio el siguiente ejemplo de padre distante: «Conocí a un padre que le dio un billete de cien dólares a su hijo de quince años y le dijo que no quería ver su rostro en todo el fin de semana».

Estos padres no brindan ninguna estructura ni supervisan a sus hijos, lo cual significa que nadie actúa como lóbulo frontal de los hijos mientras el de ellos aún está en desarrollo. A la larga, este tipo de crianza le impide madurar al cerebro porque los hijos toman sus propias decisiones sin la orientación de un padre que los ayude a tomar decisiones buenas. Esto también pone trabas al proceso de desarrollo mental. Cuando los hijos lleguen a la edad adulta, es más probable que cometan los mismos errores, sean más susceptibles a la presión social y no piensen en las consecuencias de sus actos. Teniendo en cuenta que usted está leyendo este libro sobre cómo ser un mejor padre, es muy probable que no encaje en esta categoría; por lo tanto, no indagaremos en este estilo de crianza.

CONSEJEROS (AMOROSOS Y FIRMES)

¡Bienvenido al maravilloso mundo del *padre consejero*! Mientras que los padres helicóptero y los sargentos de instrucción invierten tanto esfuerzo, lo cual termina generando desgaste y resultados dañinos, el estilo de crianza consejero requiere de menos esfuerzo, pero facilita mucho más alcanzar las metas que usted tiene para sí mismo y para su hijo y suaviza la transición de su hijo hasta que sea un adulto competente y seguro de sí mismo. Además, permite que todos se diviertan mucho más a lo largo del viaje.

Estos padres muestran respeto a sus hijos y lo esperan en retribución. Les enseñan a sus hijos cómo obedecer la primera vez y, luego, esperan que lo hagan. Además, los reafirman, son cariñosos, positivos e inspiradores con los niños. Saben proponer opciones y decisiones, pero tienen altas expectativas de buen comportamiento. Como mencioné antes, una forma de describir a estos padres es *firmes* y *amables*. Usted puede usar un tono dulce y, a la vez, hacer respetar su respuesta o su instrucción. Este estilo de crianza es la manera más ventajosa de cómo ser el lóbulo frontal de su hijo hasta que el suyo termine de desarrollarse, cuando promedie los veinticinco años. Significa que le da a su hijo el entrenamiento mental que necesita para tomar las mejores decisiones una vez que esté solo como adulto. También prepara el camino para tener una relación tranquila con su hijo y, según las investigaciones, ayuda a formar un apego seguro[9].

¿Cómo muestran respeto los niños?

¿Cómo sabe cuándo su hijo es respetuoso? Básicamente, respeto es cuando su hijo manifiesta que le importan los demás. Aquí hay algunos ejemplos de cómo se comportan los niños respetuosos:

- Son educados.
- Usan palabras amables.
- Tienen buenos modales.
- Dicen «por favor», «gracias» y «disculpe».
- Comparten con los demás.
- Esperan con paciencia hasta que llega su turno.
- Son cuidadosos con las cosas ajenas para no romperlas.
- Hablan en voz baja en los espacios públicos.
- Están tranquilos en las áreas públicas.
- Dejan que otros hablen sin interrumpir.
- Hacen sin quejarse lo que los padres le piden que hagan.

¿Cómo se reconoce el respeto en un niño? No es solamente lo que dice, sino cómo lo dice. Ser respetuoso quiere decir que su tono de voz no tiene sarcasmo y que no entorna los ojos hacia arriba cuando habla.

Veamos cómo hizo efecto esto en el caso de Miranda, la mamá de Wanda. Cuando Wanda llegó a la secundaria, Miranda todavía la ayudaba a vestirse, la llevaba a la escuela cuando perdía el autobús y también la acompañaba hasta el aula. Wanda era una niña buena que estaba empezando a desarrollar algunos hábitos muy desagradables. ¿Alguna vez conoció un niño así?

Una mañana, la maestra le dio a Miranda un CD y le dijo que podía serle útil. Miranda leyó el título: «Helicópteros, sargentos de instrucción y consejeros». Con curiosidad, lo metió en el reproductor de CD y lo escuchó mientras conducía hacia su casa.

Cuando Miranda se dio cuenta de qué se trataba, de inmediato eyectó el CD. *¿Cómo se atreve esa maestra a decirme cómo criar a mi hija?*, pensó.

En el trascurso de los días siguientes, Miranda veía el CD que tenía en el automóvil cada vez que llevaba a Wanda a la escuela. Una mañana, después de ayudar a Wanda a elegir su ropa, arreglarle el cabello, prepararle el desayuno, tener lista su tarea y llevarla a la escuela (lo cual la hizo llegar tarde a su nuevo trabajo), Miranda se sintió agobiada y exhausta. *Ya no puedo seguir así*, pensó. Puso el CD en el reproductor y, pronto, tuvo que reconocer que tenía un problema: era una madre helicóptero.

Por primera vez, descubrió que tenía que dejar que Wanda cometiera algunos errores para que pudiera aprender de ellos y hacerse más resiliente. A la mañana siguiente, decidió ponerlo a prueba. Como de costumbre, Wanda se despertó y la llamó:

—¡Mamá! Mi pelo es un lío. ¿Dónde está mi pollera? ¡No puedo encontrar mi tarea! ¡Tengo hambre!

Miranda reprimió su reacción típica de ir corriendo a ayudarla y, simplemente, le dijo:

—Ay, Wanda, qué difícil. Pero si alguien puede solucionarlo, esa eres tú. Yo podré ayudarte después de prepararme.

Tras unos momentos de silencio, Miranda escuchó un lloriqueo, seguido del sonido del cereal vertiéndose en un tazón. Un instante después, escuchó que el tazón se estrelló contra el piso.

—Mamá, necesito que limpies esto —gritó Wanda.

Después de unos momentos, volvió a hablar bruscamente:

—¡Necesito mi tarea!

—Estoy segura de que la encontrarás donde la dejaste —respondió Miranda con calma, y agregó:

—Mi automóvil parte a las siete. Si pierdes el autobús, puedes pagar la gasolina. Recuerda: el precio de la gasolina ha aumentado.

Wanda perdió el autobús y le pagó la gasolina a su mamá. A la mañana siguiente, sucedió una escena similar. Wanda se quejó de su cabello, de la tarea y del hambre. Miranda le dijo que con gusto la ayudaría *después* de que ella estuviera lista. Esa mañana, Wanda llegó a tiempo al autobús, pero luciendo como un gato mojado y sin la tarea, lo cual bajó sus notas.

Miranda se dio cuenta de que, para criar una hija confiada en sí misma y con iniciativa, tendría que permitirle cometer errores y experimentar las consecuencias lógicas o naturales. También descubrió que era mejor dejar que Wanda cometiera esos errores cuando las consecuencias eran más «baratas». Si los niños no tienen la oportunidad de equivocarse y aprender de ello a una edad temprana, las consecuencias serán más grandes y más perjudiciales cuando sean mayores.

¿Cuáles son las consecuencias baratas?

- Que no quiera comer lo que se le sirve en la cena y que sienta hambre hasta el desayuno.
- Que olvide llevar la tarea para el hogar y saque una mala nota como consecuencia.
- Que pierda el autobús y tenga que pagarle a mamá el combustible que se gasta en el viaje.
- Que al enojarse rompa su juguete favorito y deba prescindir de él.
- Que coma demasiado y se sienta descompuesto.
- Que lo multen por exceso de velocidad y que tenga que pagar la multa.
- Que gaste todo su dinero en algo que se rompe rápidamente.
- Que se olvide su equipo deportivo y tenga que quedarse sentado sin jugar el partido.
- Que se burle de su padre y experimente las consecuencias de que no lo lleven a donde quiere ir.
- Que, por ser malo con sus amigos en el parque infantil, lo lleven a casa para pasar un tiempo en silencio en su habitación.

Con el tiempo, Wanda maduró para disfrutar de resolver problemas y hacerse cargo de su propia vida. Rápidamente, la confianza que tenía en sí misma creció, mejoró en la toma de decisiones y se sintió más alegre y preparada para enfrentar desafíos nuevos. Miranda pudo dedicarse a cuidarse a sí misma, algo que necesitaba mucho, lo cual le dio más energía, un aspecto más alegre y una actitud más positiva en cuanto a su hija.

Con la práctica, dejar que Wanda resolviera las cosas por su cuenta se convirtió en un hábito de Miranda. Eso no significa que no haya habido ningún contratiempo. Cuando llegó el momento de que Wanda se postulara para la universidad, Miranda descubrió que sus viejos temores habían vuelto a hurtadillas y se preocupó por que su hija no enviaba sus solicitudes a tiempo. Incluso se metió en la computadora de Wanda y comenzó a completar una. Cuando Wanda entró en su cuarto y vio lo que estaba haciendo su mamá, se enojó. «¡Estás teniendo una recaída, mamá!», le dijo. Ambas se echaron a reír y Miranda reconoció que se había equivocado. Una vez más, Miranda tuvo que hacer las paces con la idea de que está bien no ser perfecta. Así como estaba bien que Wanda se equivocara, también era admisible que ella lo hiciera.

Padres consejeros

- Rescatan o controlan en detalle *solo* cuando es absolutamente necesario (ver el capítulo 4).
- Permiten que sus hijos cometan errores «baratos».
- Les comunican mensajes sanos y empoderadores a sus hijos.
- Forman adultos responsables, capaces y optimistas.
- Guían a sus hijos para que reconozcan y resuelvan los problemas que encuentran.
- Se enfocan principalmente en las fortalezas y en los logros.
- Se sienten motivados por la crianza, disfrutan de hacerlo.
- Crían desde la corteza prefrontal (el director ejecutivo del cerebro, encargado de las funciones ejecutivas, la concentración, las metas y los pensamientos lógicos), así como desde el sistema límbico (los centros emocionales del cerebro) en términos de vinculación emocional, no por miedo.
- Trabajan en el apego con tiempo y escucha y, por consiguiente, crean relaciones positivas para toda la vida (ver el capítulo 4).
- Sostienen consecuentemente los cuatro círculos de la

fortaleza mental (biológico, psicológico, social y espiritual) en sí mismos y en sus hijos.

- Toman decisiones basándose en la ciencia probada y en el sentido común, en lugar de en sus propias necesidades emocionales.

Póngalo en práctica

- Si usted es un padre helicóptero o sargento de instrucción, piense en tres cosas que puede dejar de hacer mañana para disminuir el control excesivo sobre su hijo.

- Analice qué alimenta sus temores y la ansiedad que siente sobre el futuro de su hijo y ocúpese de esos temas.

- Haga una lista de los errores que cometió en la niñez y qué aprendió de ellos.

- Escriba tres errores que quiere que su hijo cometa este mes, tres errores durante este año y tres errores para cuando esté en la adultez.

CAPÍTULO 4

NADA FUNCIONA SIN UNA RELACIÓN

*Nuestros hijos no se vincularán con nuestros valores,
a menos que primero se vinculen con nosotros.*

Hemos hecho hincapié en la importancia de la salud cerebral, las metas, los estilos de crianza, y en lo vitales que son para desarrollar y mantener la fortaleza mental tanto en los padres como en los hijos de todas las edades. Las relaciones sólidas también son una parte esencial de este proceso. Le brindaremos cinco estrategias comprobadas, cada una de las cuales transmite gran amor a los hijos. Por «gran amor» queremos decir una gran vinculación afectiva. La vinculación afectiva además ayuda al desarrollo cerebral y emocional de su hijo.

EL SECRETO PARA QUE SUS HIJOS ELIJAN SUS VALORES

¿Quiere que sus hijos compartan sus valores? Hable con ellos y aplique constantemente las estrategias de este capítulo. Los hijos eligen los valores de los padres con quienes tienen un fuerte vínculo. Entonces, si usted es republicano, demócrata o cualquier otra cosa y quiere que sus hijos adopten las mismas convicciones que tiene usted, pase tiempo con ellos, escúchelos, hábleles de manera agradable y demuéstreles compasión. Si por alguna extraña razón quiere que sus hijos adopten valores que continuamente lo resuenan, como el sonido de un martillo neumático, descuídelos, no les hable, critíquelos todo el tiempo, trátelos con indiferencia o enójese con ellos. Así adoptarán una opinión opuesta a la suya. Los hijos que van contra la corriente (y que a menudo tratan de avergonzar a sus padres), básicamente, están reprendiendo a sus padres.

La vinculación positiva proporciona un sinfín de beneficios que contribuyen a la fortaleza mental y que, en definitiva, facilitan su tarea como padre, entre ellos:

- *Valores compartidos.* Cuando hay una relación de confianza, los hijos suelen ubicar los valores de sus padres en la parte emocional de su cerebro. Llevan esos valores consigo dondequiera que vayan, por lo que sus padres siguen influyéndolos aunque no estén presentes. Los jóvenes que se vincularon con sus padres siguen su ejemplo, motivados por el respeto y el amor.

- *Desarrollo cerebral más sano.* La ciencia es clara: las relaciones sanas forman la base para el desarrollo de un cerebro sano. El cerebro aprende mejor en un entorno donde hay amor, apoyo y dirección clara.

- *Mejor capacidad para enfrentar el estrés.* Según las investigaciones, los bebés cuyas relaciones son, en general, positivas pueden manejar mejor el estrés, en comparación con aquellos que tienen, principalmente, relaciones negativas[1].

- *Mayores habilidades para el aprendizaje y la vida.* Los niños que tienen un fuerte sentido de apego con sus cuidadores también experimentan la oportunidad de aprender y crecer en un entorno sano. Cuando el cerebro se siente seguro, las partes dedicadas al lenguaje, a las habilidades socioemocionales, el dominio propio y el aprendizaje académico son estimuladas para crecer y progresar.

- *Comportamiento riesgoso reducido.* En un estudio publicado en el *Journal of the American Medical Association*, el investigador y doctor Michael Resnick y sus colegas de la Universidad de Minnesota informaron que los adolescentes que se sentían amados y conectados con sus padres incurrían considerablemente menos en embarazos adolescentes, consumo de drogas, violencia y suicidio[2]. Es tan importante el vínculo entre los hijos y los padres, que supera otros factores tradicionalmente relacionados con el comportamiento problemático. El artículo llegó a la conclusión de que el grado de conexión (o de «conexión límbica» que ocurre en los centros emocionales del cerebro) que los adolescentes sienten con los padres o los maestros es el factor más importante que influirá en la decisión de involucrarse en una actividad sexual de riesgo, con el consumo de drogas, con la violencia o con un comportamiento suicida.

LAS CONSECUENCIAS DE LAS RELACIONES DAÑINAS

Cuando los padres no se vinculan con sus hijos, el terreno está fértil para los problemas, los despoja de su fortaleza mental y hace que la crianza sea más difícil de lo que ya es. Lamentablemente, muchos hijos crecen con padres negligentes o fríos y controladores. Aclaramos que no estamos hablando de los lapsus momentáneos en los que usted pierde la calma, reacciona con un tono más severo del que quisiera o se equivoca. Como padres, todos nos equivocamos. Y, de hecho, eso es algo bueno: cuando nuestros hijos ven que cometemos un error, podemos reconocerlo y pedir perdón; esto los ayuda a saber cómo comportarse cuando ellos se equivocan. La vinculación insana ocurre cuando los padres habitualmente ignoran a sus hijos o son demasiado controladores. En dichos casos, se desarrolla un tipo distinto de vínculo que genera un sinfín de consecuencias negativas, entre ellas:

- *Valores desafiantes.* Si no tienen una relación, los hijos son más propensos a ser desafiantes y rebelarse, adoptando puntos de vista que van en contra de los valores de sus padres.

- *Falta de independencia.* Los hijos se sienten encadenados a sus padres y no pueden liberarse ni sentirse independientes.

- *Tomar malas decisiones.* Los jóvenes son propensos a tomar decisiones por necesidades afectivas y de control insatisfechas, en lugar de hacerlo por un amor sano y lógico.

- *Adoptar las conductas enfermas de los padres.* Hay demasiados ejemplos de hijos que, cuando crecen, actúan igual que sus padres en maneras que perjudican su propio bienestar personal, sus relaciones y sus habilidades para criar hijos. Los padres han llegado a instalarse en el corazón y en el cerebro de sus hijos y se han apropiado de los hábitos de sus hijos.

- *Desarrollo poco sano del cerebro.* Crecer en un hogar en el que predominan la tensión, la desilusión, el miedo, la crítica o la falta de apoyo es perjudicial para el desarrollo del cerebro y la fortaleza mental. No es una sorpresa que los cerebros de los niños se adapten para sobrevivir en semejantes entornos, lo cual les dificulta mucho más desarrollar la habilidad para relacionarse bien con otros, demostrar dominio propio y aprender las materias académicas.

Aunque usted haya crecido en un hogar de padres controladores o no haya hecho el mejor trabajo al construir una relación con sus hijos, hay una esperanza para reparar su vínculo.

CINCO MENSAJES DE LA CONSTRUCCIÓN O LA REPARACIÓN DE LA RELACIÓN

Cuando lea el resto de este capítulo, recuerde que desarrollar o recomponer la relación con su hijo depende de que envíe continuamente cinco mensajes fundamentales. A veces, se expresan con palabras. Pero es más frecuente que sean comunicados de manera no verbal, por medio de nuestro tono de voz, de las expresiones faciales y del tono emocional en general. Es importante destacar que las estrategias que usted está a punto de aprender también nos ayudan a sanar y a superar las heridas que hay en nuestra propia vida. Estos mensajes servirán para cualquier hijo, joven o mayor, incluyendo aquellos que tienen necesidades o discapacidades especiales.

Mensaje 1: *Te vemos, nos importas y estamos comprometidos a satisfacer tus necesidades.*

Lo ideal es que este mensaje fundamental comience desde el momento que el bebé nace; es especialmente influyente en los primeros dos años de vida. Durante el primer año de vida del bebé, todo tiene que ver con satisfacer sus necesidades básicas. Según muchos expertos, incluyendo a nuestro amigo el doctor Foster Cline, este ciclo del primer año es esencial para el desarrollo de los vínculos, las conductas prosociales y la capacidad de aprender causa y efecto[3]. Por ejemplo, digamos que su bebita tiene hambre. Si llora y usted se acerca, ella se entera de que alguien le presta atención. Si usted sonríe, hace contacto visual, la levanta en brazos y la alimenta, activa la liberación de oxitocina, el neuroquímico involucrado en la vinculación emocional y en la confianza. Ella desarrolla un vínculo que le permitirá relacionarse consigo misma y con los demás con amor, sentir que tiene control sobre su vida y aprender de la experiencia: todos elementos de la fortaleza mental.

En el segundo año de vida, este ciclo cambia las necesidades por los deseos. La pequeña quiere algo (un juguete, una manta, un biberón) y dará a conocer ese deseo señalando o con palabras. Los niños que gatean y que están empezando a caminar suelen querer cosas que no son buenas o que podrían ser peligrosas para ellos: tocar la estufa caliente, correr hacia la calle o trepar a lo alto de un mueble. En esta fase, los pequeños nos ponen a prueba para ver si los amamos lo suficiente para decirles no. En definitiva, este ciclo forma un vínculo de confianza, aunque pueda ocasionar algunas lágrimas temporales o berrinches.

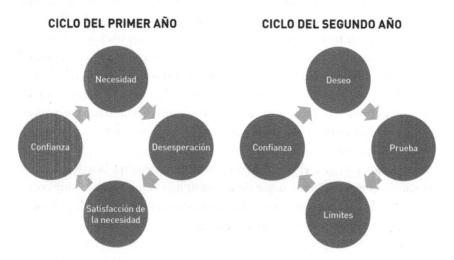

La característica común fundamental entre el ciclo del primer año y el del segundo es que el padre está consciente de las necesidades del hijo y muestra una dedicación constante para satisfacerlas. ¿Cómo podemos seguir ayudando a nuestros hijos para que entiendan que son valorados? Echemos un vistazo.

ESTRATEGIA DE CRIANZA EFICAZ: UN TIEMPO ESPECIAL

Las relaciones requieren dos cosas: tiempo y predisposición para escuchar. Lamentablemente, muchos no tenemos suficiente tiempo de calidad con nuestros hijos. Una encuesta del 2018 descubrió que a más del 70% de los padres les cuesta tener comunicaciones significativas con sus hijos[4]. Y el 40% de los encuestados reconoció que las conversaciones con sus hijos en general duran diez minutos. No es posible vincularse o tener demasiada relación en cuestión de unos minutos. El sistema límbico del cerebro (o centro emocional) nos permite conectarnos socialmente con otros. Cuando nos vinculamos de una manera positiva con otras personas, es como si vivieran con nosotros en nuestro cerebro.

Este ejercicio que el Dr. Amen recomienda mejorará la calidad de su relación y el vínculo límbico que tiene con su hijo en un período muy corto. *El tiempo especial* funciona, más allá de cuáles sean las edades de sus hijos. Posiblemente, piense que sus hijos están demasiado ocupados o que no les interesa pasar tiempo con usted. Cuando suceda esto, le recomiendo que impulse el tema con sus hijos, diciéndoles que son importantes para usted y que necesita pasar tiempo con ellos. Desde luego, es vital la manera en la que usted pase el tiempo con ellos.

Muchas veces, los padres les dicen a los hijos cómo pensar antes de entender la situación. Este comportamiento interrumpe la comunicación y reduce las posibilidades de que el niño acuda a usted en el futuro. Al responder de una manera positiva reflexiva, usted estimula la comunicación. Cuando reacciona de un modo áspero, desdeñoso o crítico, usted reduce la comunicación, lo cual puede provocar una sensación de soledad y de alienación en un niño o en un adolescente. Vea el recuadro sobre las instrucciones para poner en práctica estas instrucciones todos los días.

Instrucciones para el tiempo especial[5]

1. **Pase veinte minutos por día con su hijo, haciendo algo que a él le guste.** Diríjase a su hijo de una manera positiva y diga algo como: «Siento que no hemos tenido suficiente tiempo juntos, y tú eres importante para mí. Pasemos juntos un tiempo especial todos los días. ¿Qué te gustaría hacer?». El propósito de este tiempo es desarrollar la relación con su hijo. Fíjese que sea positivo. Cuando nuestra hija Chloe era pequeña, mi esposa, Tana, le leía todos los días. Cuando creció, Chloe empezó a leerle a Tana. Para las dos, fue un maravilloso tiempo para vincularse.

2. **Durante el tiempo especial, no emita ninguna orden, pregunta ni indicación como padre.** Esto es muy importante. Este es un tiempo para forjar la relación, no para disciplinar una conducta complicada. Por ejemplo, si están jugando a algo y su hija comienza a hacer trampa, usted puede replantear su comportamiento. Puede decir algo como: «Veo que has cambiado las reglas del juego. Yo jugaré según tus reglas». Recuerde: el objetivo del tiempo especial es mejorar la relación entre usted y su hija, no enseñar. (Por supuesto, en otros momentos, si la niña hace trampa, ocúpese sin rodeos del tema).

3. **Observe los comportamientos positivos.** Destacar lo bueno es mucho más efectivo para formar el comportamiento que advertir lo malo. (Lea la historia del pingüino, Freddy el Gordo, más adelante en este capítulo).

4. **Escuche más, hable menos.** La buena comunicación es esencial para cualquier relación. Para lograr que su hijo

hable con usted, primero debe mostrarle que está dispuesto a aceptar y escuchar lo que su hijo tiene para decir. También debe creer que su hijo tiene la capacidad para resolver muchos de sus problemas, si se le permite discutirlos detenidamente.

Mensaje 2: Valoramos tus sentimientos.

Es muy importante que los niños sepan que valoramos sus sentimientos. Eso mejora su sentido de amor propio y de autoestima. El Dr. Fay recuerda bien una de las muchas veces que su papá, Jim, demostró que valoraba sus sentimientos y eso realmente lo marcó: «En ese momento, yo apenas tenía diez años. Nuestra familia estaba cenando con el Dr. Cline, quien vivía cerca. Mi papá y el Dr. Cline se quejaban de que sus enseñanzas sobre los límites y la responsabilidad funcionaban solo en la mitad de los niños. No podían entender por qué las mismas estrategias no servían para la otra mitad de los niños, quienes básicamente terminaban teniendo más aversión a sus padres de la que ya tenían. De pronto, giraron hacia mí y me preguntaron:

—¿Qué piensas, Charles?

—¿Quién? ¿Yo? —pregunté. No tenía una respuesta para ellos, pero el hecho de que estos dos adultos con décadas de experiencia quisieran mi aporte me hizo sentir especial.

Finalmente, encontraron la solución que buscaban y, en parte, surgió de observar lo que hacía una mujer que trabajaba en la oficina administrativa de la escuela. La señora MacLaughlin era una mujer firme pero cariñosa, la primera persona a la que los alumnos visitaban cuando tenían una «emergencia» como haber olvidado el almuerzo, perdido el abrigo, raspado una rodilla o tenido un problema con otro alumno. Los alumnos de esa escuela creían que todas esas «crisis» requerían una llamada a uno o a ambos padres, y aquellos eran los días antes de que hubiera teléfonos celulares.

Cuando le rogaban usar el teléfono de la oficina, la señora MacLaughlin sonreía con ternura, los miraba a los ojos como si fueran lo más precioso del mundo y les decía:

—Ay, cariño, ¿qué pasó?

Los niños describían el problema, ella escuchaba con gran interés y, luego, les respondía con empatía, diciendo:

—Ah, debes sentirte muy mal. No hay nada divertido en tener un problema como ese. Es una pena, pero solo puedo dejarte usar el teléfono si hay una emergencia. Eso sí, si algún niño puede manejar esto, indudablemente, eres tú.

En general, los niños se daban cuenta de cómo resolver sus problemas solos, sin usar el teléfono, lo cual los llenaba de confianza en sí mismos y amor por la señora MacLaughlin. Jim Fay y el Dr. Foster Cline pronto descubrieron la clave para que el método de Amor y Lógica realmente funcionara: la empatía[6]. La señora MacLaughlin siempre aportaba una dosis de esta magia antes de poner un límite o de pedirle a un alumno que respondiera por sus actos. Así les mostraba a los alumnos que ella valoraba sus sentimientos.

La empatía abre el corazón y la mente del niño al aprendizaje;
la ira cierra la puerta al aprendizaje y a la relación.

LA IRA *VERSUS* EL PODER DE LA EMPATÍA

La empatía, cuando se ejerce correctamente, manda un mensaje de amor y de aptitud. Algunos padres creen que levantar la voz y lanzar un ultimátum es la manera de lograr que los hijos cumplan las reglas. Puede que los niños se sometan por miedo, pero eso tiene un costo. Los niños cuyos padres rutinariamente se ponen furiosos o les gritan son vulnerables a un sinfín de consecuencias que los privan de su fortaleza mental, entre ellas:

- Sentirse estresados, lo cual tiene repercusiones negativas en el desarrollo del cerebro.
- Culparse a sí mismos por cualquier cosa que vuelva loco a su padre.
- Responder a la ira del padre con un comportamiento agresivo.
- Tener dificultades para dormir.

- Sufrir dolencias físicas como dolores de estómago.
- Correr mayor riesgo de problemas de salud mental en otros momentos de la vida.

Más preocupante aún: ejercer con severidad la crianza también impacta negativamente en cómo se desarrolla y cómo funciona el cerebro. Un estudio del 2021 descubrió que gritar o enojarse a menudo con los niños está relacionado con tener un cerebro más pequeño en la adolescencia[7]. Cuando se trata del cerebro, el tamaño importa.

Cuando un padre se enoja, el cerebro del hijo puede ver esto como una amenaza. Eso estimula la amígdala, la región del cerebro asociada con emociones como el temor y la ansiedad y relacionada con la reacción de pelear, huir o bloquearse. Adivine qué le hace esto a las áreas pensantes del cerebro que están en la corteza prefrontal: aleja la actividad de las áreas pensantes y hace que los niños sean más propensos a reaccionar con emociones intensificadas.

Desde luego, todos perdemos los estribos de vez en cuando, pero hay estrategias sencillas que usted puede usar para calmar la ira. Por ejemplo:

Respire hondo varias veces. Respirar controladamente puede servir para calmar la irritabilidad y llevarle más oxígeno al cerebro, ayudándolo a reaccionar de manera más racional ante una situación. Ni bien empiece a sentir que su ira crece, respire hondo, inhale durante cuatro segundos, retenga el aire un segundo y, luego, exhale durante ocho segundos. Repita esto diez veces y se sentirá más en paz.

Conozca cuáles son sus detonantes. Haga un seguimiento de cuándo se pone furioso. ¿Es cuando no ha comido durante demasiado tiempo? ¿Cuando tuvo un día estresante en el trabajo? ¿Cuando no durmió lo suficiente? Cuando usted conoce sus momentos vulnerables, puede hacer un plan para eludir la ira antes de que se encienda.

Tómese un momento. Si siente que está a punto de agredir verbalmente a sus hijos, simplemente, diga: «Necesito un momento» y tómese unos minutos para usted. Salir a dar una caminata rápida, hacer unos estiramientos o escuchar algunas canciones alegres por unos minutos suele ser suficiente para apaciguar el enojo.

Por otra parte, la empatía es mucho más poderosa y beneficiosa que la ira. La empatía es la capacidad que tenemos de percibir lo que sienten otros. Cuando tiene que entenderse con sus hijos, la empatía da grandes frutos. Los hallazgos de un estudio del 2020 muestran que la empatía parental mejora las habilidades sociales de los hijos, las cuales están asociadas a la disminución del riesgo de problemas emocionales y conductuales[8]. Una mayor empatía también causa un efecto secundario importante: la responsabilidad. Según las investigaciones[9], la empatía también juega un papel en el funcionamiento del cerebro y activa las áreas involucradas en las habilidades cognitivas[10], el aprendizaje y la vinculación afectiva.

IRA *VERSUS* EMPATÍA

IRA	EMPATÍA
Las amenazas o los sermones facilitan que los hijos culpen a los padres por las consecuencias que ellos sufren.	La empatía dificulta que los hijos culpen a los padres por las consecuencias de sus malas decisiones.
La ira y la frustración le cierran la puerta al aprendizaje.	La empatía abre el corazón y la mente al aprendizaje.
La ira hace que los padres se sientan estresados y genera sentimiento de culpa.	La empatía les permite a los padres ser libres del estrés y la culpa.
La ira les enseña a los hijos a usar la ira.	La empatía les enseña a los hijos a mostrar empatía, perdón y habilidad para resolver problemas.

EMPATÍA *VERSUS* COMPASIÓN

Aunque la empatía suele confundirse con la compasión, no podrían ser más distintas. Mientras que la empatía es tener la capacidad de entender y compartir los sentimientos de otra persona, la compasión es sentirse apenado por el otro. Aquí hay algunos ejemplos que muestran la diferencia entre ambas:

Compasión: «Qué mal que no te hayan elegido para el equipo de baile. A lo mejor, si tomas más clases, el año que viene puedas entrar en el equipo».

Empatía: «Debes sentirte mal por no haber sido elegida para el equipo de baile. Estoy aquí por si quieres hablar de eso».

Compasión: «Qué terrible que tu amigo te haya dicho algo tan odioso. Por lo menos, tienes otros amigos».

Empatía: «Está bien sentirse mal cuando alguien dice algo odioso. Te entiendo».

En gran parte, cada uno se comunica a través de factores sutiles pero muy poderosos, tales como el tono de la voz, la expresión facial y otras formas de comunicación no verbal.

La compasión causa falta de confianza en sí mismo
y temor. La empatía forja confianza y resiliencia.

LA COMPASIÓN COMUNICA	LA EMPATÍA COMUNICA
• *Pobre de ti... No sé cómo lo lograrás.* • *Estoy muy molesto por lo que te pasó.* • *Esto se trata de mis sentimientos.* • *Eres una víctima.* • *Este es un problema que tengo que resolver yo.* • *Necesitas que yo te rescate.*	• *Esto es muy difícil, pero sé que lo lograrás.* • *Me doy cuenta de que estás realmente muy molesto por lo que te sucedió.* • *Esto se trata de tus sentimientos.* • *Eres fuerte.* • *Este es un problema que tienes que resolver tú.* • *Es posible que necesites un poco de orientación, pero tienes lo que se necesita para resolver este problema.*

Mensaje 3: Valoramos y aceptamos lo que piensas.

¿Cuántas veces le sucedió con sus hijos, y aun con adultos a los que usted cuida, que, para solucionar un problema, aliviar su ansiedad o su tristeza, los ayudó a evitar una situación incómoda, pero terminó descubriendo que la cosa no funcionó bien? ¿Qué quieren y qué necesitan realmente las personas en esos momentos? Necesitan su presencia, no que solucione los problemas.

ESTRATEGIA EFICAZ DE CRIANZA: LA ESCUCHA ACTIVA

La escucha activa es una técnica que usan los terapeutas para mejorar la comunicación. Puede ayudarlo a escuchar y entender qué está diciendo su hijo. La escucha activa es simple e implica tres pasos:

1. Repita lo que escuchó, sin juzgar.
2. Escuche qué sentimiento hay detrás de las palabras.
3. Refleje con sus palabras lo que su hijo está diciendo y sintiendo.

Decir simplemente: «Escucho lo que dices... ¿Esto es lo que quisiste decir?» puede ayudarlo a evitar malentendidos, a calmar conflictos y a aumentar la comunicación. La escucha activa con los niños y los adolescentes aumenta el nivel de comprensión y comunicación. Y cuando ellos se sienten comprendidos y valorados, se sienten más cerca de usted.

He aquí un ejemplo de cómo puede representarse esto:

1. Repita lo que se dijo sin juzgar el contenido de las palabras.
Adolescente:
—Me quiero teñir el cabello de azul.
(Podría ser una frase provocativa)
Padre ineficaz:
—¡No mientras vivas en mi casa!
(Pone fin a la conversación o inicia una pelea)
Padre eficaz:
—¿Quieres teñirte el cabello de azul?
(Luego, se queda callado el tiempo suficiente para que el adolescente explique).

Me quiero teñir el cabello de azul.

2. Escuche qué sentimientos hay detrás de las palabras.
Adolescente:
—Todas las muchachas se peinan así.
(Como si hubiese hecho una encuesta científica).
Padre ineficaz:
—No me interesa qué hacen todos los demás; tú no vas a tener pelo azul. Si los demás saltan de un puente, ¿tú también lo harás?
(De nuevo, esto monta una pelea con el adolescente o provoca que se repliegue).
Padre eficaz:

—Parece que quieres ser como las otras muchachas.
(Incentiva la comprensión e impulsa la comunicación).

3. **Refleje con sus palabras lo que usted escucha que su hijo dice y siente.**
Es posible que su adolescente responda en ese momento: a veces
siento que no encajo; a lo mejor, cambiar mi apariencia física
ayude.
Padre ineficaz:
—No seas ridícula. Claro que encajas. ¡Tu apariencia no tiene nada
que ver con eso!
Padre eficaz:
—¿Piensas que tu apariencia te impide encajar?
(Le da espacio para que pueda explayarse en sus sentimientos)[11].

Nueve escollos que debe evitar en la comunicación con sus hijos[12]

1. *Una mala actitud.* Usted tiene la expectativa de que la conversación no llegará a ninguna parte y, consecuentemente,
   ni siquiera trata de dirigirla de manera positiva.

2. *Suposiciones negativas sobre su hijo.* De antemano, no confía
   en lo que su pequeño o su adolescente le dirá y permanece
   rígido y precavido durante el tiempo que están juntos.

3. *No reforzar el lenguaje corporal.* El lenguaje corporal es importante porque comunica mensajes de manera consciente e
   inconsciente. Cuando un padre y un hijo están discutiendo
   y uno de los dos no hace contacto visual o no acusa recibo
   de la otra persona mediante gestos faciales o corporales, la
   persona que está hablando comienza a sentirse confundida,
   sola y poco entusiasmada para continuar la conversación.
   El contacto visual y el acuse de recibo físico son esenciales
   para la buena comunicación.

4. *Competir con las distracciones.* Las distracciones suelen
   condenar a la comunicación. Por ejemplo, no es una buena
   idea tratar de comunicarse cuando el niño está viendo su

programa favorito de televisión o cuando está jugando videojuegos.

5. *Nunca pedir retroalimentación sobre lo que usted está diciendo.* Muchos padres suponen que el mensaje que le mandan a su hijo es claro y se molestan cuando el hijo no hace lo que se le había pedido. Los niños pueden tener períodos breves de atención o puede costarles escuchar debido a las emociones o los pensamientos que tienen sobre alguna cuestión. Suele ser importante pedirles que repitan lo que usted dijo para aclarar que realmente hayan entendido su comentario.

6. *Tirarse con todo.* Esto ocurre en las discusiones cuando usted se siente arrinconado y, entonces, saca temas del pasado que no tienen relación para protegerse a sí mismo o para intensificar el desacuerdo. Manténgase enfocado hasta haber discutido completamente el tema.

7. *Leer la mente.* Usted predice arbitrariamente lo que está pensando su hijo pequeño o adolescente y, entonces, reacciona a esa información «imaginada». Tenga curiosidad sobre las ideas y los sentimientos reales de su hijo.

8. *Discutir.* Utilizar insultos, sarcasmo o rebajar las ideas de su hijo desgasta el diálogo significativo y genera una distancia en su relación.

9. *Falta de perseverancia.* A menudo, con un hijo la comunicación requiere esfuerzos repetidos de su parte. No se rinda. Recuerde que los niños no piensan como adultos; es posible que usted deba seguir intentándolo.

¿DEBEMOS SIQUIERA ESCUCHAR LOS PUNTOS DE VISTA QUE RESULTAN ESCANDALOSOS?

¿Alguna vez su hijo ha dicho algo escandaloso o que no tenía sentido (como querer teñirse el pelo de azul)? ¿Suele dejar de prestar atención si su hijo empieza a decir tonterías? ¿Le preocupa que, si usted no expresa enérgicamente su desaprobación, su hijo dará por sentado que aprueba en silencio lo que él dice? Es posible escuchar sin consentir un comportamiento indeseado.

Mire cómo el Dr. Charles Fay, cuando tenía dieciséis años, trató de convencer a su papá, Jim, de que debía tener un automóvil deportivo, aunque vivieran en una ciudad donde nevaba muchísimo durante el invierno por lo que los caminos se congelaban y eran peligrosos. Jim bien podría haber sofocado la charla diciendo que los autos de tracción trasera no se manejan bien en la nieve. En cambio, Jim dejó que Charles hablara de qué era lo que le fascinaba de esos autos deportivos y se conectaron a través de la admiración por lo geniales que eran. La conversación fue más o menos así:

Charles:
—Papá, ¡tengo que tener un automóvil deportivo! Son buenísimos en la nieve, si tienes neumáticos de invierno.

Papá:
—Guau, me encantan. ¿Qué te gusta de ellos?

Charles:
—Son tan modernos con esas dos puertas... y puedes tener uno de cuatro marchas. Además, puedes conseguir toda clase de repuestos.

Papá:
—Es un automóvil genial, pero no creo que me sirviera. Sé que si tuviera uno, se patinaría justo en la entrada para autos, donde se congela. Sería muy frustrante.

Charles:
—Sí, pero son tan geniales.

Papá:
—Bueno, no soy yo quien pagará el auto, pero estoy seguro de que tomarás la mejor decisión.

Después de pensar en términos reales cómo sería conducir un automóvil deportivo por caminos congelados, Charles terminó por no comprarlo, pero su papá le permitió sentir que él era quien tenía la decisión final. Además, fue divertido hablar de lo que les gustaba de esos autos, y pasaron un gran momento desarrollando el vínculo padre-hijo.

A veces, los hijos mencionan algo escandaloso solo para ver si el padre los ama lo suficiente para escuchar. Imagine si su adolescente un día viniera y le dijera: «Creo que no es grave probar drogas. Las culturas de la antigüedad usaban toda clase de sustancias alucinógenas. No te hacen mal. El problema es que algunas personas son estúpidas y se exceden».

Como cualquier padre, usted podría sentir que se encienden las alarmas dentro de su cabeza. Podría pensar: *Tengo que cortar esto de raíz*, pero si usted actúa con mano dura y empieza a sermonear a su adolescente sobre los peligros de las drogas, lo único que hará es clausurar la conversación. Una táctica diferente podría ser que le pida que le hable más de esas culturas antiguas. Después de escuchar lo que tenga que decir, puede darle a conocer por qué eso no funcionaría para usted. Por ejemplo, podría decir: «Temo que si probara una de esas drogas, estaría tan perdido que terminaría dentro de un basurero».

No espere que su hijo adolescente lo aplauda por ser tan sabio. Lo que logra es sembrar una semilla sobre los aspectos negativos de lo que él está considerando. Deja en claro que usted no aprueba tal conducta, pero lo escucha. Cuando escucha, fomenta una mejor relación y, cuando tiene ese vínculo, hay probabilidades de que su adolescente tome mejores decisiones.

Mensaje 4: Eres capaz. Nosotros creemos en ti.

El Dr. Amen ha coleccionado pingüinos durante décadas. Ahora tiene más de dos mil quinientos pingüinos. Su colección comenzó en la isla de Oahu, en Sea Life Park (Parque Vida Marina). Una vez, pasó el día con su hijo de siete años allí. En medio del paseo, fueron al espectáculo del pingüino. El pingüino se llamaba Freddy, el Gordo. Freddy podía saltar desde un trampolín de siete metros; podía derribar los bolos con su hocico; podía contar. Hasta saltaba a través de un aro de fuego. En verdad quedaron impresionados con este pingüino.

Cuando el espectáculo estaba llegando a su fin, la entrenadora le pidió a Freddy que trajera algo. Freddy fue a buscarlo de inmediato y se lo llevó a la entrenadora. El Dr. Amen pensó para sus adentros: *Yo le pido a mi hijo que me traiga algo y él discute veinte minutos sobre el asunto y, después, no quiere hacerlo. ¿Cuál es la diferencia? Sé que mi hijo es más inteligente que este pingüino.*

Me encanta cómo hiciste eso.
Ten un pez.

Después del espectáculo, el Dr. Amen le preguntó a la entrenadora cómo lograba que Freddy hiciera todos esos trucos tan asombrosos. La entrenadora miró al padre y al hijo y, luego, dijo: «A diferencia de los padres, siempre que Freddy hace algo como yo quiero que lo haga, lo reconozco, lo abrazo y le doy un pescado».

Al Dr. Amen se le encendió la lamparita: cada vez que su hijo hacía algo que agradaba al Dr. Amen, el Dr. Amen no le prestaba atención. Pero cada vez que su hijo hacía algo que al Dr. Amen no le gustaba, el Dr. Amen le prestaba una tonelada de atención porque no quería criar a un hijo malo. Bueno, adivine qué estaba haciendo el Dr. Amen en realidad. Incentivaba a su hijo para que fuera un dolor de cabeza. Al portarse mal, conseguía que su papá le prestara cada vez más atención.

¿Qué cree usted que hubiera hecho Freddy, el Gordo, si por tener un mal día y no obedecer las instrucciones de la entrenadora ella le dijera: «Pingüino estúpido; nunca conocí un pingüino tan tonto como tú. Deberíamos mandarte a la Antártida y conseguirte un reemplazo»? Si Freddy hubiera podido entenderla, de seguro la hubiera mordido o hubiera huido a un rincón a echarse a llorar (dependiendo de su temperamento). La respuesta de la entrenadora cambiaba toda la situación[13].

La colección de pingüinos del Dr. Amen nos recuerda que debemos moldear nuestra conducta de una manera positiva y que debemos prestar más atención a lo bueno que a lo malo. Al fin y al cabo, ¿no disfrutamos todos de que nos presten atención y nos aplaudan por nuestra conducta?

Reafirme la buena conducta de su hijo cuando él obedezca las reglas y se esfuerce por sus metas si desea que continúe así. Cuando piense en la conducta aceptable, imagine un campo de juego. Si la conducta del niño es apropiada, está dentro de las vallas. Cuando su conducta se vuelve inapropiada, está fuera de las vallas. Si usted lo apoya y lo elogia cuando está dentro de los límites apropiados, es más probable que él continúe haciendo lo que a usted le gusta.

CUANDO LOS ELOGIOS PRODUCEN EFECTOS INDESEADOS

Algunos padres dicen que siempre que intentan elogiar a su hijo, es como si le resbalara. Sus palabras no tienen ningún efecto. Su hijo tiene baja autoestima y, no importa qué tan seguido lo reafirmen de manera positiva, sus palabras fracasan. Desafortunadamente, algunos niños tienen ideas preconcebidas sobre sí mismos y son reticentes a abandonarlas, aunque sean negativas. Las felicitaciones bien intencionadas pueden provocarles dudas sin proponérselo.

En estos casos, es mejor pensar en la palabra *amor* como verbo y como acción. Entrar en acción para ayudar a los niños a demostrarse a sí mismos que son capaces y valiosos puede ser mucho más poderoso que los elogios verbales. Aquí es donde intervienen los cuatro pasos hacia la responsabilidad de Jim Fay (ver abajo)[14].

Estrategia de crianza eficaz: Cuatro pasos hacia la responsabilidad

Paso 1: Dele a su hijo una tarea que él pueda gestionar.
Paso 2: Espere que cometa un error o que se porte mal.
Paso 3: Muestre empatía sincera y permítale sufrir las consecuencias de su error o de su mala conducta.
Paso 4: Vuelva a darle la misma tarea.

Aquí tenemos un ejemplo de cómo le sirvieron estos cuatro pasos al padre de un niño muy curioso. Brian, de nueve años, tenía dificultades en la escuela, pero le gustaba desarmar cosas para ver cómo funcionaban. Sus maravillosos padres le dieron un reloj despertador para que pudiera levantarse solo a la mañana (paso 1). Tenía números que daban vueltas, y él no se pudo resistir a quitar los tornillos de la parte de atrás y abrir la tapa para ver el interior y observar cómo funcionaba. Este no fue el error (paso 2) que ellos esperaban que cometiera. Pensaban que no podría programarlo correctamente, que se despertaría tarde, que perdería el autobús y que tendría que pagar el viaje a la escuela. Sin embargo, su madre y su padre le mostraron empatía (paso 3) al darse cuenta de lo entusiasmado que estaba por desarmar el reloj diciéndole: «Si alguien puede volver a armarlo, eres tú».

Brian trabajó mucho para volver a poner la tapa y, cuando lo hizo, tuvo una increíble sensación de realización y de autoestima. Ningún elogio de los demás podría haberlo hecho sentir tan bien consigo mismo. Aprendió a confiar en que si él cometía un error, sus padres no iban a perder los estribos. En cambio, ellos confiaban que él podía solucionar sus propios problemas.

Esa noche, después de que Brian arreglara el reloj, sus padres le dieron la misma tarea de nuevo (paso 4), preguntándole a qué hora iba a programar la alarma para despertarse. A la mañana siguiente, la alarma sonó según lo planeado, él se levantó y llegó al autobús por sí mismo. ¡Qué armador autodidacta!

Muchas veces, los padres de niños pequeños y los que tienen hijos con necesidades especiales son comprensiblemente reacios a aplicar esta estrategia. Suelen preguntarse: «¿Funcionará esto con un niño tan pequeño?» o «¿Funcionará esto con un niño que tiene las dificultades que tiene el mío?».

Observe que el primer paso implica darle a su hijo una tarea que pueda gestionar. Podría ser algo muy pequeño (pedirle a un niño de cuatro años que ponga su plato junto al fregadero de la cocina después de comer) o mucho más grande (hacer que su hijo de diecisiete años conduzca al supermercado y haga algunas compras para la familia). Más allá del tamaño y de la complejidad de la tarea, el padre le enseña al hijo cómo efectuarla antes de asignársela. De hecho, los padres de niños pequeños y de niños con necesidades especiales tienen la prudencia de practicar la habilidad y de facilitar señales visuales, como una lista de imágenes que representen la secuencia de los pasos involucrados.

Asimismo, está bien facilitar algunas sugerencias para manejar el error cometido. Guiar a los hijos hacia las soluciones los ayuda a aprender cómo generar ideas cuando aparezcan otros problemas. Es importante recordar que guiarlos aportándoles soluciones no es lo mismo que sermonearlos y tratar de obligarlos a aceptar su consejo. Simplemente, comparta ideas y déjelos decidir si usarán alguna de sus sugerencias.

Usar los cuatro pasos hacia la responsabilidad es aún más importante con los niños que no se valoran a sí mismos. A continuación, le presentamos algunas estrategias de constructores y destructores de la autoconfianza.

ESTRATEGIA DE CRIANZA EFICAZ: CONSTRUYA, NO DESTRUYA

CONSTRUYE LA AUTOCONFIANZA CUANDO	DESTRUYE LA AUTOCONFIANZA CUANDO
Permite que los hijos tomen decisiones, aunque cometan errores.	Rescata a los hijos de los errores.
Muestra empatía sincera.	Es sarcástico.
Es específico en los elogios: «A pesar de que fuiste eliminado en ese momento, realmente lo manejaste con calma».	Dice: «Fuiste eliminado, ¡ese árbitro necesita anteojos!».
Permite que los hijos se esfuercen.	Le hace todo fácil a los hijos.
Tiene relaciones familiares cariñosas.	Deja que los hijos sean testigos de las relaciones familiares conflictivas (los niños tienden a culparse a sí mismos de los problemas familiares).
Enfoca la mayor parte de su energía en las fortalezas.	Enfoca la mayor parte de su energía en las debilidades.

Mensaje 5: Mereces ser protegido.

Dave Sanders fue un héroe. En Colorado, EE. UU., hay una autopista que tiene su nombre. ¿Quién fue? Fue el maestro que salvó innumerables vidas en la Escuela Secundaria Columbine cuando dos estudiantes entraron disparando el 20 de abril de 1999. En lugar de correr a resguardarse, Sanders ayudó a los alumnos a protegerse de las balas. Finalmente, dio su vida para proteger la de ellos. Ese es un ejemplo del mayor significado del amor.

Si bien la mayoría, gracias a Dios, nunca viviremos una situación como la de Sanders, como padres a menudo debemos pasar por la situación de sacrificar nuestra comodidad y las sensaciones momentáneas de bienestar para rescatar del peligro a nuestros hijos. Ese peligro puede provenir de afuera o de adentro. Los peligros externos son cosas como cuando un pequeño corre hacia la calle en el momento en que un automóvil pasa a toda velocidad. Los peligros internos incluyen los impulsos propios y las malas decisiones de nuestros hijos.

El rescate se ha ganado una mala fama. Muchos padres rescatan demasiado e innecesariamente. El Dr. Foster Cline comparte algunos consejos útiles sobre cuándo está bien, o incluso es necesario, rescatar a los niños y a los adolescentes (ver el recuadro). Cuando saben que nosotros creemos que ellos son dignos de ser rescatados, es edificante para la relación. Cuando se hace de manera apropiada, rescatar a veces a nuestros hijos forja un vínculo de confianza. ¡Además, multiplica las probabilidades de que estén dispuestos a rescatarnos a nosotros cuando lo necesitemos de verdad!

ESTRATEGIA DE CRIANZA EFICAZ: COMPRENDA LAS REGLAS PARA UN RESCATE, POR EL DR. FOSTER CLINE

ESTÁ BIEN RESCATAR CUANDO...	NO ESTÁ BIEN RESCATAR CUANDO...
Su hijo está en riesgo de perder la vida o un miembro de su cuerpo.	Enfrenta una dificultad de la que podría aprender y crecer.
Su hijo no acostumbra a necesitar que lo rescate.	Cuenta constantemente con ello.
Su hijo está agradecido por el rescate.	Exige que lo rescate o siente que tiene derecho a ser rescatado.
Su hijo es un niño seguro de sí mismo.	Su hijo carece de seguridad y necesita ver que es capaz de hacer frente a la adversidad.

Cuando usted envía constantemente estos mensajes de amor a su hijo, él crece seguro de sí mismo y confiado. Con los sentimientos de confianza y de seguridad que generan estos mensajes amorosos, usted le da al cerebro de su hijo sentido de identidad propia y lugar para desarrollar fortaleza mental.

Póngalo en práctica

- Pase hoy veinte minutos de tiempo especial con su hijo.
- La próxima vez que a su hijo le cueste hacer algo, solo trate de estar presente y déjelo ser el que hable.
- Practique la escucha activa con su hijo.
- Elija dos puntapiés iniciales para conversaciones que pueda usar con su hijo.
- Piense cómo puede usar la frase «Eso no funcionaría conmigo» cuando su hijo diga algo escandaloso.
- Piense en una tarea que pueda darle a su hijo para aplicar los cuatro pasos hacia la responsabilidad.
- Use estrategias para construir la autoconfianza.
- Entienda las reglas del rescate.

CAPÍTULO 5

LOS LÍMITES Y LAS REGLAS FORJAN LA FORTALEZA MENTAL

Los límites y las reglas le permiten saber claramente a su hijo qué espera usted de él y lo hacen sentir seguro y protegido.

Los niños necesitan límites y reglas. Esa es la conclusión. ¿Qué tienen que ver los límites y las reglas con establecer vínculos y mantener relaciones positivas en el desarrollo de la fortaleza mental? Poner límites les comunica los siguientes mensajes implícitos a nuestros hijos:

- Te amo tanto como para prestarle atención a tus actos.
- Te amo tanto como para cuidarte.
- Te amo tanto como para disciplinarte.
- Te amo tanto como para enseñarte cómo cuidarte a ti mismo.
- Te amo tanto como para darte lo que necesita tu cerebro.

Aquí tiene un ejemplo del mensaje poderoso que enviamos cuando ponemos límites. Cuando la hija del Dr. Amen, Kaitlyn, era adolescente, le gustaba llevar la contra. En una ocasión, quería ir a un concierto con amigos. El Dr. Amen le dijo que no, pero ella siguió fastidiándolo con el tema. Así es como a menudo los padres se rinden por exasperación; ¡lo entendemos! Sin embargo, si el Dr. Amen lo hubiera hecho, hubiera reforzado el exceso de actividad del giro cingulado anterior del cerebro de Kaitlyn (la región cerebral relacionada con la oposición y la conducta desafiante). El resultado no le hubiera dado paz al Dr. Amen; Kaitlyn se hubiera opuesto más y, a la siguiente oportunidad, se hubiera obsesionado más.

Por lo tanto, el Dr. Amen le dio una respuesta muy clara: «Cariño, te he dicho que no. Y ya me preguntaste más de una vez. Tú conoces la regla: "No se discute con los padres" (Ver la regla n.º 4 en este capítulo). Entonces, si me preguntas otra vez, la respuesta seguirá siendo no y habrá una consecuencia: nada de teléfono ni de Internet por el resto del día. Depende de ti si quieres la consecuencia o no». Después de eso, Kaitlyn abandonó el tema. Al ser insistente, firme y amoroso, el Dr. Amen en realidad le había enseñado al cerebro de ella que podía abandonar la conducta opositora en la cual estaba atascada. A decir verdad, esta táctica es parte de una terapia conductual que ayuda a las personas con trastornos obsesivo-compulsivos, pero también puede ser sumamente eficaz con niños de todas las edades.

POR QUÉ LOS HIJOS Y LOS PADRES NECESITAN LÍMITES

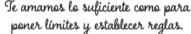

Te amamos lo suficiente como para poner límites y establecer reglas.

El cerebro de su hijo necesita límites. Las reglas y los límites proveen una sensación de seguridad. Según las investigaciones[1], demuestra que ayuda al desarrollo sano del eje hipotalámico-pituitario-adrenal (HPA), más comúnmente conocido como el sistema de respuesta al estrés. Una actividad sana en el eje HPA reduce los niveles del cortisol, la hormona del estrés, mejorando así el funcionamiento general del cerebro. El sano funcionamiento del cerebro refuerza la fortaleza mental. Décadas de investigaciones[2] muestran que la crianza autoritativa (no *autoritaria*), la cual implica poner límites firmes y cariñosos, ayuda a los niños a desarrollar:

- La responsabilidad
- La independencia
- Las habilidades sociales
- El desempeño académico
- La buena conducta

Además, es menos probable que los niños y los adolescentes que crecen con límites y reglas sufran cuestiones de salud mental o problemas de conducta, tales como ansiedad, depresión o abuso de sustancias.

Por otra parte, un estudio del 2022 determinó que una crianza impredecible o inconsistente puede interferir en el desarrollo saludable de los circuitos cerebrales emocionales de un niño[3]. Esto puede contribuir a mayores riesgos de problemas de salud mental y de adicciones en la adultez. En las Clínicas Amen, el Dr. Amen ha visto a demasiados jóvenes adultos con ansiedad, trastornos de pánico, cambios de humor y abuso de sustancias. En muchos casos, estos individuos crecieron en hogares permisivos, sin límites.

Las reglas también benefician a los padres. Le permiten a usted saber cuándo el niño está obedeciendo las reglas y le dan un fundamento para potenciarlas con consecuencias claras y objetivas. Particularmente, las reglas escritas tienen poder. Los niños suelen guiarse por reglas y responden a las indicaciones físicas (las reglas publicadas en la piscina). Por ejemplo, cuando Andrew, el sobrino del Dr. Amen, tenía tres años, tenía miedo a los monstruos por la noche. Durante varias semanas, los padres de Andrew revisaron el cuarto con él intentando asegurarle que no había ningún monstruo allí. Miraron en todas partes: debajo de la cama, en el guardarropa, detrás de la puerta y bajo las mantas. Entonces, se dieron cuenta de que estaban aumentando el temor de Andrew al buscar los monstruos.

Por sugerencia del Dr. Amen, la madre de Andrew decidió hacer un letrero para su hijo. Ella y Andrew dibujaron un monstruo; luego, lo rodearon con un círculo rojo y una diagonal que le cruzaba el cuerpo y escribieron: «NO SE PERMITEN MONSTRUOS». Sorprendentemente, el miedo de Andrew desapareció porque él creía que el letrero mantenía a los monstruos alejados de su cuarto[4].

NO SE PERMITEN MONSTRUOS

LOS LÍMITES SON NECESIDADES INNEGOCIABLES

Los límites y las reglas deben ser inamovibles. No son deseos opcionales. Pero hay algo importante que tiene que saber: los niños (y los adultos) suelen resistirse a los límites. Y si usted no lo entiende, puede poner a prueba su paciencia y llevarlo a la ira y a la frustración que lo hacen ceder cuando sabe que no debería hacerlo.

Vea a esta pareja que acostumbraba tener una salida romántica una vez por semana hasta que su hija tuvo cerca de tres años. Los padres habían contratado a una niñera y estaban dirigiéndose a la puerta para ir al cine, cuando su pequeñita hizo un berrinche.

—No es justo que ustedes vayan a ver una película y yo no —lloró la niña.

Cuando el llanto siguió hasta convertirse en una rabieta, los padres se miraron uno al otro con resignación, cerraron la puerta delantera y se quedaron en casa para tranquilizar a su hija. Esa fue su última salida romántica.

¿Ve cuál es el problema aquí? Los padres cedieron ante la reacción a corto plazo de su hija, en lugar de mantenerse enfocados en su desarrollo a largo plazo. Y, claramente, le dieron a entender a su hija que ella era quien mandaba. Sus padres habían modificado exitosamente su conducta, pero de un modo negativo que se traducía en problemas para el futuro. La chiquilla aprendió que si se portaba como una tirana, podía lograr que sus padres cedieran y se pusieran al servicio de sus deseos.

Este es un ejemplo de crianza del tipo máquina tragamonedas. Las tragamonedas no suelen recompensar, pero si usted sigue en ellas, tarde o temprano soltarán el dinero. En el caso de su hijo, significa que si él sigue fastidiándolo, hay una posibilidad de que usted se dé por vencido. En su innovadora investigación sobre conductismo, B. F. Skinner[5] descubrió que reforzar intermitentemente era una manera mucho más poderosa de entrenar a un animal (o a una persona), comparada con el refuerzo constante. Los premios variables alimentan lo que todo apostador cree: «La próxima vez, ¡ganaré a lo grande!». Así es como se desarrolla esto con los niños. Digamos que usted se apartó del camino al no reforzar una regla de manera consistente, como dejar que su hijo comiera el postre *antes* que la cena mientras estaban de vacaciones en familia. Luego, ese placer fuera de lo común puede hacer que su hijo insista en tratar de conseguir ese premio variable de nuevo. Eso le infunde el siguiente pensamiento: *La próxima vez que me porte mal, es posible que mis padres cedan y me den el postre antes de la cena.*

No es una creencia que quiera sembrar en el cerebro de su hijo. Perjudica los esfuerzos por establecer límites y lo predispone para el ciclo de la culpa que describimos en el capítulo 3 (estallar, sentirse mal, ir al rescate). Provoca además que los niños se vuelvan adictos a manipular el comportamiento de sus padres.

SEIS PASOS PARA ESTABLECER LÍMITES EFICACES

Antes de bucear en aguas profundas y recorrer los siguientes pasos para establecer los límites para sus hijos, tómese un tiempo para prepararse. Si se apresura en esta parte, es posible que se tope con asuntos inesperados. Es como la vez en que el Dr. Fay decidió sacar un bote de remos a un lago. Se metió en el bote y empezó a remar con entusiasmo, pensando qué día tan glorioso era aquel. Pronto se dio cuenta de que apenas había un par de centímetros de diferencia entre el nivel del agua y la parte superior del bote. Se estaba hundiendo, y lo hacía con rapidez en aguas gélidas. Resultó ser que se había olvidado de poner el tapón en la parte trasera del bote. Se las arregló para llegar justo a tiempo a la orilla. Esta historia pretende ilustrar que todos debemos tapar los agujeros que tenemos en nuestros planes para la crianza.

Los padres excelentes aprenden y empiezan a entrenar sus habilidades *antes* de hacer grandes cambios. Repase los siguientes pasos para establecer límites y trate de anticipar qué podría salir mal y cómo lo resolvería. Recuerde que comunicarles los límites a niños que tienen necesidades o discapacidades especiales puede requerir de cierta delicadeza. Asegúrese de usar términos simples e incorporar imágenes, música, contacto físico o juegos de roles para ayudarlos a entender qué espera usted de ellos.

Paso 1. Vuelva a sus metas.

Cuando trate de establecer límites, repase las metas que tiene para sí mismo como padre y para su hijo. Hágase las siguientes preguntas:

- ¿En qué tipo de adulto quiere que se convierta su hijo?
- ¿De qué debe ser modelo *constantemente* para lograr esas metas?
- ¿Cómo establece límites que le permitan sostener de manera *constante* estas metas?
- ¿Cómo persigue *constantemente* sus metas, en lugar de dejarse llevar por sus sentimientos temporales?

Cuando pueda responder estas preguntas, estará listo para elegir los límites que quiera establecer. Además, asegúrese de que los límites que establece puedan cumplirse por completo. Si no puede cumplirlos, serán contraproducentes.

Paso 2. Esté preparado para las reacciones de su hijo.

Tenga en cuenta que establecer límites puede provocar una amplia variedad de reacciones; piense en aquella pequeña que tuvo un ataque cuando sus padres quisieron ir al cine en su salida romántica. En algunos casos, las reglas y los límites pueden hacer que las cosas empeoren antes de mejorar. En los círculos de Psicología y Psiquiatría, a esto lo llamamos «estallido de extinción». En las Clínicas Amen, el Dr. Amen ha visto a niños reaccionar a las nuevas reglas y límites con enojos, quejas, berrinches, llantos, gritos, negociaciones y otros problemas de comportamiento. Cuando los padres enfrentan semejantes reacciones intensas, los hace pensar que los límites no sirven y que deben considerar la idea de abandonarlos. ¡No lo haga! Ceder y darse por vencidos hace que los padres parezcan unos veletas y aviva el comportamiento manipulador.

Entender de antemano que a su hijo pueden no gustarle las reglas y los límites nuevos y que puede reaccionar de maneras no deseadas lo ayuda a evitar sentirse enojado, frustrado, desanimado o culpable. Saber que el estallido de extinción por lo general es pasajero (de unos días a una semana) puede darle la confianza de seguir haciendo cumplir los límites nuevos, a pesar de los estallidos a corto plazo. La clave para superar un período de transición problemático es mantener la vista en el resultado a largo plazo. Cuando los padres demuestran que el cambio ha llegado para quedarse, pronto comienzan a disfrutar de hijos más respetuosos, responsables y felices.

Paso 3. Aprenda a neutralizar la discusión con sus hijos.

Te amamos demasiado como para discutir.

Como se observó en el paso 2, cuando usted empieza a establecer límites, puede encontrarse con discusiones de parte de sus hijos. Afortunadamente, desde hace décadas Amor y Lógica ayuda a los padres a neutralizar las insolencias. (Ver a continuación «Neutralice la discusión»). Como una de las herramientas más importantes del juego de herramientas de la crianza firme y amorosa, esta estrategia simple lo ayuda a apegarse a los límites y a las reglas que le facilitarán el logro de las metas que tiene para sí mismo y para sus hijos.

Neutralice la discusión

Hay pocas cosas más dañinas que permitir que los hijos piensen que discutir, responder con insolencia o manipular son buenas maneras de salirse con la suya, hacer que usted se enoje o evadir la responsabilidad. Por eso, los padres sabios que crían hijos con fortaleza mental usan el siguiente proceso de dos pasos cada vez que esto comienza a suceder. Use esta habilidad tan pronto como los niños tengan la edad suficiente para empezar a discutir, algo que en general ocurre cerca de los tres o cuatro años.

Primero, no piense demasiado. Cuando resistimos la tentación de considerar demasiado qué dice o hace el niño, aumentamos las probabilidades de mantener la calma. Es mucho más fácil evitar que pongan a prueba nuestra paciencia cuando no le prestamos demasiada atención al provocador. También es mucho más fácil resistirse a que se lance a dar un sermón.

Segundo, repita con calma el «comentario ingenioso» de Amor y Lógica. En lugar de intentar razonar con su hijo, lo cual da por válidos sus argumentos, apéguese a uno de los comentarios ingeniosos y breves, aprobado por padres, de Amor y Lógica. Aquí tiene algunos ejemplos:

- «Te amo demasiado como para discutir».
- «¿Qué dije?».
- «Lo sé».
- «Te escucharé cuando tu voz sea calma y respetuosa».

¡Cuidado! Esta técnica fracasará si la utiliza con sarcasmo, frustración o ira.

Paso 4. Aprenda a calmar la discusión en su propia mente.

Tal vez, más difícil que reprimir las discusiones con nuestros hijos sea aprender a calmar las contestaciones que ocurren en nuestra mente. ¿Sabía que cada vez que tiene un pensamiento, su cerebro libera sustancias químicas? Siempre que usted tiene un pensamiento irritado, pesimista, depresivo o aterrador, su cerebro libera determinada clase de sustancias químicas que causan que todo su cuerpo reaccione y se sienta mal. Piense en la última vez que se enojó de verdad con su hijo. ¿Qué pasó en su cuerpo casi de inmediato? Si es como la mayoría de las personas, es probable que sus músculos se hayan tensado, su respiración se haya acelerado, sus manos hayan comenzado a transpirar y a enfriarse y su ritmo cardíaco haya subido. (Este es el principio que respalda las pruebas del detector de mentiras: su cuerpo reacciona a lo que usted piensa).

Por otra parte, cada vez que usted tiene un pensamiento positivo, feliz, esperanzado, exitoso o placentero, su cuerpo libera sustancias químicas diferentes que lo hacen sentir bien y relajado. Ocurre la respuesta física contraria: su corazón se desacelera, sus manos se calientan y se secan y sus músculos se relajan. Los pensamientos son poderosos. A menos que piense en ellos, sus pensamientos son automáticos. Simplemente, suceden. Por eso, lo que usted piense es crucial para cómo se sienta y cómo ejerza la crianza.

La crianza demanda pensar con claridad. Y sus pensamientos no siempre dicen la verdad. Los pensamientos mienten... mucho. Los pensamientos que no examina son los que pueden causar estragos en la crianza. No tiene que creer cada pensamiento alocado, tormentoso o reactivo que pase por su cabeza[6].

Es importante que medite en sus pensamientos para saber si lo ayudan o le hacen daño. Lamentablemente, si usted nunca desafía a sus pensamientos automáticos negativos (¿Recuerda los denominados ANTs? El acrónimo en inglés significa «hormigas»), ellos invaden sus pensamientos como las hormigas en un picnic. Al parecer, los ANTs aparecen de la nada en su cerebro y, si no los cuestiona y los deja pasar, muerden, picotean, torturan y plagan su mente. Cuando usted trata de establecer límites, los ANTs pueden hacerlo dudar de sí mismo o convencerlo de que abandone sus nuevas reglas. Pero si usted no se mantiene mentalmente fuerte, no puede enseñarles a sus hijos cómo ser mentalmente fuertes.

En el capítulo 7, daremos una perspectiva mucho más profunda sobre este tema y le presentaremos un proceso de eficacia comprobada que lo ayudará a seguir siendo firme y amoroso, combatiendo cualquier pensamiento negativo y sus sentimientos relacionados de ira, frustración, culpa o desesperanza. También le mostramos cómo ayudar a sus hijos a combatir sus propios ANTs para que ellos, asimismo, puedan controlar sus pensamientos y vivir felices y con resolución.

Para empezar, estos son algunos de los ANTs más comunes de la crianza y sus pensamientos rivales acertados (ACTs, por su sigla en inglés):

ANT	ACT
Estas reglas nuevas no funcionan; están empeorando a mi hijo.	Estas reglas están causando estallidos de extinción temporales, pero a la larga darán buenos resultados.
Soy un fracaso como padre.	Estoy haciendo lo mejor que puedo. Aprendo de mis errores.
Las cosas serían más fáciles si tan solo dejara que mi hijo hiciera lo que quiere.	Ser permisivo, a la larga, hará que mi vida y la de mi hijo sea más difícil.

¿Cómo sería su vida de crianza si su cabeza estuviera llena de ACTs, en lugar de ANTs? ¿Cómo sería la vida de sus hijos si ellos aprendieran a hacer lo mismo? No se pierda el capítulo 7.

Paso 5. Asegúrese de que los límites que usa sean exigibles.

Seleccionar límites que puedan exigirse no le hará ningún bien si no se los comunica de manera clara y efectiva a sus hijos. La manera en la que comunica las reglas determina qué tan eficaces serán y qué tan bien puede cumplirlas. Los expertos en comunicación indican que hay dos tipos de indicaciones: beta (ineficaces) y alfa (eficaces).

INDICACIONES BETA (INEFICACES)

1. Indicaciones en cadena: demasiadas indicaciones concatenadas. Los niños que tienen dificultades para concentrarse solo pueden llegar a manejar una o dos indicaciones a la vez.

2. Indicaciones interrumpidas: dar una indicación y, después, tener una larga discusión antes de que el niño la realice.

3. Indicaciones repetidas: también conocido como fastidiar.

4. Indicaciones confusas: las indicaciones poco claras suelen causar que no se haga nada.

5. Indicaciones preguntadas: «¿Harías esto, por favor?». No es una pregunta en verdad. No presente las indicaciones en forma de pregunta o como favor, a menos que las intencione así.

6. Indicaciones «Hagámoslo juntos»: ofrecerle a su hijo hacer una tarea

doméstica o una labor cuando él se ha negado a hacerlo. Así reafirma positivamente al niño para que no cumpla lo que usted ha ordenado. Observe que sugerir que hagan juntos una labor la primera vez a modo de enseñarle al niño algo nuevo es una directiva eficaz.

7. Indicaciones del tipo «estafas psicológicas»: estas indicaciones conllevan un mensaje sumamente inapropiado. Por ejemplo: «Si no haces eso, te abandonaré, te echaré de casa, etcétera».

INDICACIONES ALFA (EFICACES)

1. Hable en serio cuando ordene una tarea del hogar o dé una indicación y deje en claro que está dispuesto a respaldarlo con consecuencias si el niño desobedece.

2. Enuncie la indicación de manera simple pero directa.

3. Dé una sola indicación por vez.

4. Asegúrese de que el niño preste atención cuando usted dé la indicación. Primero, establezca contacto visual con él.

5. Asegúrese de que ha reducido o quitado todas las distracciones de la habitación.

6. Si no está seguro de que su hijo haya entendido la indicación, pídale que se la repita.

7. Si la indicación es complicada o si al niño tradicionalmente le cuesta hacerlo como a usted le gusta, escriba en un papel todos los pasos que debe seguir para realizar la tarea. Por ejemplo: «Un cuarto limpio significa que la cama está tendida, los cajones están cerrados, no hay ropa ni juguetes en el piso y no hay nada debajo de la cama». Esto facilita verificar y recompensar cuando esté bien hecho.

Las indicaciones alfa mejoran notablemente el cumplimiento, en especial para el niño al que le cuesta cumplir. Muchas veces, los padres creen que los hijos deben saber cómo actuar sin comunicar las reglas con claridad. Establecer reglas y expectativas claras por escrito es dar instrucciones para el comportamiento de su hijo. Cuando su hijo sabe qué espera usted, es mucho más probable que sea capaz de alcanzarlo.

Otro elemento clave para comunicar los límites y las reglas se concentra en si usted dice: «Tú harás» o «Yo haré». Introducir reglas y límites nuevos para los hijos usando frases que comienzan con «Tú harás» pone el énfasis en el comportamiento del *hijo*. El problema aquí es que no siempre podemos controlar sus actos; lo único que podemos controlar constantemente es nuestro propio comportamiento. En definitiva, comenzar con «Tú harás» instala luchas de poder imposibles de ganar.

Por otro lado, si comparte límites y reglas diciendo «Yo haré» se enfoca en su comportamiento, algo que usted puede controlar. Esto es lo que Amor y Lógica llama «afirmaciones exigibles», las cuales transforman en oro nuestras palabras, en lugar de usarlas como el dinero del *Monopolio*. Observe las siguientes afirmaciones «Tú harás» y «Yo haré» para ver los ejemplos[7].

AFIRMACIONES «TÚ HARÁS» VERSUS «YO HARÉ»

¡No me hablarás de esa manera!	Te escucharé cuando tu voz esté calmada como la mía.
Tienes que sacar la basura.	Te llevaré al entrenamiento de béisbol cuando vea que has sacado la basura.
Estoy harta y cansada de ir limpiando detrás de ti. Ordena esos juguetes... ¡ahora!	Dejo que los niños conserven los juguetes que recogen.
Tú me respetarás. Lo único que trato de hacer es ayudarte.	Te ayudaré con la tarea siempre y cuando sienta que me tratas amablemente.

Paso 6. Recuerde que la empatía abre el corazón y la mente al aprendizaje.

Como ocurre con todos los esfuerzos de la crianza, establecer y hacer respetar los límites con empatía mejora el desarrollo cerebral del hijo, fomenta la vinculación y edifica su fortaleza mental. Como aprendimos en el capítulo anterior, la empatía está relacionada con el funcionamiento de las regiones del cerebro involucradas en el aprendizaje y las funciones ejecutivas. La ira y la frustración, sin embargo, pueden activar en el cerebro la reacción de pelear, huir o paralizarse, lo cual puede aumentar el estrés e interferir con el desarrollo saludable del cerebro.

Así es como un padre puede aplicar la empatía con un niño de cuatro años. Mientras hacen las compras, el pequeño ve un autito *Matchbox* en uno de los anaqueles. Corre hacia el juguete, lo agarra, se lo muestra a su padre y dice:

—¡Quiero esto!

Desde luego, los padres eficaces nunca sucumben a las demandas, pero pueden mantenerse firmes de una manera amorosa. En lugar de sermonearlo, diciendo: «No, no necesitas ese auto. ¡No te lo compraré!», pueden darle un mensaje cariñoso de empatía, diciendo algo como: «Si yo tuviera tu edad, también querría uno de esos autitos. ¿No será genial que un día, cuando tengas el dinero, compres uno para ti?».

Luego, el padre vuelve rápidamente a las compras y le indica al hijo que seguirán adelante. Si el niño se arroja al piso en un ataque de rabia, el padre puede ganar algo de tiempo para que piensen en la consecuencia, respondiendo con calma: «Qué triste que es esto. Tendré que hacer algo al respecto cuando lleguemos a casa».

Aunque siempre es posible que su hijo haga una rabieta a pesar de que usted lo maneje así, le asombraría saber cómo una rápida dosis de empatía y reconocimiento pueden evitar o, por lo menos, minimizar muchos berrinches y luchas de poder. Un poco de empatía ayuda mucho. Ayuda a que los niños acaten los límites que establecemos y evita que caigamos en el ciclo de la culpa de reaccionar con dureza, sentirnos culpables y acudir al rescate porque nos sentimos mal por nuestra reacción.

¿CUÁNTOS LÍMITES DEBERÍA ESTABLECER?

Cuando se trata de establecer reglas, no hay un número mágico, pero algunos podemos llegar a entusiasmarnos y poner demasiadas. Fíjese en el ejemplo de la meticulosa Camilla. Tenía una regla casi para todo. Su lista de límites era tan larga que ella, su cónyuge y sus hijos estaban agobiados al tratar de ponerlos en práctica. Consultó al Dr. Fay y le dijo que todos esos límites la estaban convirtiendo en un manojo de nervios. El Dr. Fay le comunicó que tener algunos límites abarcadores puede ser menos abrumador para todos. Finalmente, la ayudó a reducir la lista a solo dos límites fundamentales para empezar:

- «Siéntete libre de hacer cualquier cosa que te guste, siempre y cuando no le cause un problema a nadie en el universo».
- «Si causas un problema, te pediré que lo resuelvas».

Esto funcionó en su familia, pero en otras familias, unas pocas reglas más concretas pueden ser útiles. Recuerde que cada familia (y cada hijo) es diferente y que es mejor adecuar las reglas en consecuencia. Es posible que deba someterse a un poco de prueba y error para descubrir qué funciona mejor en su situación. O comenzar con algunas esenciales comprobadas y, entonces, construir a partir de ahí.

LAS OCHO REGLAS ESENCIALES
DEL DR. AMEN PARA LOS HIJOS

Después de más de tres décadas de trabajar con padres e hijos, el Dr. Amen ha constatado que todas las familias son únicas, pero algunas reglas fundamentales son beneficiosas para todos los padres e hijos.

Regla n.º 1: Di la verdad. La honestidad es un valor importante en nuestra familia. Si rompes esa regla, no solo te metes en problemas por hacer lo que no deberías haber hecho, sino también te metes en problemas por mentir. La regla es muy clara: ¡Di la verdad!

Esta regla aplica tanto para las mentiras pequeñas como para las grandes. Cuando deja que un niño o un adolescente se salga con la suya por una mentira pequeña, las más grandes serán más fáciles de concretar. Uno de los mejores regalos que puede darle a un niño es enseñarle a ser sincero. Si pueden ser sinceros con el mundo, es más probable que sean sinceros consigo mismos. Por supuesto, esto significa que si quiere que los niños obedezcan esta regla, no puede mentir. Los niños hacen lo que usted hace, no lo que les dice que hagan. Entonces, cuando esté con su hijo y alguien llame para invitarlo a un evento y su teléfono esté en altavoz, *no* mienta sobre por qué no podrá ir.

Regla n.º 2: Trata a los demás con respeto. Esto significa nada de gritos, golpes, patadas, insultos ni ofensas. Relacionarse con los demás de una manera positiva es una habilidad que muchos niños (y adultos) carecen. La falta de respeto engendra conflicto, marginación y soledad. El respeto es fundamental para tener buenas relaciones con los demás. Cuando usted se relacione con otros de una manera positiva y respetuosa, atraerá muchas más personas y situaciones positivas. Enseñar esta lección a los niños desde una edad temprana les ahorrará años de frustración.

Regla n.º 3: Haz lo que mamá o papá digan a la primera vez. La autoridad es buena, necesaria y, de hecho, hace que los hijos se sientan seguros, pero los padres son cada vez más cautelosos en cuanto a ejercer su autoridad. Ya que no están tan seguros de que sea algo bueno, les es fácil optar por ser permisivos. Peor aún es volverse ambivalentes (a veces somos rigurosos y, a veces, no), lo cual hace que los niños se confundan. Como mencioné antes, según las investigaciones, los padres permisivos tienen la mayor cantidad de problemas con sus hijos. Los padres, a menudo, llegan al consultorio del Dr. Amen y le cuentan que tienen que decirle a su hijo entre diez y doce veces que haga algo.

Eso lo deja preguntándose: *¿Quién es el responsable de quién en esta situación?* Si le dice diez veces a su hijo que haga algo, y después se enoja, ¿qué está enseñándole al niño? Está enseñándole que está bien que desobedezca hasta que usted se ponga furioso.

Cuando el Dr. Amen le decía a su hijo, Antony, que sacara la basura, si no se ponía en marcha dentro de un período razonable de tiempo (digamos, diez segundos), el Dr. Amen le advertía: «Hijo, te pedí que saques la basura. Puedes hacerlo ahora o puedes recibir esta consecuencia y después igual tendrás que hacerlo. Es tu decisión». El Dr. Amen formó a su hijo para que supiera que hablaba en serio a la primera vez. Cuando comunica la expectativa de que su hijo lo obedezca y que usted está dispuesto a sostenerlo, él entenderá el mensaje y empezará a hacer lo que usted le pidió *a la primera vez que lo pidió.*

Regla n.º 4: No se discute con los padres. Muchos hijos (en especial cuando llegan a la adolescencia) discuten con sus padres sin cesar. Ahora, esto conlleva una condición para recordarle a su hijo: «Quiero escuchar qué tienes que decir, pero quiero escucharlo solo *una vez*». Un paciente mío tenía el apodo «Contreras» porque decía lo opuesto a cualquier cosa que sus padres le dijeran. Algunos niños nacieron para discutir, muchas veces, debido a la sobreactividad que hay en el giro cingulado anterior de su cerebro, del cual hablamos en el capítulo 3. Estos lo atacarán una y otra y otra y otra vez. Si les permite que discutan continuamente con usted, adivine con quién más irán a discutir: con sus maestros y demás personas con autoridad.

Regla n.º 5: Respeta las pertenencias del otro. Significa que pedimos permiso para usar algo que no nos pertenece. Esto cubre el tema de los préstamos prolongados y los robos. Por lo tanto, el niño no tiene permitido sacar cosas de la habitación de sus hermanos. Esta regla evita muchísimas peleas. Si usted atrapa a su hijo robando algo en una tienda, llévelo de regreso a la tienda y haga que se lo confiese al encargado de la tienda. Luego, haga que el niño devuelva el artículo *y* pague el valor del mismo para compensar a la tienda por el problema. Esta técnica llamará la atención de su hijo y reducirá las posibilidades de que robar sea un problema en el futuro. Cuando su hijo robe o rompa algo ajeno en casa, hágalo responsable de ello y que pague (con dinero o con trabajo) para reemplazar el objeto.

Regla n.º 6: Ordena las cosas que sacas. Estoy convencido de que hay que desarrollar el dar cuentas y la responsabilidad en los niños. A menudo, las madres hacen demasiado por sus hijos y les cuesta mucho delegar. Los padres que hacen todo terminan enojados, agotados, frustrados y deprimidos. Enséñeles a sus hijos cómo trabajar, haciendo que ayuden con los quehaceres de la casa y recojan su propio desorden.

Un estudio extenso que desde hace cincuenta años realiza la Universidad de Harvard, ha estado analizando a cuatrocientos cincuenta estudiantes de zonas marginales de Boston (quienes en la actualidad rondan los sesenta años) en busca de causas sociales para la depresión, el alcoholismo, los trastornos de ansiedad y una diversidad de otras enfermedades relacionadas con la salud mental[8]. El estudio también examina la autoestima. El único factor de cuatrocientas variables que se correlacionó con la autoestima fue si los jóvenes trabajaron durante la adolescencia, ya fuera en su casa, cuidando a otros niños, cuidando la casa o en otras tareas externas. Si usted hace todo por su hijo, él no desarrollará la autoestima. Entonces, ponga en marcha tempranamente este principio. Si usted hace todo por él y, luego, le pide que ayude cuando tenga doce años, es posible que haga un berrinche porque no está acostumbrado a ayudar.

La recompensa de haber establecido los quehaceres del hogar como parte cotidiana de la vida familiar del Dr. Amen llegó cuando su esposa, Tana, fue a buscar a su hija Chloe y a una de sus amigas. Iban viajando en la parte trasera del automóvil y se veían notablemente agotadas, luego de todo un día de juegos. Chloe había estado haciendo más quehaceres en casa para ganar dinero extra y poder comprar un juguete que deseaba (y estaba muy decidida). Pero ese día estaba muy cansada.

—Mamá, se supone que hoy tengo que ayudar a preparar la cena, pero en realidad estoy muy cansada —dijo—. ¿Tengo que hacerlo?

Tana le explicó a Chloe que no tenía que hacer nada extra si no quería porque ya había cumplido con sus obligaciones habituales.

En ese momento, la amiga de Chloe la miró y le dijo:

—¡Me alegro mucho de que mi mamá no me obligue a hacer los quehaceres del hogar!

—¿Qué quieres decir con que no tienes que hacer los quehaceres? —replicó Chloe—. ¡Todo el mundo tiene que hacer los quehaceres del hogar! Yo estoy haciendo algunos de más para ganar dinero extra.

—¡No! Mi mamá y mi papá me dan dinero simplemente porque me aman.

Chloe miró a su amiga de una manera que solo ella puede mirar y le dijo:

—¡Eso no tiene *ningún sentido*! ¡El dinero no tiene nada que ver con el amor!

Su amiga argumentó:

—Sí que tiene que ver. Mi mamá y mi papá me dan dinero porque me aman *muchísimo*. Mi mamá me da dinero todos los días y mi papá me da dinero todas las semanas.

A esa altura, Tana transpiraba pensando que iba a tener que encontrar una buena explicación para cuando Chloe preguntara por qué otros niños no hacen los quehaceres de la casa. En lugar de eso, Chloe entornó los ojos y dijo:

—Los quehaceres del hogar son parte de ser una familia. Así es como los miembros de la familia colaboran entre sí... y yo soy buena en eso. Me gusta aprender a cocinar y a hacer otras cosas.

Tana se sintió tremendamente orgullosa de su hija en ese momento. Además, las reglas claras sobre los quehaceres ayudan a mantener la armonía en el hogar.

Regla n.º 7: Pide permiso antes de ir a algún lado. Aunque muchos hijos se quejan al respecto, los padres tienen que controlar dónde está su hijo, con quién está y qué está haciendo. De vez en cuando, verificar de manera presencial que el niño, el adolescente o el joven adulto esté donde dijo que estaría. La supervisión adecuada es esencial para el bienestar emocional del niño, ya que eso fortalece la vinculación y lo ayuda a sentirse seguro.

Regla n.º 8: Busca de qué maneras puedes ser amable y útil para los demás. Todo padre sabe que esto no es una forma natural de ser entre hermanos. A decir verdad, si tiene dos hijos o más, lo más probable es que la rivalidad entre hermanos esté vivita y coleando en su casa. No está claro por qué los hermanos tienen tantos problemas, pero si observa la primera historia bíblica sobre hermanos, no terminó demasiado bien. Cuando logre que esta esta regla sea parte de la cultura familiar, la bondad y la buena disposición ocurrirán más seguido. Para convertirlo en un hábito, elogie o recompense a su hijo por hacer un esfuerzo de ser amable y útil para los demás. La aserción forjará esas cualidades en él.

Cuando le dice a su hijo qué es lo que usted espera, es mucho más probable que lo consiga. Las reglas marcan las pautas y los valores para su familia. Enuncian claramente que hay una línea de autoridad y que usted espera que sus hijos obedezcan las reglas. Así como también son simplemente buenas expectativas sociales y de conducta.

Reglas claras para niños con TDAH

Al establecer las expectativas en casa, es importante usar pistas visuales como imágenes o breves indicaciones impresas. Trate de minimizar las indicaciones verbales, ya que a los niños con TDAH puede costarles procesar los aportes orales, especialmente en un ambiente ruidoso. Además, el hecho de poner por escrito lo que se espera tiene la ventaja de poder remitirse a ello si el niño olvida o niega que usted se lo haya dicho. Puede encontrar muchos más consejos para niños con esta condición común en el libro del Dr. Amen, *Healing ADD* (Curando el TDA).

ESTABLECER LÍMITES CUANDO EL COMPORTAMIENTO SE HA DESCONTROLADO

La idea de poner límites puede parecerle perfectamente lógica. Pero ¿cómo funciona eso cuando el comportamiento de su hijo parece inmanejable? Vea estos tres consejos importantes:

- **Busque ayuda profesional seria.** Cuando cualquiera de nosotros enfrenta una crisis, es normal volverse temeroso. Cuando el temor satura el cerebro, se hace difícil ver el panorama completo, identificar y evaluar certeramente las soluciones y responder eficazmente. Además, el temor aumenta las posibilidades de que pase de una solución ineficaz a otra, creando más problemas al hacerlo. Un profesional empático y competente puede ayudarlo a desarrollar un plan para mantener resguardado a su hijo mientras implementa las soluciones que lleguen al origen del problema.

- **Ocúpese de su propia salud física, mental, social y espiritual.** Su hijo necesita que usted esté sano. Demasiado a menudo, los padres tratan de atender la salud general de sus hijos, sin trabajar en la propia. Por amor, usted debe cuidarse primero para que pueda mantener la fuerza y la perspectiva necesarias para guiar a su hijo hacia la salud y la esperanza que quiere que tenga. Queremos recalcar que cuidar de uno mismo no es egoísmo. Es lo que se necesita para mantener el optimismo y la fortaleza que su hijo necesita que demuestre.

• **Cultive sus relaciones con los demás.** Si la crianza la llevan como pareja casada, su matrimonio es parte del tratamiento. Con demasiada frecuencia, las parejas ponen su relación muy abajo en la lista de prioridades, pensando que deben enfocarse por completo en los problemas de su hijo. Esto es un gran error. Es esencial que se aseguren de honrarse uno al otro con amor y respeto, que se reconforten mutuamente y que críen a sus hijos como equipo. Así como ocuparse de uno mismo, cuidar el matrimonio es un acto supremo de amor hacia los hijos.

Si es un padre sin pareja, forme y alimente relaciones de afecto y de mutuo apoyo con otros adultos. Obviamente, eso no significa que pase tanto tiempo haciéndolo que descuide las necesidades de su hijo, pero sí quiere decir que dedique parte del tiempo semanal a demostrar interés por los demás y acepte que otros se interesen por usted. Esto también es un regalo de amor a su hijo, ya que lo aprovisiona del ánimo y de la fuerza que usted necesita para amarlo bien.

ESTABLECER LÍMITES PARA LOS NIÑOS PEQUEÑOS

¿Qué ocurre con los niños pequeños, incluyendo los que apenas saben hablar? ¿Cómo establecemos los límites para ellos? El Dr. Cline nos lo simplifica asemejándolo al valor de los inmuebles. Se reduce a tres factores: ubicación, ubicación, ubicación.

1. **Cambie su ubicación.** Veamos al pequeño que empieza a gritar descontroladamente o a pegar. Es el momento para marcharse y no prestarle atención. Si su niño pequeño protesta, responda diciendo: «Lo intentaremos de nuevo cuando estés tranquilo».

2. **Cambie la ubicación de un objeto.** Si su hijo maltrata un juguete o si están jugando un juego de mesa y su hijo hace un berrinche porque va perdiendo, con tranquilidad, sáquele el juguete o vuelva a guardar el juego en su caja. Haga la prueba de decir: «Oh, qué triste. Es hora de que esto se vaya». Use su criterio para determinar cuándo puede reintroducir el objeto.

3. **Cambie la ubicación de su hijo.** En algunos casos, el mejor método que hay cuando un pequeño se porta mal es anunciarle con una cancioncita improvisada: «¡Oh-oh! Parece que es hora de que vayas un rato al corralito (o al cochecito, al carrito de las compras o al cuarto)». Simplemente, lleve al niño a esa ubicación hasta que se haya calmado. (Ver «La canción Oh-oh» en la próxima página).

Cuando hace esto sistemáticamente con los niños, en seguida comienzan a entender quién manda. El simple hecho de empezar a cantar «oh-oh» de una manera cariñosa puede alertar al niño y provocar un cambio de comportamiento[9].

La «canción oh-oh»: Una estrategia para los pequeños

- Cuando su hijo comience a portarse mal, cante: «Oh-oh» y delicadamente mándelo o llévelo a su cuarto o a su corra- lito. Solo cante esta única frase, sin añadirle enojo, sermo- nes, amenazas ni frustración.
- Resista el impulso de hablar demasiado. Cuantas más palabras diga cuando sus hijos se porten mal, menos efecto causará usted.
- Si usa su cuarto, déjelo elegir sobre la puerta. Pregúntele: «¿Quieres tener la puerta abierta o cerrada?». Pero cierre la puerta si su hijo intenta salir.
- Diga: «Eres libre de salir cuando te portes bien». No le per- mita salir hasta que se haya calmado durante al menos tres a cinco minutos consecutivos.
- No le dé un sermón a su hijo ni le recuerde que salga cuando esté listo. Solamente abrácelo y diga: «Te amo».
- Diviértase con ellos cuando se portan bien y repítalo cuando sea necesario. Cuando nuestros hijos aman estar cerca de nosotros, la «canción oh-oh» tiene mucho más poder.

Los límites firmes y amorosos son como los guardarraíles en un camino sinuoso de montaña. Proveen el rumbo y la seguridad que nuestros hijos necesitan para explorar y encontrar su propio camino especial hacia el buen carácter y la alegría.

Póngalo en práctica

- Acepte el hecho de que los niños de todas las edades necesitan límites y que los límites son necesidades innegociables.
- Prepárese antes de empezar a establecer límites.
- Revise sus metas para estar seguro de que los límites lo ayudarán a lograrlas.
- Entienda que cuando introduce límites nuevos, al principio, los niños pueden reaccionar negativamente.
- Practique cómo neutralizar las discusiones.
- Aprenda a calmar la discusión en su propia mente.
- Comunique los límites clara y eficazmente.
- Cuando establezca y haga cumplir los límites, use la empatía.
- Tenga en cuenta el poner en marcha las ocho reglas esenciales para los hijos.
- Recuerde que aún puede establecer límites después de que la conducta se ha descontrolado.
- Aprenda las tres sencillas reglas de la ubicación al establecer los límites para los más pequeños.

CAPÍTULO 6

LA DISCIPLINA CON AMOR GENERA FORTALEZA MENTAL

El costo de los errores de nuestros hijos aumenta todos los días.
Ayúdelos a aprender cuando las consecuencias son menores,
no después, cuando quizás sean de vida o muerte.

Matt era director de una escuela primaria. Su esposa, Rene, era maestra de una escuela de enseñanza media en el mismo barrio. Cada año, veían que eran más los estudiantes que tenían dificultades con la autodisciplina, la autoestima y el aceptar la responsabilidad por sus actos. Por eso, no dudaron en registrarse cuando los invitaron a asistir a la conferencia de una semana, llamada: *Soluciones para llegar a los alumnos desafiantes con Amor y Lógica*. Además, era verano, la conferencia era en un lindo lugar en Colorado, y ellos podían turnarse para asistir a la conferencia y cuidar alternadamente a su hija de cinco años, Amelia.

Rene asistió el primer día y tomó notas frenéticamente para poder compartirlas después con Matt. El Dr. Fay comenzó preguntándole al público: «¿Cuántos de sus alumnos (y de sus propios hijos) están cometiendo suficientes errores?».

Rene se rio ante la pregunta, como lo hicieron la mayoría de los participantes. La mujer que estaba detrás de ella respondió en voz alta: «¡El mío comete demasiados!».

Jim Fay continuó: «¿Es posible que alguno de ustedes esté privándolos de hacerlo porque está esforzándose demasiado por asegurarse de que no cometan errores? ¿Es posible, además, que alguno esté robándoles la responsabilidad y la autoestima al rescatarlos de las consecuencias de sus errores?».

Sorprendida, Rene pensó: *Veo padres que hacen eso todos los años*. Luego, se le pasó por la mente un pensamiento más aleccionador: *A veces, Matt y yo hacemos esas dos cosas en el mismo día*.

La ansiedad de Rene fue disipándose de a poco a medida que escuchaba una variedad de técnicas sencillas para el manejo de las clases y estrategias disciplinarias positivas, muchas de las cuales también podía aplicar en casa. Lo más revolucionario para ella fue el concepto de que —para que nuestros hijos tengan las habilidades necesarias para evitar los errores potencialmente peligrosos en su vida o los errores fatales cuando sean mayores— debemos esperar y orar que los niños cometan suficientes errores menores y baratos cuando son pequeños. Ella nunca lo había pensado así.

Después de la conferencia, estaba muy entusiasmada por ver a su familia y no veía la hora de compartir lo que había aprendido. Al abrir la puerta de su habitación en el hotel, su emoción se convirtió en preocupación cuando vio las lágrimas que corrían por el rostro de su hija y que Matt parecía excepcionalmente frustrado.

—Le dije tres veces que dejara de saltar en la cama, y no quiso escucharme —espetó él, sosteniendo el velador roto por su cable—. Por suerte, no se lastimó, pero hizo caer esto de la mesita, y ahora tendremos que pagarlo.

Rene tuvo un pensamiento extraño: *¿Acaso esto no es genial?* Le pareció raro porque su pensamiento fue sincero, no sarcástico. Sabiendo que tanto su esposo como su hija necesitaban tiempo para tranquilizarse, esa noche esperó hasta tarde para compartir con Matt lo que pensaba.

—Amor, creo que esto podría ser una estupenda experiencia de aprendizaje para ella, si lo manejamos con calma y le preguntamos cómo planea ayudar a pagar el velador.

—Solo tiene cinco años —replicó Matt al principio, un poco irritado.

Rene siguió describiéndole su plan: le preguntaría a Amelia qué idea tenía para ayudar a pagar la lámpara. Luego, ella compartiría algunas opciones, tales como usar el dinero que ella había ahorrado, hacer quehaceres extra en la casa o vender algunos de sus juguetes.

Matt empezó a aplacarse, sonrió y agregó:

—Es muy bueno que tenga apenas cinco años. Si más padres de los alumnos de mi escuela lograran que sus hijos se hicieran responsables así, sus hijos estarían más felices y nuestro trabajo sería mucho menos estresante. Además, no tiene que pagar todo el costo del velador; solo lo suficiente para que la ayude a ver que las decisiones tienen consecuencias.

Cuando Rene y Matt compartieron su anécdota con nosotros, describieron cómo Amelia trabajó esporádicamente durante un mes para suplir la parte del dinero que ellos le habían «prestado» para que pagara toda la lámpara. Ella dijo que incluso retuvieron algunos de sus juguetes como garantía por el préstamo.

Aprendieron cuán importante es manejar situaciones similares como experiencias prácticas, en lugar de castigos, y lo recordaron cuando ella empezó a conducir a los dieciséis años y destrozó un neumático al pasar por encima de una cuneta. «A esa edad, ya había cometido suficientes errores y resuelto suficientes problemas ella sola, así que tenía un plan, incluso antes de que tuviéramos la oportunidad de hablar», recuerda Matt. «"Ya sé, mamá, papá, y ya tengo un plan. Enseguida llamé a la tienda de neumáticos. ¡Son carísimos! Tengo algo de dinero ahorrado y creo que puedo juntar el resto si vendo mis cosas viejas de fútbol". Cuando dijo eso, me hizo recordar lo que habíamos aprendido en esa conferencia. Nos facilitó mucho las cosas como padres y ahora es una hija feliz, con quien es divertido pasar la mayor parte del tiempo».

¿QUÉ ES LA DISCIPLINA?

En definitiva, la disciplina tiene que ver con la enseñanza. De hecho, *disciplina* proviene de la palabra homónima en latín *disciplina*, la cual significa instrucción o entrenamiento. También proviene de la palabra *discere*, la cual significa «aprender». Básicamente, la disciplina se centra en proveer instrucción y entrenamiento para aprender a discernir lo bueno de lo malo, los buenos comportamientos de los malos y las decisiones sanas de las decisiones perjudiciales.

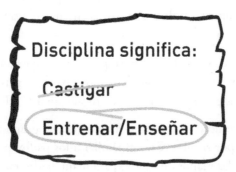

A lo largo del camino, el significado de disciplina fue tergiversado en nuestra consciencia colectiva. Esa confusión es evidente en las siguientes definiciones opuestas del verbo *disciplinar*:

1. Castigar o penalizar en aras de imponer la obediencia y perfeccionar el carácter moral.
2. Entrenar o desarrollar mediante la instrucción y el ejercicio, en especial en el autocontrol.

Muchos padres creen en la primera definición, la cual implica castigar o penalizar a los hijos para obligarlos a obedecer y perfeccionar su carácter moral. Pero hay un problema con esa definición. Nadie tiene un carácter moral perfecto. Hay, por supuesto, mucha gente en la que confiamos lo suficiente como para que cuiden a nuestros hijos, para que tomen prestado el automóvil o para que manejen nuestras finanzas, pero ninguno de ellos es perfecto. Como padres tenemos que darnos cuenta de que si usamos la disciplina intentando hacer perfectos a nuestros hijos, nos predisponemos a nosotros mismos y a nuestros hijos a una situación desfavorable para todos. La perfección no es una meta alcanzable.

Pensemos un momento lo que nos enseña la historia acerca de aplastar a los demás y tratar de obligarlos a obedecer. No es una linda imagen. Podemos agradecer a los psicólogos Kurt Lewin, Ronald Lippitt y Ralph White por su investigación fundacional sobre los estilos de liderazgo que comenzaron en la década de 1930[1]. Básicamente, lo que Lewin (considerado el fundador de la «Psicología Social») trataba de comprender es un concepto que lo interpelaba en su vida personal. Como judío que había escapado de la Alemania nazi, quería entender cómo toda una sociedad pudo permitir que sucediera el Holocausto. Cómo un grupo de personas pudo creer que estaba todo bien, a pesar de la flagrante evidencia de lo contrario.

Entonces, Lewin y sus colegas psicólogos idearon una serie de experimentos fascinantes. Observaron cómo se comportaban diferentes grupos de niños de diez años cuando los maestros enseñaban usando tres estilos de liderazgo:

- *Autoritario:* cuando el maestro imponía el comportamiento y el grupo no tenía voz ni voto. Es como cuando el padre sargento de instrucción dice: «Cuando yo te digo que saltes, tú preguntas: "¿Hasta qué altura?"».

- *Liberal:* cuando el maestro no intervenía y el grupo tomaba todas las decisiones por sí solos. Esto es similar a los padres pasivos que ponen un iPad en las manos de su hijo para mantenerlo tranquilo.

- *Democrático:* cuando el maestro actuaba como facilitador y el grupo contribuía a la toma de decisiones. Esto es similar a los padres consejeros, lo cuales permiten que sus hijos tomen la mayoría de sus decisiones, pero intervienen cuando es necesario para mantener la seguridad.

¿Los resultados? El grupo autoritario tuvo el nivel de productividad más alto (70%), lo cual no es sorprendente si se tiene en cuenta que los dictadores pueden ser muy intimidantes, en especial cuando le dicen a uno que haga algo *¡o ya verá!* Pero Lewin y los otros psicólogos estaban más interesados en lo que sucedía cuando el maestro no estaba presente. Cuando el maestro autoritario se fue, la productividad se desplomó casi al 30%, se comportaban como si estuvieran en el recreo. Los niños del maestro liberal tuvieron el nivel de productividad más bajo (33%), más allá de que el maestro estuviera presente o no, lo cual no sorprende ya que estaban fuera de control básicamente todo el tiempo. ¿Qué pasó con los niños del maestro democrático? Alcanzaron el 50% de productividad, pero ese número apenas bajó al 46% cuando el maestro se fue del aula. Estos niños habían experimentado con la toma de decisiones y habían desarrollado el dominio propio y la automotivación suficientes (elementos clave de la salud mental) para ser productivos durante la ausencia del maestro.

¿CUÁL ESTILO DE LIDERAZGO ENSEÑA EL DOMINIO PROPIO?

ESTILO DE LIDERAZGO	PRODUCTIVIDAD CUANDO EL MAESTRO ESTÁ PRESENTE	PRODUCTIVIDAD CUANDO EL MAESTRO ESTÁ AUSENTE
Autoritario	70%	29%
Liberal	33%	33%
Democrático	50%	46%

Lewin resumió los experimentos con la conclusión de que los seres humanos son como los resortes, esos que encontramos en los autos o dentro de un colchón. ¿Qué significa esto? Imagine que un niño es como un resorte helicoidal que puede mantenerse apretado. Como padre, quizás pueda comprimir temporalmente un resorte poderoso, pero tarde o temprano se cansará, se irá de viaje de negocios o enviará a la universidad a ese «resorte». De repente, no habrá más presión parental sobre el resorte, el cual rebotará con la misma fuerza con la que fue comprimido. El niño estará fuera de control.

Como padres, necesitamos preguntarnos si hemos sido engañados a creer en esa primera definición de la disciplina y si estamos criando a nuestros hijos bajo un estilo autoritario. De ser así, puede que nuestros hijos se porten bien cuando están en nuestra presencia, pero quizás no estén preparados para autogestionarse cuando sean mayores, pasen más tiempo lejos de casa y enfrenten decisiones y tentaciones más difíciles. ¿No sería mejor ayudarlos a aprender cómo portarse bien de adentro hacia afuera, en lugar de pasar gran parte de nuestro tiempo tratando de controlarlos de afuera hacia adentro?

También tenemos que ser sinceros con nosotros mismos sobre si nuestra crianza cae al otro lado del arco y estamos fallando por no establecer límites suficientes ni hacerlos respetar. ¿Somos demasiado permisivos o liberales? Como padres, sabemos que encontrar el equilibrio justo no es fácil. Por eso, no olvide lo que mencionamos antes:

Los padres eficaces son amorosos y firmes al mismo tiempo.

¿EN QUÉ DEFINICIÓN DE LA DISCIPLINA CREE USTED?

Sea franco y pregúntese en cuál de esas definiciones del diccionario sobre la disciplina cree. No tiene que avergonzarse por su respuesta. Muchos repetimos lo que vimos hacer a nuestros padres. Otros giran bruscamente hacia el extremo opuesto. Dondequiera que esté en el arco de la disciplina, es importante reconocer cuál filosofía ha adoptado, para que pueda hacer ajustes si es necesario.

1. ¿Piensa que la disciplina tiene que ver más que nada con hacer cumplir las reglas y castigar? Este suele ser el caso de las personas que fueron criadas por padres autoritarios y de quienes tuvieron una relación basada más en el miedo que en un vínculo de amor con ellos. Podría ser usted, si se identifica con cualquiera de las siguientes afirmaciones:

- Fui criado por padres fríos y exigentes.
- Mis padres eran muy rígidos.
- Nunca me sentí amado.
- Siempre me sentí como si estuviera en problemas.
- Sentía como si tuviera que caminar en puntas de pies para evitar los problemas.
- Sentía que no tenía voz ni voto sobre mi propia vida.

Si esto se acerca a su experiencia, lo lamentamos por usted. Ser criado en esa clase de ambiente presenta muchos desafíos. También puede causar que quiera criar a sus propios hijos de una manera muy distinta, provocarle el deseo de evitar cualquier cosa que tenga un indicio de castigo o que pueda causar aun el estrés más leve. Lo vemos a menudo en nuestro trabajo: un cambio que pendula hacia el otro lado. Esto no solo sucede en lo individual, sino también a nivel social. Lo llamamos «ola de permisividad».

Si mira al pasado hasta fines de los años sesenta y setenta, hubo un movimiento que probablemente se inició con personas que fueron lastimadas en la infancia por padres autoritarios. Estas personas se rebelaron, descartando el estilo dictatorial de sus padres y adoptando la actitud liberal que les permitía a los hijos la libertad total, sin límites ni reglas. El movimiento dio a luz un montón de libros que acogieron esta filosofía de vale todo y nunca digas no, lo cual hizo que este tipo de liderazgo fuera más habitual.

Lamentablemente, la ola de permisividad fue un total desastre. Aquellos hijos que crecieron con padres permisivos prometieron que nunca dejarían que sus hijos se salieran de control y estuvieran sin supervisión. Así, el péndulo osciló de vuelta hacia el otro lado, dando paso a una nueva tanda de libros que prometían enseñarle cómo dejar de recibir órdenes de sus hijos, cómo controlar y castigar a sus hijos, etcétera.

Es el ciclo de la culpa a nivel social, el cual sigue dando la vuelta cada pocas décadas.

CÍRCULO SOCIAL DE LA CULPA

2. ¿Cree que su trabajo es hacer que sus hijos se sientan mal y pasen por un estrés considerable cuando toman malas decisiones? Esta es otra creencia habitual entre los padres que tiene consecuencias problemáticas. Si su estilo de disciplinar supone gritar, amenazar o golpear, es aún peor. Décadas de investigaciones enseñan que el castigo físico (en particular, los azotes) resultan en efectos dañinos sobre la función cognitiva, el desarrollo social y emocional y el dominio propio[2]. Esto despoja a los niños de su fortaleza mental. Para sumar a la evidencia, hay un estudio de imágenes cerebrales del 2021, reportado en *Child Development*, que muestra que los azotes producen cambios en el cerebro de los niños, activando zonas involucradas en las respuestas al miedo y a las amenazas[3]. De manera alarmante, estos mismos cambios neuronales que aumentan las percepciones sobre las amenazas también se ven en niños que sufren un maltrato severo. Entonces, el cerebro del niño interpreta ese golpe en el trasero de manera similar a otras formas más extremas de maltrato.

Hasta los entrenadores de animales saben qué tan nocivo puede ser el castigo físico. Hace años, el Dr. Amen fue a Sea World (Mundo Marino), un parque acuático temático en el norte de California. Él estaba observando el espectáculo de las ballenas y una de ellas estaba realizando unos trucos sorprendentes mientras la otra básicamente ignoraba a la entrenadora. Cuando la entrenadora notó que la ballena no se comportaba como ella quería, le indicó al mamífero gigante que fuera a otra área del estanque para que tuviera un descanso. Al final del espectáculo, la entrenadora preguntó si alguien quería hacer alguna pregunta. El Dr. Amen sí. Quería saber sobre la ballena que no se portaba bien y por qué la entrenadora no la había azotado ni golpeado con una vara; es lo que hacen muchísimos padres cuando sus hijos se portan mal. La entrenadora le lanzó una mirada horrorizada, pero luego se dio cuenta de que lo decía de manera jocosa. Dijo: «Si la hubiera golpeado, nunca más hubiera actuado para mí. No confiaría en mí, y yo me convertiría en una fuente de estrés para él». Todos podemos aprender mucho de los entrenadores de animales.

¿Por qué no entienden este concepto todos los padres? Puede que el castigo físico o las consecuencias extremas hayan sido el modelo para usted. O quizás se lo hayan inculcado desde el púlpito; entonces, piensa que esta es la manera «correcta» de disciplinar. Quizás no quiera criar a sus hijos así, pero puede llegar a sentirse obligado a hacerlo, como si su deber fuera ser castigador. Este puede ser su caso, si responde que sí a las siguientes preguntas:

- ¿Alguna vez se sintió culpable y estresado al respecto, pero siente que decepcionaría a sus hijos si no se manejara así?
- ¿Alguna vez ha deseado tener una mejor relación con sus hijos?
- ¿Le ha preocupado alguna vez la rebeldía... en particular, cuando se van de casa siendo jóvenes adultos?
- ¿Le gustaría tener un método mejor?

3. ¿*Cree que* disciplina *es una mala palabra que vulnera la creatividad y la libertad del niño?* ¿La palabra *disciplina* lo enoja? Quizás, creció en un hogar con un padre autoritario que lo disciplinó severamente y usted juró que nunca les impondría el mismo tratamiento a sus hijos. O a lo mejor piense que es un concepto anticuado que no tiene ningún lugar en la crianza moderna. Las personas que piensan así suelen tener un estilo liberal de crianza y son proclives a:

- Permitir que los hijos vivan sin reglas
- Evitar imponer los límites
- Evitar compartir las expectativas que tienen para su hijo
- Permitir que los hijos se porten mal sin corregir su conducta
- Incentivar el individualismo por encima del bien de la unidad familiar colectiva

En general, las personas que desdeñan la palabra *disciplina* actúan así por amor. Tienen un fuerte deseo por promover la creatividad y la libertad, pero la falta de disciplina educacional puede resultar contraproducente y generar problemas con la autoestima, el egoísmo y la infelicidad.

**4. ¿*Cree que la disciplina no tiene que ver con el castigo, sino que es más bien una manera de enseñarles a sus hijos cómo desarrollar el dominio propio?* **Si ve la disciplina como una herramienta de enseñanza más que como un castigo, acaba de lograr que la crianza sea mucho más fácil. ¡Felicitaciones! Considérese uno de estos padres afortunados, si puede responder afirmativamente a estas preguntas:

- ¿Cree que puede disciplinar de maneras que sostengan el amor y el respeto de sus hijos?
- ¿Está leyendo este libro porque sabe que la repetición es la clave para aprender y seguir por el buen camino?

Si esta perspectiva es nueva para usted, la buena noticia es que le mostraremos un método mejor que los ayudará a usted y a sus hijos. El péndulo no tiene que oscilar hacia los extremos. Cuando dejamos de ser padres que reaccionan y empezamos a ser padres proactivos que utilizan los estilos de liderazgo democrático o consejero, podemos tener lo mejor de ambos mundos. Podemos disciplinar y seguir siendo amorosos; es el estilo firme y amoroso del cual escribimos antes, el que alimenta la fortaleza mental. Y es el eje fundamental del método de la neuropsicología práctica para la crianza.

LA DISCIPLINA AMOROSA DEBE EMPEZAR TEMPRANO

Jim Fay suele compartir una historia conmovedora sobre cómo una maestra de jardín de infantes usó la disciplina eficaz con uno de sus alumnos. Al leerla, recuerde que la disciplina no tiene que ver con el castigo: se trata de discipulado o enseñanza. Muchas de las habilidades que enseñamos funcionan bien en una diversidad de ámbitos, incluyendo hogares, aulas y guarderías. El niño de este ejemplo, Max, tenía seis años y, a veces, exhibía ataques de ira porque sufría un caso grave de perfeccionismo. Él quería que todo saliera bien todo el tiempo, aunque solo estuviera coloreando. Max estaba decidido a no salirse de las líneas. Cuando pintaba con crayones y cometía algún error que no podía borrar, se frustraba tanto que los agarraba y los hacía pedazos.

Su maestra se acercó a él y se dio cuenta de que en ese momento no era necesario que fuera la maestra; solo tenía que ser empática y dejar que la situación enseñara. Le dijo a Max:

—Ay, Max, debes haber tenido un día de lo más difícil.

—Odio estos crayones estúpidos —replicó Max.

La maestra le preguntó con delicadeza:

—¿Qué crees que harás con esos crayones?

El labio inferior de Max comenzó a temblar mientras gemía:

—No lo sé—. Apoyó la cabeza sobre su mesa y lloró.

Luego sonó el timbre del recreo, y Max se paró de un salto. Pero la maestra no lo dejó sumarse a los demás niños. Le dijo:

—Todavía no has resuelto el problema de tus crayones rotos. ¿Te gustaría que te diera algunas ideas sobre cómo arreglarlo?

—¡No! —gritó Max y volvió a apoyar la cabeza sobre la mesa.

La maestra se sentía terrible, pero se mordió la lengua y esperó. Unos momentos después, Max miró hacia arriba y le preguntó:

—¿Tenemos un poco de cinta?

—Bueno, sí, tenemos —dijo ella y le entregó la cinta. En su mente, pensaba: *Esto no va a servir.* Pero ¿cómo aprenden los niños? Aprenden probando un montón de cosas que no sirven. Entonces, le dio la cinta Scotch.

Imagínelo: un niño de seis años con una cinta Scotch; se le pegó en los dedos y había bolitas por todo el piso. Otra vez se puso furioso y las lágrimas comenzaron a brotarle. La maestra le dijo:

—Uff, qué frustrante. Pero si alguien puede hacer esto, eres tú.

Enseguida le tomó la mano a la cinta y logró ensamblar uno de los crayones con ella. Eso le sacó una gran sonrisa. Después de que arregló un crayón, pasó a otro y a otro. Finalmente, los pegó a todos con cinta y los guardó de nuevo en la caja. Estaba muy emocionado de haber terminado, porque podría salir al recreo. Pero, entonces, sonó el timbre y todos los niños regresaron corriendo al salón de clase.

Aunque la maestra pensó que Max volvería a estallar en ese momento, no pareció abatido. De hecho, parecía muy satisfecho consigo mismo, pero ella no pudo evitar sentirse mal el resto del día porque él se había perdido el recreo. Al final del día Max salió corriendo del aula. Pero, para su sorpresa, volvió a entrar y le dio un gran abrazo. Nunca había hecho eso antes.

Cuando podemos tomar distancia y dejamos que los niños resuelvan sus problemas y simplemente los preparamos, en lugar de solucionar el problema por ellos, les permitimos ser héroes. Y logramos ser héroes con ellos porque los dejamos serlo. Es una situación que nos beneficia a todos y nos ayuda a enseñar la responsabilidad desde que los niños tienen cuatro o cinco años de edad. Es incluso eficaz con los adolescentes, los jóvenes adultos y con nuestros padres que envejecen.

LAS CINCO METAS DE LA DISCIPLINA

Si la disciplina se trata de enseñar, ¿qué esperamos que los niños aprendan? Antes de que describamos las cinco metas de la disciplina, volvamos a la importancia de las metas, de lo cual hemos hablado en el capítulo 2. Para ver cómo la disciplina puede ayudarlo a lograr sus objetivos, lo alentamos a que en este momento vuelva a leer sus metas. Retroceda a las páginas 52 y 59 y cópielas en el espacio de abajo.

Milagro en una página para padres

¿Qué quiero para mi vida como padre? ¿Qué estoy haciendo para hacer que eso suceda?

RELACIONES

Cónyuge/pareja: _____

_____

Hijos: _____

_____

TRABAJO/FINANZAS

_____

_____

_____

_____

CONMIGO MISMO

Físico: _____

_____

_____

Emocional: _____

_____

_____

Mental: _____
_____
_____

Espiritual: _____
_____
_____

Milagro en una página
para hijos

¿Qué quiero para mi vida? ¿Qué puedo
hacer para lograr que eso suceda?

RELACIONES

Padres: _____
_____

Hermanos: _____
_____

Amigos: _____
_____

ESCUELA/TRABAJO

Escuela: _____
_____

Maestros: _____
Trabajo/Quehaceres: _____

CONMIGO MISMO

Físico: _____
Emocional: _____
Mental: _____
_____

Espiritual: _____

La mayoría de los padres descubren que las metas que tienen para sí mismos y para sus hijos se ensamblan bien con las siguientes «Cinco metas de la disciplina». Tenga presente sus metas mientras explora las cinco metas.

Primera meta de la disciplina: Ayudar a los hijos a distinguir lo sabio y lo amable de lo que es estúpido e insensible. La primera meta de la disciplina es ayudar a los hijos a distinguir el bien del mal, lo correcto de lo incorrecto. Es sentido común básico. Es el MAP («mapa» en inglés) de Amor y Lógica:

- *Modelar una conducta sana.* En una sesión de terapia con una pareja, el esposo le pidió disculpas a su esposa por haber llevado de cacería a sus hijos adolescentes con algunos de sus amigos. Los demás adultos bebían alcohol e insultaban todo el tiempo, y el padre se sintió mal por meter a sus hijos en ese ambiente. Pero el terapeuta destacó que el papá no había bebido ni insultado, así que resultó ser una gran oportunidad para que los adolescentes vieran a su papá como un modelo de conducta. Esa es la esencia de la disciplina: enseñar siendo un modelo de buena conducta.

- *Aceptar errores que impliquen consecuencias leves.* Permitir que los hijos tengan experiencias, vivan las consecuencias de sus actos y solucionen sus propios problemas (así como lo hizo el pequeño Max con sus crayones rotos) es un componente fundamental de la disciplina.

- *Prodigar empatía.* Mostrar a los hijos que a usted le importan sus sentimientos, como hizo la maestra de Max, hace que se sientan respetados. Esto aumenta la probabilidad de que lo escuchen cuando usted los discipline.

Segunda meta de la disciplina: Ayudar a los hijos para que aprendan cuando son jóvenes y las consecuencias de los errores son leves. Querido lector, le pedimos disculpas por sonar como un disco rayado sobre este concepto, pero es fundamental para la crianza exitosa. Ayudarles a los hijos a aprender cuando las consecuencias son pequeñas (como los crayones partidos, perder el recreo o aun sacar una mala nota en una tarea) es la clave. En esencia, la disciplina ayuda a que nuestros hijos sufran menos dolor autoinfligido a medida que se convierten en adultos. Piénselo como un camino hacia la paz. Disciplinarlos desde temprano les permite disfrutar de una paz y una productividad mayores.

Recuérdese esto a sí mismo cada vez que su hijo llore a gritos, tenga un ataque o le diga que es el peor padre del mundo. Dígase que lo que está haciendo es darle un momento de enseñanza que valdrá la pena en el futuro. Un poco de malestar a corto plazo puede conducir a una paz mucho mayor a futuro.

Lamentablemente, si tiende a ser un padre helicóptero o un sargento de instrucción, puede ser fácil pasar por alto este concepto. Estos estilos de crianza operan de maneras basadas en evitar la incomodidad a corto plazo, en lugar de mantenernos enfocados en nuestras metas a largo plazo. Y, para ser sinceros, por lo general es *su* incomodidad la que trata de eludir en estas instancias. Si su hijo hace un berrinche en el supermercado, es posible que usted le ponga un iPad en las manos para tranquilizarlo, en lugar de usar ese tiempo para enseñar, es decir, disciplinar. Gran parte de esta evasión se reduce al hecho de que muchos padres quieren aparentar que todo está en orden, más que alborotado. Esto es lo que queremos decir.

El método sanitario: ¿Usted es de la clase de personas que quiere que todo esté limpio y ordenado? ¿Desearía poder limpiar los desórdenes de la vida con un milagroso paquete de toallas descartables? Así eran los padres de Benny. Ambos trabajaban, así que su hijo de tres años iba todos los días a un jardín infantil. Sacarlo de casa para llevarlo allí era todo un desafío. Los niños son como los aviones: los despegues y los aterrizajes son los que suelen causar problemas. Para los niños, esto equivale a las mañanas y la hora de ir a la cama. Los despegues eran particularmente difíciles para Benny. Por las mañanas, perdía el tiempo, hacía berrinches y se arrojaba al piso llorando a mares. Sus padres lo levantaban, lo vestían a la fuerza, le daban algo de comer y lo sentaban en el auto. Benny no hacía nada. ¿Ve algún problema aquí? Los padres de Benny le enseñaban que si hacía un berrinche, ellos harían todo por él para arreglar las cosas. ¿Cuáles cree que serán las consecuencias para Benny cuando él sea un joven adulto y se una al mercado laboral?

El método engorroso: Los padres que usan la neuropsicología práctica aceptan que la disciplina puede ser engorrosa. En lugar de aspirar a la perfección que requiere la intromisión parental, aspiran a la responsabilidad personal. Cuando los padres de Benny decidieron intentar el método engorroso, le dijeron al pequeño:

—¡Buenos días, Benny! Por supuesto, esperamos que puedas vestirte para la hora que tengas que ir al jardín. Pero no hay problema si no lo haces. Puedes ir con la ropa puesta o llevarla en un bolso. Y, por cierto, me pregunto si tu pancita va a estar llena o vacía. Supongo que eso tendrás que decidirlo tú.

¿Qué cree? Como de costumbre, Benny no hizo nada. Así fue al jardín, Los Pequeños Preciositos, con su pijama puesto (por cierto, ¿ha notado que los jardines siempre tienen esos nombres maravillosos, nunca uno como «Los Pequeños Tiranos» o «Berrinche Central»?). Los padres habían llamado de antemano a las maestras para avisarles sobre sus planes y, cuando llegaron, les entregaron la ropa de Benny y dijeron rápidamente:

—¡Buena suerte hoy!

Benny estuvo sumamente molesto durante unos treinta segundos, tras los cuales se dirigió a la maestra y le preguntó:

—¿Qué hay para almorzar? ¡Tengo hambre!

Durante las semanas siguientes, Benny empezó a tomar algunas decisiones por sí mismo, como procurarse algo para comer y ponerse la ropa antes de salir de la casa. Sus padres no tuvieron que castigarlo ni regañarlo, pero sí tuvieron que estar dispuestos a que las cosas fueran un poco engorrosas por un tiempo.

¿Está dispuesto a soportar un poco de lío ahora para que usted y su hijo puedan tener menos lío después?

Tercera meta de la disciplina: Ayudar a los hijos a desarrollar autodisciplina para que puedan experimentar la libertad. Una de las cosas más comunes que escuchamos de los preadolescentes y los adolescentes es que les gustaría tener más libertad. La mayoría de ellos piensa que la libertad es algo que deberían entregarles en la mano. De lo que no se dan cuenta es que la libertad tiene un costo. En lo social, ese costo fueron los muchos hombres y mujeres valientes que defendieron nuestro país. A un nivel más personal, requiere dominio propio y responsabilidad. Como les decimos a los adolescentes y a los jóvenes que aconsejamos, el secreto para obtener más libertad es convertirse en la clase de persona que no necesita que la controlen en exceso. Cuando un niño demuestra que puede ser responsable, respetuoso y resiliente, las puertas a la libertad se abren de par en par.

Cuarta meta de la disciplina: Ayudarlos a aprender cómo mantener su fortaleza mental ante la adversidad. La disciplina enseña a los niños cómo resolver situaciones difíciles. Posteriormente en este libro, dedicaremos el capítulo 8 a este tema, pero aquí presentaremos brevemente el concepto. Al pensar en criar hijos con fortaleza mental, piense en una cápsula de café que es sellada al vacío para mantener su sabor original. Esto puede ser lo ideal para el café, pero no queremos que la vida de nuestros hijos esté sellada al vacío, de modo que no tengan ninguna experiencia en resolver las desilusiones, las decisiones difíciles o la disciplina. Si protegemos a nuestros hijos de las adversidades, no se convertirán en las personas valientes, capaces y llenas de carácter que esperamos que sean. En cambio, podrían convertirse en adultos sin sentido común o sin la determinación para hacer el esfuerzo de no ahogarse en un vaso de agua.

Quinta meta de la disciplina: Preservar nuestra cordura y la relación con nuestros hijos. La meta final de la disciplina es fortalecer nuestras relaciones y hacernos más fácil la vida. Por lo general, los hijos que crecieron sin disciplina se vuelven resentidos contra sus padres, y los padres cuentan los días que faltan para que sus vástagos se conviertan en adultos y se vayan de casa. Lamentablemente, muchos de esos niños nunca maduran del todo y no se independizarán. Por consiguiente, el resentimiento y el caos suelen continuar toda la vida.

Las relaciones sanas siempre requieren el desarrollo saludable de límites buenos y de responsabilidad positiva, dos aspectos fundamentales de la neuropsicología práctica.

CREAR UN GPS DE LA DISCIPLINA PARA SU FAMILIA

En cuestiones de disciplina, necesitamos crear un buen GPS que nos ayude a navegar las situaciones complejas. Hay dos métodos básicos que usted puede adoptar: el método basado en un sistema o el método basado en principios. Exploremos las diferencias entre estos dos métodos.

- *Método basado en un sistema.* Este método implica un procedimiento férreo que usted cumple cada vez. Por ejemplo:

  - Paso 1: el niño hace esto.
  - Paso 2: usted hace aquello.
  - Paso 3: el niño reacciona.
  - Paso 4: usted hace lo otro.

  ¿Qué tan bien piensa que funcionará este método? Créanos: ¡no funciona! Uno de los problemas de este método es que nos obliga a tratar a cada niño exactamente de la misma manera, pese a las diferencias de personalidad, los estilos de aprendizaje, las cuestiones de salud mental, las etapas del desarrollo cerebral, etcétera. Según nuestra experiencia, hemos visto que los niños pondrán a prueba este sistema, los padres empezarán a echarse la culpa uno al otro y, en definitiva, los niños no lograrán lo que necesitan.

- *Método basado en principios.* Un mejor camino es elaborar un conjunto básico de principios que guíen las decisiones que debe tomar en función a la disciplina. Esto le permite manejar las cosas de otra manera, basándose en la personalidad de cada niño, siempre y cuando sus hijos acaten los principios básicos. Esto también le permite adaptar la disciplina a cada hijo, según sus necesidades únicas, y a cada situación. El resultado es una familia más tranquila, en la cual los niños son menos proclives a poner a prueba y manipular a los adultos, hay mucha menos angustia entre los padres, y los hijos aprenden cómo convertirse en personas resolutivas más flexibles, en lugar de seguir un sistema. Es como el GPS de un automóvil que está ajustado para cada conductor y conoce sus rutas favoritas y sus hábitos de manejo. ¿Acaso usted no preferiría eso?

LOS CINCO PRINCIPIOS BÁSICOS E INNEGOCIABLES DE LA DISCIPLINA

Para crear un sistema disciplinario basado en principios, incluya los siguientes:

1. **Sea modelo y enseñe el comportamiento que usted desea.** Nuestros hijos aprenden no solo cometiendo sus propios errores y resolviendo las consecuencias; también adquieren conocimiento observando cómo nos comportamos cuando las cosas salen mal. Un hombre describió de qué manera recordaba a su padre como modelo de cómo ser gentil y compasivo con los demás. Él y su padre estaban saliendo del supermercado. Apenas entraron en el auto, otro conductor retrocedió y chocó contra ellos, dándole un golpe bastante fuerte a su auto. «Me enfurecí mucho —dijo el hombre al recordar el incidente—. Echaba fuego por los ojos y quería que mi papá se las hiciera pagar al otro hombre. Pero mi papá salió y dijo con calma: "Mire, no es para tanto. Nadie resultó herido. Es apenas un rasguño. Ni siquiera vale la pena preocuparse por esto"».

2. **Permita que su hijo cometa muchos errores «baratos».** Dejar que los hijos se equivoquen cuando el precio del error no es alto da resultados a largo plazo. Una abuela criaba a su nieta de trece años, quien le dijo que necesitaba dinero para comprar ropa para el nuevo año escolar. La abuela le dio cierto dinero y le advirtió: «Este dinero tiene que alcanzar para todos tus materiales escolares, los gastos de las actividades extra y la ropa». La adolescente fue a la tienda y compró dos conjuntos de ropa costosos en los que gastó todo el dinero. En

la escuela, los niños empezaron a burlarse de ella, diciéndole: «Oye, ¿por qué usas siempre los mismos dos conjuntos?». La muchacha le pidió más dinero a su abuela, pero no consiguió la dádiva. En lugar de eso, su abuela le dijo: «¿Cómo piensas que podrías ganarlo?». La adolescente tuvo que hacer un montón de quehaceres extra para poder ganar más dinero y comprar ropa. Esa es una lección que nunca olvidará.

Aprender esta lección en la adolescencia garantiza que administrará el dinero con más prudencia cuando sea una joven adulta. Por ejemplo, probablemente no despilfarrará todo su sueldo en algo superfluo si eso le impide pagar el alquiler, una consecuencia mucho peor que podría resultar en ser desalojada y tener que mudarse de vuelta a su casa.

3. **Cuando su hijo cometa un error, muestre empatía en lugar de ira, sermones, amenazas o sarcasmo.** Usted tiene el deber de mantener la calma y de empatizar con su hijo. Mire cómo manejó el Dr. Fay un problema en su propia casa. A su hijo Cody le encantaban los piratas de juguete, pero tenía la costumbre de dejarlos desparramados por todo el piso. El Dr. Fay lo regañaba por el tema, pero con el tiempo se dio cuenta de que eso no servía. Entonces, un día el Dr. Fay los recogió todos y los puso en un lugar al que llamó el «Triángulo de las Bermudas de los juguetes» (lugar que todas las casas deberían tener). Cuando su hijo llegó a casa, preguntó dónde estaban sus piratas. El Dr. Fay le explicó que él no tenía inconvenientes en levantar cualquier juguete que su hijo dejara desordenado. El único problema es que no iban a regresar. La siguiente vez que su hijo dejó los juguetes afuera, el Dr. Fay le preguntó si quería que él los juntara. Su hijo se apresuró a guardarlos y dijo: «¡No, estos quiero quedármelos!».

A veces, cuantas menos palabras, mejor. Los hechos pueden ser más contundentes que las palabras. Esto limita la cantidad de advertencias que tiene que hacer y elimina la necesidad de dar sermones o de amenazar.

4. **Cuando sea posible, dele a su hijo la oportunidad de resolver el problema.** Siempre es una buena idea dejar que su hijo intente resolver un problema, antes de ir al rescate. Siga el ejemplo de un papá cuyo hijo de quince años estaba pasándola mal con uno de sus maestros:

Adolescente:
—El Sr. Conrad siempre está encima de mí. Nunca está contento con nada de lo que yo hago.

Padre (con empatía):
—Eso suena desalentador.

Adolescente:
—Bueno, es que me vuelve loco. Ninguno de los otros maestros nos da tarea los viernes.

Padre:
—¿Tienes alguna idea de lo que podrías hacer?

Adolescente:
—¿Qué quieres decir? ¿Yo?

Padre:
—Claro. ¿Qué podrías hacer para arreglar las cosas con el Sr. Conrad?

Adolescente:
—¡Cielos!

Padre:
—Este tipo de cosas nunca son fáciles. Por favor, avísame si quisieras saber qué he visto que hacen otras personas.

¿Qué puede aprender de este breve ejemplo? Cuando un hijo, en particular, un adolescente, enfrenta un desafío, aprende y crece cuando se requiere que aporte una buena cuota de energía para superar ese desafío. Permitir que elaboren soluciones, además, les levanta la autoestima, lo cual los ayuda a desarrollar su independencia y resiliencia.

5. **Cuando las consecuencias son necesarias, elija una que tenga alguna conexión lógica con el mal comportamiento o la mala decisión de su hijo.** Como ha visto en estos ejemplos, las consecuencias, por lo general, están relacionadas de alguna manera con el mal comportamiento: romper una lámpara y tener que pagarla, dejar los juguetes en el piso y perder acceso a esos juguetes, etcétera. Pero ¿qué pasa cuando no se le ocurre una consecuencia lógica? En lugar de soltar lo primero que se le venga a la cabeza, acuda a una consecuencia comprobada que nuestro amigo, el Dr. Foster Cline, elaboró inicialmente. Él lo denomina «agotamiento de la energía»; use esta estrategia cuando vea que se queda sin palabras[4]. Observe cómo el agotamiento de energía ayudó a una mamá llamada Tracy.

Cuando ustedes pelean,
realmente agotan mi energía.

Tracy iba conduciendo mientras sus dos hijos peleaban en el asiento trasero, se empujaban uno al otro y hacían un lío tremendo. La volvían loca. No se le ocurría ninguna consecuencia lógica, así que les dijo en un tono de voz triste y agotado:

—Vaya, cuando ustedes pelean, en realidad agotan mi energía.

Sin hablar en un tono de voz que pudiera hacerlos sentir culpables, les explicó que los amaba, pero que su pelea se había vuelto agotadora. ¿Eso es verdad? ¿Es correcto y, a veces, pertinente decir que muchas formas de mala conducta producen ese efecto en nosotros?

Luego de haber llegado a casa y de que Tracy tuviera un rato para descansar y pensar, continuó diciendo:

—¿Qué piensan que podrían hacer para reemplazar la energía que me agotaron por discutir y pelearse en el auto?

No tenían ni idea, pero ella les aportó varias con gusto.

—Algunos hijos les devuelven la energía a sus padres quedándose en casa y no yendo a una de sus actividades. Eso le permite descansar a sus padres. Otros niños reemplazan esta energía haciendo algunos de los quehaceres hogareños que hacen sus padres. Otros realizan un trabajo voluntario, lo cual hace que sus padres se sientan bien porque sus hijos están ayudando a que el mundo sea un lugar mejor.

Sus hijos protestaron como locos, pero ayudaron a limpiar los baños porque sabían que, si no lo hacían, provocarían un agotamiento de energía aún mayor. ¿Y quién sabe qué consecuencias se le ocurrirían a su madre entonces? Semanas después, Tracy estaba llevando a los niños a algún lado y, cuando comenzó la pelea, levantó la mano y empezó a decir:

—Me siento muy agotada... —Pero, antes de que pudiera pronunciar las palabras, ambos la interrumpieron.

—Mejor dejemos de pelear o se va a cansar y tendremos que hacer las tareas domésticas.

Use el agotamiento de la energía cada vez que no se le ocurra algo en el momento. Le dará tiempo para pensar en una consecuencia apropiada que tenga una conexión lógica con su mal comportamiento. Como la mayoría estaremos de acuerdo, el mal comportamiento sí agota nuestra energía. Otra gran ventaja de esta habilidad es que puede adaptarla para su uso con niños de cinco hasta ciento cinco años.

Al implementar estos principios básicos, puede aprender a disciplinar a sus hijos de una manera amorosa y empática que fortalezca su relación y, asimismo, ayudarlos a desarrollar un mejor dominio propio.

Póngalo en práctica

- Recuérdese que cada error que sus hijos cometen cuando son menores es una oportunidad para que desarrollen las capacidades que los ayudarán a cometer menos errores graves en el futuro.

- Envíese a sí mismo al menos un correo electrónico o un texto por semana con el siguiente mensaje: «Cada error tratado con amor y con firmeza es una oportunidad para aprender».

- Practique las cinco metas de la disciplina:

  > Ayudar a los hijos a distinguir lo que es sabio y amable de lo que es estúpido e insensible.

  > Ayudar a los hijos a aprender de jóvenes y cuando las consecuencias de los errores son leves.

  > Ayudar a los hijos a desarrollar autodisciplina para que puedan experimentar la libertad.

  > Ayudarlos a aprender cómo mantenerse fuertes ante la adversidad.

  > Preservar nuestra cordura y la relación con ellos.

- Cree un método basado en los principios para disciplinar con estos cinco innegociables:

  > Sea un modelo y enseñe el comportamiento que usted desea.

  > Permita que su hijo cometa muchos errores «baratos».

  > Cuando su hijo cometa un error, muestre empatía en lugar de ira, sermones, amenazas o sarcasmo.

  > Cuando sea posible, dele a su hijo la oportunidad de resolver el problema.

  > Cuando las consecuencias sean necesarias, elija una que tenga alguna conexión lógica con el mal comportamiento o la mala decisión de su hijo. Cuando esté trabado y no se le ocurra una consecuencia lógica, mencione un «agotamiento de la energía» y, después, elabore una consecuencia.

CAPÍTULO 7

LA HIGIENE MENTAL ES VITAL PARA PADRES E HIJOS

Desinfecte sus pensamientos y enséñeles a sus hijos a hacerlo también.

Sus pensamientos son muy poderosos. Y si usted permite que los pensamientos negativos automáticos (ANTs) plaguen su mente, estos pueden alimentar la ansiedad, la duda y la crianza contradictoria. Lo mismo va para los niños de todas las edades. El Dr. Amen acuñó el término ANTs al comienzo de los años 1990, luego de un día difícil que tuvo en la clínica, en el que sus pacientes habían incluido cuatro suicidas, un par de adolescentes fugados y dos parejas rencorosas con un gran conflicto marital. Aquella noche, al llegar a casa, el Dr. Amen entró en la cocina, encendió la luz y se le escapó un grito ahogado. Las hormigas habían tomado la cocina. Los bichitos estaban en todas partes: sobre las mesadas, dentro del fregadero y en la comida de los armarios.

El acrónimo ANTs (sigla del inglés *Automatic Negative Thoughts*, es decir, pensamientos negativos automáticos) se le pasó por la cabeza. Se dio cuenta de que de la misma manera en que las hormigas habían invadido su cocina, los ANTs habían plagado la mente de sus pacientes, robándoles la felicidad y arruinándoles el día. Se dio cuenta de que los ANTs podían afectar a cualquier persona a cualquier edad, incluso a los niños pequeños y a sus padres[1]. Él ha escrito sobre los ANTs en varios de sus libros, pero en este capítulo le mostraremos cómo afectan su capacidad de ser un padre eficaz y cómo pueden robar la fortaleza mental de su hijo. Y lo más importante: le enseñaremos cómo puede desinfectar su mente para tener una mayor fortaleza mental.

Fíjese en Allison, por ejemplo. Como mamá joven con tres niños de menos de cinco años, Allison había sido invadida por los ANTs, pero nunca había considerado cuestionar sus pensamientos. «No estoy a la altura», le dijo al Dr. Amen. «No puedo mantener limpia la casa. Siempre estoy atrasada. Y nunca tengo el tiempo suficiente para darles a mis hijos todo lo que necesitan». No podía ver nada bueno de sus habilidades como madre y estaba claro que eso estaba dañando la relación con sus hijos.

Allison necesitaba ponerse a pensar en su manera de pensar. Al igual que ella, todos los padres (y los hijos) pueden beneficiarse de practicar la higiene mental y desinfectar los pensamientos.

CONOZCA LOS NUEVE ANTS MÁS COMUNES

Cuando no se cuestionan los pensamientos negativos que recorren su cerebro, su mente inconsciente automáticamente cree en ellos, y estos pueden rápidamente amargarle el día. Un pensamiento negativo, como una hormiga en un picnic, no es gran cosa. Dos o tres pensamientos negativos, como dos o tres hormigas en un picnic, se vuelven más irritantes. Y diez o veinte pensamientos negativos pueden causar problemas reales[2]. Por eso, es necesario que reconozca los pensamientos que pasan por su cabeza y los corrija. Entonces, tendrá la capacidad de pensar lógica y claramente como padre y podrá enseñarles a sus hijos cómo ubicar y matar a sus propios ANTs para que se vuelvan mentalmente más fuertes.

A continuación, verá nueve ANTs que distorsionan las situaciones y pueden afectarlos a usted y a sus hijos.

1. ***Los ANTs Solo lo malo.*** El filtro negativo ve solo lo malo de las situaciones. Una vez, el Dr. Amen tuvo un paciente que recientemente se había mudado con su familia. Tenía el 80% de las pertenencias de la casa guardadas por la mudanza. Pero no era eso en lo que estaba enfocado. La única parte en la que podía pensar era en el 20% que no estaba guardado. Le dijo al Dr. Amen que era 100% incompetente, 100% inferior y 100% desorganizado. A pesar de que cuidaba a sus tres hijos pequeños mientras su mujer terminaba su antiguo trabajo a 160 km de distancia, solo podía ver lo que *no* había hecho, en lugar de lo que sí había hecho.

   Cuando ve las cosas a través del filtro negativo, a menudo, rebaja todo tipo de éxito o de experiencias positivas. Muchas veces, cuando los niños que han sido difíciles de manejar tienen un día bueno, sus padres subestiman la experiencia y predicen que pronto las cosas volverán a echarse a perder. La mayoría de las personas y de las experiencias son una mezcla de positivo y negativo. Una mente disciplinada puede enfocarse en lo positivo y, al mismo tiempo, encontrar algo valioso en lo negativo.

El Dr. Fay ve un tema muy común en el pensamiento de muchos padres que están frustrados con la falta de motivación o de habilidades de sus hijos en diversas áreas. Estos padres bien intencionados insisten con la idea de que es su responsabilidad señalar permanentemente lo que hace mal su hijo. Su lógica dice: «Si no pongo mi energía en ayudar a mi hijo a corregir sus debilidades, nunca tendrá éxito». La preocupación es que si no lo corrigen continuamente, su hijo se convertirá en un fracasado, un irresponsable, un irrespetuoso, etcétera. Por eso, los padres se aseguran de aportar comentarios críticos constantes, pensando que eso ayuda a sus hijos.

Este ANT suele dominar el pensamiento de los padres que han adoptado el estilo sargento de instrucción. Muchos de verdad creen que enfocarse en lo negativo ayudará a que sus hijos se conviertan en personas mejores. Realmente, ¿es este el caso?

Imagine tener un supervisor, un compañero de trabajo o un cónyuge que cree esto, y que solo le da su retroalimentación cuando algo anda mal. Desgraciadamente, algunos lo padecen a diario. Este método no incentiva el crecimiento; más bien, hace que las personas se sientan enojadas, frustradas y, a menudo, desesperanzadas. En lugar de mejorar las relaciones, puede destruirlas. La atención permanente sobre la conducta negativa prepara el terreno para que los niños pequeños, los adolescentes y los jóvenes adultos desarrollen una colonia de ANTs dentro de su cabeza, las cuales luego engendrarán baja autoestima, ansiedad, depresión, etcétera.

Las personas de todas las edades son mucho más propensas a crecer y a aprender cuando se ven rodeadas por otras que se enfocan, sobre todo, en lo que hacen bien. También es mucho más probable que hagan el gran esfuerzo necesario para ocuparse de sus áreas débiles cuando se sienten valoradas por sus fortalezas.

Consejo para la crianza: Ayudar a su hijo a que desarrolle convicciones sanas sobre su capacidad de manejar las dificultades depende de esta verdad comprobada: refuerce sus áreas de fortaleza para que tenga la fortaleza mental para resolver sus áreas de debilidad.

2. *Los ANTs Acusadores.* Echarles la culpa a los demás es algo que comienza desde temprano. Cuando la hija del Dr. Amen, Kaitlyn, tenía un año y medio de edad, le echaba la culpa a su hermano de once por cualquier problema que la involucrara. Ella lo llamaba Didi y decía: «Didi lo hizo», aunque él no estuviera en casa. Un día, volcó una bebida sobre la mesa mientras su mamá estaba de espaldas a ella. Cuando la mamá se dio vuelta y vio el lío, Kaitlyn le dijo: «Didi volcó mi bebida». Cuando su madre le dijo que su hermano estaba en la casa de un amigo, Kaitlyn siguió insistiendo con que su hermano lo había hecho[3].

Echar la culpa a otros es igual de fácil cuando es un adulto. Incluso cuando otra persona realiza una acción que lo lastima, la culpa es nociva para usted. Cuando usted dice: «Si tú hubieras hecho x, yo hubiera estado muy bien», en realidad, está diciendo: «Tienes todo el poder sobre mi vida; yo no tengo nada de poder». Siempre que culpa a otro por los problemas que usted tiene, se vuelve incapaz de hacer algo al respecto. Y adivine quién está escuchando: sus hijos. En lugar de eso, acepte la responsabilidad personal y concéntrese en lo que puede hacer sobre la situación y en lo que puede hacer a continuación.

Mientras terminaba la investigación doctoral en Psicología, el Dr. Fay tuvo la fortuna de estudiar la obra académica de dos personas increíblemente inteligentes, los doctores Bernard Weiner y Carol Dweck[4]. En sus escritos, el Dr. Fay descubrió una forma de culpa que contribuye fuertemente a la falta de responsabilidad y a la escasa motivación. En esencia, todos estamos fascinados con las razones que motivan nuestros propios actos y los comportamientos ajenos. Curiosamente, tendemos a atribuir nuestras equivocaciones y nuestra mala conducta a factores que están fuera de nuestro control (por ejemplo: le echamos la culpa a la mala suerte, a los genes deficientes que hemos heredado, a la falta de apoyo de los demás, etcétera). En cambio, atribuimos los errores de los demás a factores que están bajo su control, como la falta de preparación, la pereza, la irresponsabilidad crónica o el mal carácter en general. Los psicólogos sociales llaman a esto *error fundamental de atribución*[5]. Este representa un tipo muy extendido de ANTs.

Este ANT es malo porque nos deja con una sensación de estar trabados: «¿Cómo puedo mejorar cualquier cosa de mi vida, cuando todo está más allá de mi control?». También nos genera falta de empatía para con los demás. Cuando caemos en el hábito mental de ignorar las dificultades de otros, vemos que nos sentimos mucho más estresados e intolerantes.

Si extermina este ANTs y ayuda a que sus hijos hagan lo mismo, puede llevarlos a que aprendan a hacerse responsables, en especial de su propia felicidad.

Hay otro aspecto de los ANT acusadores; este involucra culparse a sí mismo de los problemas ajenos. Las mujeres suelen ser las que peor la pasan por autoinculparse. «Mi esposo no llamó; debe ser que ya no me ama» es un ejemplo clásico. Puede ser que la razón por la cual no llamó no tenga nada que ver con usted: está estresado, distraído o resolviendo una crisis. Otro ejemplo: «Mi hija universitaria desaprobó su examen de matemáticas. Tendría que haber pasado más tiempo con ella ayudándola a hacer su tarea cuando estaba en la secundaria». Culparse a sí misma por el fracaso de su hija es el acto de una mente indisciplinada, porque para cuando su hija esté en la universidad, sus hábitos de estudio deberían ser la responsabilidad de ella, no la suya. Ni echarse la culpa a sí mismo por todo lo que sale mal ni suponer que los actos de los demás tienen todos que ver con usted son reflejos precisos de la realidad. Solo son ANTs.

El Dr. Fay ha trabajado con infinidad de familias en las cuales el conflicto y la tensión eran la norma. En la raíz de este sufrimiento solía haber un ANT insidioso llamado *interpretación negativa*. Durante más de tres décadas, el Centro de Estudios Maritales y Familiares de la Universidad de Denver ha estudiado este patrón de pensamiento extremadamente dañino y lo ha identificado como uno de los cinco principales factores que contribuyen al divorcio y a la inestabilidad familiar[6]. La interpretación negativa, una combinación de varios ANTs, es cuando nos hacemos el hábito de pensar automáticamente que la intención de los demás es negativa y está personalmente dirigida hacia nosotros.

Consejo para la crianza: la solución es comprometerse el uno con el otro y con sus hijos a que encenderán su sonar. Encender el sonar *significa hacerse el hábito de suponer que la mayoría de las conductas desagradables de los demás tienen su raíz en el sufrimiento personal, no en esfuerzos planeados para robarnos la alegría. Significa revisar si en nuestro corazón tenemos la tendencia a ignorar las emociones de los demás. Sus hijos tendrán relaciones mucho más sanas si usted les enseña que las personas son como témpanos de hielo. La profundidad de quiénes son está oculta bajo la superficie. Si no estamos conscientes de ello, nos hundiremos en nuestras interacciones con los demás. Después de todo, ¿qué parte del témpano provocó el agujero fatal en el Titanic? Las embarcaciones modernas que recorren el Atlántico Norte reciben advertencias de impulsos sonoros contra tales riesgos.*

Una historia sobre el sonar

Cuando el Dr. Fay y sus hermanos viajaban en el asiento trasero del automóvil familiar, oían que sus padres conversaban sobre lo que pasaba en sus propias vidas. La mayor parte de ello los ayudó a ver a los demás de maneras más sanas. Esta es una manera de ayudar a que nuestros hijos piensen de forma saludable.

Una anécdota en particular que su padre compartió causó un impacto enorme en cómo veía el Dr. Fay a los demás.

—Hoy tuvimos una reunión de trabajo —le contó a mi madre—. Una de las personas se sentó ahí, mirando fijo al piso y resoplando cada vez que yo decía algo. Durante el descanso, decidí confrontarlo. Estaba a punto de darle su merecido, entonces, pensé: *Debe estar pasando algo en su vida que lo hace actuar de esta manera.* En lugar de decir algo molesto, le pregunté: «Parece que está teniendo una mañana difícil. ¿Hay algo que pueda hacer para ayudarlo?».

Con una expresión avergonzada, el tipo respondió: «No, Jim. Me gustan tus ideas. Es que mi perra murió esta mañana. La tuve durante trece años; es un momento muy duro para mí. Realmente, te agradezco que me preguntes».

Moldear las creencias de su hijo sobre el éxito

Cuando los hijos creen que el éxito es el resultado de factores que ellos no pueden controlar, es mucho menos probable que se esfuercen, perseveren y practiquen lo necesario para lograrlo.

Use este proceso para ayudarlo a entender que el trabajo duro es la clave para el éxito.

1. Cuando hace algo bien, descríbalo sin elogiarlo.
   - «Hiciste correctamente el problema número nueve de tu ficha de ejercicios de matemática».

2. Pregúntele:
   - «¿Cómo lo hiciste?».

3. Dele tres opciones:
   - «¿Te esforzaste mucho?».
   - «¿Seguiste intentándolo, a pesar de que era difícil?».
   - «¿Has estado practicando?».

Cada opción representa un pensamiento preciso que ayudará a su hijo a exterminar los ANTs de la impotencia.

4. Asegúrese de que digan las palabras en voz alta, porque lo que nosotros decimos suele ser nuestra realidad. Lo que nuestro hijo dice es más probable que se convierta en la suya.

5. Si a su hijo le cuesta responder, o dice que no lo sabe, sonría y hágale esta pregunta:
   - «Si lo supieras, ¿cuál de ellas sería?».

3. Los ANTs *Todo o nada*. Cada vez que piensa en absolutos, caracterizados por palabras como: *siempre, nunca, nadie, todos, cada vez* o *todo*, su manera de pensar negativa hace que una situación temporaria parezca una realidad permanente. Estos pensamientos también hacen que las situaciones sean totalmente buenas o totalmente malas, sin intermedios. Todo es en términos de blanco o negro.

Probablemente, haya escuchado este tipo de pensamientos de sus hijos cuando dicen: «¡No hay nada que hacer!». Cuando los niños dicen eso, se sienten tristes, aburridos o desmotivados. Algunos otros ejemplos de todo o nada: «Él nunca me escucha». «Siempre tengo que hacer lo que ella quiere». Si su hijo le contesta, usted podría pensar: *¡Siempre tiene respuesta para todo!* O, si la niña no hace sus quehaceres, usted piensa: *¡Ella nunca hace lo que le digo que haga!* Pero el pensamiento no es racional; es solo un pensamiento. Pocas veces, las situaciones son tan definitivas.

Celeste era una mujer de cuarenta y ocho años, divorciada y con cinco hijos. Fue a consultar al Dr. Amen cuando no podía librarse de sus sentimientos de depresión e ineptitud. Desde que se había divorciado, cinco años atrás, se había sentido triste, sola y no amada. Le encantaba estar en una relación estrecha, por eso el divorcio la había desestabilizado emocionalmente tanto. Le dijo al Dr. Amen: «¡Nadie querría a una mujer "mayor" con cinco hijos!».

Este ANT cierra su mente a otras posibilidades y lo mantiene enfocado en lo negativo, lo cual lo hará sentir más ansioso o deprimido. Luego, usted actúa desde sus creencias mentales, en lugar hacerlo desde la verdadera situación. Si en realidad cree que su hijo *siempre* tiene respuesta para todo, es probable que se enfurezca cuando le conteste, cuando la realidad es que quizás apenas lo haga entre un 5% y un 10% de las veces.

Consejo para la crianza: Combata este ANT en sus hijos

preguntándoles: «¿Cuándo fue la última vez que [inserte cualquier abso-luto del que estén quejándose]?» o «¿Recuerdas cuando...?». Por ejemplo, si su hijo dice: «Siempre tengo que sentarme en el asiento trasero del auto. Nunca puedo sentarme adelante», podría preguntarle: «¿Cuándo fue la última vez que te sentaste en el asiento de adelante? ¿Recuerdas cuando...?».

4. **Los ANTs de Adivinación.** Cuando se dedica a la adivinación, arbitrariamente predice lo peor, aunque no tenga evidencia definitiva alguna. Los pensamientos de adivinación instantáneamente acrecientan el estrés: su corazón late más rápido, su respiración se acelera y se hace menos profunda y su glándula suprarrenal comienza a bombear cortisol y adrenalina. En la crianza, un ejemplo es cuando presagia que su hijo no lo obedecerá en determinada situación y se enoja con él, incluso antes de irse de su casa. Nadie puede predecir el futuro. Y, a menos que sea un abogado, no hay ninguna buena razón para concentrarse en pronosticar lo peor.

Aun peor: predecir cosas malas, en realidad, puede colaborar a que se cumplan. Por ejemplo: si usted predice que su hijo no lavará bien los platos, puede empezar a fastidiarlo al punto de que él se enoje y no los lave bien, solo para molestarlo a usted. Si está seguro de que va a ser un día difícil con los niños, estará de un humor terrible tan pronto como suceda algo malo y, desde luego, su día irá cuesta abajo a partir de ese momento.

Consejo para la crianza: enséñele a su hijo a contestar sus ANTs cuando empiece a predecir el futuro. Hágalo escribir o decir frases que sean más racionales y realistas. Por ejemplo, si su hijo está convencido de que va a fallar en la próxima prueba, aunque haya estudiado, ayúdelo a escribir o a decir: «Estoy preparado para esta prueba, así que es probable que me vaya bien. Si no, le pediré a mi maestra o a mi mamá que me ayuden a estudiar para la próxima».

5. Los ANTs de Culpa demoledora. los pensamientos culposos ocurren cuando usted se castiga a sí mismo con palabras como *debería, tengo la obligación de, debo* y *tendría que*. Esta manera de pensar prevalece en muchos padres y es destructiva para todos de manera uniforme. Estas palabras no sirven para generarle sentimientos más positivos ni para sentirse conectado con su hijo. Es mucho mejor reemplazar los *debería* con frases como: «Sería útil para mí...», «Hacer esto se ajusta a mis objetivos de tener una relación mejor...», etcétera.

Especialmente a las mamás suele enseñárseles a poner en primer lugar las necesidades de otros; por eso, se sienten culpables cuando se defienden a sí mismas o se toman un tiempo para relajarse. Estos ANTs también juegan un papel en la trampa del círculo de la culpa (perder la calma, sentirse mal al respecto, precipitarse a rescatar) que mencionamos antes. Transforme la culpa demoledora declarando lo que en realidad quiere. En lugar de «Debería ofrecerme como voluntaria en la escuela de mis hijos», pregúntese si esa conducta se adecua a sus metas y a su tiempo. Si la respuesta es no, siga su rumbo. Pasar por el proceso de librarse de los ANTs de la culpa demoledora lo ayudará a tranquilizar el ruido en su cabeza para poder tomar mejores decisiones.

Consejo para la crianza: La culpa no es una emoción útil. Cuando escuche que sus hijos dicen: «Debería...», ayúdelos a reformularlo, diciendo: «Yo quiero hacer...» o «Para mis metas, es adecuado...». Por ejemplo, si su hijo dice: «Debería comer verduras», ayúdelo a dar vuelta eso por «Quiero comer verduras porque me hacen bien». O si dice: «Debo hacer mi tarea», aconséjele que diga: «Para las metas que tengo, es apropiado que haga la tarea porque quiero que me vaya bien en la escuela».

6. Los ANTs Calificativos. Esto es muy perjudicial para los niños. Los padres suelen poner calificativos negativos a los niños que son muy enérgicos, tienen baja atención, TDAH, etcétera, sin darse cuenta de que, sin querer, están programando al niño para que sea más «difícil». Por ejemplo, si usted dice que su hijo es un mocoso malcriado o un vago, lo agrupa con todos los «mocosos malcriados» y los «vagos» que conoció en la vida. Esto lo limita para tener una perspectiva realista de su hijo. Manténgase lejos de los calificativos negativos. Además, si el niño es un «mocoso malcriado», es probable que no sea por culpa propia. La culpa es de los padres que lo malcriaron. Poner calificativos no lo ayudará a resolver un problema en particular ni a formarse un juicio sobre sí mismo o sobre sus hijos.

Consejo para la crianza: Si pesca a su hijo calificándose a sí mismo o a otros niños, recuérdele dulcemente que el solo hecho de que alguien se equivoque o haga algo prejudicial, no lo convierte en una persona mala o tonta. Entonces, podrá proponer algunas razones por las cuales esa persona podría estar comportándose de determinada manera; esto también puede ayudar a desarrollar empatía en usted y en su hijo.

7. Los ANTs que Leen la mente. Similar a lo que ocurre con la adivinación, esto es cuando usted predice arbitrariamente lo que su hijo piensa, antes de haberlo comprobado. Los niños muchas veces no saben por qué hacen lo que hacen, pero cuando se portan mal, sus padres suelen atribuirlo a intenciones negativas del niño. Por ejemplo: «Mi hijo trata de avergonzarme. Él sabe lo que hace y le gusta que me sienta mal». Usted no puede leer la mente de otra persona; los niños tienen ya suficientes dificultades para leer su propia mente.

No siempre es fácil demarcar su intuición útil del nocivo ANT de la lectura de la mente. Pero una vez que aprende a matar este ANT, es probable que mejoren su relación y su estado de ánimo.

Consejo para la crianza: Esto puede presentarse a menudo en la rivalidad entre hermanos, lo cual abordaremos en el capítulo 15. Por ahora, enséñele a su hijo que suponer cosas sobre los demás es el camino fácil a los malentendidos y a las malinterpretaciones. Invente una regla graciosa para ayudarlo a evitar este ANT, enseñándole la frase: «Si no lo sé, dímelo». Esto, sencillamente, significa que si usted no está seguro de qué piensa otra persona o por qué hizo algo, puede hablar y preguntar en un tono inquisitivo, no acusador. A nosotros nos gusta decir que es mejor ser curioso que furioso.

8. Los ANTs «No tan». Cada vez que usted se compara con los demás de una manera negativa, permite que estos ANTs plaguen su mente y dañen su autoestima. Con el crecimiento de las redes sociales, nuestra sociedad está experimentando una verdadera invasión de ANTs. Personas de todas las edades pasan horas comparándose con otras personas sumamente cuidadas, con fotografías mejoradas digitalmente, lo cual las hace sentir que no están al mismo nivel. Eso contribuye a las expectativas irrealizables y a la presión aplastante, en especial en los preadolescentes y adolescentes. Pero estos ANTs también pueden afectar duramente a los padres.

Vea el caso de Marley. Era una madre soltera de cincuenta y dos años, con un trabajo de alto nivel en el sector bancario. Pese a que era exitosa en el trabajo y que a sus hijos les iba bien, Marley estaba constantemente preocupada por no ser suficientemente buena. Era un excelente ejemplo de una mujer inteligente y realizada, con una mente indisciplinada y un cerebro atareado. Siempre se sintió como una impostora o un fraude, por lo que se presionaba incansablemente para ser perfecta, esperando con eso evitar que los demás le «sacaran la ficha» y, de alguna manera, socavaran su puesto.

Los peores ANTs de Marley eran los de leer la mente y los de no tan. Constantemente suponía que no era digna de socializar con las otras mamás del barrio porque creía que no les caía bien, que hablaban de ella a sus espaldas y que deseaban que se mudara a otra parte de la ciudad. Se convenció a sí misma de que las otras mamás los excluían a ella y a sus hijos a propósito de las salidas al parque cuando, en realidad, las otras mamás creían equivocadamente que a Marley no le interesaba organizar ese tipo de salidas porque parecía muy ocupada todo el tiempo. Sus ANTs le provocaron mucha infelicidad, ansiedad e inquietud innecesarias.

Consejo para la crianza: Nadie tiene una vida perfecta. Deje de compararse con los demás y ayude a sus hijos a que hagan lo mismo cuando sientan envidia o se sientan excluidos. Las historias ajenas siempre tienen algo que usted no conoce. La envidia solo alimenta a otros ANTs como el resentimiento y la autocompasión. Para ayudar a que su hijo deje de compararse con los demás, asegúrese de no tener usted el hábito de compararlo con sus amigos o con sus compañeros de clase. Recuérdele que, en lugar de tratar de ser «el mejor», es más sano «ser lo mejor posible».

9. ***Los ANTs «Si tan solo» y «Seré feliz cuando».*** Estos ANTs implican hacerse eco del pasado o anhelar un futuro imaginario. Mortificarse por remordimientos sobre cosas que sucedieron en el pasado genera frustración. Pasar el tiempo contemplando de qué formas su vida podría ser mejor si las cosas fueran distintas, sin tener un plan para hacer cambios positivos, es una actitud contraproducente. Además, alimenta la insatisfacción con el presente y es desmotivador.

Consejo para la crianza: La gratitud es el antídoto infalible para este ANT; ser agradecidos combate muchos pensamientos y sentimientos negativos. Practíquela todos los días y conviértala en un hábito en su hogar.

LOS ANTS EN LA CULTURA POPULAR... Y CÓMO PROTEGER Y PREPARAR A NUESTROS HIJOS

Todos hemos escuchado el término *bichos informáticos*. Los bichos (*bugs* en inglés) son los fallos de programación. En el mundo actual, casi todo lo que usamos tiene por lo menos un chip, en especial nuestros televisores, teléfonos y otros dispositivos digitales. Cuando los usamos bien, estos dispositivos están llenos de bichos o, mejor dicho, de ANTs.

Gran parte de la música, las redes sociales, los juegos, las películas y otros medios actuales están plagados de ANTs. Esta invasión no tiene nada que ver con sus circuitos. Más bien, los circuitos simplemente sirven como ventanas hacia las batallas emocionales y espirituales que libra la humanidad desde el comienzo de los tiempos. Mientras que proteger a nuestros hijos limitando su exposición, manteniendo una buena supervisión y usando dispositivos de seguridad es sabio, demasiada protección sin *preparación* los dejará desprovistos de lo necesario para protegerse a sí mismos.

Como padres podemos preparar a nuestros hijos para que resistan a estos ANTs, reconociendo qué son e involucrándolos en la discusión sobre ellos. Estas discusiones no tienen que ser sermones; más bien, tómelas como oportunidades para explorar cómo estos ANTs nos afectan a todos. Como tales, les dan a nuestros hijos la oportunidad de elegir su propio camino positivo, en lugar de creer que deben ir a los tumbos por el que con tanta frecuencia trazan los siguientes ANTs. A continuación, le presentamos otros cuatro ANTs que ha identificado el Dr. Fay. Usted de seguro puede pensar en algunos más.

1. *Los ANTs Confía en tu corazón*. Este ANT nos anima a creer en lo que sentimos. Nuestros sentimientos pueden ser tan engañosos como nuestros pensamientos, por eso es importante prestar atención a lo que dicen y juzgar si eso es verdad.

Consejo para la crianza: Reconozca los sentimientos, pero luego anímese y anime a sus hijos a cuestionar si el sentimiento le dice algo cierto o si está confundiéndolo.

2. Los ANTs Quieres lo que no tienes. Hoy más que nunca, los mensajes de que el contentamiento solo se alcanza cuando tenemos una infinidad de posesiones nuevas y costosas bombardean a diario a padres e hijos.

Consejo para la crianza: Si usted practica el contentamiento y disfruta lo que tiene, sus hijos captarán su ejemplo.

3. Los ANTs Desquítate. A veces, el Dr. Fay se da cuenta de que está alimentando este ANT cuando trata a alguien tan mal, o peor, de cómo lo trataron a él. Este tema da lugar a películas fascinantes, a interminables dramas en los medios de comunicación y a sentimientos temporales de poder. En la vida real, actúa como el alcohol. La resaca no lo justifica.

Consejo para la crianza: Cite esta verdad: «No dejen que el mal los venza, más bien venzan el mal haciendo el bien» (Romanos 12:21). Tenga por objetivo crear un hogar en el que usted trate a los demás mejor de cómo lo tratan a usted.

4. Los ANTs Si te hace sentir bien, hazlo ¡ahora! El dominio propio, la perseverancia, la abnegación y el servicio son conceptos anticuados y mojigatos que fueron desarrollados para que las personas se sientan desdichadas. Esta es la mentira que nuestros hijos escuchan demasiado a menudo cuando interactúan con la cultura popular. Como sabemos todos, la verdad es lo opuesto. Estas cualidades del carácter, cuando se ponen en acción, son esenciales para las sensaciones de bienestar, en especial, cuando el foco es ayudar a otros. La investigación también está empezando a identificar los efectos neurológicos de dicha ayuda: aumenta los niveles de dopamina, serotonina y oxitocina, los cuales se relacionan con un estado anímico elevado y con sentimientos de mayor conectividad social[7].

Consejo para la crianza: Pregunte «¿Y luego qué?» y pregúntelo varias veces más para ver si la opción que lo hace sentir bien ahora también lo hará sentir bien después y será buena para su cerebro.

ELIMINE LOS ANTS

Usted no tiene que creer cada pensamiento que pasa por su cerebro. Si quiere mantener su mente sana, es importante que se enfoque en las partes buenas de su vida, más que en las partes malas. Eliminar los ANTs no es difícil. El primer paso para cambiar sus percepciones o sus patrones de pensamiento es identificar cómo *piensa*. El siguiente ejercicio es tan simple que es posible que le cueste creer lo poderoso que es, pero el Dr. Amen ha comprobado que les cambió la vida a muchas personas, incluso a él. Aprenda primero cómo usarlo con usted mismo y, luego, con sus hijos cuando note que los ANTs lo sobrepasan. Su sufrimiento disminuirá, y mejorarán su salud y su felicidad. También le enseñaremos una versión para usarla con sus hijos. Una gran cantidad de estudios científicos ha descubierto que esta técnica es tan eficaz y poderosa como los medicamentos antidepresivos contra la ansiedad, la depresión y los trastornos alimentarios.

Paso 1. Cada vez que note que un pensamiento autocrítico o distorsionado entra en su mente o cuando se sienta triste, furioso, nervioso o fuera de control, identifíquelo y anótelo. El acto de anotar los pensamientos ayuda a sacar de su cabeza a los invasores molestos.

Paso 2. Use la hoja de repaso de los ANTs para identificar el tipo de ANT o de pensamiento negativo y anótelo.

ANT	TIPO
Mi hijo nunca me obedecerá.	Adivinación
Soy un fracaso como padre.	Calificativo
¡Es culpa de mi hijo!	Acusador
Debería ser un mejor padre.	Culpa demoledora
Mi hijo nunca hace nada bien.	Todo o nada

Paso 3. Contéstele a sus ANTs. Si usted se parece un poco al Dr. Amen, fue un experto en contestarles a sus padres en la adolescencia. Y si tiene adolescentes, anímelos a que usen sus habilidades para contestar aplicándolas a los ANTs. De la misma manera, tiene que aprender a contestar a las mentiras que se dice a sí mismo. Pregúntese si los pensamientos tienen sentido y si en realidad son ciertos. Para hacerlo, necesitará responder cuatro preguntas y una declaración de cambio ideadas por mi amiga y autora Byron Katie[8]. El objetivo es lograr una manera de pensar acertada.

Pregunta 1: ¿Es verdad? (¿El pensamiento estresante o negativo es verdad?).

Pregunta 2: ¿Es absolutamente verdadero? ¿Cómo sé que es 100% certero?

Pregunta 3: ¿Cómo me siento cuando creo en este pensamiento?

Pregunta 4: ¿Cómo me sentiría si no tuviera este pensamiento?

Cambio: Tome el pensamiento original e inviértalo a lo opuesto; luego, dígase a usted mismo si esta nueva versión es ser cierta o más verdadera que el pensamiento original.

Mire cómo hizo este ejercicio Allison, la mamá joven.

ANT: No soy suficientemente buena.

Tipo de ANT: Solo lo malo

1. **¿Es verdad?** Sí.
2. **¿Es absolutamente cierto, con 100% de certeza?** Bueno, en

realidad no hay manera de saber si en verdad estoy a la altura de los «parámetros» de ser una buena madre.

3. **¿Cómo me siento cuando creo en este pensamiento?** Me siento deprimida, ansiosa, estresada y frustrada.

4. **¿Cómo me sentiría si no tuviera el pensamiento?** Me sentiría aliviada y mucho más calmada a lo largo del día. Probablemente, disfrutaría más a mis hijos y no me preocuparía tanto completar mi lista de pendientes.

5. **Tome el pensamiento original e inviértalo a lo opuesto; luego, dígase a sí mismo si esta nueva versión puede ser cierta o más verdadera que el pensamiento original.** Soy lo suficientemente buena. Soy como todas las otras mamás que, simplemente, hacen lo mejor que pueden.

Este pensamiento final la hizo llorar. Allison se dio cuenta de que, si seguía repitiendo que nunca sería lo suficientemente buena, por supuesto que siempre se sentiría vencida. Pero si creía que sí era buena y eso era más verdadero que su pensamiento original, se comportaría y viviría como una mamá confiada y segura de sí misma. El poder que tiene este método no solo lo ayudará a corregir la percepción distorsionada, sino que además servirá para su estado de ánimo, su autoestima y su capacidad de lidiar con su hijo de una manera más racional y efectiva.

ENSÉÑELES A LOS NIÑOS MÁS PEQUEÑOS SOBRE LOS ANTS

Los niños de apenas cuatro años también pueden sufrir invasiones de ANTs, así como los padres y los adolescentes pueden estar llenos de negatividad. Los niños pequeños pueden tener pensamientos de temor o de ansiedad sobre su familia, el trabajo en clase, las amistades, la apariencia física, etcétera.

He aquí algunos ANTs comunes que los niños pueden tener:

ANT	TIPO
No le agrado a nadie.	Todo o nada
De diez preguntas, hice una mal. Esto es terrible.	Solo lo malo
Soy un estúpido.	Calificativo
Mi mama no me sonrió. Debe estar muy enojada conmigo.	Leer la mente
No es mi culpa. ¡Ella empezó!	Acusador

Es muy importante enseñarles a los más pequeños de hasta cuatro años a desafiar sus pensamientos. Conviértalo en un juego para ver quién puede identificar los ANTs que están arruinando las cosas. Esto creará en sus hijos el hábito de cuestionar todo pensamiento que entre en su cerebro.

Eliminar los ANTs es tan fácil que hasta los niños pequeños pueden hacerlo. El Dr. Amen ve niños que lo hacen todo el tiempo. Una vez ayudó a un niño que estaba deprimido. Al principio, el niño solo podía pensar en las cosas negativas que le sucedían. Su familia acababa de mudarse, por lo tanto, él se decía que nunca haría amigos nuevos (a pesar de que ya tenía varios). Pensó que le iría mal en su escuela nueva (a pesar de que mayormente sacaba buenas notas) y que nunca se divertiría (aunque su casa estaba cerca de una bahía y de un parque de diversiones). Por enfocarse en lo negativo de su nueva situación, estaba complicándose a sí mismo la adaptación. Hubiera estado mucho mejor si hubiera mirado todo lo positivo de la situación, en lugar de lo negativo. Después de tres semanas de terapia de ANTs, dijo: «Tengo un pueblo fantasma de ANTs en mi cabeza»[9].

Por lo general, con niños más pequeños, es mejor reducir las cinco preguntas a solo dos preguntas superpoderosas:

1. ¿Es verdad?
2. ¿Estás 100% seguro de que [inserte la declaración negativa] es verdad? ¿Cómo lo sabes?

A continuación, hay algunos ejemplos de cómo tratar los ANTs con los más pequeños:

ANT: Nadie juega conmigo, nunca.

1. **¿Es verdad?** Bueno, tal vez. Nadie quiere jugar conmigo ahora mismo.
2. **¿Estás 100% seguro de que ese pensamiento es cierto y que absolutamente nadie quiere jugar contigo?** Bueno, claro que no. Esta mañana, jugué con mis amigos en el recreo y nos divertimos un montón.

ANT: Estoy aburrido. No tengo nada que hacer.

1. **¿Es verdad?** ¡Sí! Estoy muy aburrido. ¡No puedo pensar en nada que hacer!
2. **¿Estás 100% seguro de que ese pensamiento es cierto y que no hay *nada* que puedas hacer?** Bueno, claro que no. Tengo

toda una caja de juguetes en mi armario, la plastilina, papel y lápices para dibujar. Supongo que puedo encontrar algo que hacer.

Enseñarles a los pequeños cómo examinar sus pensamientos creará nuevas vías neuronales en su cerebro que está en desarrollo. Esto los ayudará a controlar su mente por el resto de su vida. Dicho eso, nunca es demasiado tarde para empezar a aprender esta habilidad importante. Aprender a desinfectar sus pensamientos a cualquier edad puede tener un efecto drástico en su mentalidad y provocar un impacto positivo en su crianza y en la vida familiar.

DESAFÍE SUS PEORES PENSAMIENTOS

Uno de los primeros ejercicios que el Dr. Amen les da a sus pacientes (ya sea que tengan ocho u ochenta años) es que anoten cien de sus peores ANTs. Para cada ANT, los hace atravesar los pasos para eliminarlos. Hacer esto con esmero reduce la angustia emocional y termina con los pensamientos autodestructivos.

Como el cerebro aprende por repetición, hacer este ejercicio cien veces ayuda a eliminar el pensamiento indisciplinado y desarrollar una mejor higiene mental. Las rutinas se forman a través de un proceso llamado bucle de retroalimentación, lo cual ocurre cuando las neuronas que se activan simultáneamente se conectan para crear hábitos automáticos. Al tomarse el tiempo para examinar y eliminar cien ANTs, usted puede romper viejos hábitos de pensamiento negativo y desarrollar patrones de pensamiento más racionales.

Use el formulario para eliminar ANTs en la página siguiente para poner manos a la obra.

Formulario para eliminar ANTs

ANT: _____

_____

Tipo de ANT: _____

_____

1. ¿Es verdad? _____

_____

2. ¿Es 100% verdadero? _____

_____

3. ¿Cómo me siento cuando creo en este pensamiento? _____

_____

_____

4. ¿Cómo me sentiría si no tuviera el pensamiento? _____

_____

_____

5. Lo opuesto, ¿podría ser verdad o más verdadero que el pensamiento original? _____

_____

Nuevo pensamiento para meditar: _____

_____

El Dr. Amen suele recordarle a la gente que cuando su cerebro funciona bien, usted funciona bien. Pero cuando su cerebro está lleno de problemas, es mucho más probable que usted tenga problemas en su vida. Cuando nuestros hijos saben cómo combatir los ANTs perturbadores que buscan plagar su mente, sus cerebros se fortalecen, su conducta se vuelve más positiva hacia los demás y ellos disfrutan los beneficios neuroquímicos. Anime a sus hijos (y anímese usted mismo) a que piensen en sus patrones mentales y que aprendan a manejar su mente. La higiene mental diaria es un requisito para la fortaleza mental.

Póngalo en práctica

- Comience a cuestionar sus pensamientos y enséñele a sus hijos a hacer lo mismo.

- Identifique los ANTs más comunes que plagan su mente.

- Aprenda los tres pasos que pueden ayudarlo a eliminar los ANTs.

- Comience anotando y desafiando a sus peores cien pensamientos.

- Enséñeles a sus hijos sobre los ANTs y cómo eliminarlos.

CAPÍTULO 8

CRIAR HIJOS FUERTES Y CAPACES

Los niños aprenden a enfrentar las pruebas y las
tribulaciones cuando les permitimos que las tengan.
Con sabiduría, les brindamos amor, ánimo y recomendaciones.
Los rescatamos solo cuando es necesario.

El cuento clásico *Los tres cerditos* facilita una metáfora poderosa para criar hijos fuertes. Un cerdito construyó su casa con ramitas, otro la construyó con paja y, el otro, la construyó con ladrillos. El gran Lobo Malo acabó rápidamente con las primeras dos casas porque habían sido construidas con prisa y con materiales muy débiles. Los primeros dos cerditos eran malos constructores porque antepusieron su prioridad de la felicidad a corto plazo, en lugar de la estabilidad a largo plazo. El lobo simplemente derribó las casas con su fuerte mal aliento. Solo la tercera casa, la cual había requerido mucho más tiempo y gastos para su construcción, sobrevivió para proteger a su constructor y a los otros dos cerditos que huyeron hacia ella.

Construir algo fuerte lleva mucho más trabajo y sacrificio que construir algo débil. Para criar hijos fuertes y capaces, tenemos que dejar de lado nuestro deseo de hacer que nuestros hijos estén siempre felices y cómodos. Significa prepararlos para el mundo real, uno que no siempre es un jardín de rosas.

Como empleador, el Dr. Fay ha llegado a tener padres que aparecieron en su consultorio con expectativas de que a sus «hijos» se les concedieran mejores oportunidades y un mejor salario. Ningún padre se dispone a criar hijos que se crean con privilegios o sean egoístas, perezosos o débiles frente a las adversidades, pero las tendencias sociales y familiares han ido contribuyendo a un mayor porcentaje de personas a quienes la brisa más leve las derriba y se rinden ante la presencia de cualquier dificultad. Es lamentable que estos son los adultos a los que no se les permitió desarrollar la confianza, el carácter y las habilidades necesarias para capear las tormentas de la vida cuando eran más jóvenes. En el 2010, los investigadores en Psicología Kenneth Stewart y Paul Bernhardt observaron importantes deterioros en la salud psicológica, las aptitudes académicas, el dominio de la fuerza de voluntad y la confianza en sí mismos de los jóvenes adultos que analizaron en ese momento, comparados con los que habían examinado años antes[1]. También registraron índices significativamente más altos de narcisismo. Simine Vazire y David C. Funder, otro par de investigadores en Psicología y profesores universitarios, observaron una tendencia similiar[2]. Hoy en día, los docentes universitarios viven como rutina que los padres aparezcan en los campus, exigiendo que cambien las notas de sus hijos.

Cuando tantos padres hacen tantos rescates, muchos hijos creen que tienen derecho a ello. Por lo tanto, llegan a ser egocéntricos, se ofenden de inmediato con cualquiera que no esté de acuerdo con ellos y se rinden cuando tienen que esforzarse.

¡Houston, tenemos un problema!

Y no es solo nuestra imaginación. De hecho, Denver, Elephant Butte, Elk Springs, la Gran Manzana, Bemidji, Boston, Pierre, Mount Pleasant, Grant, Grand Rapids y todas las demás metrópolis en crecimiento o los pequeños pueblitos a lo largo de los Estados Unidos tienen este mismo problema. Entonces, ¿cómo evitamos que esto empeore?

No se desanime; hay un montón de jóvenes sumamente talentosos, maduros y comprometidos que trabajan a lo largo de nuestro gran país. La próxima vez que vea a uno de ellos, recuerde que es posible criar hijos así. Deje que su fuerza reafirme la determinación que usted tiene de darles a sus hijos las raíces para que se conviertan en jóvenes adultos que posean el valor para encarar un mundo lleno de tentaciones, malas épocas y personas difíciles. Deje que su madurez le recuerde que sus hijos contarán con una inmensa ventaja en el mundo si usted les otorga los dones de la resiliencia, el propósito, la ética del trabajo bien hecho, la iniciativa, habilidades sólidas para resolver problemas, el dominio propio y la empatía.

¿HIJOS FUERTES O DÉBILES? NOSOTROS DECIDIMOS

Los padres de Érica creían que nada era demasiado bueno para su pequeña hija. Por eso, se aseguraron de que siempre tuviera la mejor ropa, los mejores juguetes, los mejores instructores privados y la mejor crianza que ellos podían darle. Según su madre, Debbie, este tipo de crianza implicaba participar constantemente en actividades estimulantes y divertidas. Significaba que Érica fuera el centro de la atención y que siempre se sintiera especial. Significaba asegurarse de que nunca tuviera un maestro ni un instructor exigente.

Simplemente, significaba preparar el mundo para Érica, en lugar de preparar a Érica para el mundo.

Steven, el padre de Érica, no estaba seguro sobre ese método. En un momento, le sugirió a Debbie que su hija debía hacerse responsable de hablar con una de sus maestras de séptimo grado sobre las dificultades que tenía con su tarea escolar. Debbie estuvo de acuerdo, pero le informó que no tenía tiempo esa semana para estar con ella en el encuentro. Steven perdió la compostura: «Tiene trece años, por todos los cielos. ¡Me parece que puede manejarlo sola, sin que tú estés ahí!».

Steven se sintió culpable por su arrebato y rápidamente accedió a salir un rato de su trabajo para asegurarse de que la junta saliera bien.

Cuando Érica fue arrestada en su adolescencia por hurtar en una tienda, su mamá enseguida contrató al mejor abogado. Aunque esto fue una carga importante para la familia, Debbie le recordó a Steven que nada era demasiado bueno para su hijita. Steven sentía una mezcla de enfado y culpa al mismo tiempo. Aceptó a regañadientes ayudar a solucionar el último lío de Érica.

¿Supone usted que Érica creció en fortaleza y en buen carácter o presume que continuó volviéndose cada vez más descontrolada e infeliz?

Durante su primer año en la universidad, Érica rápidamente quemó decenas de miles de dólares de sus padres y sacó una nota promedio 1,7. Cuando resultó obvio que se había vuelto adicta a la heroína, Steven finalmente se rehusó a ser parte del problema. «La hemos rescatado tantas veces que ahora en realidad lo necesita», se lamentó. «¡Deberíamos haber buscado alguna ayuda profesional hace mucho tiempo!».

El terapeuta no tardó demasiado en ver el patrón. Abordó a Steve y a Debbie de una manera más bien terminante: «Ustedes han trabajado en la vida de su hija mucho más que ella misma. Para que venza esta adicción y desarrolle un sentido de dignidad, deben dejar de rescatarla. Necesita ver que es capaz de vivir la vida sin que ustedes traten de facilitársela. Cuando eso suceda, si es que sucede, tendrá una oportunidad para desarrollar la confianza en sí misma y la fortaleza que necesita para reconstruir su vida. Consideraré seguir trabajando con ustedes si veo que se comprometen sinceramente a terminar con este comportamiento».

Cuando Debbie compartió esta historia, confesó: «Comencé a despertar y a darme cuenta de que habíamos incapacitado a nuestra hija a través de nuestra sobreprotección. Llevó años de mucho trabajo de nuestra parte y un trabajo mucho más arduo para Érica. A medida que comenzó a ver su propia fuerza y que la única manera de sentirse bien era haciendo algo bueno, empezó a sanar. Tendrá que luchar con esto por el resto de su vida. Comparto nuestra historia para que otros no cometan los mismos errores».

Los cinco pasos de Jim Fay para guiar a los hijos a reconocer y resolver sus problemas

Paso 1: Aporte una dosis fuerte de empatía.
Exprese: «Esto debe ser tan difícil».

Paso 2: Refleje el problema de una manera amorosa.
Pregunte: «¿Qué piensas que vas a hacer?».

Paso 3: Cuando respondan: «No lo sé», consúlteles si puede compartir lo que «algunos niños» decidieron hacer.
Pregunte: «¿Te gustaría saber qué decidieron hacer algunos niños?».

Paso 4: Comparta dos o tres opciones.
Diga: «Algunos niños decidieron _____. Otros niños prueban con _____ o _____. ¿Cómo podrías aplicarlo?».

Paso 5: Deje que su hijo resuelva el problema como lo considere conveniente y recuerde usar este proceso solamente cuando los problemas no impliquen consecuencias de vida o muerte.
Diga: «No veo la hora de conocer tu decisión. ¡Confío en ti!».

LAS LUCHAS, EL APOYO Y LAS HABILIDADES EDIFICAN LA FORTALEZA

El Dr. Fay tuvo la dicha de tener padres fuertes. Porque eran fuertes, se mantuvieron firmes y amorosos al mismo tiempo. Aproximadamente cuando tenía diez años, vivió un evento triste que grabó para siempre en su mente el valor de la resiliencia. Este suceso a menudo le recuerda al Dr. Fay que la ciencia demuestra que desarrollamos nuestra fortaleza cuando enfrentamos pruebas y tenemos a alguien que nos guía siendo un modelo de habilidades, fortaleza y compasión[3].

«El evento involucró a un perro bastante andrajoso que mi familia había adoptado. Los niños sentimos pena del pobre feúcho y decidimos ponerle un nombre: "Buster". Dulce y fiel, Buster probablemente era el resultado de una cruza improvisada entre un Border Collie y otro tipo de perro de pastoreo, y perseguía todo lo que se movía, queriendo asegurarse de que se quedara con el rebaño. Los autos no eran la excepción.

»Una tarde, mi padre y yo nos preparábamos para embarcarnos en lo que mi papá constantemente consideraba una "experiencia formadora de carácter". Esta implicaba que yo tocara un solo de trombón en la cena del club local Elks. Según papá (y respaldado por una sólida investigación psicológica), hacer cosas difíciles que ayudan a otros es algo que edifica el carácter. Mientras yo guardaba de mala gana el trombón en el baúl, vi un destello repentino por el rabillo del ojo.

»Era Buster, quien había volado hacia el camino, yendo directo hacia un auto. El automóvil viró bruscamente, pero el perro no. Mal herido, se las arregló para llegar a los tumbos hasta donde yo estaba. Murió a mis pies.

»Papá y yo lloramos juntos. Papá me abrazó con sus fuertes brazos y me dijo que me amaba. Yo estaba convencido de que así era y seguro de que él también amaba a Buster. Luego dijo: "Charlie, tenemos que ponernos en marcha. Nos encargaremos luego de Buster, cuando volvamos".

»Sí, papá esperaba que yo cumpliera con el compromiso que habíamos hecho de entretener en Elks. Mientras tocaba mi solo, me enfoqué en el rostro de papá, lleno de amor y compasión. No era la primera vez que él enfrentaba una prueba y, por supuesto, no sería la última. Con sabiduría y fortaleza, templado con una gran empatía, poco a poco me enseñó cómo vivir rodeado de acontecimientos impredecibles y, muchas veces, difíciles. ¿Sus hijos están aprendiendo lo mismo o creen que todo debe terminar estrepitosamente cuando suceden cosas malas?

»La vieja frase "el espectáculo debe continuar", originada en el mundo del circo a fines del siglo XIX, significaba que, aunque algo saliera mal durante la presentación, el espectáculo debía continuar de inmediato. Desde entonces, su aplicación y su significado se han expandido a muchas áreas del entretenimiento, los negocios y la vida, y, con el tiempo, han llegado a representar que no podemos dejar que las adversidades arruinen por completo nuestras responsabilidades, nuestras relaciones o nuestra esperanza. La clave es el apoyo y la empatía para las situaciones difíciles mientras se sigue cumpliendo con las expectativas cuando es posible. Al mismo tiempo, tenemos que entender que a veces es necesario cambiar de planes a causa de las emergencias o de las repercusiones de la adversidad (por ejemplo, una pierna fracturada representará el final de una temporada deportiva; pero, de todas maneras, el niño aún podrá sentarse en el banco y apoyar a su equipo).

»Aprender música es un buen ejemplo de este principio. Inicialmente, mi papá fue un músico profesional. Durante la década de los años 1950 y 1960, uno de sus "trabajos" era tocar para el circo y para el circuito profesional de rodeo. También daba clases de música; yo fui uno de sus primeros alumnos.

Él creía que la música forjaba la inteligencia y la resiliencia, y la investigación le ha dado la razón a su intuición. El difunto Dr. Peter Benson del Search Institute, considerado un experto destacado en el comportamiento humano positivo, identificó a la música como un recurso fundamental para el desarrollo, el cual juega un rol poderoso en ayudar a los jóvenes a tener éxito[4].

»"Si de pronto te encuentras en un aprieto o te equivocas mientras estás tocando con la banda, no pares —decía papá—. Simplemente, recupera el ritmo lo antes posible y sigue tocando. Si te enfocas más en lo que tocas bien, tu cerebro automáticamente te ayudará a aprender de tus errores y de los aprietos". Esta regla básica me sirvió mucho para la banda de tercer grado. También les sirve a las personas para la vida. Si permitimos que nuestras pruebas y errores nos detengan y nos hagan refunfuñar, nos harán descarrilar en la vida. Si seguimos tocando, aprenderemos, creceremos y nos haremos más fuertes».

LAS LUCHAS, EL APOYO Y LAS HABILIDADES DESARROLLAN UNA ACTITUD DE SERVICIO

En los Estados Unidos, tenemos muchos trabajadores dedicados: los hombres y las mujeres que sirven en el Ejército, la fuerza policial, los departamentos de bomberos y los hospitales; los conductores de camiones, los plomeros, los electricistas, los obreros de líneas de electricidad, los técnicos en calefacción y aire acondicionado; los que reponen los anaqueles en nuestros supermercados, los que se ocupan de mantener el barrido en las calles, los que conducen los camiones de la basura, los que cambian los neumáticos de nuestros autos y los que hacen los muchos otros trabajos difíciles que mantienen viva nuestra economía. El denominador común es que esas personas tienen una actitud de servicio que las motiva a cumplir con el trabajo, aun bajo condiciones difíciles o peligrosas.

Mientras escribimos este libro, somos testigos de una grave escasez de hombres y mujeres fuertes que estén dispuestos a hacer estos trabajos esenciales. Esta es una de las razones por las cuales escribimos con tanta pasión sobre criar hijos fuertes y capaces que tengan la actitud de «el espectáculo debe continuar». Otro motivo para nuestro entusiasmo es que las personas están perdidas si no tienen un propósito. Aunque a algunas la buena vida les parezca el lugar donde no tienen ninguna responsabilidad, exigencia o desvío, la verdad es que el cerebro humano necesita los desafíos, los esfuerzos, las relaciones sociales y la dignidad ligada al trabajo para el bienestar de los demás. Cuando las personas carecen de este propósito, incurren en patrones de desesperación, desconexión y desesperanza. Es más probable que se sientan deprimidas y ansiosas y que les falte motivación y enfoque. También crecen los índices de drogadicción, hurtos, delitos violentos y malestar general[5].

Muchas de las personas que luchan con problemas de salud mental y que consultan al Dr. Amen carecen de propósito. Él les comunica que encontrar el sentido para su vida (el cuarto círculo de la salud mental) puede tener un impacto poderoso en su bienestar. Un estudio importante sobre los efectos de tener un propósito en la vida hizo un seguimiento de alrededor de mil individuos durante casi siete años[6]. El equipo de investigadores llegó a la conclusión de que tener un propósito firme hacía que las personas fueran:

- Menos depresivas
- Más felices
- Más satisfechas consigo mismas
- Más satisfechas con su vida
- Más abiertas al crecimiento personal
- Mental y emocionalmente más sanas
- Capaces de dormir mejor
- Propensas a vivir más

Tener un propósito firme también reduce las posibilidades de que la autoestima se vea afectada por las cuestiones negativas de las redes sociales, incluso el recibir comentarios negativos sobre sus publicaciones o no lograr suficientes «me gusta» o seguidores[7]. Cada vez que el Dr. Amen habla del propósito con sus pacientes, menciona a Viktor Frankl, un psiquiatra que sobrevivió al Holocausto y fue el autor de *El hombre en busca de sentido*[8]. A Frankl se le atribuye haber dicho: «La vida nunca se vuelve insoportable por las circunstancias, sino por la falta de sentido y de propósito». Él señala tres fuentes de propósito:

- Ser productivo o hacer un trabajo con propósito. Esto incluye preguntarse a uno mismo cosas como: «¿En qué sentido el mundo es un lugar mejor porque estoy aquí?» o «¿A qué contribuyo?».
- Querer e interesarse por los demás.
- Ser valiente frente a los desafíos. Afrontar las dificultades de la vida y ayudar a otros a afrontar las suyas.

Es fundamental que ayude a sus hijos a encontrar el sentido de su propia vida aprendiendo a esforzarse en su trabajo, identificando cuáles son sus dones y buscando formas de usar esos dones para ayudar a otros. Esto significa que primero usted primero tiene que conocer su propio propósito; luego podrá ayudar a sus hijos a descubrir el de ellos. Remítase al ejercicio «Milagro en una página» del capítulo 2.

Cómo ayudar a los hijos a encontrar su propósito

Así como puede ayudar a sus hijos a identificar sus metas (capítulo 2), puede alentarlos a encontrar su propósito. Aunque este ejercicio es más adecuado para adolescentes y jóvenes adultos, usted puede comenzar a hablar del concepto de una vida con propósito con los niños más pequeños. Estos son los cinco pasos:

1. **Hable de lo que le da un propósito a usted:** Los hijos aprenden de los padres, por eso es importante que usted hable abiertamente sobre su trabajo y sus esfuerzos voluntarios y sobre cómo estos le dan un sentido a su vida.

2. **Haga preguntas:** Pregúntele a su hijo qué es importante para él.

3. **Brinde apoyo:** Comparta el entusiasmo de su hijo por lo que lo apasiona y ayúdelo a desarrollar esos intereses, presentándole otros adultos que puedan llegar a ser referentes para él.

4. **Haga hincapié en su impacto:** Ayude a los preadolescentes, adolescentes y jóvenes adultos a entender cómo sus esfuerzos afectan a los demás. Pregúnteles quién se beneficia de lo que les gusta hacer.

5. **Elabore un cuadro de propósito:** Haga que su hijo grafique su propósito en una hoja para que pueda mirarla todos los días, junto a su «Milagro en una página». Para este cuadro de propósito, dibuje un círculo y cuatro círculos adicionales que lo rodeen. En cada uno de los cuatro círculos, escriba las respuestas a las siguientes preguntas:

- ¿Qué me importa?
- ¿Cuáles son mis talentos/dones?
- ¿Cómo ayudan a los demás estos talentos/dones?
- ¿Cómo quiero cambiar al mundo/la sociedad?

EDIFICAR UNA CASA FUERTE: DE LADRILLOS, NO DE PAJA

Los bloques para edificar la fortaleza son esencialmente medidas que usted puede tomar, empezando cuando sus hijos son pequeños (aunque nunca es demasiado tarde para comenzar, siempre que sus hijos vivan bajo su techo). Estos ladrillos edificarán niños que tendrán la fortaleza interior (las agallas) para seguir adelante cuando las cosas se compliquen. Y, una vez que los haya puesto, la crianza será más fácil.

Primer ladrillo: Enséñeles cómo hacer cosas. «Cosas» es el término para las actividades rutinarias que ayudan a los niños a sentirse fuertes cuando las hacen. También es el término usado para la serie de aptitudes que les permitirán llegar a ser competentes y libres, en lugar de depender de que otros arreglen todo lo que funcione mal en su casa, su auto, sus relaciones laborales y otras responsabilidades. Las personas que saben cómo reparar cosas tienen vidas mucho más felices que los que no saben.

«Yo tenía trece años y no sabía usar un abrelatas para hacerme una sopa enlatada», confesó una madre en uno de nuestros seminarios. «Mi mamá hacía todo por mis hermanos, por mi padre y por mí. Cuando ella murió en un accidente automovilístico, nos sentimos perdidos por completo. En ese momento, tomé la decisión de que, si alguna vez tenía hijos propios, aprenderían a ser independientes en la vida tan pronto como pudieran».

Los grandes padres son grandes líderes: siempre tratan de delegar. Están obsesionados con enseñar y empoderar a las personas que tienen a cargo para dejar ellos mismos de ser necesarios. Cuando los líderes hacen esto, se elevan a niveles más altos de liderazgo. Cuando los padres lo hacen, sus hijos se convierten en líderes, no en seguidores indefensos.

Hemos creado un ejercicio para que se comprometa más a enseñar estas habilidades para la fortaleza interior. Lo llamamos el ejercicio GUTS (del inglés *Great Under Trials and Stress*, es decir: «Excelente bajo las pruebas y el estrés»; en inglés, guts significa «agallas»).

Estimule a que su hijo tenga GUTS

Para ayudar a que su hijo tenga GUTS, empiece haciéndose a sí mismo las siguientes preguntas:

- **¿Cuáles son las cosas específicas que hago para que mi familia funcione?** Los ejemplos incluyen: cocinar, limpiar, lavar la ropa, pagar las cuentas, etcétera.

- **¿Mi hijo puede aprender a hacer estas cosas?** Sí. Hasta los niños pueden ayudarlo a pagar las cuentas, siempre que usted esté presente para asegurarse de que lo hagan correctamente. Apenas los hijos del Dr. Fay aprendieron a escribir, empezaron a ayudarlo a escribir los cheques. El Dr. Fay a menudo pensaba: *Me pregunto si alguien se da cuenta de que la firma es muy distinta al resto de la letra.* Probablemente, sí se daban cuenta, pero nadie se quejó.

- **¿Cómo le enseñaré?** Visualícese haciéndolo. ¿Cuáles

son los pasos necesarios? Anótelos y sígalos con su hijo. Por ejemplo, un niño de un año y medio fácilmente puede seguir las indicaciones de poner cosas pequeñas en el bote de la basura.

- **¿Cómo puedo lograr que gran parte del aprendizaje sea espontáneo y fácil de recordar?** Las lecciones muchas veces se afianzan en nuestra psiquis cuando aparecen en momentos inesperados. Además, se nos pegan en el cerebro cuando hacemos tonterías o somos caprichosos, en lugar de ser demasiado serios. Una amiga nuestra describió cómo su padre le enseñó a cambiar un neumático no tan desinflado:

> Nunca lo olvidaré. Íbamos hacia mi casa desde la tienda, era una tarde cálida de verano. Mi padre tenía una sonrisa exaltada, me dijo: «Ah, ¡qué bien! Busca un lugar seguro y estaciona. Creo que tenemos que cambiar una rueda». Yo recién estaba aprendiendo a conducir y me sentí un poco confundida, porque el automóvil parecía ir marchando bien. Saltamos fuera del automóvil y cambiamos un neumático que estaba completamente bien. No tenía nada malo. La huella estaba perfecta y tenía la cantidad de aire adecuada; entonces le pregunté por qué hacíamos algo tan extravagante. Él solo sonrió y dijo: «Para que sepas que puedes».

Asegúrese de convalidar sus esfuerzos y su contribución para ayudar.

- **¿Cómo tendré presente que el tiempo y el esfuerzo que requiere valen la pena?** Observe a su hijo y tome nota de la satisfacción y el orgullo que siente cuando tiene éxito en las cosas que usted le enseñó. Grábese esa imagen en la cabeza. Repásela a menudo. Además, imagine lo genial que será verlo cuando sea un adolescente y un joven adulto capaz de hacer cosas que sus pares ni siquiera se imaginan. También sirve recordar que si un niño puede hacerlo, el niño debe hacerlo.

Segundo ladrillo: busque que pase más tiempo creando que evadiéndose.
Como propietario de una empresa, el Dr. Fay observó que había dos tipos de empleados. Ambos eran brillantes. Ambos eran capaces. Un tipo de empleados pasaba la mayor parte moviendo cosas que otra persona había creado. Iban y venían alrededor de las cajas, los productos, los programas informáticos, los contratos con los proveedores, los informes, hasta de las ideas. Parecía que trabajaban mucho, pero el Dr. Fay se percató de que nunca creaban nada que fuera concreto ni intentaban realizar tareas nuevas.

El otro tipo de empleados creaban procedimientos, productos y sistemas nuevos y accionables y demás cosas que permitían que la empresa avanzara. A partir de esta experiencia, el Dr. Fay está convencido de que algunas personas han aprendido a ser patinadores y, otros, han desarrollado las habilidades y las actitudes que las llevan a convertirse en creadores y a no tener miedo de aprender nuevas aptitudes. Es cierto, necesitamos personas que hagan circular las cosas, asegurándose de que estén donde tienen que estar. Pero la sofisticación y el valor de su trabajo es insignificante comparado con el valor que aportan aquellos que se proponen crear y salir de la comodidad que les brinda lo que ya conocen.

Más o menos en la misma época que el Dr. Fay estaba descubriendo estas diferencias, se encontró con una profesora de Educación sumamente estimada en una universidad privada pequeña, pero muy pomposa. Además, ella había creado una empresa que ayudaba a los estudiantes novatos a mejorar sus posibilidades de ingresar en las universidades más requeridas. El Dr. Fay le preguntó:

—¿Qué es lo más importante que los padres pueden hacer para ayudar a sus hijos a prepararse para ingresar a una universidad? ¿Qué medidas pueden tomar para prepararlos y tener éxito una vez que lleguen allí?

Ella respondió sin dudar:

—Que aprendan a hacer la mayor cantidad posible de cosas difíciles —continuó—. Recuerdo haber trabajado con una alumna sumamente brillante de sexto grado y con sus padres. La niña tenía problemas en algunas clases y parecía no tener la laboriosidad necesaria para manejar estudios académicos más avanzados. Cuando les pregunté a sus padres si los ayudaba aprendiendo a cocinar, asistiendo a otras personas en su comunidad, creando obras artísticas, investigando cómo arreglar cosas de la casa, aprendiendo el mantenimiento de algún vehículo, desafiándose a hacer determinada actividad física o cualquier otra cosa exigente o nueva, parecieron confundidos. Aparentemente, ella pasaba todo el tiempo leyendo, y ellos se sentían culpables de ponerle límites a una actividad típicamente considerada de las más importantes.

Seamos claros en esto: todo el mundo necesita tiempo para relajarse. Todos necesitan un rato para recargar las baterías mentales, emocionales y físicas, evadiéndose. Leer es una actividad maravillosa que puede ser puramente por diversión. Incluso podemos necesitar un poco de tiempo para ver películas absurdas u otro tipo de entretenimiento. La evasión se convierte en un problema cuando la vida de una persona joven se ha desequilibrado tanto que carece de las oportunidades suficientes para ejercitar su creatividad y sus neuronas de la determinación.

Cuando dejamos de aprender o de hacer algo nuevo, nuestro cerebro cae en la rutina. Se necesita la acción fuera de los elementos conocidos para crear y fortalecer nuevas vías neuronales. El aprendizaje incrementa las conexiones dentro del cerebro. Más conexiones equivalen a un cerebro más fuerte; según las investigaciones, aprender a lo largo de toda la vida mantiene fuerte al cerebro, independientemente de la edad[9]. El aprendizaje nuevo puede demandar apenas quince minutos al día. En el próximo capítulo, le contaremos más sobre los beneficios cerebrales del aprendizaje nuevo.

¿Están evadiéndose o creando?

Cinco preguntas para hacer todas las semanas:

- **¿Nuestros hijos han sacrificado tiempo, energía u otros recursos para ayudar a otra persona de una manera significativa?** Esto podría incluir un voluntariado para la comunidad, ir a la actividad de un hermano menor para alentar a su equipo, llevar el periódico del vecino hasta su puerta, etcétera.

- **¿Nuestros hijos han creado algo que requiera pensar y ser creativos, no solo una búsqueda en Google?** Los padres pueden preguntarles a sus hijos: «¿Cómo harías que este artículo funcionara mejor?» o «¿Qué clase de herramienta podría trabajar más rápido para limpiar las porquerías del perro? Bosqueja algunas ideas».

- **¿De qué maneras han ejercitado nuestros hijos sus músculos grandes?** El ejercicio físico es bueno para la salud mental. Los niños que juegan al aire libre, corren, andan en bicicleta (siempre usando un casco para proteger su cerebro) o que practican deportes, tienen más posibilidades de volverse personas creativas que resuelvan problemas, que los que se quedan de brazos cruzados, mirando los dispositivos. El ejercicio físico produce células cerebrales nuevas y aumenta los niveles de dopamina (el químico del cerebro que transmite los mensajes de placer).

- **¿Esta semana, nuestros hijos probaron algo nuevo para lo cual no creían que podrían ser buenos?** Los niños que son incentivados a salir del ámbito donde están cómodos y prueban cosas nuevas tienen más probabilidades de crecer para ser flexibles y adaptables.

- **¿Los niños se esforzaron a un nivel razonable cuando intentaron algo nuevo o se dieron por vencidos inmediatamente?** Los pequeños que siguen haciendo esfuerzos ante los desafíos desarrollan confianza en sí mismos y persistencia, mientras que es más probable que los niños que se dan por vencidos con facilidad cuando las cosas se complican se vuelvan ansiosos, teman al rechazo, sean perfeccionistas y batallen al aceptar la crítica constructiva.

Tercer ladrillo: Espere que cumplan los quehaceres del hogar. Los niños que cumplen los quehaceres sin que tengan que regañarlos ni pagarles por hacerlos, llegan a ser mucho más felices y más exitosos en la escuela que los que no lo hacen. Una maestra comentó: «Si un padre no puede lograr que su hijo lleve los platos sucios de la cena al lavavajillas, ¿qué probabilidades hay de que la maestra logre que el mismo niño complete la tarea en la escuela?». Los niños que hacen los quehaceres tienen más probabilidades de tener éxito en la escuela[10]. Es un hecho científico.

Los quehaceres del hogar no son castigos. Son oportunidades para que los menores colaboren con la familia de maneras reales y valiosas. Forma parte de conectarse con su propósito como miembros de la familia. Cuando usted espera que cumplan los quehaceres, los niños aprenden a ser firmes y desarrollan el sentido de estar vinculados a la familia y a sus valores. Eso está bien. Cuando nos tratan como miembros necesarios y valiosos de un equipo, interiorizamos los valores de ese equipo. Por lo tanto, los niños a quienes se les permite evadir las tareas del hogar carecen, a menudo, de las raíces necesarias que los ayudan a resistir la presión de su grupo de pares. En lugar de adoptar los valores de sus padres y de su familia, los sacan de sus pares, de la música popular y de otras fuentes no tan confiables.

Durante décadas, el método Amor y Lógica ha fomentado que los padres usaran la expresión «colaboraciones para la familia», en lugar de «quehaceres». Cuando el foco está puesto en colaborar, es menos probable que los jóvenes vean el hecho de ayudar como un castigo arbitrario. También es más probable que, con el tiempo, entiendan que una de las principales alegrías de la vida es contribuir al bienestar de los demás. A continuación, hay seis maneras de ayudar a los hijos a colaborar con la familia:

1. *Sea un modelo de colaboración.* Deje que sus hijos lo vean realizando las tareas. Por supuesto, es aconsejable recordar que ellos no tardarán en darse cuenta si usted es feliz haciéndolo. Cuando vean que usted disfruta las tareas, será más probable que lo ayuden.

2. *Trabajen juntos.* Cuando usted lo hace de buen humor y con alegría, es más probable que sus hijos asocien el colaborar con buenas

sensaciones. Además, trabajar juntos es una gran oportunidad para vincularse afectivamente. Tenga en cuenta que esto es distinto a las indicaciones del capítulo 5 que dicen que evite ofrecerle hacer juntos una tarea del hogar cuando su hijo se niega a hacerla. Hay una diferencia entre decir: «Oye, hagamos una ensalada para la cena» y decir: «Como no quisiste hacer la ensalada, yo la haré contigo».

3. *Confeccione una lista que incluya todas las cosas necesarias para mantener en marcha a la familia.* Haga esto con sus hijos e incluya las responsabilidades que solo pueden realizar los adultos. Los niños tienen que ver el panorama completo, el cual incluye trabajar, pagar las cuentas, limpiar los muebles, darle de comer al gato, aspirar los copos de cereal del piso, cortar el césped, palear la nieve de la entrada, etcétera.

4. *Hágalo primero usted.* Esto significa decir: «Estas son las cosas que me enorgullece hacer por nuestra familia». Ponga su nombre junto a estas responsabilidades.

5. *Dentro de lo razonable, permítales elegir las responsabilidades que van a cumplir.* Por supuesto que si no eligen, usted tendrá que poner sus nombres al lado de algunas responsabilidades e incluya la fecha límite para cada una. Nota: los niños pueden intercambiar quehaceres de vez en cuando, siempre que eso no cause problemas para nadie en la familia.

6. *Permita que se olviden, luego deje que la empatía y las consecuencias enseñen la lección.* No regañe ni reitere las advertencias. Cuando regaña y reitera, sus hijos llegan a depender de los regaños y las reiteraciones. Luego, verá que cada vez tendrá que hacerlo más. No caiga en esa trampa. Deles la ventaja en la vida de aprender a cumplir las tareas sin tener que regañarlos ni otras formas de llevarlos de la mano. Si lo olvidan, hágalos responsables de ello. Hágalo con una empatía sincera y algún tipo de consecuencia razonable. Esto puede implicar hacer algunos de sus quehaceres, quedar en casa en lugar de ir a algún lugar que deseen, pagarle a alguien de afuera de la casa para que haga los quehaceres de ellos, etcétera.

Hace poco, una madre me contó cómo su hijo de seis años olvidó por completo rastrillar las hojas del jardín. Como era un espacio bastante pequeño, era perfectamente razonable esperar que lo mantuviera limpio. «No dije una palabra cuando lo olvidó. En lugar de eso, le pagué a mi vecino adolescente para que lo hiciera. Cuando mi hijo preguntó por qué ese nene grande estaba haciendo su trabajo, respondí con toda la empatía que pude: "Ay, esto me apena tanto. Tú olvidaste hacer esta contribución, y yo te amo demasiado para regañarte o pelear contigo por esto. En cambio, le pagué a Theo para que lo hiciera. Me va a costar unos veinte dólares. ¿Cómo piensas que me devolverás ese dinero?". Él lloró, chilló y me acusó de ser tacaña. Fue difícil de aceptar, pero de seguro eso es mejor a que crezca sin la responsabilidad para tener éxito».

Es importante recordar que los «costos» de los errores aumentan cada día. Es mucho menos doloroso que nuestros hijos aprendan estas lecciones cuando son jóvenes.

Manejar las insolencias por los quehaceres

Cuando un niño de cualquier edad se vuelve un resistente pasivo o dice algo como: «¡No lo haré! ¡No puedes obligarme!», pruebe estos pasos:

Paso 1: Diga: «No hay problema. Yo te amo demasiado para pelear contigo por esto. Yo me ocuparé». Use un tono de voz calmo y despreocupado. Que su hijo crea que se salió con la suya por resistirse o ser desafiante. Esto le da tiempo para preparar un plan.

Paso 2: Considere las consecuencias que podría aplicar. Los ejemplos incluyen quedarse en casa en lugar de llevarlo a alguna de sus actividades favoritas, pagarle a otra persona para que realice la tarea, prescindir de algún privilegio valioso.

Paso 3: Deje que la empatía y la consecuencia enseñen la lección. Diga algo como: «Esto es muy triste. Te negaste a limpiar los baños, así que tuve que hacerlo yo. Ahora estoy demasiado cansada para llevarte al entrenamiento de baloncesto».

Cuarto ladrillo: Renuncie a su trabajo como director de entretenimiento. En épocas pasadas, muy pocos padres eran directores de entretenimiento o se sentían responsables de asegurarse de que sus hijos nunca se aburrieran. Hoy en día, muchísimos padres bien intencionados hacen malabares para que sus hijos nunca tengan una tregua en la acción. Hay muchos factores que llevaron a este comportamiento. Algunas personas fueron criadas por padres fríos y distantes que no atendieron sus necesidades. Es comprensible que tiendan a la indulgencia excesiva para no repetir este patrón hiriente con sus propios hijos. Otros son cautivos de la culpa y se sienten horrible por algo que han sufrido sus hijos. Porque aman a sus hijos y se sienten mal por ellos, quieren subsanarlo y asumen este rol. Simplemente, rodeados por tantos otros padres que crían a sus hijos así, algunos padres suponen que su comportamiento es normal y sano. Cualquiera sea la causa, al hacer excesivos planes para ellos y convertirlos en el centro de la atención, los padres directores de entretenimiento no están conscientes de que están preparando el terreno para que sus hijos desarrollen una infelicidad crónica y la noción de que tienen derecho a todo. Afortunadamente, nunca es demasiado tarde para cambiar.

Sesión de entrenamiento en aburrimiento en curso.

En cambio, los padres son sabios cuando dejan que sus hijos, de vez en cuando, tengan que luchar con el malestar de no tener nada qué hacer. ¿Cuántas de las mejores obras de arte, de los descubrimientos científicos y de los inventos de la humanidad han sucedido porque las personas tuvieron el tiempo para pensar, preguntarse e imaginar algo mejor? En el aburrimiento descansan las semillas de la creatividad. Si es perturbado, este suelo fértil no rinde sus frutos. Es por eso que el Dr. Fay recomienda que los padres proporcionen intencionadamente una ocasional Sesión de Entrenamiento en Aburrimiento (SEA). Para aprovechar al máximo una SEA, utilice estos pasos:

- Darles una gran cantidad de artículos que no requieran baterías ni cables, tales como: papel, lápices, crayones, trozos de madera y herramientas de carpintería, arcilla, tostadoras rotas, cafeteras viejas, etcétera. Sí, las chucherías pueden ser educativas.
- Planifique algunos ratos sin nada de entretenimiento, durante al menos una hora, una vez a la semana, en los que no permitirá que haya dispositivos digitales, televisión, amigos ni demás artículos o actividades fascinantes.

- Cuando un niño se queja de que está aburrido, los padres pueden responder: «Parece que te sientes molesto. ¿Qué piensas que puedes hacer por este tema?». Observe cómo los padres le pasan el problema al hijo, en lugar de sentirse responsables de resolverlo.
- Cuando el niño diga: «No sé. Estoy aburriiiiiidooo», responda con algo como: «Cuando algunos niños se sienten así, experimentan haciendo algo o ven cómo es por dentro una cafetera vieja. Me muero de ganas de que me cuentes qué decides hacer».
- Si el niño se porta mal o hace un berrinche, no le preste demasiada atención y no ceda. En cambio, exprésele una rápida dosis de empatía y ofrézcale explorar algunas ideas cuando esté listo para ello.

Ciertamente, no aprobamos que sea frío, mezquino o descuidado, pero también nos preocupa la enorme cantidad de adultos que creen que la mejor estrategia para mitigar el aburrimiento es portarse mal o hacer un drama. Qué triste se vuelve su vida cuando se quedan sin personas que estén dispuestas a tolerar sus modos enfermizos de enfrentamiento. En cambio, esperamos que sus hijos se conviertan en adultos con una imaginación tan activa y con tanta inventiva que nunca se sientan aburridos.

Quinto ladrillo: Enséñeles a sus hijos a decirse «no» a sí mismos. Los hijos que tienen fortaleza mental necesitan dominio propio. Una de las cosas más difíciles en la vida (ya sea que su hijo tenga cinco, quince o veinticinco años) es sacrificarse a corto plazo en favor de un beneficio a largo plazo. Una serie de experimentos que comenzaron hace más de medio siglo revelan que el concepto de retrasar la gratificación es una parte esencial de la fortaleza mental. El psicólogo Walter Mischel condujo uno de los ensayos más famosos, el cual involucró a cientos de preescolares en la Universidad de Stanford y una golosina deliciosa: un malvavisco (o, en algunos casos, un mini *pretzel*, una menta, una galletita u otro bocadillo)[11].

Cada niño entraba en una sala y se sentaba frente a un escritorio donde había un apetecible malvavisco. El investigador le decía al niño que tenía que tomar una decisión difícil: comer un malvavisco en ese momento o esperar veinte minutos a solas y ganarse dos malvaviscos. Muchos de los niños devoraron de inmediato el único malvavisco, mientras que aproximadamente un tercio de los niños buscó maneras creativas de desviar su atención de la golosina tentadora. Por ejemplo, algunos aplaudían, otros giraban la silla para no ver el malvavisco y algunos susurraban «no» repetidamente.

Unos doce años después, Mischel se puso en contacto con los niños, entonces adolescentes. Los que habían engullido el malvavisco enseguida eran más indecisos, se frustraban con facilidad y eran desorganizados. Los chiquillos que habían logrado retrasar la gratificación se distraían con menos facilidad, podían concentrarse mejor y eran menos propensos a abandonar sus metas cuando enfrentaban obstáculos. Además, sus calificaciones tenían un promedio de 210 puntos más en las pruebas escolares de aptitud, comparadas con sus pares que no pudieron esperar. Para cuando los niños llegaron a la edad de veinticinco a treinta años, los que habían mostrado dominio propio con el malvavisco eran más resilientes, exitosos en el logro de sus metas y menos propensos a consumir drogas; además, tenían un índice de masa corporal inferior y relaciones más fuertes. Las diferencias continuaron en la madurez, cuando los escaneos funcionales del cerebro de ambos grupos descubrieron que la corteza prefrontal (la cual participa en las decisiones, la premeditación y el control de los impulsos) estaba más activa en los retardadores. En los engullidores, los centros de recompensa y placer del cerebro, asociados con la obesidad y las adicciones, estaban más activos.

Estos resultados pueden parecer funestos para los pequeñitos que no pudieron controlar el deseo de mordisquear el malvavisco, pero Mischel realizó algunas pruebas de seguimiento que mostraron que hay esperanza para ellos. El psicólogo reclutó adultos para mostrarles a los niños en edad preescolar una variedad de estrategias para distraerse del deseo de devorar el malvavisco. Luego de ver la demostración de estas técnicas, algunos de los niños que previamente no habían esperado a la recompensa mayor pudieron resistir la tentación y ganarse el malvavisco extra. Para ayudar a que su hijo aprenda a decirse que no a sí mismo, enséñele algunas de estas técnicas de distracción:

- Cantar una canción.
- Mirar hacia otro lado.
- Hablarse a uno mismo y recordar por qué es mejor esperar.
- Dar una caminata.

- Pensar en recuerdos agradables.
- Jugar un juego.

Además, cada vez que su hijo le pide a *usted* hacer algo que no le conviene (como nadar sin chaleco salvavidas, andar en patineta sin casco, comer todo un pote de helado) y usted le dice que no, le enseña a decirse que no a sí mismo. Ayudando a su hijo a resistir las tentaciones desde una temprana edad, está reforzando su fortaleza mental. Esto redundará en grandes beneficios a lo largo de su vida.

* * *

Todos los seres vivos necesitan luchar razonablemente para crecer y alcanzar su potencial. El Dr. Fay fue testigo de un ejemplo de ello cuando la empresa de energía eléctrica rural reemplazó el tendido eléctrico. Durante más de sesenta años, las líneas originales habían experimentado vientos extremos y variaciones térmicas. Al vivir a más de 3000 m de altura sobre el nivel del mar, la comunidad del Dr. Fay suele soportar ráfagas invernales de más de 130 km/h. Además, durante los veranos secos, la región es proclive a los incendios forestales debido al denso bosque y a riesgos como los rayos, las fogatas descuidadas y los cables de las líneas eléctricas cortados.

En el reemplazo de las líneas, las cuadrillas usaron helicópteros para quitar los grandes árboles centenarios, arrancar del suelo rocoso los viejos postes de luz y reemplazarlos por otros nuevos y más fuertes. Para no dejar la zona desforestada por completo, dejaron los árboles más jóvenes y pequeños. Aun así, no pasó mucho tiempo antes de que regresara el invierno con sus fuertes vientos. La primera ráfaga arrancó de raíz casi todos los árboles más pequeños y dejó al descubierto el hecho de que casi no tenían estructura radicular. A decir verdad, sus raíces estaban tan poco desarrolladas que apenas podían sostener su propio peso.

La comunidad local descubrió que los árboles más grandes brindaban apoyo a los más nuevos y pequeños, al mismo tiempo que les brindaban refugio y les permitía que se expusieran a algunas condiciones adversas. La adversidad sin apoyo puede agobiar a sus hijos (eso es lo que suele pasar durante un trauma) y dejarlos sin raíces. La adversidad con apoyo les permite crecer altos y fuertes. La clave es la cantidad adecuada de apoyo: que no les haga sombra a los árboles jóvenes ni los sobreexponga. La decisión es suya como padre. Si se mantiene comprometido a apoyar a sus hijos permitiéndoles luchar, ellos pueden desarrollar la fuerza de quienes son capaces de resistir los vientos huracanados de esta vida.

Póngalo en práctica

- Practique los cinco pasos para guiar a los niños a responsabilizarse de sus problemas y resolverlos.

- Permita que los niños experimenten las luchas, el apoyo y las habilidades que desarrollan la fortaleza y una actitud de servicio.

- Enséñeles a hacer cosas.

- Aliéntelos a que pasen más tiempo creando cosas que evadiéndose.

- Espere que cumplan los quehaceres hogareños como contribuciones a la familia.

- Renuncie a su trabajo como director de entretenimiento y deje que los niños tengan sesiones de entrenamiento en aburrimiento.

- Enséñeles a sus hijos a decirse que no a sí mismos.

AYUDAR A LOS NIÑOS A DESARROLLAR UN CUERPO SALUDABLE PARA TENER UNA MENTE MÁS FUERTE

Haga todo para proteger el futuro de su hijo.

Si quiere que su hijo sea respetuoso, responsable y resiliente (*¿acaso no es lo que todos queremos?*), no solo importan las técnicas de crianza, sino también las elecciones biológicas que haga a favor de un cerebro y un cuerpo sanos. Para ayudarlos a lograr la base saludable que necesitan, enséñeles tres cosas:

- Amar su cerebro y su cuerpo.
- Evitar las cosas que lastiman al cerebro y al cuerpo.
- Hacer cosas que ayudan al cerebro y al cuerpo.

En el capítulo 1, le presentamos brevemente los once factores de riesgo más importantes (usando como ayuda nemotécnica el acrónimo BRIGHT MINDS) que dañan al cerebro y al cuerpo y que pueden causar problemas de salud. También le dimos un adelanto de algunas de las estrategias simples que puede usar para minimizar esos factores de riesgo y mejorar la salud de su cerebro y de su cuerpo. Ahora, ahondaremos en algunos de los factores que pueden causar el mayor impacto en la vida de su hijo y en algunas estrategias prácticas para todos los días.

En muchos sentidos, lo mejor que puede hacer por sus hijos es que estén con personas sanas. El Dr. Amen suele decir que la forma más rápida de estar sanos es encontrar a las personas más sanas posibles y, luego, pasar el mayor tiempo posible con ellas. Recomiéndeles a sus hijos que escojan a sus amigos de la misma manera. ¿Cómo quieren ser? ¿Qué quieren en la vida?

Utilice sus metas para favorecer las actividades saludables en sus rutinas diarias. ¿Quiere que sus hijos tengan una buena concentración, energía, atención y tomen buenas decisiones? ¿Quiere que sean exitosos en la escuela? ¿Quiere que tengan buenas relaciones? Entonces ayúdelos a lograrlo eligiendo una buena alimentación, actividad física, sueño adecuado, juegos de ingenio y controlando el estrés.

NUEVE REGLAS ALIMENTARIAS PARA LA FORTALEZA MENTAL DE SUS HIJOS

¿Sabía que los alimentos que les sirve a sus hijos los hacen mental y físicamente más fuertes o, por el contrario, más débiles? La comida puede ayudar a su familia a sentirse relajada, alegre y enfocada o cansada, triste y poco atenta. Comer bien sistemáticamente a lo largo del tiempo es la mejor manera de mantener saludables al cerebro y al cuerpo. Coma bien para pensar bien.

Necesito comer bien para pensar bien.

Un estudio descubrió que la cantidad de frutas y verduras que usted come afectan a su felicidad. Cuantas más frutas y verduras come, más feliz es (hasta ocho porciones al día, y esto sucede dentro de las veinticuatro horas)[1]. ¡Ningún antidepresivo funciona con tanta rapidez!

Asuma el rol activo de enseñarles a sus hijos cómo comer. Ayúdelos a entender que el hecho de que «amen» determinada comida no significa que sea buena para ellos. Por lo tanto, encuentre las comidas que su familia ame, pero que sea un amor correspondido. Aléjese de todo lo que le haga mal. Plantee su relación con la comida como plantea otras relaciones en su vida. La experiencia del Dr. Amen, con cuatro adolescentes y con las hordas de sus amigos, es que, si usted los educa, les da opciones apetitosas y saludables y los empuja delicadamente hacia la dirección correcta, ellos elegirán mejor. Es cierto que puede llevar un tiempo lograr que se embarquen; por eso, ejercite la insistencia.

Hace varios años, su hija Chloe le dijo:

—Nunca seré tan severa como tú.

Ella creía que el Dr. Amen exageraba sobre la salud y la nutrición. Pero cuando llegó la pubertad, le empezaron a salir granos y su peso cambió. Entonces, fue directo a buscar a su papá.

—¿Qué hago? —le preguntó.

—Iremos al supermercado y te enseñaré a leer las etiquetas —le respondió él—. Tu tarea en esta búsqueda del tesoro es encontrar diez alimentos que te gusten y que sean buenos para ti.

Desde entonces, Chloe lee las etiquetas y es cuidadosa en cuanto a lo que come. Supo a dónde acudir porque sus padres habían estado entrenándola para amar su cerebro (y su cuerpo) desde muy temprana edad.

Estas son las reglas alimentarias[2] más importantes para la fortaleza mental de sus hijos:

1. **Los niños con fortaleza mental ingieren las proteínas adecuadas.** Las proteínas alimentan la fortaleza mental y física. Mejoran la concentración y proporcionan los elementos fundamentales suficientes para la salud cerebral y corporal. Entre las grandes fuentes de proteínas están: el pescado, la carne de ave sin piel, las legumbres, los frutos secos, las verduras ricas en proteínas como el brócoli y la espinaca. Incluya pequeñas cantidades en cada comida. Si su familia come pescado a la parrilla o al horno una vez por semana, todos tendrán más materia gris (células cerebrales) en su cerebro.

2. **Los niños con fortaleza mental optan por las calorías de buena calidad.** Es importante la calidad de la comida que usted y sus hijos comen; tal vez, aún más que la cantidad. Piense en una porción de tarta de queso de quinientas calorías, comparada con una ensalada de espinaca con pollo, hongos, remolacha y nueces, también de quinientas calorías. La tarta de queso dará a sus hijos una sensación de felicidad durante poco tiempo, pero luego les liquidará la energía y la concentración. En cambio, esa ensalada rica en nutrientes los mantendrá llenos durante más tiempo, fortalecerá la capacidad intelectual y les dará la energía que necesitan para la escuela, el trabajo, las responsabilidades familiares y la diversión.

3. **Los niños que tienen fortaleza mental comen a menudo para equilibrar los niveles de azúcar en sangre.** Los niños mentalmente fuertes necesitan niveles equilibrados de azúcar en sangre a lo largo del día. ¿Por qué? Los bajos niveles de azúcar en sangre se relacionan con la ansiedad, la irritabilidad, la falta de capacidad para concentrarse y la dificultad para tomar buenas decisiones. Además, según las investigaciones, los niveles bajos de azúcar en sangre tienen que ver con la falta de dominio propio[3]. Por otra parte, los niveles crónicamente altos de azúcar en sangre están ligados a un mayor riesgo de diabetes tipo 2, una afección que se está disparando en las personas jóvenes. Según los centros de control y prevención, los índices de esta enfermedad en las personas de menos de veinte años han aumentado un 95% entre los años 2001 y 2017[4]. Para ayudar a mantener equilibrado el azúcar en sangre, incentive a los niños a comer proteínas con cada comida y a consumir bocadillos proteicos, como un huevo duro o frutos secos, antes de hacer la tarea o los quehaceres del hogar. Como norma general, alimente a sus hijos con tres comidas reducidas y por lo menos dos colaciones al día.

Bocadillos estupendos para los niños

Batatas

Humus

Guacamole

Manzanas y peras

Duraznos

Frutos del bosque

Bananas congeladas

Surtido rico de nueces, frutas secas, coco, semillas

Huevos duros

Higos

Mangos y piña

Naranjas y mandarinas

Alitas de pollo o trocitos de pollo (grillados o al horno)

Uvas

Nueces y mantequilla de frutos secos

4. **Los niños con fortaleza mental evitan el azúcar y los endulzantes artificiales.** Las cosas dulces no son tan dulces cuando de criar hijos con fortaleza mental se trata. Los deberes, los quehaceres del hogar y la vida diaria marcharán mucho mejor si reduce o elimina las comidas con azúcar agregada. Todas las formas de azúcar aumentan el azúcar en sangre, y ya ha visto en la regla anterior que esto afecta negativamente la salud cerebral, mental y física. Algunos azúcares están menos procesados y son menos tóxicos. La miel natural y el azúcar sin refinar no pasan por el proceso químico y el blanqueador. La miel pura sin filtrar contiene cantidades detectables de minerales y vitaminas y se ha demostrado que tiene cualidades positivas para el tratamiento de las alergias ambientales (en pequeñas cantidades). Nota: nunca le dé miel, en especial pura y sin filtrar, a un bebé de menos de un año. La bacteria podría causarle botulismo.

   Una buena alternativa natural al azúcar es la estevia. Al Dr. Amen le gusta la estevia porque es de la que menos problemas se han reportado y de la que mayores propiedades saludables se informa. El extracto de estevia es entre doscientas y trescientas veces más dulce que el azúcar, de manera que si usted usa demasiada, podría saberle amarga. La estevia no afecta a los niveles de azúcar en sangre como lo hace el azúcar. Use solo cantidades limitadas de estevia, ya que mantiene las papilas gustativas enganchadas a lo dulce.

   Podría parecer lógico reemplazar el azúcar por endulzantes artificiales. Pero los endulzantes artificiales resultaron ser un sustituto insalubre. Los endulzantes artificiales le anuncian al cerebro que «la dulzura está llegando». Entonces, si bien no aumentan el azúcar en sangre, elevan sistemáticamente la insulina, lo cual también aumenta el riesgo de enfermedades cardíacas, diabetes, síndrome metabólico, enfermedad de Alzheimer y otros problemas de salud. Además, los fabricantes crean la mayoría de los endulzantes artificiales con productos químicos que no son seguros para el cuerpo y causan efectos desconocidos a largo plazo.

5. **Los niños con fortaleza mental se mantienen hidratados.** El cerebro es 80% agua. La hidratación optimiza la fortaleza mental. Estar levemente deshidratado puede incrementar la ansiedad, la tristeza y la irritabilidad y suprime la energía y la concentración[5]. Cuando los niños beben agua suficiente, piensan mejor, se sienten mejor y están físicamente más fuertes. La regla general dice que todos en su casa deberían beber por día la mitad de su peso en onzas, algo

así como 15 mililitros por cada kilogramo. Cuando sus hijos transpiran durante la ejercitación o los juegos, asegúrese de que vuelvan a hidratarse. Mantenerse hidratado también ayuda a evitar el comer de más. Muchas veces, cuando los niños piensan que tienen hambre, en realidad están sedientos.

La bebida favorita del Dr. Amen es agua mezclada con un poquito de jugo de limón y una pizca de extracto de estevia. Tiene sabor a limonada y casi no tiene calorías. Muchos de sus pacientes preparan «agua de spa»: agua con pepino, rodajas de limón o de fresa.

6. **Los niños con fortaleza mental consumen grasas saludables.** Los niños necesitan grasa en su alimentación para que su cerebro, su mente y su cuerpo funcionen bien. Después de todo, el peso del cerebro está compuesto por un 60% de grasa (si se le quita toda el agua). Los ácidos grasos Omega 3 son especialmente importantes para la salud física, cerebral y mental, ya que su carencia ha sido relacionada con la depresión, el TDAH, la obesidad, etcétera[6]. Por otro lado, las grasas malas, como las grasas trans (busque en las etiquetas la palabra *hidrogenadas*) deben ser eliminadas.

Grasas buenas

Paltas
Manteca de cacao
Coco
Pescado: anchoas, salmón del Ártico, bagre, arenque, centolla, caballa, salmón silvestre, sardinas, róbalo, pargo, lenguado, trucha y atún
Mariscos: almejas, mejillones, ostras y vieiras
Carnes: de vaca alimentada con pasturas, bisonte, cordero y carnes blancas orgánicas
Frutos secos
Aceitunas
Semillas

ACEITE SALUDABLE (BUSQUE LOS ORGÁNICOS, SIN REFINAR, EXTRAÍDOS DE PRENSA O PRENSADOS EN FRÍO)

Aceite de oliva
Aceite de coco
Aceite de palta
Aceite de lino
Aceite de nuez
Aceite de nuez de macadamia
Aceite de sésamo

7. **Los niños con fortaleza mental toman vitaminas.** Los niños son sumamente activos, tanto física como mentalmente. Su mente y su cuerpo, los cuales están en desarrollo, requieren muchos nutrientes esenciales, los cuales *podrían* recibir *si* consumieran una alimentación perfecta. Imagínese diciendo: «Niños, preparé su cena favorita: sardinas, remolachas, coles de Bruselas y batatas. ¡A masticar!». Como la mayoría de los niños no comen los alimentos más saludables, es muy probable que no reciban los nutrientes necesarios. Y, a pesar de que usted hace lo mejor que puede para preparar comidas saludables para su familia, los buenos hábitos de alimentación pueden salir volando en las fiestas de cumpleaños, en las pijamadas, en los eventos deportivos y en otros tipos de actividades infantiles.

Sumarle un multivitamínico a su alimentación a veces quisquillosa o apresurada es importante para su cerebro y su cuerpo. Deles un multivitamínico que les provea el 100% de la ración diaria de vitaminas y minerales. El Dr. Amen también sugiere añadir un suplemento Omega 3 que tenga un equilibrio entre el ácido eicosapentaenoico y el ácido docosahexanoico (EPA y DHA, respectivamente). Él recomienda de mil a dos mil miligramos por día por niño. El tercer suplemento que recomienda para todos sus pacientes es la vitamina D (por eso, busque un multivitamínico con vitamina D). La mayoría de los estadounidenses tienen carencia de vitamina D, la cual es esencial para la salud cerebral, el ánimo, la memoria y el peso.

8. **Los niños con fortaleza mental comen carbohidratos buenos.** Los carbohidratos no son el enemigo. Son esenciales para la vida de su hijo. El cuerpo los necesita. Pero los carbohidratos malos,

desprovistos de todo valor nutritivo, sí son el enemigo. Por eso, asegúrese de comer alimentos de todos los colores. Esto no quiere decir caramelos masticables Skittles, gomitas, o confites M&M. Los alimentos de origen vegetal y de colores variados brindan un enorme conjunto de nutrientes, enzimas, vitaminas y minerales necesarios para la buena salud. Las verduras, las frutas y las legumbres (los frijoles y los guisantes) tienen alto contenido de fibra, lo cual tiene mucho beneficio. Cuando se trata de carbohidratos, ingiera comidas de bajo índice glucémico y altas en fibra, las cuales no elevan el índice de azúcar en sangre. Piense que un cuenco de arroz o de pastas es el equivalente a comer un cuenco de azúcar, y enséñele a su hijo a verlo así. Eso no quiere decir que nunca coma esas cosas, pero hágalo de vez en cuando y elija opciones que contengan proteínas y fibra como los fideos de harina de garbanzos o el arroz negro.

9. **Los niños con fortaleza mental no comen comidas con pesticidas ni conservantes.** Siempre que pueda, coma alimentos cultivados o criados orgánicamente. Los pesticidas usados en la agricultura comercial pueden acumularse en el cerebro y en el cuerpo, por más que los niveles en cada alimento sean bajos. El grupo activista Environmental Working Group genera una lista anual con los alimentos que contienen altas proporciones de pesticidas y los que contienen bajas proporciones. En los Estados Unidos, puede mantenerse actualizado al consultar el sitio ewg.org. Asimismo, coma carnes libres de hormonas y antibióticos, animales de granja y alimentados con pasturas. Uno es lo que come, pero también es lo que comen esos animales. Cuando compre, lea las etiquetas. Conviértalo en un juego con sus hijos, busquen en la tienda las mejores opciones de alimentos para un cerebro saludable. Evite comprar cualquier cosa que tenga aditivos, conservantes, colorantes sintéticos, azúcares agregados y endulzantes artificiales.

¿Puede el colorante de alimentos Rojo 40 privarlos a su hijo y a usted de su fortaleza mental?

Una de las enfermeras que trabaja con el Dr. Amen le contó que cuando su hijo tenía alrededor de siete años, ella y su esposo comenzaron a notar en él varios tics y afectaciones neurológicas extrañas. Cada vez que comía algo de color rojo intenso o bebía un granizado Slurpee rojo, se ponía más agresivo y hostil. Lloraba fácilmente y se iba hecho una furia o lanzaba cosas. Ella trataba de minimizar estos alimentos en su dieta, pero muchas veces él los comía en la escuela: en los Cheetos, los Doritos, en los jugos de frutas, golosinas Red Vines, paletas, etcétera.

Ella no se daba cuenta de que el yogur de fresa, las barritas integrales de fresa, el kétchup y hasta la salsa enlatada para pastas que le daba en casa contenían un ingrediente común: un colorante llamado Rojo 40.

Cuando su hijo tenía catorce años, lo llevaron a las Clínicas Amen para confirmar su sospecha de que estaba reaccionando a este aditivo. La tomografía cerebral SPECT de este adolescente mostró un notable incremento general de la actividad cuando era expuesto al colorante Rojo 40. Después de ver esta tomografía, sus padres adquirieron el hábito de leer las etiquetas de cada alimento y le enseñaron a su adolescente cómo leer las etiquetas de la comida para evitar el colorante artificial. Al eliminar el colorante de su alimentación, mejoraron los estados de humor y los comportamientos de este adolescente, y él tomó mucho mejores decisiones.

SUPERAR LAS PELEAS POR LA COMIDA

Es posible que esté pensando que todo suena muy lindo, pero quizás se pregunte por la resistencia a la comida que sus hijos muestran a la hora de la cena. Muchos padres se sienten frustrados por los hábitos alimentarios de sus hijos. Lo único que ellos quieren comer es comida chatarra, y los momentos de la comida suelen ser tensos cuando se involucran en batallas reiteradas por la comida. Los padres a menudo se ven diciendo: «Come esto. Prueba aquello. Come las verduras. Prueba un poco más. ¡No te levantarás de la mesa hasta que termines tu plato!». El hijo a menudo responde: «¡No! No me gusta. ¡Me hará vomitar! Estoy lleno (después de dos bocados). Quiero otra cosa». Todos los que están a la mesa se sienten molestos y nadie disfruta de comer juntos.

El Dr. Amen también ha tenido esas guerras a la hora de la cena. Cuando su hijo mayor, Antony, era pequeño, había una batalla constante a la hora de la cena porque se negaba a terminar toda la comida. La hora de la comida era terrible, y afectaba el humor de todos por el resto de la noche. Él cuenta:

> Durante mi formación en Psiquiatría Infantil, una de mis supervisoras nos ayudó a salir de esta lucha. Nos dijo que nuestro hijo no se moriría de hambre. Él estaba atravesando un período normal poco colaborador y, si seguíamos peleando por la comida, él podría terminar con algún tipo de trastorno alimentario. Nos recomendó las siguientes reglas para la hora de la comida a fin de ayudar a los niños a desarrollar hábitos saludables:
>
> 1. Los padres deciden qué se come, pero consideran propuestas respetuosas de los hijos.
> 2. El niño debe decidir cuánto (mucho o poco) comerá de su plato.
> 3. Si el niño es quisquilloso para comer, ponga solo una porción pequeña en su plato.
> 4. Si el niño no come absolutamente nada, no prepare un «menú especial».
> 5. Tenga alimentos saludables en su casa.
>
> El mensaje básico era salir de la lucha por la comida. Para nuestro asombro, cuando seguimos sus reglas y dejamos que nuestro hijo controlara cuánto comía en la comida, las luchas terminaron. Para ser exactos, aumentó de peso y la hora de comer se volvió placentera.

Lo que usted decide comer y la comida que sirve en casa les enseña a sus hijos qué puede gustarles y, por lo tanto, qué elegir. Presénteles a sus hijos una amplia variedad de opciones saludables para que aprendan a que les guste la comida adecuada y tomen buenas decisiones cuando estén lejos de usted.

Comer de una manera saludable para el cerebro es una de las formas más fuertes de amor por sí mismo y por sus hijos. Si en realidad ama a su familia y se preocupa por ella, sea diligente en cuanto a poner un combustible saludable en sus cuerpos. A la larga, con eso hará más felices y más sanos a todos en su familia, y estarán en mejores condiciones para elegir otras actividades saludables para el cerebro.

LOS NIÑOS CON FORTALEZA MENTAL JUEGAN MUCHO Y DESCANSAN BIEN

Dos de las otras grandes necesidades de los niños con fortaleza mental son hacer ejercicio y dormir. Sus hijos necesitan ambas cosas. Sus cuerpos están hechos para moverse, y también necesitan descansar.

Si a su hijo le cuesta dormir, hágale más fácil el momento de entrar en la tierra de los sueños. Instaure un horario regular para ir a dormir, aun para los fines de semana. Acuéstelo a dormir a la misma hora cada noche y levántelo a la misma hora todos los días. Acomode su habitación para que esté fresca, oscura y sin ruidos cuando se vaya a la cama. Deje que su hijo duerma de siete a diez horas por la noche. Haga lo mejor posible por despertarlo de forma natural, lo cual puede significar ajustar su horario para ir a la cama. Cada niño es único, así que lo que sirve a uno puede no servir para otro. Siga intentando técnicas nuevas hasta que encuentre la mejor rutina.

Potenciadores del sueño

1. Apague los dispositivos electrónicos y la tele al menos una hora antes de ir a la cama.
2. Resuelva los problemas emocionales o relacionales antes de mandar a los niños a la cama.
3. Cree una rutina relajante para la noche: un baño o una ducha caliente, la meditación, la oración o un masaje suave fomentan la relajación e incentivan el sueño.

4. Lea un libro o un cuento (tome la precaución de que no esté lleno de acción) antes de ir a dormir (no deje que el niño lea de una pantalla a esta altura de la noche; eso estimula al cerebro para que siga despierto). El libro *Captain Snout and the Super Power Questions*[7] (El capitán Narigón y las preguntas superpoderosas) suele gustar mucho.

5. Reproduzca sonidos relajantes que pueden inducir un estado de ánimo pacífico y arrulle a su hijo al dormir. Tenga en cuenta los sonidos de la naturaleza, los móviles de viento, un ventilador o la música suave. Los estudios han demostrado que la música clásica más lenta, o cualquier música que tenga un ritmo lento de sesenta a ochenta pulsos por minuto, puede ayudar a dormir[8].

6. La hipnosis o la visualización guiada, que ayudan a los niños a lograr un estado mental más relajado, pueden ser buenas herramientas también. *Time for Bed, Sleepyheads* (Hora de ir a la cama, dormilones) es un hipnótico cuento para ir a dormir para niños de tres a ocho años.

7. Ponga una gota de aceite esencial de lavanda debajo de la nariz.

8. Hágalo usar calcetines para dormir.

9. Evalúe un suplemento como 5HTP o azafrán para niños que se preocupan mucho.

Cuando sus hijos estén despiertos durante el día, procure que estén en movimiento y jueguen. Después de todo, la actividad física gasta su energía y facilita llevarlos a dormir en la noche.

El ejercicio físico también tiene muchos otros beneficios. La actividad física diaria estimula el metabolismo, aumenta la circulación sanguínea y pone en marcha todos los neurotransmisores de las buenas sensaciones para crear un cerebro feliz. A medida que fue creciendo, la hija del Dr. Amen, Chloe, desarrolló un gusto por salir a dar largas caminatas y tomar clases de *spinning* y de boxeo. Un día le comentó a su papá: «Logro hacer más rápido mi trabajo (después de haber hecho ejercicios)». Había descubierto la conexión de la ejercitación cerebral. De hecho, según las investigaciones, el buen estado físico mejora el funcionamiento del cerebro y potencia el desempeño académico[9]. También mejora los estados de ánimo, la concentración y la confianza en uno mismo, todos elementos de la fortaleza mental. Un estudio incluso descubrió que los niños que se ejercitan físicamente ganan más dinero en su vida laboral de adulto[10]. El ejercicio físico protege la memoria y alivia los síntomas de depresión. Una reseña del 2022 sobre veintiún ensayos controlados aleatoriamente descubrió que el ejercicio físico es tan eficaz como los antidepresivos para reducir los síntomas depresivos en personas con una depresión moderada[11]. La actividad física también puede reducir la ansiedad y los ataques de pánico.

Hay muchos deportes saludables y divertidos que no ponen en riesgo la salud cerebral de su hijo ni su futuro. El tenis, el tenis de mesa (el favorito del Dr. Amen), el *pickleball*, la natación, el baloncesto, el vóley, el ballet y otras formas de danzas son maneras maravillosas y seguras de ejercitar un cuerpo en crecimiento. Anime a sus hijos a divertirse haciendo lo que les beneficia. Favorezca que su hijo se mueva, juegue y corra por todas partes. Su cerebro y su mente serán más fuertes, más flexibles y más rápidos.

ENTRENAMIENTOS CEREBRALES PARA LA FORTALEZA MENTAL

Si bien la actividad física beneficia al cerebro y al cuerpo, también debe ejercitar al cerebro con actividades mentales. Uno de los mejores entrenamientos cerebrales es aprender algo nuevo cada día, lo cual es más fácil en la niñez.

Se le atribuye a Einstein haber dicho que si una persona le dedicara quince minutos al día a aprender algo nuevo (dentro de un tema), solo necesitaría un año para convertirse en un experto. Por eso, aliente a sus hijos a encontrar aplicaciones para la vida de los temas que están aprendiendo en la escuela. Cuando el cerebro aprende algo nuevo, establece nuevas conexiones y mantiene y mejora el funcionamiento de las áreas cerebrales menos usadas[12].

- Así como usted nunca iría al gimnasio para entrenar la fuerza solo de la pierna izquierda, asegúrese de que sus hijos practiquen diversos entrenamientos cerebrales. Estimule las siguientes actividades con regularidad:

- Inscríbalos en un curso fuera de sus intereses.

- Aliéntelos a aprender a tocar un instrumento musical.

- Anímelos a profundizar en las cosas que les interesan.

- Jueguen juntos un juego nuevo (por ejemplo: juegos de palabras, cartas y juegos de mesa, juegos de memoria y matemáticos).

- Preparen una receta nueva.

- Inventen un juego para buscar los parecidos y las diferencias en cosas similares, tal como distintos lanzadores de béisbol lanzando bolas curvas, los colores y las imágenes en pinturas o los sabores de especias diferentes.

- Cultiven amistades diferentes para sus hijos para que ellos conozcan puntos de vista variados.

- Rían mucho.

- Mejoren la coordinación con actividades como malabarismo, tenis de mesa, danza o yoga.

- Realicen entrenamiento interdisciplinario (pruebe otra posición en el deporte o los quehaceres de otra persona).

- Eliminen los ANTs (ver el capítulo 7).

No estimule el realizar múltiples tareas

Realizar múltiples tareas no es bueno para el cerebro. ¡Sorpresa! En lugar de hacer que sus hijos sean más productivos, en realidad, conduce a más distracciones. Ser multifunción es realmente un uso ineficiente del tiempo y disminuye su rendimiento (esto también es válido para los adultos). La materia gris del cerebro (las células cerebrales donde sucede gran parte del trabajo del cerebro) de hecho se contrae cuando se hacen muchas cosas al mismo tiempo. Por lo tanto, incentive que sus hijos se concentren en una tarea a la vez. Serán mucho más eficaces en lo que sea que estén haciendo; el éxito genera más confianza en sí mismos e incluso un éxito mayor.

Cuando su hijo está aprendiendo una habilidad o una actividad nueva, incentívelo a practicarla a la perfección; anímelo a que se tome el tiempo para hacerlo correctamente una y otra vez. La práctica no perfecciona, a menos que practique perfectamente.

Al mismo tiempo que los alienta a trabajar esforzadamente, felicítelos por la conducta deseada, no por el resultado final. Si felicita a sus hijos por ser inteligentes, hace que se orienten más hacia el rendimiento y crean que la inteligencia no puede mejorarse. Esto en realidad puede ser desalentador y puede contribuir al miedo al fracaso, el cual será un lastre para ellos en la vida. Pero si usted alienta a sus hijos a trabajar duro, el efecto en su cerebro es profundo. Realmente disfrutarán de trabajar, serán más persistentes y sabrán que pueden ser más inteligentes con estrategias nuevas. Estos son indicios de niños con fortaleza mental.

La esposa del Dr. Amen, Tana, aprendió esta enseñanza de su mamá, Mary, desde pequeña. Mary era una madre soltera que solía tener tres empleos para llegar a fin de mes. En esa época, las mujeres no podían trabajar más de ocho horas por turno y, como no contaba con un título secundario, a Mary le costaba mucho encontrar trabajos que pagaran bien. Tana era una niña que estaba sola en casa y odiaba no tener a su madre. Mary trató de reconfortarla hablándole sobre los sueños que tenía para su futuro. Le explicó que tendría que trabajar muchísimo para salir de donde estaban y llegar a donde querían llegar.

Un día, una amiga de Mary que carecía de ambición, vio que Mary estaba exhausta. Hablando con un cigarrillo que le colgaba de la comisura de los labios, le dijo:

—Tienes que dejar de trabajar tanto. Deberías pedir un subsidio del gobierno y quedarte en casa con tu hija.

Mary notó que su hija de nueve años, Tana, escuchaba desde un rincón y, acertadamente, supuso que ella pensaba que esa sería una gran idea: cualquier cosa con tal de tener más tiempo a mamá en casa. Mary eligió sus palabras con cuidado y dijo:

—Nunca permitiré que el gobierno ni ninguna otra persona tenga tanto control sobre mi vida o mi destino. Sé que tanto esfuerzo de mi parte valdrá la pena. Esto es temporal. Elegir el camino fácil causaría sufrimiento a largo plazo y quedaríamos atascadas en este cuchitril para siempre. Si actúo como una víctima y me doy por vencida ahora, nunca ganaré porque las víctimas no pueden ganar. Es otro quien las gobierna.

Esa conversación acompañó a Tana durante el resto de su vida. Le enseñó a trabajar duro y a ver los frutos. Su mamá abrió su propio negocio (en su garaje), el cual más tarde se convirtió en una empresa exitosa durante treinta años.

LOS NIÑOS CON FORTALEZA MENTAL SOBRELLEVAN EL ESTRÉS

El estrés puede reafirmar la fortaleza mental de su hijo o socavarla. El estrés positivo motiva a un niño a hacer su tarea o a un adolescente a conseguir un trabajo. El estrés positivo refuerza el sistema inmunológico; todo el mundo necesita un poco de estrés para que su cerebro y su cuerpo sepan cómo manejarlo. Pero cuando su hijo muestra indicios de estar bajo demasiado estrés, necesita herramientas que lo ayuden a relajarse. Hay varias técnicas simples que ayudan:

- Calentarle las manos: tome las manos de su hijo, dele una bebida tibia para que la sostenga, siéntelo junto al hogar o hágalo pensar que está en la playa.

- Respirar lenta y profundamente: enséñele a su hijo a hacerlo en cualquier momento que se esté estresado, enojado, ansioso o asustado (todas estas son ocasiones en las que dejamos de respirar o respiramos más superficialmente).

- La oración o la meditación: recitar oraciones en silencio o en voz alta puede ser tranquilizador; muchas formas de meditación son simples. Enséñeles a meditar diciéndoles que cierren los ojos y presten atención a su respiración y a sus pensamientos.

- La visualización: ayúdelo a pensar en lugares o en cosas que lo hagan estar feliz, tranquilo o en paz, como un cachorro, unas vacaciones o cierta persona.

- Comience cada día con propósitos, gratitud y valorización (esto ya debería ser parte de las metas propuestas para todos los días). En la casa del Dr. Amen, comienzan cada día diciendo «Hoy será un gran día» en el desayuno. Durante la cena o a la hora de ir a dormir se preguntan: «¿Qué salió bien en el día de hoy?»[13]. Esto ayuda a dirigir la mente hacia lo que aman de su vida, en lugar de enfocarse en la dificultad.

Recuerde: más allá de los cambios que usted realice en su familia para promover cerebros y cuerpos sanos, estos solo serán efectivos si ha generado un entorno de amor, un hogar comprometido y lleno de atención, de contacto visual y físico y donde haya juegos. Todo lo que su familia hace ayuda o afecta al cerebro, al cuerpo y a la fortaleza mental. Tener un cerebro y un cuerpo mejores siempre conlleva una mejor fortaleza mental y una mejor vida porque los hijos pueden tomar mejores decisiones. Cuanto más convenza a su hijo sobre la importancia de la salud cerebral y física, y sea un ejemplo de esa conducta, más se volverá una parte natural en su vida.

Póngalo en práctica

- Alimente a los niños con comidas que ellos amen y que les hagan bien.
- Tenga solo comida saludable en la casa.
- Deje que los niños decidan cuánto comer.
- Haga un hábito de la ejercitación física o la práctica de deportes con sus hijos.
- Haga que dormir sea una prioridad para todo el mundo en su hogar.
- Estimule la curiosidad de su hijo e inspírelo a aprender cosas nuevas.
- Enséñele a su hijo técnicas simples para reducir el estrés.

CAPÍTULO 10

CUANDO LOS PADRES TIENEN ESTILOS DIFERENTES: CREAR UN EQUIPO UNIDO

Cuando los padres no pueden ponerse de acuerdo sobre la crianza, el resultado es ansiedad y confusión para sus hijos.

Rose y Antonelli eran personas de buen corazón y, básicamente, buenos padres. Le pidieron ayuda a un terapeuta de Amor y Lógica para la crianza de sus cuatro maravillosos hijos, cuyas edades eran once meses, dos, siete y casi dieciséis años. Chris, su hijo de siete años, era la razón principal por la que necesitaban ayuda. Lo habían suspendido dos veces de la escuela en un año; tenía una actitud general insolente y de creerse con privilegios.

Durante la segunda sesión de entrenamiento, Rose se quejó:

—Antonelli es el divertido. Él no quiere confrontarlos. Siempre le ha preocupado demasiado si les cae bien o no.

Obviamente, papá no quedó deslumbrado por la descripción de su esposa sobre su estilo de crianza.

—Eso no es cierto. Tú eres muy crítica, Rose. No solo con los niños, sino conmigo. ¿Qué me dices de la semana pasada, cuando dijiste: «¡Tienes que tener más agallas! ¿Acaso no tienes lo que deberías tener para criar a estos niños?»?

En la tercera semana, mientras la hija mayor seguía siendo una alumna sobresaliente, Chris seguía portándose mal, el de dos años no hacía popó en la pelela y el más pequeño escupía la comida. Nada había cambiado, excepto que se había vuelto evidente que los niños eran espectadores ansiosos de la batalla épica entre dos buenas personas que querían lo mejor para ellos, pero que no podían ponerse de acuerdo en cómo lograrlo.

El Dr. Fay ha visto desarrollarse este escenario infinidad de veces. Los padres acuden a él por su «hijo problemático». Después de una o dos sesiones, descubren que tenían una percepción errada: cada uno cree que el otro padre es el hijo que se porta mal. Cuando los padres eligen acusarse el uno al otro, la tensión acumulada, en general, se descarga a través del comportamiento de sus hijos. Como el vapor de una pava hirviente, este conflicto suele manifestarse de una manera triste: por lo menos uno de los niños se porta mal, otro suele ser el que trata de mantener las cosas equilibradas siendo perfecto, y los demás desarrollan variantes de esos roles.

Cuando los padres empiezan a darse cuenta de que el cambio que quieren se encuentra en su terreno, muchas veces ven grandes mejoras en sus hijos, así como en la relación con el otro progenitor. El alivio que los hijos experimentan cuando termina el tira y afloja parental es inmenso. «Durante una de nuestras sesiones, casi al mismo tiempo, los dos caímos en la cuenta de que el echarnos la culpa uno al otro y las discusiones por nuestros estilos de crianza estaban haciendo mucho más daño que nuestros estilos de crianza diferentes», comentaron Antonelli y Rose.

Permítase asimilar eso por un momento.

El conflicto sobre los diferentes estilos de crianza hace mucho más daño que los diferentes estilos de crianza.

CÓMO ENTRAN EN CONFLICTO LAS PAREJAS CARIÑOSAS

Las siguientes descripciones representan cómo se desarrolla este concepto fundamental entre los miembros de otra pareja con personalidades diferentes. Como vemos, los roles a menudo son los mismos, pero las personas que los interpretan, la intensidad del conflicto y muchas circunstancias dependen de la singularidad de cada familia.

Antes de los hijos

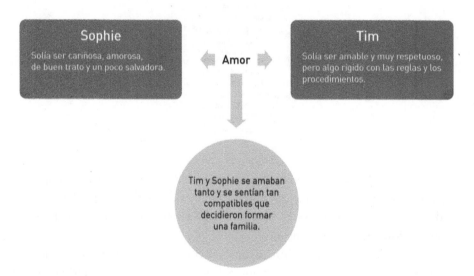

Sophie	Amor	Tim
Solía ser cariñosa, amorosa, de buen trato y un poco salvadora.		Solía ser amable y muy respetuoso, pero algo rígido con las reglas y los procedimientos.

Tim y Sophie se amaban tanto y se sentían tan compatibles que decidieron formar una familia.

Antes de que los hijos llegaran, el amor y el respeto eran la característica fundamental en las interacciones entre Sophie y Tim. Observe la flecha en el medio de la página. Esta apunta al impacto de las interacciones entre ellos, no al impacto de sus estilos individuales, de por sí. Ambos jugaban un rol en su felicidad mutua y ambos jugaban un rol en el conflicto y en la infelicidad que se avecinaba en el horizonte.

Llegan los hijos

Sophie

Suele ser cariñosa, amorosa, un poco permisiva con los niños y le preocupa un poco que Tim es demasiado rígido con ellos.

El amor y las semillas del conflicto

Tim

Todavía suele ser amable y muy respetuoso, pero empieza a considerar que Sophie es un poco pusilánime con los niños.

Los niños se sienten amados, pero empiezan a sufrir la tensión.

A una edad muy temprana, los niños se vuelven como detectores sísmicos, percibiendo hasta las vibraciones más leves bajo la superficie.

Sophie y Tim aún siguen locamente enamorados, pero también se enojan uno con el otro más seguido que antes. Al tratar de salvar a los hijos del estilo del otro, entran en conflicto. Esta batalla ha empezado a dejar a sus hijos sintiéndose cada vez más ansiosos.

En la escuela primaria, ¿hizo alguna vez el experimento científico básico con una botella de vinagre, bicarbonato de sodio, una botella de vidrio vacía y un corcho? Como con las personalidades diferentes y los estilos de crianza distintos, nada sucede hasta que la maestra combina los ingredientes en la botella y le pone el corcho. La combinación hace efervescencia, burbujea y, finalmente, expulsa el corcho hasta el cielo.

El bicarbonato no es la causa de que la botella vuele. Tampoco el vinagre. La combinación de los dos, la cual causa la presión dentro de la botella, hace la magia. Por eso, recuerde este concepto: los problemas familiares no siempre son causados por personas problemáticas; más bien, los problemas suelen ocurrir cuando las buenas personas se culpan una a la otra, experimentan la presión de cambiar al otro y no logran aprender nuevas formas de pensar y reaccionar.

Los hijos crecen y empiezan a plantear algunas dificultades

Tim y Sophie ahora se preguntan por qué se han distanciado. Entre ellos hay poco y nada de vida íntima y pelean constantemente sobre cómo criar a los hijos. Sophie cree que Tim es un gran sargento de instrucción y Tim la ve como una madre helicóptero de alta potencia. Los hijos hacen lo mejor que pueden para mantener las cosas unidas mientras sus padres siguen consternados por la lucha de poder que hay entre ambos.

Lo cierto es que Tim y Sophie siguen siendo personas de buen corazón y hay una gran esperanza para su relación y para sus hijos. En el fondo de sus dificultades está su hábito de ver al otro como el problema, en lugar de ver sus interacciones como el problema. En consecuencia, también han caído en la trampa de tratar de controlar al otro, en lugar de darse permiso a que cada uno aprenda y crezca. Su miedo a que el estilo del otro lastime a los niños crea una profecía autocumplida: sus hijos están sufriendo.

Las luchas por el control generalmente nacen de las semillas del miedo. El miedo es, muchas veces, nuestro adversario más aterrador.

Compartiremos un plan para prevenir o resolver el miedo, el conflicto y las diferencias dañinas que obsesionan a tantos padres inteligentes y cariñosos. Los padres bien intencionados que están crónicamente en desacuerdo sobre la crianza están permitiendo que sus miedos y sus preocupaciones controlen su vida. Por favor, recuerde que el control sobre los demás es una ilusión. El verdadero cambio proviene de exterminar sus ANTs, esos pensamientos que perpetúan la manera negativa de pensar y el conflicto en lugar de la cooperación, y de dar los siguientes pasos.

Nota: hay veces que el miedo es una emoción útil. Es necesario temer y controlar una situación que implica un comportamiento abusivo, negligente o peligroso. Esto significa hacer lo que sea necesario para protegerse del daño a sí mismo, a sus hijos y a otros. También significa buscar ayuda profesional calificada.

PASO 1: APRENDA A ESCUCHAR

La mayoría de las personas nunca han aprendido a escuchar eficazmente. En lugar de permitir que los demás expresen por completo sus emociones, opiniones y deseos, interrumpen constantemente compartiendo las suyas. Como consecuencia, la frustración, el enojo, el dolor y la falta de unidad se convierten en el clima predominante en el hogar.

Ser escuchado es una necesidad emocional tan primaria que ninguna otra cosa funcionará hasta que otros lo experimenten. Incluso las soluciones más sensatas serán lanzadas al horno y se perderán para siempre, a no ser que al menos un progenitor de los que interactúan haga el esfuerzo intencional de cerrar la boca y abrir los oídos. Escuchar requiere de algo más que buenas intenciones:

- A nadie le importa cuánto sabe, hasta que saben cuánto le importa. Aunque este es un lugar común, esta afirmación es comprobada y verdadera. Primero permita que el otro progenitor exprese sus esperanzas, sueños, miedos y frustraciones sin interrumpir (incluso cuando se sienta provocado).

- Demuestre que está escuchando. Quedarse sentado como una estatua muestra muy poco que usted escucha y le importa lo que está diciendo la otra persona. Los buenos oyentes brindan pequeñas dosis de empatía, se hacen eco de los sentimientos expresados y transmiten que comprenden, repitiendo en ocasiones lo que dicen los demás.

- Vigile su lenguaje corporal. Elimine actitudes como fruncir el ceño, entornar los ojos, revisar el celular y demás comportamientos inmaduros y pasivo-agresivos. Siéntese donde pueda mantener la cercanía, el contacto cariñoso y el contacto visual positivo. Esto podría significar tener que programar un tiempo a solas. Apague su teléfono y prepare su corazón para dar más que para recibir.

- Recuérdese a sí mismo durante la conversación que el acto amoroso de escuchar tendrá un efecto más grande en su éxito como familia que todas las estupendas herramientas psicológicas que aplique. Realmente, es así de importante.

Veamos cómo podría representarse esto. El intercambio comienza así:

Madre:

—Estoy harta de que los niños dejen las cosas desparramadas por toda la casa. Nunca las recogen.

Padre:

—Eso es porque no eres constante en hacérselo cumplir. Si agarraras las cosas que dejan por ahí, entonces...

¡Pare!

Incluimos ese ejemplo rápido para demostrar cómo *no deberían* hacerse las cosas. Aquí tiene un ejemplo mejor:

Madre:

—Estoy harta y cansada de que los niños dejen las cosas desparramadas por toda la casa. Nunca levantan nada. Estoy agotada.

Padre: (*resistiendo el impulso de dar su opinión sobre cómo arreglar las cosas*)

—Es agotador.

Madre:

—¡Todos los días es agotador! Y tú no ayudas en nada.

Padre: (*¡Esta es la verdadera prueba de sus habilidades para escuchar! Lo pasa por alto usando la empatía*)

—En verdad es muy difícil y tú desearías que yo ayudara.

Madre:

—¡Sí! Tienes que decirles que esto no está bien.

Padre:

—Lo haré. ¿Tienes otras ideas sobre lo que debería hacerse?

Madre:

—Mis padres les dan un montón de porquerías. Tienen tantas cosas que ni siquiera saben qué hacer con ellas.

Padre:

—¿Así que parte de esto tiene que ver con la gran cantidad de cosas que tienen?

Madre:

—¡Sí! ¡Es una locura!

Padre:

—Déjame entender bien esto: todo esto es agotador y muy frustrante para ti. Algo que yo puedo hacer es ponerles más límites a los niños para que ordenen las cosas. Aparentemente, sientes que tus padres les dan demasiadas cosas que ellos no necesitan y eso es parte del problema. ¿Sientes que estoy escuchándote?

Para la mayoría de nosotros, aprender habilidades de escucha buena y activa es un proceso largo y difícil. Esto sucede particularmente si sus padres no las usaron con usted durante su infancia. Practique las habilidades de escucha en toda clase de conversaciones, en especial aquellas sin emociones fuertes. Eso lo ayudará a desarrollar el hábito. También podría practicar con un terapeuta profesional, leer libros sobre el tema, ensayar las habilidades con su cónyuge y sus hijos o tomar clases para mejorar las relaciones.

PASO 2: COMPRENDA CÓMO LAS LUCHAS DE PODER EMPEORAN LAS DIFERENCIAS

Muchos libros, artículos, blogs, pódcast y seminarios se han enfocado en el concepto de «unificar esfuerzos» como padres. Esto implica que deberían criar constantemente de la misma manera para que sus hijos florezcan como rosas en un jardín bien cuidado. Sin duda, es una meta noble, pero muchas personas se han dedicado de cuerpo y alma a mejorar las habilidades *y desafortunadamente* a tratar de perfeccionar las habilidades y actitudes del otro progenitor.

Como sabe, siempre es agradable estar con alguien que se dedique a reparar sus faltas. No hay nada más inspirador que escuchar a menudo que usted debe comportarse de maneras psicológica, social y moralmente más beneficiosas. Mejor todavía cuando alguien le facilita un libro o un enlace a un sitio en línea para ayudarlo a eliminar sus actos y actitudes defectuosas... ¿Percibe nuestro sarcasmo?

¿Cuántas relaciones se han destruido por el esfuerzo de uno o de ambos padres por mejorar o dominar al otro? El concepto de los ANTs discutido en los capítulos 5 y 7 es central para esta dinámica. Un ANT común sería algo así: *Si logro que _____ haga _____, los niños harán _____*. Quizás, lo difícil de este pensamiento es que suele ser verdad. Muchas veces, el otro progenitor sí tiene que cambiar. Tal vez, es demasiado permisivo, le falta consistencia, hace comentarios críticos, usa un vocabulario que podría avergonzar hasta a un pirata, controla en exceso a los niños o tiene otros hábitos que dan vergüenza ajena.

El problema con este ANT tiene menos que ver con su potencial validez y más con su falta de practicidad. Cuando usted permite que este ANT domine su mente, se vuelve más miedoso, se siente más frustrado y es probable que incurra en comportamientos controladores que suelen resultar contraproducentes. Subconscientemente, el otro progenitor empieza a contemplar qué opciones tiene de recuperar el control: desarrollar una pérdida auditiva grave, manifestar otros comportamientos pasivo-resistentes, guardar resentimiento y aferrarse aún más a su método de crianza actual.

Mientras asistía a una de nuestras capacitaciones, Liana compartió la tremenda frustración que tenía porque su esposo, Eddie, no les ponía límites a los hijos.

—Hemos ido a muchas capacitaciones, leímos sus libros y hasta hemos visto a un terapeuta —dijo—. Él siempre dice que va a ser más firme, pero eso nunca dura demasiado. Odio tener que criticarlo, pero es como un niño.

Luego de hacer lo posible por escuchar y validar sus sentimientos, el Dr. Fay le preguntó:

—¿Me permitiría hacerle una pregunta bastante personal?

—No hay problema. Necesito toda ayuda que usted pueda ofrecerme —respondió ella.

El Dr. Fay hizo la pregunta basándose en que percibía que Eddie era un hombre bueno y atento:

—Entonces, ¿está diciéndome que a Eddie no le importan ni usted ni los niños y que es irresponsable? Si es así, suena tan despreciable.

De repente, ella salió a defenderlo:

—¡No! Él es muy atento y responsable. No es así. Es que les permite jugar demasiados videojuegos, deja que se quejen de la comida que sirvo y no es coherente con los horarios para ir a dormir. Son ese tipo de cosas.

—Entonces... ¿en realidad es un buen hombre que los ama a usted y a los niños? —aclaró el Dr. Fay.

—Sí —asintió Liana—. Indudablemente. Es un tipo estupendo.

—¿Qué tan seguido él escucha eso de su parte? —preguntó el Dr. Fay.

Ella respondió con una sonrisa avergonzada:

—Creo que sé a dónde quiere llegar.

Mientras seguían conversando, Liana reconoció que se enfocaba demasiado en lo que percibía como defectos de Eddie y mucho menos en lo que en realidad lo motivaría a convertirse en un padre más firme: gozar del agradecimiento y el respeto de su esposa. Además, empezó a darse cuenta de que sus intentos por controlar a su esposo provocaban que él se aferrara más a costumbres no tan buenas de crianza.

A decir verdad, ninguno cumple con el ideal. Todos necesitamos madurar. ¿La motivación que tenemos para cambiar es porque nos están controlando o nos inspira el estar rodeados de personas que nos aman, nos respetan y son un modelo de conducta sana? Lo decimos de nuevo: nada funciona sin relaciones positivas.

Cambiar nuestra perspectiva sobre el cambio

Cambiar es difícil, pero de estas maneras podemos hacerlo más fácil.

- **Siga la regla de 10 a 1:** comparta diez cosas positivas sobre el otro progenitor por cada cosa negativa. Aunque su cónyuge no cambie, usted tendrá a verlo de una manera más positiva.
- **Que cometer errores no sea una tragedia:** si cometer errores se vuelve algo trágico, las personas no correrán los riesgos necesarios para crecer. También permanecerán frustradas por sus propios defectos.
- **Demuestre empatía, perdón y amor incondicional:** las personas hacen prácticamente cualquier cosa por quienes comparten estos dones. Aunque no reaccionen como usted querría, su corazón estará libre del veneno de la falta de perdón.
- **Confronte sus miedos:** cuando usted no permite que sus miedos determinen cómo relacionarse con los demás, comienza a ver que las situaciones muchas veces resultan mejor cuando no se esfuerza tanto por controlarlas.

PASO 3: PONGA FIN A SU PAPEL EN LA LUCHA DE PODER

Cuando le preguntaron sobre su exesposa, Joel se quejó: «Hemos peleado por la crianza desde el día que llevamos a nuestro hijo a casa desde el hospital. Traté de decirle que ir por la calle Evans era la ruta más rápida y segura. ¿Puede creer que, en cambio, bajó a los humos por Hampton hasta el bulevar University?».

—Entonces, ¿ha estado peleando con ella todo este tiempo? —replicó su terapeuta.

Joel asintió.

—Siempre hace lo contrario de lo que yo pienso que es lo mejor.

—Entonces, ¿cada vez que usted trata de hacer que ella haga algo, comienza una batalla? —continuó el terapeuta.

Joel frunció los labios y asintió en silencio.

—Si usted sabe que esto siempre causa una batalla —prosiguió el terapeuta—, ¿por qué sigue haciéndolo?

¿Qué es lo único que puede controlar? La respuesta obvia es a sí mismo. Aunque hacerlo no necesariamente lleve al cambio rápido que soñó para el otro, comprometerse con este procedimiento (el 100% de las veces) da un resultado más favorable a largo plazo.

Liana, a quien mencioné antes, buscó un momento tranquilo para tener una conversación sin interrupciones con su esposo, Eddie. Al darse cuenta de que ella tenía que tomar la iniciativa para ponerle fin a la lucha de poder, empezó tomándolo de la mano, lo miró a los ojos y le pidió perdón:

—Eddie, perdóname. Te amo mucho y he pasado muy poco tiempo reconociendo lo buen hombre que eres.

Eddie se quedó sin palabras.

—He estado tratando de lograr que críes de otra manera a los niños —continuó Liana—, ignorando cuánto te preocupas por ellos y por mí.

Inseguro de hasta qué punto podía confiar en el reconocimiento de su esposa, Eddie dijo entre dientes:

—Está bien. Yo también te amo.

—No está bien, Eddie —replicó ella—. Necesito dejar de controlar lo que tú haces y fijarme en cómo manejo yo las cosas. Eres un gran hombre y amas a nuestros hijos. Sé que nunca harías algo a propósito para lastimarlos y sé que nuestras discusiones sobre cómo estamos criándolos les hacen más daño que el hecho de ser distintos. Necesito concentrarme en mejorar lo que yo hago, en lugar de tratar de controlarte.

¿Es posible que el corazón de Eddie se haya ablandado un poco?

Independientemente de si él cambia, Liana le puso fin a la lucha de poder y se enfocó en sí misma.

La dificultad que significa para nosotros ponerle fin a nuestro rol en las luchas de poder es, por lo general, proporcional a la cantidad de miedo, preocupación y enojo relacionado que nos encadena al conflicto.

El miedo y la preocupación: Enemigos de la resolución de los problemas y la libertad

El problema: la investigación nos muestra claramente que el miedo y la preocupación enfermizos afectan negativamente al cerebro y a la resolución de problemas[1], incluyendo:

- Déficit de concentración
- Impulsividad
- Malas interacciones a causa de intentos infructuosos por controlar una situación o a los demás
- Mala memoria a corto plazo y demás procesos cognitivos
- Incapacidad de identificar soluciones eficaces
- Menos confianza cuando se implementan las soluciones

Como los niños toman su modelo emocional de los adultos que los rodean, presenciar miedos y preocupaciones enfermizos también se les pega.

La solución: los efectos negativos del miedo enfermizo y las preocupaciones disminuyen drásticamente cuando:

- Identificamos nuestras metas y nos enfocamos en ellas.
- Ponemos nuestra capacidad de concentración en las soluciones y no en el problema.
- Reemplazamos los ANTs de preocupación con pensamientos más acertados, como: «Los problemas son parte de la vida. Podemos resolverlo».
- Respiramos de manera intencional honda y lentamente.
- Tomamos medidas experimentando con soluciones, en lugar de meditar cuál resolverá el problema.

Las investigadoras en Psicología Sandra Llera y Michelle Newman recientemente demostraron que los pasos anteriores ayudan a que las personas desarrollen soluciones más eficaces y se sientan mucho más seguras y satisfechas con estas soluciones[2].

El desafío: si reconoce que los miedos y las preocupaciones lo dominan, hágase un gran regalo a sí mismo y a sus hijos: busque un profesional capacitado en salud mental que pueda ayudarlo a liberarse del impacto corrosivo que esos ANTs tienen en su vida.

Desde el comienzo de los tiempos, padres imperfectos han criado hijos responsables y de buen corazón. Téngalo en mente. Renunciar al control es, en general, la mejor manera de recuperarlo. Solo cuando nos aferramos a la ira y al resentimiento destruimos la salud física, emocional, social y espiritual (los cuatro círculos de la salud mental) que deseamos. El perdón es la única solución. Quizás, lo ayude hacerse esta pregunta difícil: «¿Necesito aferrarme a la ira y al dolor, aunque sé que eso lastima a mis hijos?».

PASO 4: DEMUESTRE UN LIDERAZGO AMOROSO ESTIRÁNDOSE Y EJERCITANDO

La mayoría de las personas tienen conocimiento de que hacer estiramientos antes de ejercitarse físicamente es útil para evitar lesiones. El estiramiento también es una de las cosas más útiles que podemos hacer para mejorar nuestras relaciones, amar a nuestros hijos y fortalecer nuestro cerebro. Implica apartarnos intencional pero cuidadosamente de toda zona de confort que nos impida relacionarnos con otros de maneras sanas y amorosas. He aquí un ejemplo de lo que queremos decir.

Shon creció en un hogar cargado de un humor bastante áspero que, en gran parte, implicaba burlas y sarcasmo.

—Sabías que te amaban —solía rememorar— cuando papá te revolvía el cabello, te abrazaba como un oso y decía algo así: «Ah, esa cara que solo una madre podría amar». Aunque no lo crea, nunca nos molestábamos cuando escuchábamos esas ofensas. Solo era una tradición familiar.

Aunque para Shon el sarcasmo representaba una de sus zonas de confort, este no era el caso para su esposa e hijos. Contribuía a herir los sentimientos y provocaba conflicto. Perplejo y frustrado por eso, se descargó con un viejo amigo:

—No aceptan una broma. ¿Por qué son tan susceptibles?

—Tal vez porque estás portándote como un imbécil —replicó su amigo.

Aunque estaba acostumbrado al lenguaje rudo, Shon se sintió un poco herido por el comentario.

—¿Qué clase de tontería es esta? —replicó.

—Los amigos de verdad se hablan claro —le dijo su amigo firmemente—. Aunque esto funcionaba en tu infancia, Nina y los niños son diferentes. Si ellos no piensan que es gracioso, no es gracioso. Yo sé que los amas, pero lo estás echando a perder. Te quiero, amigo; no arruines tu familia siendo un imbécil.

El conflicto entre Shon y Nina, su esposa, no era solo por su sarcasmo. La excesiva indulgencia de ella con los niños también avivaba el fuego. Cuanto ella más trataba de mimarlos y consentirlos, él más intentaba endurecerlos con su marca de sentido del humor. Cuanto más heridos se sentían los niños, más Nina los sobreprotegía y les proveía en exceso.

A regañadientes, Shon decidió estirarse y compartió su meta con Nina.

—No me di cuenta de que estaba comportándome como un imbécil cuando los fastidiaba a ti y a los niños siendo sarcástico. Perdóname. No quiero lastimarlos.

Los cambios que usted decida hacer no se enfocan en tratar de manipular a los demás para que se comporten como usted quiere. Más bien, corresponden a la categoría de hacer lo correcto de su parte. Cuando se produce un cambio en los demás, es simplemente un efecto secundario bienvenido, no un beneficio que debe esperar por sus esfuerzos.

El estiramiento es útil, pero también necesitamos la ejercitación constante. El ejercicio para Shon significó reemplazar el ANT *Ellos tienen que aprender cómo endurecerse y aceptar una broma* con un pensamiento mucho más productivo: *Una broma solo es divertida cuando todos los involucrados la disfrutan.*

Hacer lo correcto es lo que se debe hacer siempre,
independientemente de si eso mejora la conducta de los demás.
Hacer lo correcto es a favor de nuestra propia integridad y
nuestra salud, no algo que hacemos para controlar a los demás.

PASO 5: REVISAR SUS METAS

Es fácil caer en la trampa de pensar que hay una sola manera eficaz de realizar una serie de metas. Así es como se forman las sectas. Las sectas tienen reglas y procedimientos que todos deben cumplir rígidamente de la misma manera. Por lo tanto, las sectas crean personas que no pueden pensar. En lugar de celebrar las relaciones sanas, la creatividad y los dones distintos, los castigan.

En la crianza de los hijos, a veces batallamos tanto sobre cómo se hacen las cosas que no termina haciéndose nada bueno. Antes de que continúe leyendo, tómese un momento para revisar sus metas (capítulo 2). Las metas no son la doctrina de un culto. Una de las razones por las que las familias sanas se mantienen sanas es porque tienen presente que sus metas pueden cumplirse de diversas formas. Por ejemplo, uno de los cónyuges puede manejar la mentira de su hijo informándole al niño con calma, pero con firmeza, que los padres lo llevan al entrenamiento de fútbol cuando sienten que el hijo es honesto y respetuoso. El otro cónyuge puede manejar la mentira diciéndole con firmeza, pero con calma, que espera que el hijo se resarza haciendo más quehaceres en casa.

Juntos, establecen metas a las que adhieren con tal firmeza que, constructivamente, confrontarán entre ustedes si actúan en contra de ellas. Al mismo tiempo, se relajan cuando se trata de *cómo* llevarlas a cabo. Aprovechen activamente el hecho de que cada uno puede manejar muy bien las situaciones de una manera diferente, según la personalidad, las habilidades particulares y el contexto. Dense la libertad uno al otro de influir de una manera única y positiva en sus hijos. Muchos libros útiles sobre liderazgo han incorporado este concepto de mando «estricto y suelto». Para aquellos que estén interesados en aprender más, recomendamos el libro *Learning by Doing* (Aprender haciendo).

La maravillosa pregunta: «¿Encaja?» encarna la esencia de esta forma de mando. Brinda dirección al mismo tiempo que permite la flexibilidad para manejar las situaciones difíciles con creatividad. También evita caer en la trampa de pelear con el otro progenitor las batallas por el control innecesarias e imposibles de ganar.

PASO 6: ELABORE UN PLAN PARA MANEJAR LOS CONFLICTOS MÁS COMUNES

Los conflictos más comunes aparecen cuando ocurren una o más de las siguientes cosas:

- Los niños dicen algo como: «Bueno, papá me deja» o «Mamá dijo que está bien» o «¿Por qué papá siempre es tan malo?».
- Uno o más de los hijos se portan mal, y cada padre tiene una sensación distinta en cuanto a cómo debe manejarlo.

El matrimonio de Tina y Jim estaba a punto de desmoronarse, en gran parte porque su hija de dos años y su hija adolescente se habían dado cuenta de que poner a un progenitor en contra del otro les permitía a ellas mandar en casa. Mientras mamá y papá discutían sobre diversos puntos, no le estaban prestando atención a la verdadera tarea que tenían entre manos: enseñarles a las hijas que esa manipulación no valía la pena. Dado que estaban exhaustos por este drama, tampoco tenían la energía para establecer y hacer cumplir otros límites imprescindibles.

Gracias a un artículo breve que el Dr. Fay publicó en línea, Tina y Jim se dieron cuenta de que perdían demasiado tiempo enojados uno con el otro y dedicaban mucho menos a esperar que sus hijas se adaptaran a las diferencias entre sus padres. Cuando su adolescente decía: «Papá me deja», Tina reaccionaba con dos malos hábitos: creerle a su hija en lugar de a su esposo y esforzarse demasiado por ser «justa» a los ojos de su hija. Cuando su hijita refunfuñaba: «Mamá es mala conmigo», Jim sentía pena por ella y cedía. Se dio cuenta de que había dejado que su hija recibiera demasiada compasión fingiendo ser una víctima.

Tina y Jim cambiaron su conflicto cuando descubrieron un hábito desagradable que las personas suelen incorporar: cuando la persona A tiene un problema con la persona B, se quejan con la persona C.

En lugar de mantener ese esquema, Tina y Jim se comprometieron a seguir esta regla:

- Cuando la persona A tiene un problema con la persona B, la persona A lo resuelve con la persona B.
- La persona C se mantiene al margen de esto, salvo para brindar ocasionales servicios de consulta.

Hablaron de cómo lo manejarían cuando sus hijas usaran las diferencias que había entre ellos para dividirlos. En la lista a continuación hay algunos ejemplos de cómo decidieron responder:

Ejemplo
Hija:
—Mamá es mala.
Padre:
—Parece que tienes un problema con mamá. Ella te ama, y estoy seguro de que está dispuesta a escuchar cómo te sientes.

Ejemplo
Hija:
—Bueno, papá me deja.

Madre:

—¿Que dije yo?

Hija:

—Dijiste que no, pero...

Madre:

—¿Qué dije yo? Mi respuesta es no.

Ejemplo

Hija:

—Mamá recién me dijo que no.

Papá:

—A veces, tenemos distintas respuestas porque somos diferentes o porque la situación es diferente. Mamá es una mamá sensata y yo confío en ella. Esto es algo entre ustedes dos.

Ejemplo

Hija:

—¿Me das un poco de dinero? Papá es muy agarrado.

Madre:

—Una de las razones por las cuales me casé con él es porque sabe manejarse con gran criterio en muchas cosas. Puede que tenga alguna tarea extra que hacer por aquí, y estaría dispuesta a pagarte para que la hicieras.

Hija:

—¡Pero lo necesito ahora!

Madre:

—Es difícil estar en esa situación. Mi oferta sigue en pie.

Ahora, ¿qué pasa con los conflictos potenciales cuando un hijo incide en un patrón de mala conducta que necesita ser abordado de una forma unificada? Usted se enfrentará a situaciones así. ¿Cómo las manejan teniendo ADN y experiencias diferentes? Las metas que elaboraron mientras leían el capítulo 2 son la clave para el éxito.

Por ejemplo, supongamos que su hijo ha desarrollado el hábito de ser irrespetuoso y desafiante en ocasiones. Primero, los padres necesitan hablar de sus metas, no de la falta de respeto o de la actitud desafiante de su hijo. Muchas veces, los que toman las decisiones se empantanan con las diferencias de opinión sobre las estrategias porque no refrescaron primeramente los acuerdos sobre sus metas. Hacer foco en el problema se hace agobiante y contribuye al tipo de miedo y de preocupación que interfiere con la resolución del problema. Enfocarnos en la solución le ayuda a nuestro cerebro a pasar del modo de supervivencia al modo de resolver problemas.

A continuación, proponemos algunas respuestas posibles:

- Quizás podríamos darle un sermón y amenazar con quitarle el celular.
- Quizás podríamos gritar y hacerle saber que él es el hijo y nosotros los padres.
- Quizás podríamos repetir con calma: «Te amo demasiado como para pelear» cuando trata de meternos en debates.
- Quizás podríamos involucrarlo en más actividades de servicio para que aprenda el valor de poner a los demás por encima de sí mismo.
- Quizás podríamos decir con amor: «En esta casa, damos privilegios cuando nos sentimos respetados y vemos que haces lo que te pedimos».

Acuérdese de respirar. No trate de precipitarse ni de inventar soluciones perfectas. En este punto, no evalúe la calidad de las ideas. Solo haga una limpieza mental. Sacar la presión del proceso, en realidad, da como resultado producir una lista más larga de experimentos que pueden ser eficaces. La creatividad requiere de un cerebro sereno.

El último paso requiere de preguntarse uno al otro: «¿Cuál de estos encaja con nuestras metas?» y experimentar.

«¿Cuál de estos encaja?» no es lo mismo que «¿Cuáles sin duda van a funcionar?». De nuevo: la meta es mantenerse calmos y objetivos, en lugar de devastados por el miedo y la preocupación. Quienes mejor resuelven los problemas *experimentan* con las soluciones razonables en lugar de quedarse bloqueados en el análisis o en los conflictos interpersonales, intentando ponerse de acuerdo en la estrategia perfecta. Experimentar es una palabra poderosa, capaz de liberarnos de la ansiedad innecesaria y de las batallas por el control.

El Dr. Fay trabajó con la directora de una escuela de educación especial de un gran distrito escolar. Era conocida y amada en todo el Estado por impulsar la cooperación entre las grandes y diversas poblaciones de maestros, personal administrativo y padres. Intrigado por el éxito que tenía en involucrar a tantas personas para cooperar, le pregunté: «¿Cuál es su secreto, Dra. Barber?». Lo esencial de su respuesta fue lo siguiente:

Revisamos nuestras metas en común y, luego, hacemos experimentos. Podemos experimentar con casi cualquier cosa, siempre y cuando sea legal, moral y no trasgreda alguno de nuestros principales valores y objetivos. Cuando alguien propone algo que pienso que no es genial, pero no le hace mal a nadie, por lo general sugiero que hagamos un experimento. Luego, me pongo cómoda, doy el apoyo que necesitan y nos permito a todos aprender de los resultados. Cuando las cosas resultan bien con el alumno, aprendemos. Cuando las cosas no van bien, aprendemos. Más allá del resultado de los experimentos iniciales, nos acercamos a encontrar las estrategias con las cuales las personas pueden ponerse de acuerdo y que pueden servir para el niño único en cuestión. El mayor reto para mí es recordar la importancia de usar la paciencia y la empatía mientras las personas transitan este proceso desafiante. La parte gratificante es que, a menudo, creamos vínculos unos con otros durante el recorrido.

¿Qué podría pasar si aplicara esta sabiduría para tomar decisiones sobre la crianza de sus hijos? Este método «bueno para crecer» podría ayudarlo a vincularse y aprender uno del otro, en lugar de pelear tantas batallas.

Póngalo en práctica

- Recuerde que el conflicto sobre los distintos estilos de crianza hace mucho más daño que los diferentes estilos de crianza.
- Practique las habilidades de escucha activa con su cónyuge (y con sus hijos).
- Identifique cualquier ANT sobre el otro progenitor y desafíe cualquier creencia que contribuya al conflicto.
- Asuma su responsabilidad en la lucha por el poder.
- Estírese fuera de su zona de confort y tome la iniciativa para reconectarse con su cónyuge.
- Repase las metas que usted y su cónyuge tienen en común para sus hijos y dejen que estas dirijan su comportamiento.
- Comprométase a cumplir esta regla en su hogar: Cuando la persona A tiene un problema con la persona B, la persona A lo soluciona con la persona B. La persona C se mantiene al margen, excepto para brindar ocasionales servicios de consulta.

CAPÍTULO 11

ALCANZAR AL NIÑO DE BAJO RENDIMIENTO

*Si a su hijo le falta motivación,
muéstrese curioso no furioso.*

El bajo rendimiento es uno de los desafíos más complejos que enfrentan los hijos, los padres y las escuelas; este puede tener efectos devastadores en el sentido de autoestima y la fortaleza mental de una persona joven. Demasiado a menudo, los padres empiezan suponiendo que el niño es perezoso. Luego, estos adultos bien intencionados suelen acudir a costumbres que empeoran el problema. Estas incluyen:

- Amenazas, sermones y recordatorios
- Castigos
- Una excesiva fijación en corregir las debilidades a expensas de nutrir las fortalezas
- Consecuencias que restringen al hijo de tener actividades sociales y físicas saludables

Parecería que estos métodos funcionan. Padres y maestros los han usado por décadas. Aunque es posible que esas tácticas produzcan ciertos resultados positivos a corto plazo, a la larga, incrementan el bajo rendimiento, causando resentimiento, dependencia, esperar privilegios, ansiedad y desesperanza. Estas costumbres también rebajan los sentimientos de autocompetencia/ autodidacta, en especial en los niños que sufren problemas de aprendizaje, de relaciones familiares y con sus pares, salud mental y otras cuestiones más profundas. A medida que se sienten menos autocompetentes, también disminuyen la motivación y la salud social y emocional.

Hace años, un libro del Dr. David Sousa, llamado *Cómo aprende el cerebro*[1], influyó mucho en el Dr. Fay. Le recordó algo que había visto durante décadas en sus propios hijos y alumnos. Básicamente, los seres humanos nacen con un impulso innato para explorar, aprender y dominar (curiosidad) y un sistema incorporado para recompensar la curiosidad y el dominio cuando eso sucede. Por ejemplo: observe a un pequeño cuando descubre maneras de jugar. Encuentra un juego de bloques y se pone a apilarlos. Cuando los bloques se vienen abajo, es probable que el niño empiece de nuevo. Nadie le dijo que lo hiciera así. Simplemente, el niño reacciona por el deseo de logro y cierre que tiene en su cerebro. La pregunta: «¿Podré hacer esto?» comienza a dominar su mente.

Todos nacemos con el pensamiento «¿Podré hacer...?», el cual impulsa nuestra curiosidad natural acerca de cómo funciona el mundo. Cuando usted permite que los niños aprendan y exploren en un entorno seguro, fomenta aún más la curiosidad, la experimentación, la innovación y el gozo relacionado con el éxito. Su cerebro produce una diversidad de sustancias químicas de bienestar, en gran parte dopamina, las cuales sirven para recompensar sus esfuerzos. La curiosidad se adueña de todo, ya que naturalmente empiezan a ver que los conduce al logro y al placer. En 1954, el psicólogo Abraham Maslow escribió sobre este descubrimiento sin contar con el beneficio de la tecnología moderna de las resonancias cerebrales[2]. Observando a miles de personas durante décadas, elaboró una teoría sólida sobre las necesidades que deben satisfacerse antes de que nos sintamos lo suficientemente seguros como para experimentar el logro académico, la creatividad y la innovación (todos categorizados como «autorrealización»). La adaptación de la pirámide de Maslow realizada por el Dr. Fay mantiene la progresión original de las necesidades, pero con descripciones que reflejan más detenidamente cómo deben satisfacerse estas necesidades en los niños y los adolescentes de hoy. Comience por la parte de abajo de la pirámide, donde están las necesidades más básicas. Cuando se satisface el primer nivel de necesidades, el cerebro avanza hacia el próximo nivel de necesidad. Se requiere que cada nivel se encuentre realizado para pasar al siguiente.

Desde el día que su hijo nace, usted comienza a satisfacer sus necesidades físicas y de seguridad más básicas, así como de vinculación afectiva a través del amor y la aceptación. Esto configura a su hijo para la curiosidad y el aprendizaje. Lamentablemente, a medida que crecen, la motivación intrínseca puede descarrilarse en la vida de muchísimos niños. La ansiedad, la inseguridad y el miedo (ligados a los cambios familiares, los barrios peligrosos, la enfermedad física, la crianza permisiva, los métodos educativos severos, traumas y otras dificultades) son enemigos que pueden quitarles la alegría de aprender. Cuando las dificultades relativas a la supervivencia física, mental o emocional confrontan al cerebro, el impulso innato por aprender se mantiene en un segundo plano para satisfacer las necesidades de supervivencia más apremiantes. Es entonces cuando los niños pueden entrar en un modo de supervivencia, interrumpiendo el proceso natural del ciclo de curiosidad-aprendizaje-recompensa. Esto puede asustar; por eso, entender la progresión de necesidades que tiene su hijo será de ayuda. Los esfuerzos que usted haga en casa determinará si su hijo sucumbirá a la ansiedad, a la inseguridad y al miedo, o los enfrentará con confianza y suficiencia.

Autorrealización
Moral, creatividad, espontaneidad, resolución de problemas, falta de prejuicio, enfoque espiritual y madurez

Estima
Convicciones saludables sobre la conexión entre el esfuerzo y el logro, confianza, motivación para tener éxito, respeto por sí mismo y por los demás

Amor y pertenencia
Cariño de los padres, estímulo, oportunidades para contribuir con la familia, oportunidades para tomar decisiones y experimentar la libertad, disciplina en amor

Seguridad
Protección física, protección emocional mediante la supervisión, límites y medidas apropiadas, protección de los efectos nocivos de las redes sociales

Necesidades fisiológicas
Agua potable, comidas saludables, protección contra las enfermedades, las toxinas, la excesiva exposición a las pantallas, ropa, etcétera

La ansiedad y el cerebro

En lo profundo del cerebro, hay unas estructuras importantes llamadas amígdala y ganglios basales que cumplen el rol de predeterminar el nivel de ansiedad del cuerpo, entre otras funciones. Nuestro trabajo con imágenes cerebrales en las Clínicas Amen muestra que cuando hay demasiada actividad en estas áreas, las personas tienden a sentirse más ansiosas, tensas, nerviosas y temerosas. También es más probable que se paralicen en situaciones estresantes, que eviten el conflicto y tengan un temor excesivo a las críticas o a la opinión de los demás. La falta de sueño, una alimentación alta en glucemia (por ejemplo: copos azucarados en el desayuno, golosinas y papas fritas), la cafeína, el alcohol, la marihuana, saltearse comidas y creer en los pensamientos negativos sin cuestionarlos pueden exacerbar la ansiedad. Vea en el capítulo 13 formas naturales de tranquilizar su cerebro o el cerebro ansioso de su hijo.

NUEVE CONSEJOS PARA CRIAR UN HIJO SEGURO Y MOTIVADO EN SU EDUCACIÓN

Consejo 1: Póngale fin a la batalla por el control.

Tan pronto como comienza la batalla por el control, aumenta la ansiedad y disminuye la motivación académica. Ni bien comienzan las luchas por el poder, el vínculo que tenemos con nuestros hijos se debilita. Al repasar la pirámide de las necesidades, es fácil ver cómo las batallas por el control podrían dañar muchos aspectos del desarrollo de nuestros hijos. Veamos cómo un padre podría ponerle fin a una guerra que ha estado produciéndose entre él y su hijo por el aprendizaje. Tenga en cuenta que la siguiente conversación es eficaz con niños desde la edad de la educación primaria hasta la adultez. Desde luego, usted puede cambiar las palabras según la edad y la capacidad de su hijo. Tampoco es una conversación de «una vez y listo»; simplemente, es el comienzo de un programa general para terminar las hirientes luchas por el poder.

Padre:

—Tengo que pedirte perdón, hijo.

Hijo:

—¿Por qué?

Padre:

—Te amo tanto que he olvidado que tú eres el único que puede decidir qué tipo de vida llevarás.

Hijo:

—¿A qué te refieres?

Padre:

—¿Alguien puede hacer que aproveches la escuela para que tengas el conocimiento y las habilidades necesarias para que tu vida adulta sea más fácil?

Hijo:

—No.

Padre:

—Es verdad. Tú debes ser el que manda en eso. He cometido el error de pensar que yo puedo hacer que decidas elegir una vida más fácil. Eso nos trajo un montón de discusiones, y me apena muchísimo.

Hijo:

—Siempre estás molestándome por la escuela.

Padre:

—Sí. Lo he hecho demasiado en el pasado. Ahora, me doy cuenta de que mi trabajo es ofrecerte ayuda, no tratar de obligarte a que saques buenas notas. Yo te amo, ya sea que aproveches la escuela y aprendas las cosas que te harán la vida más fácil o que no lo hagas y termines teniendo una vida más difícil. Te amo igual en ambos casos. Simplemente, avísame si puedo ayudar.

Tómese un momento y considere las necesidades básicas que ya satisface el padre en ese diálogo (amor y estima). ¿Qué le pasará al tono general del hogar? ¿Habrá mucho menos ansiedad en el aire?

Parece que este padre está entregando gran cantidad de control. A decir verdad, está entregando el poder que nunca tuvo.

Consejo 2: Transfiera a su hijo la responsabilidad por el aprendizaje.

¿Del aprendizaje de quién estamos hablando? ¿El suyo o el de su hijo? Obviamente, usted no puede ir a la escuela en lugar de sus hijos. A pesar de que esto es cierto, no impide que muchos padres se hagan mucho más responsables del aprendizaje de sus hijos que ellos mismos. ¿Usted está dentro de esta gran categoría de padres bien intencionados que constantemente trabajan mucho más en la educación de su hijo que el propio niño? ¿Cuáles son los mensajes subyacentes pero poderosos que transmite cuando comete este error? Le dice a su hijo que él no es capaz y que no debe hacerse responsable de los desafíos que encuentra porque alguien más lo hará por él. Póngale fin a este patrón nocivo lo más pronto que pueda; si es posible, desde la primaria. Cuanto más tiempo lo sostenga, más difícil será para usted y su hijo. Abajo hay un diálogo padre-hijo que muchos padres han usado como guía. Como tantos ejemplos de este libro, cambie el tipo de expresiones según la edad y la capacidad de su hijo:

Hijo:
—Tienes que mandarle un correo a mi maestra y decirle que no hay manera de que yo pueda terminar toda esta tarea para el final de esta semana.

Padre:
—Parece que te sientes muy agobiado.

Hijo:
—¡Sí! ¿Acaso no es obvio?

Padre:
—¿Qué piensas que vas a hacer? ¿Quieres que te dé algunas ideas?

Hijo:
—Tienes que hablar con ella.

Padre:
—Cariño, ¿de quién es la tarea de la cual estamos hablando? ¿Mía o tuya?

Hijo:
—Bueno... Es que es demasiado para mí.

Padre:
—Con todo gusto te compartiré algunas ideas de cómo puedes hablarlo con tu maestra. Hasta puedo acompañarte cuando hables con ella.

Hijo:
—¿Qué se supone debo hacer?

Padre:
—Es difícil ser niño. Lo entiendo. Siempre estaré dispuesto a ayudarte, con tal de que no sienta que tengo que trabajar más que tú para aprender y conseguir buenas notas. Avísame qué decisión tomas. Si quisieras saber qué han decidido hacer otros, por favor, pregúntame.

¿Qué debería esperar al dar este salto inteligente, pero a menudo temible? Errores. Así de simple. Su hijo cometerá más errores porque se le ha dado una responsabilidad nueva e importante. No entre en pánico. Es parte del proceso de aprendizaje y de compartir sus ideas. Cuando usted le pase a su hijo la responsabilidad de ser el principal responsable de su aprendizaje, él cometerá muchos errores «baratos», pero también tendrá la libertad de tomar muchas decisiones maravillosas. Esto cubre muchas de las necesidades de estima y autorrealización, y le da a su hijo un sentido de libertad (control compartido). Además, ¿experimenta sensaciones de competencia cuando ve que puede aprender de sus errores? ¿Siente el amor y la pertenencia cuando los padres recordamos reaccionar con empatía a sus errores, en lugar de enojarnos?

Consejo 3: Responda con empatía y con consecuencias razonables y lógicas.

La ira impide el aprendizaje. La empatía le abre la puerta al aprendizaje. La ira implica que el problema es nuestro. La empatía permite que siga siendo de nuestro hijo. La empatía, en y por sí misma, ayuda a satisfacer la mayoría de las necesidades de amor y pertenencia. Calma la ansiedad y nos ayuda a transmitir que entendemos los sentimientos de nuestro hijo. Veamos cómo funciona:

Padre:
—Gracias por mostrarme tus notas. No puedo imaginar lo decepcionante que debe ser para ti.
Hijo:
—¡Estás enojado conmigo!
Padre:
—Realmente, espero que veas que no lo estoy. Me siento mal por ti.
Hijo:
—No es justo. Todos mis maestros tienen tan mala onda... como si no les importara.
Padre:
—Por favor, hazme saber cómo puedo ayudarte. Recuerda siempre que te amo... con buenas notas o no.

La empatía sincera es esencial. También lo es el hacer que su hijo asuma su responsabilidad de una manera razonable y lógica. Cuando de responsabilidad se trata, usted tiene dos opciones: ¿Lo motivará el deseo de utilizar las consecuencias como una manera de castigar a su hijo para que sea un mejor alumno? ¿O lo motivará simplemente el deseo de ayudarlo a desarrollar un punto de vista acertado sobre las luchas de la vida y cómo puede superarlas? La primera motivación lo decepcionará y, además, perjudicará su relación.

La segunda mantiene su relación y, a la vez, le da a su hijo una oportunidad de ver que puede solucionar el problema que causó. A continuación, hay dos breves interacciones padre-hijo que ilustran la idea de cada una.

Padre:

—Estas notas son completamente inaceptables. ¿Qué hace falta para que empieces a tomarte en serio la escuela? No más videojuegos hasta que vea que tus notas mejoren.

Si bien el método básico de este padre puede parecer razonable, su tono transmite solo su propio enojo y su necesidad de controlar la situación. Veamos cómo podría desarrollarse esto de un modo que describa al padre como un aliado, más que un enemigo.

Padre:
—¿Cómo te sientes por estas notas?

Hijo:
—No sé. No es tan grave.

Padre:
—Me imagino que es difícil reconocer lo desalentador que debe ser. Me gustaría ayudarte.

Hijo:
—¿Qué puedes hacer?

Padre:
—Últimamente, estuve aprendiendo mucho sobre el uso de la tecnología y me enteré de que a los niños que pasan un montón de tiempo en las pantallas, jugando videojuegos y metidos en las redes sociales, les cuesta más que les vaya bien en la escuela.

Hijo:
—¡Oh, genial! Ahí empieza. Supongo que me sacarás todo.

Padre:
—Me gustaría hacer el experimento de ver si sirve acortar la cantidad de tiempo que pasas en estas cosas. ¿Quieres que decida yo cuánto tiempo menos tienes o quieres proponer alguna idea al respecto? Si es así, me gustaría escucharla.

Hijo:
—¡Pero estás castigándome!

Padre:
—Entiendo que quizás lo sientas así. Por tu bien, espero que puedas ver que mi deseo es ayudar, no arruinarte la vida. Te quiero muchísimo.

El padre es amable y, a la vez, lleva a su hijo a asumir su propia responsabilidad. Al participar en la resolución del problema, es probable que el hijo desarrolle un sentido de que es capaz mucho más que un niño que se hace responsable porque fue castigado. Los experimentos pueden generar descubrimientos que lo hagan autodidacta y sabio. Al sentirse capaz, se sentirá más optimista y motivado para afrontar los otros desafíos que tiene.

Consejo 4: Siga algunas pautas para ayudar con la tarea.

Los padres que triunfan se interesan por la tarea de sus hijos y siguen algunas pautas básicas para ayudarlos de maneras productivas:

Pauta 1: Ayude siempre y cuando su hijo quiera su ayuda. Muchas veces, le imponemos la ayuda a nuestro hijo sin ofrecerle la alternativa de rechazarla. La sensación de control es una necesidad emocional importante. Si usted le pregunta: «¿Te gustaría que te ayude con eso?» y responde que no, respete su pedido, pero deje la puerta abierta diciendo: «Si cambias de opinión, por favor, avísame».

Pauta 2: Ayude solo cuando su hijo demuestre que escucha a su maestra. Muchas veces, los niños se desconectan en clase y, luego, reciben ayuda personalizada de uno de los padres en casa. Antes de ayudar automáticamente, pregunte: «¿Qué te dijo tu maestra sobre esto? ¿Cómo lo describió?». Si su hijo responde como si no tuviera idea, responda diciendo: «Te ayudaré cuando puedas compartir algunas cosas sobre cómo describió tu maestra que se hace esto. A lo mejor, puedas preguntárselo mañana».

El niño quizás responda: «Pero es para mañana».

Usted puede responder: «Qué pena. Si alguien puede terminarlo, eres tú».

El costo de que un hijo desapruebe una tarea escolar de vez en cuando vale la pena por el beneficio de que aprenda a escuchar con más atención a sus maestras. Si nota que la maestra no explica las cosas con claridad, el primer paso es ayudar a su hijo para que sepa cómo hablar con la maestra sobre el problema. El último recurso es involucrarse y comunicarse directamente con la maestra. Cuando usted permite que sus hijos resuelvan la mayoría de las dificultades que enfrentan, se convierten en personas resilientes y con mayor fortaleza mental.

Pauta 3: Ayude solo mientras no haya enojo ni frustración. La meta es desarrollar y mantener sentimientos positivos sobre el aprendizaje. En cuanto una muestra de frustración o de enojo asome su horrible cabeza, es momento de decir: «Te ayudaré siempre y cuando nos llevemos bien y la pasemos bien.

Me parece que esto es algo que podrías charlar con tu maestra». Aunque esto signifique que su hijo podría sacar una nota baja en la tarea, vale la pena evitar un esquema permanente de interacciones negativas sobre las tareas escolares.

Pauta 4: Ayude en sesiones breves para que ellos puedan verse lográndolo. Algo interesante empieza a suceder cuando un padre o un maestro se sienta consistentemente con un alumno mientras lo guían por el proceso de aprendizaje. Cada vez que un niño es guiado al éxito, empieza a razonar: *Viví estas buenas sensaciones porque un adulto me ayudó.* Se necesitan relativamente pocas repeticiones para que el niño crea que solo puede alcanzar el éxito cuando hay un adulto cerca.

Un método mejor supone guiarlo un poco, apartarse para hacer alguna otra tarea, guiarlo un poco más, volver a apartarse y, con suerte, su hijo descubrirá la solución cuando usted no esté cerca. Cuando esto sucede, el niño tiene la oportunidad de ver que puede aprender sin ayuda constante, lo cual fomenta su motivación interna. Si bien esta es una verdadera forma de arte, los padres pueden desarrollar gradualmente el sentido intuitivo de cuándo su hijo está a punto de tener un «momento de aprendizaje» y distanciarse un poco del niño.

Consejo 5: Que la escuela sea la escuela y el hogar sea el hogar.

Como padres de un niño con dificultades de aprendizaje, los padres del Dr. Fay vivieron abrumados por las notas y las llamadas de la escuela primaria, por su conducta y por la falta de rendimiento en su trabajo en clase. Junto con las notas y las llamadas, llegaron las tareas de composición, las posibles consecuencias que debería sufrir y gran cantidad de actividades extra para enmendar los problemas de aprendizaje de Charles.

Como padres preocupados y obedientes que eran, hicieron lo mejor que podían para seguir las recomendaciones. Charles llegaba a casa alrededor de las tres de la tarde. A las tres y diez ya estaba ocupado completando las hojas de ejercicios y quejándose con su madre de que no podía hacer la mayoría de ellos. Tratando de ayudar, ella empezaba a explicarle con tranquilidad, pasaba a tragarse su frustración y, finalmente, perdía la cabeza a eso de las cinco de la tarde. Desbordada, terminaba dando sermones y llorando. Papá llegaba a casa a las 5.45 y se ponía a hacerlo practicar las tablas de multiplicación, el orden de las operaciones matemáticas y los conceptos básicos de la gramática, los cuales eran su debilidad y parte del plan de apoyo escolar. Todavía estaba pendiente el hecho de que Charles había lanzado al piso su libro de matemáticas durante la clase y había gritado: «¡Las divisiones largas son un asco!». Completamente agotados, lo único que sus padres tenían energías para gritar era: «Lanzaste tu libro en la escuela. ¡Por lo tanto, te ganaste ir temprano a dormir!». Lo único bueno que resultó de todo aquello fue que su padre se sintió motivado a investigar estrategias más eficaces y, con el tiempo, desarrollar el método Amor y Lógica.

Imaginemos cómo funcionaría la vieja estrategia de los padres del Dr. Fay para Tammy. Ella es una adulta que tiene problemas con su empleo nuevo y está bastante estresada.

—Tammy, te amo —le dice su esposo, Jon, mientras ella entra por la puerta después de un día difícil. Él continúa, preocupado:

—Hoy hablé con tu jefe, y él mencionó que te faltan muchas habilidades informáticas.

Tammy está pasmada.

—¿Él te habló a ti? ¿Por qué lo hizo? Qué locura. Además, nunca me dice claramente qué quiere que haga, ¡y yo no sabía que necesitaría aprender un programa para ecuaciones multilineales computarizadas!

—No tienes que ponerte tan a la defensiva —continúa Jon—. Solo estamos tratando de ayudar. Tu jefe me mandó algunos enlaces de tutoriales que en realidad te ayudarán a mejorar las habilidades que te faltan. Me haría feliz sentarme contigo y ver si puedo ayudar. También mencionó que fallaste en terminar uno de tus reportes, así que parece que este fin de semana no iremos a la playa.

Sin duda, este método fracasaría entre cónyuges. No funciona mejor con los niños. El hogar tiene que ser un santuario donde los niños puedan disfrutar a su familia, recargar las pilas haciendo cosas en las que sean buenos y descansar. La tarea y las clases de recuperación académica deberían ocupar relativamente poco tiempo de su vida de hogar. Estamos de acuerdo con muchos otros expertos que recomiendan esta pauta general: diez minutos de tarea por grado por tarde. Desde luego, esto puede diferir un poco, dependiendo de la materia y de la capacidad del niño. Lo primordial: recuerde que los niños crecen cuando son desafiados, pero no cuando están estresados. También se desarrollan sanamente cuando tienen tiempo para participar en otras actividades beneficiosas, incluyendo el ejercicio físico, jugar, las charlas divertidas con los miembros de la familia, las comidas familiares y los quehaceres hogareños adecuados para su edad. Además, los estudios realizados sobre los beneficios de la tarea para el hogar han revelado claramente que tiene muy pocos efectos positivos en los logros académicos hasta que los alumnos llegan a la secundaria, donde estudian materias más complejas, como química, física y matemática avanzada[3].

Mantener una distinción entre lo que pasa en la escuela y lo que pasa en el hogar también es importante para los padres que educan en casa. Los padres necesitan momentos previsibles, en los que pueden tomarse un respiro de su rol de maestros y los hijos necesitan esos momentos para descansar del rol de alumnos. Incluya estos momentos en sus horarios de cada día y sígalos al pie de la letra, aunque el horario escolar no haya ido bien y su hijo haya tenido problemas para completar su trabajo. El Dr. Fay y su esposa, Mónica, eligieron educar en casa a su hijo menor, Cody, quien nació varios años después de sus dos hermanos mayores, los cuales asistían a escuelas públicas. Mónica aprendió en etapas tempranas que era importante mantener un horario constante que fuera similar al que Cody tendría si asistiera a la escuela fuera del hogar familiar. La escuela terminaba todos los días a la misma hora. Ahora que su hijo está en la universidad, el Dr. Fay a menudo recuerda aquellos días de educación en el hogar y se siente sumamente agradecido por la sabiduría de ella respecto a esto. Dice que le ha enseñado muchas cosas maravillosas a lo largo de los años.

Si bien es prudente establecer límites sanos entre lo que sucede en la escuela y lo que sucede en casa, es irreal insinuar que los niños nunca tendrán deberes ni necesitarán ayuda con los trabajos. También es irreal pensar que su hijo nunca tendrá una maestra que le dé demasiados deberes. Cuando ocurra esto, absténgase de decir o hacer algo que contribuya a que su hijo respete menos a la maestra en cuestión. En cambio, primero ayúdelo a defenderse por sí mismo, haciéndole sugerencias y practicando con él cómo hablar con la maestra. Al hacerlo, le brinda a su hijo la oportunidad de aprender que puede defenderse a sí mismo con respeto. Si su hijo es menor (digamos que tiene la edad de la escuela primaria) es bueno programar una junta con la maestra y acompañar a su hijo de modo solidario. De esta manera, permitirá que su hijo aproveche al máximo la conversación, y usted podrá llenar los huecos cuando sea necesario.

La enseñanza es una profesión increíblemente desafiante y la mayoría de los maestros reconoce que, de vez en cuando, se equivocan al dar deberes que demandan demasiado tiempo. Cuando los hijos y los padres los encaran con gratitud, flexibilidad y bondad, los maestros por lo general están dispuestos a hacer algunos ajustes.

Consejo 6: Celebre con frecuencia sus fortalezas.

Como suele mencionar el Dr. Fay, nada es más desmotivador que un régimen de comentarios constructivos. Cuando decimos «comentarios constructivos», nos referimos a las críticas. Los comentarios son verdaderamente constructivos solo cuando vienen de una persona en quien confiamos, alguien que cree en nosotros y que entiende que es mucho más probable que trabajemos en hábitos nuevos cuando nos aman y nos valoran por nuestras fortalezas. El principio básico es el siguiente:

Refuércelos en las áreas donde son fuertes para que estén dispuestos a arriesgarse en las áreas donde son débiles.

La gente no corre riesgos por personas en las que no confía o a quienes no respeta, pero suele estar dispuesta a poner las manos en el fuego por esas personas especiales que constantemente les han comunicado: «Eres la luz de mis ojos. ¡Creo en ti!».

Como ya debe saber, en su infancia el Dr. Fay tenía problemas en la escuela. Le costaba muchísimo. A decir verdad, la mayor parte de su niñez la pasó revisando fichas con resúmenes, practicando gramática, repasando las tablas de multiplicar y memorizando listas de ortografía. Nada resultaba. Seguía siendo un alumno por debajo del promedio, cada día menos motivado. Alrededor de esa época, su padre asistió a una charla motivacional que cambió su manera de pensar. El orador dijo: «Ayuden a sus hijos a descubrir cuáles son los talentos que Dios les dio. Enfóquense mayormente en estos talentos. Fórmenlos de tal manera que se concentren en estos dones, en lugar de sus debilidades. Enséñenles a vivir así, a ser generosos con los demás. Así encontrarán gozo en el trabajo».

Todo su enfoque sobre la motivación, la educación y la crianza de los hijos quedó patas para arriba con esta revelación. Tanto fue así que un día abrazó fuerte a Charles y lo alentó a dedicar la mayor parte de su energía a ejercer sus dones y mucha menos energía a batallar con sus debilidades. El don más grande que tenía Charles era su habilidad para arreglar casi cualquier cosa que se rompía. Dedicándose a eso, se convirtió en mecánico y pasó un par de años después de terminar la secundaria reparando autos Oldsmobile. (En aquella época, el control de calidad que tenían era horrible, por eso para él era un gran placer ayudar a los clientes que habían tenido la mala suerte de comprarlos).

A partir de esto, Charles se dio cuenta de que podía aprender y ser productivo. También descubrió que ayudar a otros era inmensamente gratificante. Cuando pasó el tiempo, fue a la universidad y se graduó con las mejores notas. De alguna manera, los dones de mecánico que Dios le había dado a Charles desbloquearon sus otros dones, los cuales todavía no se habían manifestado, como la capacidad de explicar estadísticas de nivel superior a jóvenes estudiantes de posgrado al borde del ataque de nervios. En una ocasión, a uno de esos estudiantes se le resbaló su libro de la mesa en un ataque de frustración. El Dr. Fay le susurró: «Esto es difícil, pero tú tienes lo que se necesita para hacerlo». Nunca olvidará la sorpresa y la tímida gratitud que le expresó el alumno.

Cuando incorpore un método focalizado en los dones, lo más probable es que sus hijos experimenten un profundo alivio y crezcan cuando les permita construir su vida basándose en sus dones. Su ansiedad disminuirá y serán libres para descubrir y perseguir sus sueños.

Consejo 7: Establezca límites eficaces.

Los hijos de padres permisivos tienen muchas menos probabilidades de ser exitosos en la escuela[4]. Es un hecho científico. Esto tiene sentido, si tenemos en cuenta la pirámide de necesidades y recordamos que los límites significan seguridad y amor. Aunque ya hablamos de los límites en el capítulo 5, los límites a los que nos referimos no son solo en cuanto a los trabajos en clase, las tareas para el hogar o las notas. Más bien, son límites sobre el respeto, los quehaceres, mantenernos informados sobre su paradero, el comportamiento aceptable cuando practican deportes o participan de otras actividades extracurriculares, la comida, la hora de ir a dormir y otras cuestiones cotidianas. Estos límites cotidianos, los cuales en su mayoría parecerían no tener nada que ver con la motivación académica, tienen mucho que ver con la necesidad de su hijo de seguridad y estructura.

Uno de los límites más importantes implica el uso de los dispositivos digitales, en particular para los niños que tienen dificultades en la escuela. Les imploramos a los padres que estipulen un hogar casi libre de pantallas cuando tengan hijos que sufran estos problemas. De hecho, el Dr. Fay sugiere que los padres soliciten deberes y otras tareas que no requieran el uso de Internet o de dispositivos digitales. Las monografías escritas a mano son un buen ejemplo. La matemática en gran parte resuelta con una pequeña calculadora, no con una computadora, es buena para los niños. Este tipo de actividad reduce la sobreestimulación y la ansiedad que tantas veces entorpece el éxito académico de los aprendices frágiles. Una vez que estos jóvenes experimenten algo de éxito y su cerebro comience a sanar, reincorpórelos poco a poco al aprendizaje con la ayuda de la tecnología digital.

Consejo 8: Enséñeles a pensar como personas exitosas.

Al comienzo de su profesión, Bernard Weiner, uno de los destacados psicólogos sociales estadounidenses, quedó fascinado con los patrones de pensamiento de los sujetos de una investigación sobre el alto y el bajo rendimiento.

Observó que las personas exitosas solían atribuir tanto el éxito como la falta de éxito a factores que ellos mismos podían controlar[5]. Dichos factores incluían la cantidad de práctica o de preparación, la cantidad de esfuerzo, el grado de perseverancia, etcétera. Por el contrario, los sujetos con bajo rendimiento le atribuían su desempeño a factores que no podían controlar como la suerte, la calidad de la enseñanza, los niveles innatos de aptitudes o la dificultad de la tarea. A quienes atribuyen su desempeño a los factores que exceden su control les faltará la motivación para mejorar o seguir al pie de la letra las tareas difíciles. En cambio, los que les atribuyen su desempeño a las cualidades variables estarán mucho más motivados a mejorar sus capacidades y perseverar.

Más recientemente, una científica de la Universidad de Stanford, la Dra. Carol Dweck, reconoció un patrón similar, así como la información que respalda la idea de que este estilo de atribución se puede aprender[6]. Gracias a su investigación, descubrió que los sujetos que recibían constantes comentarios generales como: «Eres superinteligente» o «Eres tan brillante», eran más propensos a darse por vencidos o a evitar las tareas difíciles. Básicamente, estos niños estaban entrenados para atribuir el éxito a una alta capacidad, un factor que suele considerarse genético y determinado. Como consecuencia, cuando debían enfrentar tareas que requerían mayor habilidad, se rendían porque suponían que no podían hacer nada más. Por el contrario, los sujetos que recibían comentarios específicos relativos a su esfuerzo, tales como: «Trabajaste mucho» o «Sigue intentando», tenían más probabilidades de perseverar e intentar tareas más difíciles en el futuro. En su maravilloso libro, *Mindset, la actitud del éxito*, Dweck expresa claramente esta distinción útil entre la «mentalidad fija» y la «mentalidad de crecimiento».

Coincidente con la investigación de la Dra. Dweck, hemos identificado patrones similares en los alumnos con bajo rendimiento que hemos visto. Basados en estas observaciones de personas de alto y bajo rendimiento, creamos el siguiente proceso para enseñarles a los niños que piensan como personas exitosas:

- *Paso 1: Sorprenda al niño haciendo algo bien y descríbalo con términos muy específicos.*
  Ejemplo: «Completaste correctamente el problema matemático número nueve».
- *Paso 2: Pregúntele al niño: «¿Cómo lo hiciste?».*
  Importante: resista el deseo de elogiar al niño diciendo algo como: «Eres tan brillante» o «¡Qué genial!».

• *Paso 3: Provea un menú de tres razones posibles para el éxito.*
    1. «¿Trabajaste mucho?».
    2. «¿Probaste muchas veces?».
    3. «¿Has estado practicando?».

Nota: todas representan atribuciones al esfuerzo, así que no es importante cuál elija el niño.
• *Paso 4: Pídale que le diga cuál piensa que es la razón de su éxito.*

Creemos que es mucho más probable que los niños incorporen una creencia cuando la dicen. Por eso, le recomiendo hacer todo lo que pueda para que su hijo elija una de estas razones para el éxito y la diga en voz alta. Similar a la forma en que la mente toma lo que ve y lo concreta, lo cual describimos en el capítulo 2, el cerebro también usa lo que escucha y lo convierte en realidad. El Dr. Fay es conocido por sonreírle a los niños que no están seguros y preguntarles: «Bueno, y si en realidad supieras cuál fue, ¿cuál sería la respuesta?». Una niñita brillante respondió a su pedido de que compartiera por qué pensaba que había tenido éxito en su prueba de ortografía. Entre risitas, le respondió: «¡Qué tonto! Las tres razones son lo mismo». Luego, continuó: «Supongo que si tuviera que elegir una es porque estuve practicando».

Los niños son mucho más felices cuando usamos este método que cuando los felicitamos destacando su inteligencia, su rapidez o su talento. Quizás sea porque tales elogios conllevan la presión del desempeño, la cual es abrumadora para muchos niños. Recuerde: la ansiedad es la enemiga de la motivación. Cuando los niños empiezan a sentir que no pueden estar a la altura de nuestro concepto de ellos, no tardan mucho en cerrarse. Por el contrario, cuando saben que simplemente los amamos por quien son, se sienten libres de explorar, cometer errores y transformar esos errores en el tipo de aprendizaje que da forma a su vida de manera positiva.

Consejo 9: Busque las causas subyacentes para el bajo rendimiento.

Si ya probó las estrategias de este capítulo, pero aún no ve en su hijo una mayor motivación o rendimiento, no se mortifique ni se enoje con él. Vuélvase curioso, no furioso. Investigue qué puede estar causando el problema. Puede que haya una condición biológica o un problema de salud mental. Eso es lo que le sucedió al Dr. Fay. Como se mencionó en la introducción a este libro, cuando él recién comenzaba la escuela, contrajo la fiebre eruptiva de las Rocallosas, una enfermedad bacteriana originada en las picaduras de garrapatas infectadas. Los síntomas más comunes son la fiebre, los dolores de cabeza y el sarpullido. Él los tuvo todos, pero además sentía que la enfermedad le dificultaba pensar con claridad y que le costaba más aprender en la escuela. Tenía razón. Lo que no sabían sus padres ni él en ese momento es que las enfermedades transmitidas por las garrapatas, incluyendo la enfermedad de Lyme y otras, pueden causar problemas cognitivos y psicológicos. Por ejemplo, la enfermedad de Lyme está asociada con problemas de atención y concentración, lentitud en el procesamiento mental, baja capacidad para la resolución de problemas, depresión y otras cuestiones[7]. Es probable que por eso ni toda la ayuda ni las estrategias útiles hayan ayudado a Charles. En términos de rendimiento, siguió fracasando a causa de los efectos de la enfermedad. Cuando se curó, pudo aprovechar su motivación y volverse altamente productivo y exitoso.

Las enfermedades transmitidas por las garrapatas son solo una forma de problemas de salud que pueden estar contribuyendo al bajo rendimiento. Otros problemas de esa índole incluyen:

- TDAH
- Dislexia
- Síndrome de Irlen (un problema de procesamiento visual que a menudo se observa en niños y en adultos con baja motivación)
- Exposición al moho
- COVID prolongado
- Someterse a la anestesia
- Tener una alimentación de baja calidad

Diagnosticar y atender estos problemas puede ser la clave para superar el bajo rendimiento tenaz. Lea el capítulo 13 para obtener más ayuda en el manejo de los problemas de salud mental cuando nada está funcionando.

TODO TIENE QUE VER CON EL CARÁCTER

La proporción de dificultades académicas crónicas que se originan en las discapacidades válidas que interfieren con el aprendizaje y el desarrollo de las destrezas académicas son insignificantes en comparación con el porcentaje causado por los problemas básicos de carácter, tales como: la falta de dominio propio, la dificultad para manejar las emociones, la falta de experiencia con el esfuerzo y la perseverancia, la falta de conexión y colaboración para con la familia, los problemas para aceptar los límites, etcétera. Cuando el primer hijo del Dr. Fay tenía dificultades para aprender matemática en segundo grado, su maestra, una mujer mayor y sabia con más de treinta y cinco años de experiencia, le dijo al Dr. Fay: «Enséñele a Marc cómo ser un buen hombre. Eso es aún más importante que leer, escribir y la aritmética. Si hace eso, él siempre encontrará una manera de ser exitoso».

El Dr. Fay siguió el consejo de la maestra y puso la mayor parte de su atención en enseñarle a su hijo cómo trabajar duro en sus tareas, tratar bien a la gente, saber esperar lo que quería y experimentar la gratitud. Cuando pasaron los años, el Dr. Fay notó que a su hijo seguía costándole la escuela, pero estaba convirtiéndose en un hombre amable y responsable. Como adulto, su hijo ha descubierto que tratar con dignidad a su esposa, a sus colegas, a sus clientes y a todos los demás es el significado de ser exitoso. Cuando criamos hijos que saben cómo tratar bien a los demás, hacen lo que dicen que harán y asumen la responsabilidad de sus equivocaciones, hay altas probabilidades de que el éxito se resuelva solo.

Póngalo en práctica

- Renuncie a tratar de controlar lo que está fuera de su control.
- Transfiérale a su hijo la responsabilidad de aprender.
- Cuando su hijo tenga bajo rendimiento, responda con empatía.
- Cuando los niños (en especial los más pequeños) estén en casa, que se concentren en «las tareas» como ayudar a cocinar, aprender cómo arreglar cosas de la casa y demás actividades divertidas e interactivas.
- Antes de lanzarse a ayudar a su hijo con sus deberes, pregúntele si quiere su ayuda.
- Focalícese en las fortalezas de su hijo más que insistir con sus defectos.
- Si los niños tienen dificultades en la escuela, póngales límites al tiempo de pantallas.
- Cuando su hijo tenga éxito, pregúntele qué lo ayudó para que le fuera bien: si se esforzó, si lo intentó muchas veces o si practicó.
- Si nada está dando resultados, busque condiciones biológicas subyacentes o problemas de salud cerebral.

CAPÍTULO 12

EL MAL USO Y LA ADICCIÓN A LA TECNOLOGÍA

Ningún dispositivo bloqueador de pantallas o control parental funciona con tanta eficacia como la supervisión de los padres.

La tecnología es maravillosa cuando se usa para el bien. «Me encanta el hecho de que puedo usar mi teléfono para realizar una junta con colegas y clientes de casi cualquier parte del mundo —dice el Dr. Fay—. Me fascina que puedo usarlo para vigilar la ubicación de mi hijo de dieciséis años mientras maneja el auto. Estoy sumamente agradecido por la mujer que reside en mi teléfono, siempre tan dispuesta a guiarme calle por calle hacia donde necesito ir. Sin ella, estaría perdido. La tecnología es buenísima. Somos fanáticos de ella».

La mayoría de las personas están de acuerdo en que la tecnología puede ser terrible cuando es usada incorrectamente. Al igual que una motosierra, puede hacer la vida más fácil cuando es utilizada con sumo cuidado, pero puede causar un gran daño si se le da un mal uso. Una cantidad cada vez mayor de investigaciones sugiere que el uso excesivo de tecnología (teléfonos, Internet, redes sociales, videojuegos) está relacionado con mayores riesgos de ansiedad, depresión, impulsividad, abuso de sustancias, etcétera[1].

LA TECNOLOGÍA NO PUEDE RESOLVER DEL TODO NUESTROS PROBLEMAS CON LA TECNOLOGÍA

Algunos padres creen que la solución para los problemas con la tecnología implica más tecnología, como usar controles parentales, monitores y cosas por el estilo. Sin duda, estas son cosas que pueden ayudar —y recomendamos que hagan todo lo que esté a su alcance para monitorear y controlar los dispositivos de sus hijos—, pero el Dr. Fay ha trabajado con muchos padres que pensaban que tenían bajo control la situación del teléfono, las redes sociales y los juegos y terminaron descubriendo que su hijo había comprado en secreto un celular prepago o algún otro dispositivo.

Uno de los mayores desafíos que enfrentamos es que nuestros hijos tienen más tiempo y más energía que nosotros. Ellos no tienen un trabajo de jornada completa, ni están todo el día tratando de completar las declaraciones de impuestos, llevando a varios niños a sus actividades y haciendo todas las otras cosas necesarias para mantener una familia en marcha. Además, nuestros hijos tienen un ejército de excelentes asesores dispuestos a compartir sus conocimientos sobre modos alternativos y sencillos para el monitoreo y el bloqueo de programas: sus amigos y la abrumadora cantidad de blogs y de publicaciones en línea que comparten estrategias para sabotear las salvaguardas que tanto nos esforzamos para proveer.

Los dispositivos de seguridad pueden dar una falsa sensación de seguridad a muchos padres ocupados. Algo similar sucedió a comienzos de los años 2000, cuando los sistemas de gestión de vuelo de los aviones se volvieron tan avanzados que los pilotos comenzaron a confiar en estos más que en sus habilidades prácticas en la aviación. Para el 2013, este asunto se había convertido en un riesgo importante para la seguridad, cosa que se volvió clara por el accidente aéreo del vuelo 214 de Asiana Airlines. Mientras se aproximaba demasiado lento al Aeropuerto Internacional de San Francisco, impactó contra el rompeolas. Tres pasajeros murieron en el choque y otros cientos resultaron heridos. La Junta Nacional de Seguridad en el Transporte concluyó que los pilotos «confiaron demasiado en sistemas automatizados que no entendían plenamente»[2]. El incidente provocó un gran cambio en el entrenamiento de los pilotos.

¿Cuál es la enseñanza de esa historia? Los dispositivos de seguridad tecnológica pueden ser buenos, pero no sustituyen en absoluto la supervisión firme y las habilidades paternas. Enumerados a continuación, hay cinco consejos que pueden ayudarlo a usted y a sus hijos a orientarse en estas cuestiones turbulentas sin provocar rebeldía ni imbatibles luchas por el poder.

Primer consejo sobre la tecnología: refuerce la corteza prefrontal (CP). Una CP fuerte es esencial para controlar los impulsos; por eso, asegúrese de que su hijo esté desarrollando hábitos que mejoren el funcionamiento de la CP. Hemos tratado este tema en otros capítulos, pero aquí hay un resumen rápido de los reforzadores de CP:

- Fijarse metas con el ejercicio «Milagro en una página».
- Dormir adecuadamente.
- Hacer ejercitación de alta intensidad.
- Orar o meditar (sí, hasta los niños pequeños pueden aprender a meditar).
- Consumir una dieta saludable con proteínas en cada comida.
- Buscar sentido y propósito.

Segundo consejo sobre la tecnología: concéntrese en reforzar las relaciones. Cuanto más fuertes sean los vínculos con sus hijos, mayor influencia tendrá para evitar que caigan en un agujero negro digital. Un colaborador clave a esta conexión también tiene que ver con hasta qué punto haya hablado de los principios de la adicción (que encontrará en las páginas 251–258). Cuando tenemos el coraje de atravesar los temas difíciles con nuestros hijos preadolescentes y adolescentes, les comunicamos que los amamos y confiamos lo suficiente en ellos para tratar las cuestiones profundas e importantes (una señal de control compartido). Nuestro principal trabajo es escuchar sus opiniones, sabiendo que muchas veces dirán cosas que en realidad no quieren decir. ¿Por qué? Porque una de sus prerrogativas como adolescentes es poner a prueba el nivel de confianza de nuestra relación con ellos. Cuando escuchamos sin juzgar, superamos la prueba. Cuando nos ponemos a emitir órdenes o a discutir, conseguimos que sea más probable que necesiten hacer algo estúpido.

Padre:

—Parece que muchos adolescentes se meten en líos por revelar demasiada información sobre sí mismos en línea. ¿Qué piensas?

Adolescente:

—No sé de qué estás hablando.

Padre:

—Bueno, les dicen a desconocidos dónde viven, se toman fotos a sí mismos y a sus cosas; y hasta hablan de a qué lugares les gusta salir.

Adolescente:

—No es para tanto. Todo el mundo lo hace.

Padre: (*con calma y sinceridad*)

—Así que todos lo hacen. No es para tanto.

Adolescente:

—Es lo que dije.

Padre:

—Me pregunto si algunos de los adolescentes que están en línea son en realidad adultos haciéndose pasar por adolescentes, tratando de averiguar dónde viven los niños.

Adolescente:

—Te preocupas demasiado por todo.

Padre: (*todavía calmado y sincero*)

—Así que crees que me preocupo demasiado.

Adolescente:

—Bueno, es que siempre estás hablando de esto.

Padre:

—¿Por qué piensas que lo hago? ¿Porque te amo o porque no te amo?

Adolescente: (*sonriendo*)

—Eres tan molesto.

Padre: (*sonriendo y abrazando a su hijo*)

—Gracias. Me tomo muy en serio este trabajo. Te veo después de la escuela.

Esta interacción entre padre e hijo podría haberse convertido en una discusión y una lucha de poder. El papá hizo lo correcto cuando resistió el impulso de debatir y eligió escuchar. Es interesante que cuando usted lo hace, los adolescentes tienden a dejarse convencer por su punto de vista, aunque no puedan reconocérselo a usted (ni a sí mismos).

Tercer consejo sobre la tecnología: sea un modelo del comportamiento que usted desea que adopte su hijo. Sea un buen modelo a seguir, limitando el uso de los dispositivos tecnológicos. En lugar de sentarse en el sofá junto a su hijo mientras usted se desplaza por la pantalla de novedades de su red social, diga algo como: «Hagamos algo juntos que no involucre la tecnología». Al principio, tal vez escuchará un montón de quejas y lo verá entornando los ojos hacia arriba. No se deje frenar por ello. Súbanse a esas bicicletas (con la precaución de ponerse los cascos para proteger sus cerebros) y pedaleen, jueguen a lanzar la pelota, hagan juntos un poco de mantenimiento al auto o salgan a caminar. Al hacerlo, exprésele amor a su hijo e ignore cualquier actitud molesta. Si hace de esto un hábito constante y encuentran actividades que a su hijo en realidad le guste hacer, a la larga, dejará de actuar como si se le viniera el mundo abajo.

Cuarto consejo sobre la tecnología: establezca límites firmes y amorosos. Los límites eficaces construyen y mantienen relaciones positivas, a la vez que sirven de barreras para mantener salvos y sanos a sus hijos. Ambas caras de la moneda son esenciales. El vínculo que usted tenga con ellos es lo que en gran medida determinará si aprenden a aceptar sus límites o si se rebelan. Es mucho menos probable que los hijos que ven a sus padres como aliados sean propensos a desafiarlos abiertamente o a mentirles y hacer cosas a escondidas.

Está claro que guardar el equilibrio entre mantenerse firme y seguir siendo amoroso no es tarea fácil. Primero, recuerde que todas las relaciones sanas padre-hijo necesitan los límites que estipula el adulto. Especialmente en cuestiones de tecnología, los niños necesitan precisamente los límites por los cuales más suelen protestar. Ser amorosos no significa permitirles hacer lo que ellos *quieren*; significa darles lo que ellos *necesitan*. Segundo, tenga presente la suprema importancia que muchas personas, en especial los jóvenes, le dan a la tecnología.

El Dr. Fay le preguntó a una niña una vez:

—¿Qué tan importantes crees que son los teléfonos inteligentes para la mayoría de los niños de tu edad?

—¡Es como que son más importantes que el aire! —respondió ella con un grito ahogado.

Con ese contexto en mente, comunique los límites a la tecnología de una manera amorosa, sincera y digna. La mayor parte de lo que decimos se manifiesta a través del tono de la voz y del lenguaje corporal. Aunque una actitud amorosa no significa que su hijo responderá con entusiasmo, modelará la conducta que usted desea y aumentará las posibilidades de que maduren de a poco hasta verlo a usted como un aliado, más que un enemigo.

En la siguiente lista, hay algunos ejemplos de los límites importantes relativos a la tecnología. Tome nota del mensaje de amor, preocupación o empatía que hay entrelazado en cada uno:

- «Te quiero mucho. Puedes disfrutar de tus dispositivos siempre y cuando seas agradable conmigo cuando te pida que los apagues».

- «Me encanta hablar contigo y ver las expresiones de tus ojos. Gracias por esperar a que terminemos la cena para usar tu teléfono».

- «Todos necesitamos alguien a quien le importemos lo suficiente para cuidarnos. Es por eso que te permitiré seguir teniendo tus dispositivos, siempre y cuando yo tenga acceso a ellos con las claves».

- «Creo que eres como la mayoría de nosotros, quienes luchamos con sentimientos de ansiedad, tensión e incluso ira cuando estamos demasiado tiempo frente a una pantalla. Por eso, te pido que te tomes un descanso para que podamos disfrutar de nuestra mutua compañía».

- «Entiendo que esto es frustrante para ti, pero creo que la edad mínima para tener un teléfono es a los trece años y cuando estén listos para la responsabilidad».

- «Me preocupan mucho los niños a quienes se les permite tener su dispositivo toda la noche en su cuarto. Por ese motivo, espero que pongas el tuyo en la canasta que tengo en mi mesita de luz todas las noches a las ocho de la noche».

Una vez más: el hecho de que estos límites sean atemperados con amor no significa que su hijo no intente discutir con usted por ellos. Responda consistentemente, repitiendo con calma: «Te amo demasiado como para pelear por esto. ¿Qué dije yo?».

Quinto consejo sobre la tecnología: estipule una buena supervisión. Algunos padres cometen el error de pensar que, una vez que sus hijos llegan a la preadolescencia o a la adolescencia, tienen resuelta la situación con la tecnología. ¡Incorrecto! Los hijos de estas edades necesitan aún más supervisión que los pequeños de dos años, particularmente, cuando se trata de los dispositivos digitales. Los niños necesitan que inspeccionemos su cuarto de vez en cuando o que revisemos de sorpresa su celular. Van a protestar cuando lo hagamos, pero quieren desesperadamente que los amemos tanto como para protegerlos de los demás (y de sí mismos). Una de sus necesidades más profundas es ver que somos lo suficientemente firmes como para poner límites y hacerlos cumplir.

Los adolescentes nos ponen a prueba. Ponen a prueba nuestras intenciones, nos ponen a prueba para ver si somos sinceros o hipócritas y nos ponen a prueba para ver si estamos dispuestos a mantener firme nuestro compromiso de supervisar. Monitoree su teléfono celular. Rastree su automóvil (los autos más nuevos incluyen la posibilidad de ser rastreados, pero usted también puede equipar a los modelos anteriores con un dispositivo de rastreo). Estas herramientas pueden jugar un papel increíblemente útil en nuestra supervisión, siempre y cuando le aclaremos que están activadas y en funcionamiento en todo momento.

Hace poco, una madre compartió que el teléfono de su hijo de repente dejaba de mostrar su ubicación aproximadamente cuando él estaba en un radio de ocho kilómetros de la casa de su novia. Parece que es un «problema técnico» que afecta a los sistemas electrónicos de casi todos los adolescentes. Ni bien ingresan en una zona de tentación, desaparecen de golpe los servicios de localización o toda señal del teléfono. Su madre, quien entendía de adolescentes, pero no tanto de tecnología, le dijo esto a su hijo: «Parece que tu teléfono, tu tableta y hasta tu automóvil son inseguros. Será mejor que se queden en casa, en mi cuarto y en el garaje. Es decir, hasta que averigüe por qué siguen fallando».

Por supuesto, la mamá finalmente «descubrió» que los dispositivos de su hijo no tenían nada de malo y que un «error de CP» era la causa principal.

Sexto consejo sobre la tecnología: garantice la rendición de cuentas en amor. Si ve que su hijo está volviéndose exageradamente obsesivo con sus dispositivos tecnológicos, que su corteza prefrontal toma malas decisiones o que está siendo victimizado, intervenga. Podría ser así:

Padre:
—Hijo, estoy muy preocupado. Parece que te estás volviendo adicto a ese teléfono, y la única manera de descubrir si es así es que no lo tengas por un tiempo.

Hijo:
—¡No puedes hacer eso! ¡No es justo! Lo necesito para la escuela.

Padre:
—¿Qué acabo de decir, hijo?

Hijo:
—¿Cuándo lo recuperaré?

Padre:
—No estoy seguro. Dependerá de lo bien que cumplas las reglas de casa, tu nivel de respeto hacia nosotros y qué tan bien uses tu tiempo en general.

La respuesta natural de muchos adolescentes es enojarse, tratar de evadir la culpa y discutir. Recuerde estas dos metas: ser firme y ser amable.

PRINCIPIOS BÁSICOS DE LA ADICCIÓN A LA TECNOLOGÍA

Las empresas de tecnología son grandes negocios, sumamente motivados por aumentar sus ganancias y han invertido recursos tremendos para estudiar y aplicar la ciencia de la adicción. El uso habitual de sus productos mantiene su balance financiero. Cuando entiende los principios básicos de la adicción, puede ayudar mejor a sus hijos a conocer sus peligros y cómo evitarla.

También puede detectar la adicción en usted mismo y dar los pasos para seguir siendo el modelo a seguir que quiere ser.

La adicción a la tecnología se basa en el funcionamiento del cerebro. En las Clínicas Amen hemos tratado a muchos adolescentes con adicciones a los videojuegos. Un adolescente se ponía violento cada vez que sus padres le ponían límites al juego. Escaneamos su cerebro mientras jugaba a los videojuegos y también después de que había sido alejado de ellos durante un mes. Fue como si estuviéramos viendo el cerebro de dos personas distintas. Los videojuegos encendían de una forma anómala su lóbulo temporal izquierdo, un área del cerebro que suele asociarse a la violencia. Cuando se desconectó de los videojuegos, fue uno de los jóvenes más dulces y amables que habíamos conocido[3].

En términos simples, la red de sistemas cerebrales nos impulsa a buscar experiencias que nos den placer: ya sea desplazarnos por las redes sociales, comer un helado de vainilla con chocolate caliente o acariciar al perro. La corteza prefrontal ayuda a mantener controlados los impulsos nocivos, poniéndole un freno cuando estamos a punto de realizar actos de riesgo o comportamientos que no nos sirven. Una corteza prefrontal fuerte facilita el control de los impulsos y el buen juicio para combatir los deseos intensos. El problema, como quizás usted recuerde, es que la corteza prefrontal no está completamente madura hasta que la persona promedia los veinticinco años, mientras que los sistemas impulsores ya han sido desarrollados. Esto les da ventaja a los sistemas impulsores, los cuales pueden dominar a la corteza prefrontal. Quiere decir que los preadolescentes, los adolescentes y los jóvenes adultos son más vulnerables a desarrollar hábitos dañinos y caer en una conducta adictiva; una investigación sobre imágenes cerebrales lo demuestra[4].

La búsqueda de la emoción y la evasión. Las adicciones se desarrollan bajo determinadas condiciones identificables. En primer lugar, la sustancia o la actividad es altamente estimulante o le permite al consumidor escapar de algún aspecto de su vida que le parece aburrido o doloroso. ¿Cuántos niños, adolescentes y adultos son sumamente susceptibles a la adicción por causa de la ansiedad, la depresión o la falta de conexión que experimentan? En nuestras prácticas clínicas, vemos que muchos usan los juegos, las redes sociales y otras distracciones digitales para escapar del dolor social o familiar. Esta es una de las muchas razones por las cuales es tan importante que se mantenga cerca de sus hijos adolescentes, haciendo lo mejor posible para estar al tanto del pulso de sus emociones. Si usted se siente estresado o infeliz por un conflicto que hay en su familia, tenga la seguridad de que sus hijos también se sienten así. No ignore sus sentimientos. Probablemente, sus hijos harán lo mismo.

Busque orientación ahora para devolverle a su familia un espacio de sanidad y paz, un lugar donde las necesidades de sus hijos sean satisfechas de manera más eficaz que a través de la interacción con sus dispositivos.

Imprevisibilidad. El segundo principio es la imprevisibilidad de la emoción o del escape deseado. Las tragamonedas funcionan según este principio porque pagan premios según una base impredecible. Es por eso que algunas personas se quedan sentadas durante horas, creyendo que la próxima moneda que metan les dará el premio extraordinario. Creer en esto, lo cual a menudo se conoce como «falacia del apostador», los deja emocionalmente encadenados a la máquina que devora su tiempo y dinero ganado con tanto esfuerzo. ¿El próximo video de YouTube o la próxima publicación en Instagram lo hará reír o aprender algo nuevo? Este principio puede mantenerlo secuestrado a usted (y a su cerebro adulto completamente maduro) durante horas, recorriendo un montón de cosas sin sentido. Así que imagine el efecto que puede tener en el cerebro en desarrollo de su hijo. La falacia del apostador puede interferir con la salud y el desarrollo cerebral y con la toma de decisiones. El famoso psicólogo conductista B. F. Skinner descubrió este principio básico del condicionamiento. Al observar que los animales de laboratorio eran mucho más propensos a desarrollar un aprendizaje muy marcado cuando recibían recompensas de una manera impredecible, acuñó el concepto de «programa de refuerzo intermitente»[5].

FOMO (sigla en inglés de *fear of missing out*; es decir: miedo a perderse algo). Esto encadena a muchos usuarios de dispositivos digitales a sus teclados y pantallas[6]. Las redes sociales no son el único factor que contribuye al FOMO. Hasta una simple búsqueda en línea deja al usuario a merced de encontrar contenido en su mayoría poco interesante, pero después de una cantidad arbitraria de clics, por fin encuentra algo fascinante o interesante. Los videojuegos están diseñados de la misma manera: mantienen al usuario preguntándose cuántos movimientos o cuánto tiempo necesitará para avanzar al próximo nivel. Revisar y responder llamadas telefónicas y mensajes de texto es otro ejemplo. El FOMO es el responsable de gran parte de los accidentes y las muertes que suceden en nuestras calles y carreteras, ya que tanto los adolescentes como los adultos se sienten obligados a ver inmediatamente los mensajes de texto, escuchar los mensajes de voz y contestar llamadas mientras conducen.

Enséñeles a sus hijos por qué la gente hace algunas de las cosas que hace y cómo ellos pueden ser controlados o manipulados. Esto los alerta acerca de quiénes intentan tomar decisiones por ellos. Un excelente alumno de secundaria respondió con enojo a una discusión sobre este tema: «No me gusta que nadie me controle, ni siquiera mis padres. Imagino que, supuestamente, ellos deben hacerlo, pero ¿mi teléfono? Eso es otra cosa. Es una porquería que nos traten como ratas de laboratorio solo para ganar más dinero».

Es interesante ver que las relaciones abusivas también funcionan así. Aunque es algo que la mayoría de los abusadores desconoce, sus actos tranquilos y dolorosos operan de una manera impredecible. Las víctimas caminan en puntas de pie, sin saber nunca qué les espera. Muchas veces creen que si logran descifrar el código del comportamiento del abusador, este empezará a tratarlos bien: «Hoy quizás sea el día en que encuentre la forma de ser lo suficientemente bueno y ganarme su aprobación». Esta esperanza errónea suele ser el porqué de que muchas veces permanezcan en una relación tóxica y dañina. Más adelante hablaremos de cómo ayudar a los hijos a entender las relaciones en línea que operan así.

La necesidad de atención. Las personas que se sienten importantes y valoradas solo cuando llaman la atención con facilidad pueden caer presas del uso obsesivo y enfermizo de las redes sociales. Constantemente, publican fotografías de sí mismas, comentan sin parar y, a menudo, contribuyen a un drama antipático a través de la necesidad de agitar el avispero para que vuelvan a ser el centro de la atención.

¿Qué les causa satisfacción a usted y a sus hijos? Un poco de mostrarse y compartir detalles emocionantes de su vida es sano y promueve las relaciones. Demasiado de ello origina una cruzada insaciable por ser el centro de la atención. Dado que este comportamiento poco positivo puede desencadenar suficiente cantidad de elogios que disparen una ráfaga de dopamina, es fácil ver por qué tantas personas se vuelven adictas a esto. En poco tiempo, quienes los idolatran, inconscientemente, provocan su desesperación. La fama tiene un costo. Algunos pueden mantener la perspectiva. Otros, se vuelven crónicamente ansiosos y depresivos.

Por este motivo es tan importante ayudar a que sus hijos desarrollen un propósito externo a sus propias necesidades, en lugar de buscar convertirse en el centro de la atención. Solo una fuente más sana de satisfacción puede durar para toda la vida. Lo otro durará mientras sean jóvenes, atractivos o sumamente relevantes para la sociedad.

Guíe a sus hijos para que desarrollen perspectiva. Eso les ayudará a entender que aburrirse o frustrarse por el rendimiento de su tableta no cuenta como una crisis. Puede animarlos a ver que ellos tienen el poder para encontrar el sentido de otras formas y que la paz personal no viene de las cosas que puedan apilar, sino de las personas a las cuales ayudan. Además, esta perspectiva los ayuda a desarrollar el sentido de la gratitud. Cuando adquieran el hábito de mirar el panorama completo y de ocuparse de las necesidades de otros, los aspectos positivos que tienen en su vida se volverán más nítidos. Este hábito de percepción no surge de manera natural en muchas personas. En cambio, debe ser practicado y requiere de la ayuda de las personas que nos aman lo suficiente para guiarnos con dulzura, pero con firmeza a enfocarnos en lo positivo.

El deseo basado en la comparación social. El peligroso deseo de querer siempre más nació mucho antes que la tecnología digital. Como las personas codician a través de sus ojos, lo único que hace falta es una imagen tentadora. Las imágenes realzadas de artefactos bellos, resplandecientes y nuevos, de juguetes, personajes de Pokémon y las funciones «nuevas y mejoradas» captan la atención de los niños de todas las edades, haciendo que quieran más cosas, más belleza, más dinero. Tanto las niñas como los niños ven imágenes y anuncios y comparan lo que tienen con lo que tienen otros. Lamentablemente, muchos se hacen adictos a perseguir metas imposibles, irrealizables y dañinas. Cada familia tiene que hablar de este tema y hacerse algunas preguntas importantes: ¿Estamos contentos con lo que tenemos? ¿Nuestro valor y nuestra autoestima se basan en que tengamos determinadas posesiones o en compararnos con modelos que no son reales?

El mal. Es una gran y mala palabra de tres letras. Para algunos, tiene la connotación de una batalla en el reino espiritual. A algunos les parece tan de mal gusto que no creen que exista, pero no hay duda de que existen personas cuyo comportamiento es sádico y oportunista. Estos individuos se aprovechan particularmente de los adolescentes, pero a veces también de los adultos y de las personas mayores. La naturaleza del mundo virtual facilita mucho más el quedar expuesto a los predadores. Usan la manipulación para lograr que los adolescentes sientan emoción y confianza; luego, quedan avergonzados y temerosos. Una vez que esto ocurre, la víctima suele volverse adicta a la fantasía de que puede complacer al manipulador y ser adorada y especial a sus ojos de nuevo. El oportunista sádico mantiene enganchado al adolescente dándole apenas el afecto y los halagos suficientes para mantenerlo involucrado.

Estas personas malvadas son los amos del engaño y, muchas veces, para los preadolescentes y los adolescentes parecen lo mejor desde el invento del refrigerador. Por eso, debemos ayudar a nuestros hijos a detectar el ciclo de la manipulación y ser cuidadosos de con quién interactúan en línea.

No permita que sus hijos en edad escolar ni los más pequeños tengan acceso a Internet sin su supervisión o sin la supervisión de un adulto en quien usted confíe. Cuando lleguen a la adolescencia y hayan logrado tener un poco más de libertad, asegúrese de enseñarles a identificar las señales de una conducta manipuladora o depredadora. La señal de advertencia más común es que el manipulador empieza a hacer que la víctima se sienta demasiado especial en algún sentido. Quizás elogien la música que publicaron, sus ideas sobre algún tema, su ropa, su atractivo o el automóvil que manejan. Con esto se satisface una necesidad de amor, pertenencia y estima. Cuando hay más elogios de parte del perpetrador, hay más interés e intriga de la víctima, aunque el perpetrador se vuelva progresivamente más hiriente y aprovechador. Así es como un manipulador empieza a arrastrar a jóvenes y viejos por igual a sus maquinaciones, quitándoles su dignidad, su dinero, su esperanza y, a veces, su vida.

Es probable que usted haya leído noticias sobre niños y adolescentes que fueron manipulados para que publiquen fotos inapropiadas de sí mismos. Luego, el perpetrador les exige dinero para mantener las cosas en secreto. Desgraciadamente, los jóvenes están tan abrumados por la culpa y la vergüenza que se deprimen y se llenan de miedo.

Esta misma semana, el Dr. Fay tuvo una charla con su hijo de dieciséis años sobre un caso trágico de un adolescente que cayó víctima de esta forma de extorsión. Desgraciadamente, la situación terminó en su suicidio. Este muchacho podría haber sido su hijo. Todos los padres tienen que hablar de este peligro con sus hijos. Nuestros hijos tienen que saber que cosas como estas suceden y, lo más importante, que nada en el cielo ni en la tierra podría hacer que los amáramos menos si quedaran atrapados en un problema en línea y acudieran a nosotros reconociendo que necesitan ayuda. Una estrategia preventiva útil: busque en línea «estafas dirigidas a adolescentes». Muchos sitios respetables pueden abrir los ojos a cualquiera sobre lo que pasa allá afuera. Uno de nuestros favoritos es komando.com. Siéntense a la hora de la cena y lean un poco de esta información con sus hijos. Hablen sobre lo que pueden hacer para protegerse a sí mismos (compartan ideas). La mejor prevención es saber que esas cosas pueden sucederle a cualquiera.

Comportamiento inusual. La adicción puede causar que una persona haga cosas que no creíamos que era capaz de hacer jamás. Por ejemplo, nuestros hijos de seguro no se obsesionarían tanto con un grupo en línea al punto de divulgar su información personal o no aceptarían retos mortales o arreglarían un encuentro con alguien que no conocen. Seguramente, nuestros hijos no compartirían fotos comprometedoras de sí mismos ni de sus amigos. Esto nunca podría pasar.

La negación acecha en las sombras de cada corazón. Está
escondida en el nuestro y está escondida en el suyo.

Sin duda, nuestro adolescente no permitiría que lo ridiculicen, lo maltraten ni lo intimiden. Se defendería. Nunca se deprimiría tanto que intentaría terminar con su vida. Tendría la fortaleza para dejar de estar en línea para que no lo maltraten.

Eso también es negación.

Mamá y papá nunca «actualizarían» su información bancaria, llenando en línea un formulario financiero que les pidiera facilitar sus números de cuenta, fecha de nacimiento, números del seguro social y demás información sumamente confidencial. Son demasiado astutos para eso.

Otro caso de negación.

Cuando alguien se vuelve tan adicto clínicamente a una sustancia, su reacción puede ser mucho más extrema, incluso, violenta. Hubo un caso de un niño de once años de Indiana que disparó e hirió a su padre cuando descubrió que su colección de videojuegos había sido confiscada[7]. En otro incidente, un muchacho de dieciséis años le disparó a su padre y mató a su madre cuando no lo dejaron jugar un videojuego violento[8]. Desgraciadamente, estos casos trágicos son solo una muestra de los incidentes graves que se producen cuando los niños (y los adultos) se vuelven adictos al uso de la tecnología. Por eso debemos prepararnos para cualquier reacción, particularmente, si nuestro hijo tiene un historial importante de problemas preocupantes de conducta y cuestiones de salud mental. Sería esencial consultar con un profesional. Un terapeuta experto puede brindar ayuda invaluable para planear e implementar una sesión de rendición de cuentas, así como el seguimiento de una internación necesaria y un tratamiento domiciliario. Aun así, a veces los niños necesitan ingresar en un programa de salud conductual para recibir la atención necesaria y así vencer su dependencia enfermiza a la tecnología digital. Además, un buen programa puede ayudarlos a curar cualquier cuestión de salud cerebral y psicológica que haya contribuido al problema. El programa reSTART (recomenzar) es uno de nuestros favoritos, dirigido por un equipo muy afín al método Amor y Lógica. Entérese de más sobre este recurso muy útil visitando restartlife.com o llame al 800-682-0670 en los Estados Unidos.

Ahora usted posee una gran ventaja para criar hijos que sean capaces de navegar en un mundo de tecnología, sin ser devorados por él. Una madre confesó: «Con el consejo de un psicólogo de confianza, sentimos que era necesario quitar el acceso a todos los videojuegos y juegos en línea de mi hijo. Se enfureció. Cuando quitamos la puerta de su cuarto, se enojó más todavía. Lo consideramos necesario porque él la cerraba con llave, manteniéndonos ajenos a lo que estaba haciendo adentro. A medida que pasaron los meses, lentamente, volvió a ser el muchacho que recordábamos. Empezó a salir y comenzó a tener amigos reales. Comenzó a reírse de las bromas bobas que compartía su abuelo y hasta salió a pescar con su papá. La pasaron bien. Fue el primer "momento bueno" que habían compartido en años. El otro día me dio las gracias. Íbamos en el automóvil y me dijo: "Mamá, estaba muy enojado con ustedes porque me quitaron todos mis videojuegos. Ahora, se los agradezco mucho. Ahora sé que estaba fuera de control. Te quiero mucho"».

Póngalo en práctica

- Fortalezca la corteza prefrontal de su hijo estimulando su ejercitación física.
- Trabaje en la vinculación con su hijo escuchándolo sin juzgar.
- Sea un buen modelo a imitar: deje su teléfono cuando esté con su hijo.
- Estipule una regla general para los límites a los dispositivos tecnológicos de todas las personas dentro de la casa.
- No olvide supervisar a su hijo. Realice controles sorpresa a su teléfono.
- No dude en retirarle el teléfono a su hijo o buscar ayuda profesional si se está convirtiendo en un adicto a él.

CAPÍTULO 13

CUANDO NADA PARECE FUNCIONAR: AYUDA PARA LOS PROBLEMAS DE SALUD CEREBRAL

La salud mental es en verdad la salud cerebral.

Siempre que el Dr. Amen da una conferencia, las personas del público se le acercan al final para compartirle historias personales. Una mujer, Sarah, se le acercó llorando. En medio de su llanto, le contó al Dr. Amen que tenía problemas con su hijo adolescente, William. Años atrás, le habían diagnosticado TDAH. Le había ido bien con la medicación, pero, como estaba haciéndose mayor, se negaba a tomarla. Dijo que no quería tener que tomar píldoras y que solo quería ser normal, como los otros niños de su edad. Sin la medicación, William estaba a punto de ser suspendido de la escuela secundaria, su cuarto estaba como si hubiera pasado un ciclón, impulsivamente le decía cosas irrespetuosas a Sarah para provocarla y no terminaba ninguna de las cosas que su mamá le pedía que hiciera. Sarah estaba desesperada y pensaba que era una madre terrible.

Sarah le dijo al Dr. Amen que la había sorprendido escucharlo decir en un programa de televisión que la mayoría de las personas tendrá un problema de salud mental (o, más bien, de salud cerebral) en algún momento de su vida. De hecho, tener un problema es más normal que no tenerlo. Él suele decirles a sus pacientes: «Lo normal es un mito». Sarah grabó el programa y luego se lo mostró a su hijo. Cuando William se dio cuenta de que era muy común tener cuestiones de salud mental y que los problemas de salud mental en realidad son problemas de la salud cerebral que pueden apoderarse de la mente, aceptó volver a tomar su medicación. Le fue mucho mejor, y las estrategias de crianza de Sarah fueron mucho más efectivas. Su vida fue menos estresante, no se sintió como una fracasada y con William pudieron desarrollar una relación más estrecha.

Si ha trabajado diligentemente para poner en práctica los conceptos de crianza de este libro, pero su hijo todavía se porta mal, genera conflictos, le falta motivación, procrastina, tiene un bajo rendimiento escolar, le cuesta hacer amigos o tiene otros problemas, una cuestión de salud cerebral puede ser la culpable. Los problemas psiquiátricos y los trastornos del aprendizaje (todos los cuales, en realidad, son problemas de salud cerebral) están aumentando entre los más de setenta y tres millones de niños cuyas edades van de los 0 a los 17 años, en los Estados Unidos[1]. Solo mire estas estadísticas:

- El 75% de todos los problemas de salud cerebral/mental comienzan antes de los veinticinco años[2].
- Alrededor del 50% de los niños que luchan con problemas de salud cerebral/mental no están identificados ni reciben ningún tratamiento[3].
- El 46% de los alumnos que tienen algún problema de salud cerebral/mental abandonan la escuela[4].
- Entre el 65–75% de los adolescentes encarcelados tienen una enfermedad cerebral/mental, incluyendo daños cerebrales[5].
- En el 2021, el 57% de las adolescentes informaron sentirse continuamente tristes y desesperanzadas (un aumento de casi el 60% desde el 2011); el 29% de los adolescentes varones reportó la misma tristeza y desesperanza persistentes[6].
- El suicidio es la segunda causa de muerte, detrás de los accidentes, entre los adolescentes de quince a diecinueve años[7].
- En el 2021, el 30% de las jóvenes en escuelas secundarias informaron que habían considerado seriamente suicidarse durante el año anterior[8].
- El 24% de las niñas de escuela secundaria hicieron planes para suicidarse en el 2021[9].
- El 13% de las niñas en la escuela secundaria dijo que realmente habían intentado suicidarse[10] en el 2021.
- Los tres porcentajes citados arriba sobre mujeres adolescentes son más o menos el doble de lo que reportaron los varones adolescentes[11].
- El 86% de los adolescentes conoce a alguien que tiene un problema de salud cerebral/mental[12].

- Más del 86% de los adolescentes dicen que la salud mental es un tema importante[13].
- Más del 84% dice que hay un estigma alrededor de la salud mental[14].

A pesar de que, aproximadamente, la mitad de todos los problemas de salud cerebral/mental surgen promediando la adolescencia[15], la mayoría de los niños no son diagnosticados ni reciben tratamiento hasta varios años después de la primera aparición de los síntomas. Esto no es sorprendente porque la mayoría de los padres no son expertos en la diferencia entre conductas «normales» y «anormales» en salud emocional o en bienestar cerebral y mental. Por lo general, los padres están expuestos solo a sus propios hijos, a sus sobrinas y sobrinos y a los amigos de sus hijos. Entonces, cuando un joven parece siempre deprimido, constantemente preocupado o se comporta agresivamente, es natural suponer que es por la personalidad de su hijo o que tiene un problema de actitud. Si usted malinterpreta el problema subyacente de salud cerebral/mental como una cuestión de actitud, su reacción instintiva puede ser aplicar más disciplina y consecuencias, lo cual puede ser perjudicial. Muchos niños que tienen problemas de salud cerebral/mental realmente tratan de hacer lo que le piden su mamá y su papá, pero sencillamente no pueden hacerlo por cómo está programado su cerebro.

Si su hijo constantemente tiene dificultades en la escuela, suele tener problemas para llevarse bien con los demás o se pone furioso con frecuencia, tómese un momento y pregúntese: «¿Podría ser una señal de otra cosa?». Si tiene la sensación de que su pequeño o su hijo adolescente puede tener problemas de conducta, emocionales o de aprendizaje, no espere. Menciónele toda preocupación que tenga al pediatra de su hijo o a otro prestador de servicios médicos. Los problemas pequeños que quedan sin tratar pueden transformarse en grandes problemas más adelante. Por otro lado, una intervención temprana puede poner fin a cuestiones indeseadas y mejorar el futuro de su hijo. En algunos casos, algunos cambios sencillos en el estilo de vida o en los suplementos nutricionales quizás sean lo único que necesita. Si usted nota conductas problemáticas o cuestiones emocionales, es importante que su hijo ingrese lo antes posible en algún programa de salud para el cerebro.

Cuando estos problemas permanecen sin ser tratados, pueden causar consecuencias para toda la vida, las cuales harán la crianza exponencialmente más difícil. En el corto plazo, estas cuestiones están asociadas con un aumento en las discordias familiares, un bajo rendimiento académico, etcétera. Con el tiempo y llegando a la adultez, tienen relación con mayores riesgos de deserción escolar, accidentes de tránsito, adicción a las drogas, fracaso laboral y desempleo, problemas económicos, obesidad, divorcio y pensamientos y conductas suicidas. Es fundamental estar informados de las señales y los síntomas de los problemas comunes de salud cerebral/mental y buscar ayuda profesional cuando sea necesario. Luego de haber trabajado con miles de niños, podemos asegurarle que buscar un tratamiento para los problemas de salud cerebral/mental y de aprendizaje no es una muestra de debilidad; es una muestra de fortaleza y de amor por su hijo.

LOS CUATRO CÍRCULOS TAMBIÉN APLICAN A LA SALUD MENTAL

En el capítulo 1, presentamos el concepto de «Los cuatro círculos de la fortaleza mental», los cuales incluyen factores biológicos, psicológicos, sociales y espirituales. Estos mismos cuatro círculos también desempeñan un rol importante en la salud cerebral/mental de su hijo (al igual que en la suya). Cuando los cuatro círculos están en equilibrio y son fuertes, mejora el bienestar cerebral/mental de los niños y su capacidad para tomar buenas decisiones, obedecer las reglas familiares, terminar lo que comienzan y llevarse bien con los demás. Por lo que problemas en cualquiera de los cuatro círculos pueden contribuir a enfermedades psiquiátricas, problemas de conducta y trastornos en el aprendizaje. Compruebe este rápido resumen de lo que puede avivar los problemas.

Factores biológicos

Cuando hay demasiada actividad cerebral (o demasiado poca) o hay zonas del cerebro dañadas, se asocia con un mayor riesgo de problemas. Cualquier cosa que lastime al cerebro (como los factores de riesgo BRIGHT MINDS mencionados en el capítulo 1) puede afectar negativamente a la salud mental. Como ejemplo rápido, veamos los niveles de azúcar en sangre que tienen un fuerte impacto en el funcionamiento del cerebro[16]. En una ocasión, el Dr. Amen trató a un niño actor que constantemente se metía en problemas por pelear. El examen de su nivel de azúcar en sangre reveló que era muy bajo de manera habitual. Los niveles bajos de azúcar en la sangre están asociados con la pérdida del dominio propio y pueden generar emociones de ira, así como ansiedad o depresión[17]. Un elemento importante de su plan terapéutico fue que comiera cuatro veces al día pequeñas raciones de comida que incluyeran proteínas para ayudar a mantener más equilibrado su nivel de azúcar en sangre. ¿Cuál fue el resultado? No volvió a buscar pelea y dejó de meterse en problemas.

Factores psicológicos

Nuestra manera de pensar, de hablarnos y de vernos a nosotros mismos tiene una influencia fundamental en nuestro bienestar. Entre los factores psicológicos adicionales que juegan un papel importante están la educación del niño, el desarrollo, los aciertos o los fracasos, el sentido de autoestima y el sentido de control sobre su propia vida. El trauma es una de las influencias más negativas en la mente de su hijo. (Ver a continuación el cuestionario de experiencias adversas de la infancia).

Cuando un niño está constantemente expuesto a experiencias traumáticas (como la muerte de un ser querido, padres que atraviesan un divorcio horrible o soportar una pandemia), pueden producirse cambios en el cerebro que dificulten el dominio propio, la regulación emocional, las habilidades sociales, el aprendizaje, etcétera. La pandemia de COVID-19 ha tenido un efecto importante en toda una generación de niños y adolescentes. Una investigación alarmante muestra que las consultas realizadas en las salas de urgencias relativas a la salud cerebral/mental de niños han aumentado un 24% en aquellos entre cinco y once años y un 31% en aquellos entre doce y diecisiete años[18]. Sorprendentemente, un historial familiar de traumas también puede avivar problemas en los niños. Las experiencias adversas alteran los genes de una persona, lo cual puede pasar a la generación siguiente. Esto se conoce como trauma transgeneracional o ancestral. Por ejemplo, un niño cuyos abuelos sobrevivieron a un gran trauma, eran alcohólicos o sobrevivieron a una pérdida importante tiene mayores riesgos de tener problemas de salud mental.

Cuestionario de experiencias adversas en la infancia (EAI)

Desde 1995 a 1997, el CDC (Centro de Control de Enfermedades) y Kaiser Permanente llevaron a cabo un estudio a gran escala para investigar la prevalencia de las experiencias adversas en la infancia (EAI) y cualquier consecuencia a largo plazo que involucró a diecisiete mil adultos[19]. Esta investigación innovadora descubrió que aproximadamente uno de cada cinco participantes estudiados había estado expuesto a tres o más de las ocho EAI incluidas en el estudio original. Desde entonces, el cuestionario pasó por algunas modificaciones menores y, actualmente, incluye diez preguntas que abarcan experiencias adversas y traumáticas en la infancia.

Los puntajes van del cero al diez; cero indica ninguna exposición y diez significa que la persona fue expuesta a niveles de trauma significativos antes de los dieciocho años. Cuanto más alto el puntaje, más alto el riesgo de sufrir consecuencias físicas y mentales a largo plazo. Por favor, responda Sí (S) o No (N) a cada pregunta por usted y por su hijo, para tener una idea de cómo el trauma puede estar afectándolos.

1. Antes de cumplir dieciocho años, ¿alguno de sus padres u otro adulto de la familia tenía la costumbre de maldecirlo, insultarlo, rebajarlo o humillarlo con frecuencia o mucha frecuencia? ¿O se comportaba de una manera que le causara miedo de resultar herido físicamente? _____

2. Antes de cumplir dieciocho años, ¿alguno de sus padres u otro adulto de la familia tenía la costumbre de empujarlo, acogotarlo, abofetearlo o lanzarle algo con frecuencia o mucha frecuencia? ¿Alguna vez lo golpeó tan fuerte que le quedaron marcas o heridas? _____

3. Antes de cumplir dieciocho años, ¿algún adulto u otra persona al menos cinco años mayor a usted lo tocó, lo acarició o lo obligó a tocar su cuerpo en un sentido sexual? ¿O intentó o tuvo una relación sexual oral, anal o vaginal con usted? _____

4. Antes de cumplir dieciocho años, ¿a veces o muy a menudo sintió que nadie en su familia lo quería? ¿O pensó que usted no fuera importante o especial? ¿O que en su familia no estaban pendientes unos de otros, no se sentían cercanos ni se apoyaban unos a otros? _____

5. Antes de cumplir dieciocho años, ¿alguna vez o muchas veces sintió que no tenía comida suficiente para usted, tuvo que usar ropa sucia y sintió que no tenía a nadie que lo protegiera? ¿O sus padres estaban demasiado ebrios o drogados para cuidarlo o llevarlo al médico, si lo necesitaba? _____

6. Antes de cumplir dieciocho años, ¿perdió a alguno de sus padres biológicos a causa de un divorcio, abandono u otra razón? _____

7. Antes de cumplir dieciocho años, ¿a su madre o madrastra la empujaban, agarraban, abofeteaban o le tiraban algo a menudo o muy a menudo? ¿Alguna vez, varias veces o muy a menudo la patearon, la mordieron, golpearon con el puño cerrado o con algún objeto duro? ¿Alguna vez la golpearon reiterativamente durante al menos varios minutos o la amenazaron con un arma o un cuchillo? _____

8. Antes de cumplir dieciocho años, ¿vivió con alguien que fuera bebedor problemático, alcohólico o que consumiera drogas ilícitas? _____

9. Antes de cumplir dieciocho años, ¿había algún miembro de la familia con depresión o con una enfermedad mental? ¿Algún miembro de la familia intentó suicidarse? _____

10. Antes de cumplir dieciocho años, ¿algún miembro de su familia fue encarcelado? _____

PUNTAJE

Sume las preguntas a las que respondió con Sí y anótelo aquí: _____. Ese es su puntaje EAI.

Factores sociales

¿Su hijo tiene fuertes lazos familiares y de amistades o carece de conexiones profundas con otras personas? ¿Es feliz en la escuela o esta es una fuente de presión o de problemas? ¿Sus niveles de estrés son demasiado altos? Cuando la vida cotidiana o las relaciones de un niño están llenas de estrés, afecta sus necesidades de amor y pertenencia, y eleva el riesgo de tener problemas de salud cerebral/mental. Las relaciones afectuosas estimulan el cerebro accionando la liberación de un neuroquímico llamado oxitocina, lo cual mejora la vinculación y la confianza. Los niveles altos de oxitocina están asociados con menos ansiedad, estrés y miedo, mientras que los bajos niveles de este neuroquímico pueden incidir en la depresión, el autismo y otras cuestiones psiquiátricas[20].

Factores espirituales

El concepto de espiritualidad va más allá de la creencia en Dios; incluye también la noción de sentido y de propósito, los valores y la moral de su hijo. Si su hijo se siente conectado con el pasado (por ejemplo, a través de sus abuelos), con las futuras generaciones, con el planeta y con el mundo en general, su conexión afecta su salud espiritual. Si las personas no tienen ningún tipo de conexión espiritual, es más probable que sientan que su vida no tiene ningún sentido, lo cual aumenta la probabilidad de problemas como la depresión, las adicciones y, en algunos casos, los pensamientos suicidas.

SEÑALES Y SÍNTOMAS DE PROBLEMAS COMUNES EN LA SALUD CEREBRAL/MENTAL DE LOS NIÑOS

Esta sección lo introducirá en algunos de los problemas más comunes de salud mental de los niños, junto con las señales y los síntomas que pueden ayudarlo a reconocerlos. También descubrirá algunas estrategias naturales que ayudan a respaldar al cerebro y a mejorar los síntomas.

Trastorno por déficit de atención con hiperactividad (TDAH)

El TDAH se caracteriza por un corto período de atención, facilidad para distraerse, procrastinación, desorganización y mala supervisión interna (tal como los problemas de juicio y de control de los impulsos). Observe que la hiperactividad *no* es uno de los cinco síntomas distintivos. Los niños pueden tener TDAH sin hiperactividad, lo cual podría dificultar que los padres lo detecten. Nuestro trabajo con imágenes cerebrales en las Clínicas Amen nos ha ayudado a identificar siete tipos de TDAH. Cada uno requiere su propio plan terapéutico. Por ejemplo, los medicamentos estimulantes (el tratamiento normal para el TDAH) pueden ayudar en algunos tipos, pero empeoran otros tipos. Es importante que sepa cuál es el TDAH de su hijo para encontrar los tratamientos más eficaces. (Haga la autoevaluación en inglés sin cargo en el sitio ADDtypetest.com para más información sobre los tipos de TDAH).

Síntomas de TDAH en los niños
- Falta de atención.
- Ser alborotador en clase.
- Comenzar peleas con sus hermanos o compañeros de la escuela.
- Distraerse con facilidad.
- Esperar hasta el último minuto para comenzar sus quehaceres o deberes escolares.
- No llegar a las fechas de entrega.
- Tardanza crónica.
- Cuarto y escritorio desordenados.
- No aprender de los errores.
- Impulsividad.
- Estar en constante movimiento (estar inquieto, saltar, pelearse).

Estrategias naturales que sirven para todos los tipos de TDAH
- Eliminar los colorantes artificiales, los conservantes y los endulzantes de la alimentación familiar.
- Minimizar o eliminar los alimentos procesados (todo lo que esté envasado).
- Pruebe la dieta de eliminación durante tres semanas, quitando los alimentos azucarados, el gluten, los lácteos, el maíz, la soja y otras categorías de alimentos potencialmente alergénicos. Luego, vuelva a incorporarlos de a uno por vez y preste atención a las reacciones a los mismos, lo cual indicaría que su hijo debería eliminar de manera permanente ese alimento.
- Estimule el ejercicio físico durante cuarenta y cinco minutos, cuatro veces por semana.
- Incremente el sueño y los buenos hábitos de sueño.
- Reduzca el tiempo de pantallas.
- Trabaje estrechamente con un médico integrativo para controlar la ferritina, la vitamina D, el magnesio, el zinc y los niveles de tiroides, así como todos los otros análisis bioquímicos de laboratorio, y equilibrar todo lo que no sea óptimo.
- Neurorretroalimentación: esta terapia no invasiva e interactiva ayuda a que los niños fortalezcan y vuelvan a entrenar su cerebro para lograr una condición más enfocada.

- Plan educativo personalizado (PEP): si es necesario, considere buscar un PEP para brindar la adaptación adecuada en la escuela.
- Haga que su hijo comience más tarde la escuela (los niños más pequeños de la clase tienen más probabilidades de ser diagnosticados con TDAH).
- Suministre suplementos nutritivos como:
  - EPA: 1000 mg por día de aceite de pescado, rico en EPA+DHA cada 18 kg de peso corporal, hasta un máximo de 3000 mg por día de EPA+DHA
  - Fosfatidilserina (PS) 100 a 300 mg por día
  - Zinc como citrato o glicinato 30 mg (34 mg por día para adolescentes; menos para niños de menor edad)
  - Glicinato de magnesio, citrato de magnesio o malato de magnesio, 100 a 400 mg por día

Si su hijo de verdad tiene un TDAH, seguirá teniéndolo dentro de unos meses, por lo cual vale la pena la inversión de tomarse un tiempo para optimizar su salud cerebral/mental antes de comenzar con la medicación con la que estarán durante años o, incluso, décadas. Después de eso, tenga en cuenta la nutracéutica o la medicación administrada para su tipo específico de TDAH (ver *Healing ADD: The Breakthrough Program That Allows You to See and Heal the 7 Types of ADD* [Curando el TDA: El programa innovador que le permite entender y curar los siete tipos de TDA] por el Dr. Daniel G. Amen).

En el caso del TDAH, el cual ha sido una de las principales áreas de especialización del Dr. Amen, hay muchísimo prejuicio contra la medicación. Él ha escuchado a infinidad de padres decir:

«No voy a drogar a mi hijo».

«Si tomas esta droga, no serás creativo».

«No serás tú mismo».

El problema es que la mayoría de los médicos suponen que el TDAH es uno solo y, por lo tanto, abordan a todos con la misma clase de medicación: estimulantes como Ritalin o Adderall. Estos medicamentos ayudan a muchos que tienen TDAH, pero también les hacen mucho mal a otros. Abundan las historias milagrosas y de terror sobre los estimulantes. Una de las propias hijas del Dr. Amen pasó de ser una alumna mediocre a obtener directamente Aes durante diez años mientras usaba la medicación estimulante para optimizar la baja actividad en su corteza prefrontal, y fue aceptada en una de las mejores facultades veterinarias del mundo. La medicación estimuló sus lóbulos frontales (el área de la corteza prefrontal), dándole un mayor acceso a sus propias capacidades, lo cual también mejoró su autoestima. Por otro lado, el Dr. Amen tuvo un paciente que le fue derivado porque había intentado suicidarse bajo el consumo de Ritalin. Su cerebro ya era casi hiperactivo, así que estimularlo solo le generaba más ansiedad y malestar. El problema es que los médicos dan por sentado que todos los que tienen los mismos síntomas también tienen los mismos patrones cerebrales, lo cual no es cierto y da lugar al fracaso y a la frustración. Cuando es necesario medicar, es más eficaz cuando está dirigida específicamente al tipo de TDAH.

Trastornos de ansiedad

Todos los niños se sienten ansiosos de vez en cuando. Es completamente normal estar nervioso antes de una prueba, un discurso en la escuela o el primer día de clases. Como hemos mencionado en el capítulo 11, asegurarse de que las necesidades básicas de su hijo estén satisfechas puede aliviar mucho la ansiedad, pero cuando la ansiedad se vuelve casi constante o es tan agobiante que le impide a su hijo rendir en todo su potencial o participar de actividades, puede tratarse de un trastorno de ansiedad. Muchos padres malinterpretan los síntomas de ansiedad o de nerviosismo como quejas o caprichos y reaccionan negativamente para con sus hijos, lo cual puede exacerbar el problema. La ansiedad es la condición más común de la salud mental en los Estados Unidos; afecta a más del 9% de todos los niños y ese número subió al 29% entre el 2016 y el 2020, según un estudio de la publicación *JAMA Pediatrics*[21]. Los índices de ansiedad han subido aún más debido a la pandemia, así que es aconsejable tener en cuenta cualquier señal de esta condición. Las imágenes cerebrales nos muestran que hay siete tipos de ansiedad (y depresión). Es importante saber de qué tipo es la que tiene su hijo.

Síntomas de ansiedad en los niños
- Sentirse ansiosos o nerviosos a menudo.
- Preocupación excesiva.
- Sobresaltarse con facilidad.
- Evitar los conflictos.

- Tensión muscular intensificada.
- Dolores de cabeza y de estómago.
- Ser demasiado vergonzosos o tímidos.
- Cohibirse con facilidad.

Estrategias naturales que sirven para todos los tipos de ansiedad

- Comer pequeñas porciones de comida y bocadillos saludables: la hipoglucemia (nivel bajo de azúcar en sangre), la cual puede producirse cuando saltean comidas o ingieren demasiados carbohidratos refinados (piense en las golosinas o en los productos de panadería), es una causa habitual de ansiedad; por lo tanto, dele a sus hijos pequeñas cantidades de comida y bocadillos saludables a lo largo del día para mantener equilibrado su nivel de azúcar en sangre.

- Respirar hondo desde el vientre: enséñele a su hijo a inhalar durante cuatro segundos, retener un segundo, exhalar durante ocho segundos y repetirlo diez veces para ayudarlo a que aprenda a autocalmarse rápidamente.

- Calentarse las manos: enséñele a su hijo a visualizarse con una taza de chocolate caliente en las manos, lo cual puede hacer que sus manos se calienten, contrarrestar el estrés y ayudar a su relajación.

- Liberarse de los ANTs: enséñele a su hijo a desafiar su ansiedad y sus pensamientos angustiantes (ver el capítulo 7).

- Realizar ejercicios tranquilizantes: hacer yoga o dar una caminata en la naturaleza puede tener un efecto relajante.

- Hipnosis: dado que es poderosamente tranquilizante, la hipnosis puede ayudar a cambiar el estado mental del niño, de ansioso a tranquilo.

- Neurorretroalimentación: esta técnica no invasiva usa la biorretroalimentación de EEG (electroencefalogramas) para medir las ondas cerebrales en tiempo real y ayudar a volver a entrenar el cerebro para lograr un estado mental más sano y equilibrado. Si le interesa explorar este tratamiento, busque un profesional licenciado en salud mental, que sea competente en neurorretroalimentación.

- Suplementos nutritivos, tales como:
  - L-teanina 100–300 mg
  - GABA 125–500 mg
  - Ashwagandha (bufera) 125–600 mg
  - Glicinato, citrato o malato de magnesio 100–400 mg

Problemas con los estados de ánimo y depresión

Todos los niños se sienten tristes o pesimistas, a veces. Cuando muere la mascota amada de la familia, cuando un compañero de la escuela se muda lejos o cuando el niño no es elegido para estar en un equipo deportivo o en una obra escolar, es común que sienta tristeza, desesperación o indignidad. Pero cuando el desánimo persiste durante semanas o meses, podría ser una señal de depresión, la cual ha aumentado a un 27% en los niños del 2016 al 2020 según el estudio de la publicación *JAMA Pediatrics* que mencionamos antes[22]. Esto significa que tres millones de niños padecen depresión, y el número aumentó desde la pandemia. Estas son algunas de las señales de que un niño puede estar experimentando una depresión.

Síntomas de depresión en los niños
- Se sienten tristes, desesperados o indefensos.
- Demuestran falta de interés en los pasatiempos o en las actividades que solían disfrutar.
- Se sienten fatigados.
- Tienen cambios en el apetito (comer considerablemente más o menos comida que lo habitual).
- Duermen mucho más o menos que lo habitual.
- Presentan dificultades para concentrarse.
- Parecen carecer de motivación.
- Tienen dolores y molestias corporales.
- Muestran irritabilidad.
- Se involucran en comportamientos autodestructivos o autoagresivos (esto incluye pensamientos y comportamientos suicidas).

Estrategias naturales que sirven para todos los tipos de depresión
- Aliente a los niños a cuestionar sus ANTs (ver el libro del Dr. Amen: *Captain Snout and the Super Power Questions* [El capitán Narigón y las preguntas superpoderosas]).

- Estar en contacto con la naturaleza: caminar o jugar afuera.
- Luz solar adecuada o usar una lámpara de terapia de luz fuerte durante el invierno o los días oscuros.
- Una alimentación rica en frutas y vegetales.
- Trabajar en colaboración con un médico integrativo o funcional para optimizar en su hijo los índices de la tiroides, el ácido fólico, la vitamina D y otros.
- Eliminar los alimentos procesados, los colorantes artificiales, los conservantes y los endulzantes.
- Probar una dieta de eliminación durante tres semanas (para más detalles, ver la sección sobre el TDAH).
- Ejercitación física.
- Los suplementos nutritivos como:
  - Azafrán 10–30 mg.
  - Cúrcuma 100–400 mg.
  - Citrato o glicinato de zinc 30 mg (34 mg al día para adolescentes, menos para niños más pequeños).
  - Ácidos grasos con Omega 3 EPA+DHA: 1000–3000 mg. (El Dr. Amen está convencido de que, sin estas mejoras nutritivas, es improbable que los niños respondan a los medicamentos).

La depresión puede ser devastadora, pero muchas veces a las personas les recetan ISRS (inhibidores selectivos de la recaptación de serotonina) en una consulta médica rápida, en lugar de atacar la causa principal. Los ISRS suelen ser medicamentos difíciles de discontinuar y se ha demostrado que a algunos niños les hacen peor. Si las intervenciones anteriores no son eficaces, es hora de intentar otros nutracéuticos o medicamentos indicados para su tipo específico de depresión (consulte el libro del Dr. Amen *Healing Anxiety and Depression* [Sanando la ansiedad y la depresión]).

Trastorno obsesivo compulsivo (TOC)

El TOC se caracteriza por pensamientos recurrentes no deseados y desagradables que causan preocupación, vergüenza, culpa u obsesiones que interfieren con la vida diaria. Los comportamientos repetitivos más comunes incluyen contar y tocar compulsivamente, lavarse las manos en exceso, comprobar repetidamente las cosas. Los niños con TOC, el cual afecta entre el 1 y el 4% de la población[23], sienten que tienen que desarrollar estos comportamientos de una manera rígida o estricta, según reglas específicas autoimpuestas. Un niño que tiene la obsesión por contar, por ejemplo, podría sentirse obligado a contar cada grieta que hay en el pavimento de camino a la escuela. Lo que sería una caminata de cinco minutos para la mayoría de las personas podría convertirse en un viaje de una hora para el niño con TOC. Estos niños tienen una apremiante sensación interna de «Tengo que hacerlo».

El Dr. Amen ha tratado a muchas personas con TOC, de las cuales el menor fue un niño de cinco años. Este jovencito tenía una obsesión por comprobar repetidamente las cosas y necesitaba revisar las cerraduras de la casa entre veinte y treinta veces cada noche, antes de poder quedarse dormido.

Síntomas de TOC en los niños
- Pensamientos obsesivos
- Obsesiones (contar, lavarse las manos en exceso, etcétera)
- Preocupaciones excesivas o sin sentido
- Propensión a concentrarse demasiado
- Oposicionistas: su palabra preferida es *no*
- Rezongos
- Rencor
- Enojo cuando las cosas no salen como ellos quieren
- Perfeccionismo enfermizo
- Enojo cuando las cosas están fuera de su lugar

Estrategias naturales que sirven para todos los tipos de TOC

- Asegúrese de controlar si hay infecciones preexistentes, como estreptocócica, post-COVID o la enfermedad de Lyme. Los trastornos pediátricos neurosiquiátricos autoinmunes asociados al estreptococo (PANDAS, por su sigla en inglés) y el síndrome neuropsiquiátrico de aparición aguda en los niños (PANS, por su sigla en inglés) relacionados con otras infecciones pueden provocar nuevas apariciones de síntomas de TOC. Vea la próxima sección.

- Consuma alimentos altos en carbohidratos complejos: los alimentos como las batatas y los porotos de garbanzo pueden ayudar a elevar los niveles de serotonina.

- Evite la alimentación rica en proteínas: estas dietas aumentan la concentración y exacerban los síntomas del TOC.

- Terapia conductual: ayuda a fortalecer la corteza prefrontal para poder calmar la sobreactividad en el giro cingulado.

- Distracción: cuando note que su hijo se queda atascado en preocupaciones o en comportamientos, distráigalo cantando una canción con él, llévelo a dar una caminata o jueguen a un juego.

- Los suplementos nutricionales que pueden ayudar son:
  - 5-HTP 50–300 mg
  - Azafrán 10–30 mg
  - Hierba de San Juan 300–900 mg

PANS y PANDAS

Eric era un niño de buen carácter hasta que cumplió cinco años. De repente, empezó a manifestar rabietas intensas y un tic raro, encogiéndose de hombros y tirando su cabeza hacia un costado. Sus padres lo llevaron a un psiquiatra. Con el tiempo, el tratamiento derivó en consultas con otros médicos y varios diagnósticos, incluyendo TDAH, TOC, trastorno oposicional desafiante y otros. Cuando los padres de Eric lo trajeron a las Clínicas Amen, estaba tomando varios medicamentos que no ayudaban a su mejoría. Luego de una evaluación completa, la cual incluyó SPECT cerebral y análisis de laboratorio, Eric recibió un diagnóstico distinto: PANDAS.

Los trastornos pediátricos neuropsiquiátricos autoinmunes asociados al estreptococo (PANDAS), los cuales se consideran un subconjunto del síndrome neuropsiquiátrico de aparición aguda en los niños (PANS) son problemas mentales y conductuales que ocurren súbitamente a continuación de una infección. Considerados controversiales en la psiquiatría tradicional, los PANS/PANDAS son condiciones muy reales, las cuales afectan estimativamente a un 10% de los niños que fueron diagnosticados con TOC o síndrome de Tourette. La característica principal de PANS/PANDAS es la repentina aparición aguda y debilitante de síntomas neuropsiquiátricos. Las infecciones bacterianas y virales asociadas con PANS/PANDAS incluyen:

- Estreptococo
- Mononucleosis
- Enfermedad de Lyme
- Virus de Epstein-Barr
- Neumonía por micoplasma (neumonía errante)

En la actualidad, los investigadores están estudiando si hay alguna relación entre la infección por COVID y los PANS/PANDAS. Para el proceso de curación, es fundamental tratar la infección subyacente.

Síntomas de PANS/PANDAS en los niños
- TOC
- Alimentación restrictiva
- Ataques de pánico con ansiedad intensa o nuevas fobias
- Falta de atención o hiperactividad
- Tics vocales o nerviosos
- Depresión o pensamientos y conductas suicidas
- Ira o agresión
- Comportamiento oposicionista
- Sensibilidades sensoriales
- Regresión conductual
- Deterioro de las habilidades matemáticas y caligráficas
- Dificultades del sueño
- Incontinencia nocturna
- Síntomas asociados con el autismo
- Psicosis
- Diminución en el desempeño escolar

Estrategias naturales que sirven para los PANS/PANDAS

- Alimentarse con comidas sanas para el cerebro: alimentar el cerebro con comidas nutritivas puede ser beneficioso.

- Reducir la exposición a las toxinas: evitar las toxinas que más lastiman al cerebro es importante.

- Manejo del estrés: ayudar a los niños a tranquilizarse a sí mismos puede ser útil.

- Trabajar con un médico clínico experto en PANS/PANDAS para conocer más estrategias.

Los problemas de salud cerebral y mental son tratables, los que describimos aquí y también el trastorno oposicionista desafiante, el autismo, el trastorno bipolar, el trastorno de estrés postraumático, la esquizofrenia, los trastornos alimentarios, etcétera. La intervención temprana puede determinar una gran diferencia en la trayectoria de la vida de su hijo, así que no se espera a que los síntomas desaparezcan. Busque ayuda cuando la necesite.

CUÁNDO BUSCAR AYUDA PROFESIONAL

Entonces, ¿cómo saber cuándo es el momento de buscar ayuda? Si las actitudes, las conductas, los sentimientos o los pensamientos de su hijo interfieren con su capacidad de prosperar en casa o en la escuela, y los hábitos sanos para el cerebro y los principios de Amor y Lógica no han ayudado a aliviar el problema, busque ayuda profesional. Además, si los síntomas dificultan la capacidad de su hijo para funcionar, ser productivo o sentir alegría, necesita ayuda. Si usted entiende algunas de las señales que debe buscar, también sabrá cuándo hay algo que está funcionando mal.

Busque un profesional competente

Aun a quienes tienen las mejores habilidades para la crianza y los hábitos más saludables para el cerebro les resulta difícil manejar el estrés diario de tener un niño con un problema de salud cerebral/mental. Los hermanos suelen pasar vergüenza por la conducta del niño y los padres muchas veces se sienten culpables. Recibir ayuda profesional es fundamental para un resultado saludable para el niño y para el resto de la familia. Buscar a un profesional de la salud adecuado es aún más importante.

Ocho pasos para encontrar al mejor especialista en salud mental

1. *Conseguir a la mejor persona que encuentre.* No confíe en un terapeuta solo porque él o ella está en el plan de salud de su medicina prepaga o porque tiene un honorario accesible. Esa persona podría no ser una buena opción para usted o para su hijo. Ahorrarse un dinero por adelantado podría costarle mucho a la larga. La ayuda adecuada no solo es rentable a largo plazo, sino también le ahorra un dolor y un sufrimiento innecesarios.

2. *Trate con un especialista.* La ciencia del cerebro está creciendo a un ritmo acelerado. Los especialistas se mantienen al día con los últimos avances de su campo, mientras que los generalistas (los médicos de cabecera) tienen que procurar mantenerse al día de todo. Si usted tuviera una arritmia

cardíaca, ¿no preferiría consultar a un cardiólogo, en lugar de un médico generalista?

3. *Pida referencias a las personas que sean conocedoras de su problema.* A veces, las personas bien intencionadas dan mala información. El Dr. Amen ha conocido a muchos médicos y maestros que desestimaron los problemas de los sistemas cerebrales, como el TDAH, las dificultades de aprendizaje o la depresión y disuadieron a las personas de buscar ayuda. Un médico de cabecera le dijo a uno de los pacientes del Dr. Amen: «Ah, el TDAH está de moda. No necesita ayuda. Siga intentándolo y esfuércese más». Contáctese con especialistas, personas en los principales centros de investigación e individuos de los grupos de apoyo para su problema específico. Consulte los grupos de apoyo en línea de su zona. Muchas veces, los grupos de apoyo tienen miembros que han consultado a los profesionales locales y pueden darle información importante sobre doctores y proveedores, tal como el trato con los pacientes, su idoneidad, capacidad de respuesta y organización.

4. *Verifique los certificados profesionales.* Los médicos deben tener una certificación profesional. Para convertirse en profesionales certificados, los médicos deben aprobar ciertos exámenes escritos y orales. Han tenido que disciplinarse para adquirir sus habilidades y conocimientos especializados. No le dé excesiva credibilidad a la facultad de Medicina o a la escuela de estudios de posgrado a la que asistió el profesional. El Dr. Amen ha trabajado con algunos doctores que fueron a Yale y a Harvard y, sin embargo, no tenían ni idea de cómo tratar adecuadamente a los pacientes, mientras que otros doctores de universidades menos prestigiosas eran excepcionales, de criterio avanzado y empáticos.

5. *Arregle una entrevista para ver si quiere trabajar con determinado profesional.* Generalmente, deberá pagar por el tiempo de la consulta, pero vale la pena dedicarles tiempo a las personas en las que confiará para recibir ayuda. Si siente que no encaja muy bien, siga buscando.

6. *Muchos profesionales escriben artículos o libros o dan charlas en reuniones de grupos locales.* Si puede, lea algunos de sus artículos o vaya a escucharlos para tener una primera impresión de quiénes son y de su capacidad para ayudarlo a usted.

7. *Busque un prestador que tenga mentalidad abierta y que esté actualizado y dispuesto a probar métodos nuevos.*

8. *Busque un prestador que lo trate con respeto, que escuche sus preguntas y que responda a sus necesidades.* Usted necesitará tener una relación de cooperación y confianza.

Puede ser difícil encontrar a un profesional que cumpla con todos estos criterios y que tenga el entrenamiento adecuado en fisiología cerebral, pero es posible. Sea persistente. El médico correcto es esencial para ayudarlo a curar a su hijo.

Póngalo en práctica

- Acepte que los problemas de salud cerebral/mental son frecuentes.
- Comprenda cómo los cuatro círculos de la salud mental pueden tener un efecto negativo o positivo en la salud cerebral/mental de su hijo.
- Esté consciente de que no tratar los problemas de salud cerebral/mental puede traer importantes consecuencias a largo plazo a la vida de su hijo.
- Conozca las señales y los síntomas comunes de los problemas de salud cerebral/mental en los niños.
- Reconozca que los problemas pediátricos de salud cerebral/mental en realidad son problemas de salud del cerebro.
- Pruebe las estrategias naturales tan pronto como advierta los problemas.
- Si sospecha que hay un problema, comience por hablar con el pediatra de su hijo.
- Para el tratamiento, busque un especialista en salud cerebral/mental que tenga amplios conocimientos en la salud cerebral.

SEGUNDA PARTE

CONSEJOS Y HERRAMIENTAS PARA TRANSFORMAR LOS DESAFÍOS COMUNES EN FORTALEZA DE CARÁCTER

El camino de la sabiduría, la fortaleza de carácter y la fe está lleno de baches. El viaje es difícil, pero el destino es encantador.

Ahora que dispone de herramientas y técnicas de eficacia probada para criar hijos respetuosos, responsables y con cerebros sanos, le facilitaremos algunos consejos que van directo al grano para responder a los desafíos comunes, los cuales incluyen: entrenamiento para controlar los esfínteres, rivalidades entre hermanos, acoso, participación en los deportes, presión de los amigos y los compañeros, citas románticas, divorcio y relación con los padrastros y las madrastras. Con las estrategias correctas, puede vencer los desafíos cotidianos y convertirlos en oportunidades de aprendizaje que favorezcan la fortaleza mental. Cuando aborda los problemas comunes usando técnicas basadas en el cerebro, el amor y la lógica, puede ayudar a que su hijo se convierta en una persona que resuelva mejor los problemas, desarrolle una mayor autoestima y se apoye en una actitud optimista. Si sus esfuerzos no resultan eficaces o si sospecha que algo más grave es la causa de los problemas, es aconsejable consultar a un profesional de la salud mental (como se describió en el capítulo 13).

DESAFÍOS COMUNES: QUE APRENDER A HACER SUS NECESIDADES EN EL BAÑO SEA UNA EXPERIENCIA POSITIVA

*¿Quién hubiera dicho que enseñar a los niños
a ir al baño podía ser tan divertido?*

Enseñar a ir al baño puede ser frustrante para los padres, así como para los pequeños, pero gran parte de este trastorno es innecesario cuando los padres entienden tres cosas:

- Los mensajes dañinos que solemos recibir sobre la edad en que los niños deberían dejar los pañales.
- El momento oportuno y la trayectoria del desarrollo normal.
- Cómo aplicar el MAP de Amor y Lógica para ayudar a que los niños disfruten el proceso.

Los mensajes imprecisos y nocivos sobre la enseñanza para dejar los pañales provienen de diversas fuentes, entre ellas: otros padres, las redes sociales, los blogs y algunos de los presuntos «expertos» en crianza, los cuales no tienen las credenciales o la experiencia que respalde sus afirmaciones. He aquí algunos de los mensajes más dañinos.

- **Primer mensaje dañino: todos los niños son iguales.** La verdad es que la biología y el desarrollo de cada niño son únicos. No espere que su segundo hijo logre lo mismo en el mismo momento que lo hizo su primogénito. Y no suponga que su pequeño se desarrollará al mismo ritmo que su mejor amigo.

- **Segundo mensaje dañino: es una competencia.** Piense en esas mamás que ponen una calcomanía en la camiseta de su hijo que dice: «Ya voy al baño solito», como si fuera una especie de símbolo de estatus. La mayoría de los cuidadores pueden saber rápidamente si un niño ha dominado esta habilidad sin que el niño tenga una calcomanía.

- **Tercer mensaje dañino: es cuestión de las consecuencias correctas.** Algunos padres piensan que si se castiga lo suficiente al niño, su vejiga va a cooperar.

- **Cuarto mensaje dañino: es solo cuestión de las recompensas adecuadas.** A veces, utilizar recompensas tangibles puede ser una buena manera de configurar los comportamientos deseados, pero no siempre funcionan como lo planeamos. Tenga presentes dos cosas: (1) las recompensas no acelerarán la prontitud del desarrollo; y (2) las recompensas raras veces son eficaces si no van acompañadas de los mensajes de una relación positiva. El mayor incentivo es su amor, su aliento y su entusiasmo.

Estas ideas falsas generan frustración en padres e hijos.

En realidad, hay un amplio rango de lo que se considera «normal» cuando se trata del momento oportuno y de la trayectoria de desarrollo. En los Estados Unidos, la edad promedio para ir al baño por sus propios medios es de los dos a los tres años[1], pero algunos niños empiezan a lograrlo antes o después de eso. Por ejemplo, la investigación muestra que las niñas, por lo general, logran controlar esfínteres entre dos y tres meses antes que los varones[2]. Algo a recordar es que una asombrosa cantidad de complejos procesos de maduración física y neurológica deben llevarse a cabo antes de que el niño esté listo.

Cuando interferimos el desarrollo saludable, muchas veces tratando de apurar el proceso, introducimos un estrés excesivo, lo cual suele ser contraproducente porque retrasa el desarrollo.

El desarrollo de las capacidades para controlar esfínteres es como el desarrollo de muchas otras. Su evolución no es uniforme ni lineal. Su hijo puede hacer rápidos avances, luego estancarse o, incluso, retroceder un poco. Es normal. Cuando usted lo entiende, es mucho menos probable que sienta pánico, que se frustre o que tenga dificultades con su hijo cuando haya momentos de calma y de retroceso.

Aprenda a poner en práctica el MAP de Amor y Lógica:

• Modele una conducta sana.
• Acepte los errores «baratos».
• Prodigue empatía.

Observe cómo una madre soltera le dio vuelta a las cosas con su hija, quien estaba empezando a resistirse a usar la pelela. Cuando Jessica fue a ver al Dr. Fay, le dijo que había intentado todo, incluso ponerse un poco severa con su hija. El Dr. Fay le preguntó a Jessica si cuando la regañaban le daba ganas de hacer algo o si ver que los demás se divertían sería más útil. El Dr. Fay le sugirió a Jessica que ella mostrara con el ejemplo cómo usar el baño y que hiciera que fuera divertido.

Cerca de un mes después, el Dr. Fay le preguntó cómo le estaba yendo. Jessica dijo que la estrategia nueva estaba funcionando. Hasta se divertía cuando hacía caras graciosas y le agregaba unos efectos de sonido. Cuando retrocedía hacia el inodoro, decía: «Bip, bip, bip», como si fuera un gran camión dando marcha atrás, su hija se reía y también le daban ganas de ir.

—Pero hay un problema —dijo—. La falta de privacidad. Ahora, cada vez que entro ahí, se queda mirándome. Pero estamos avanzando un poco. El otro día dijo: «Mami, ¿necesitas un poco de privacidad?». Y yo le dije: «Qué amable de tu parte que lo preguntes; sí, sería lindo tener un poco de privacidad». Entonces, cerró la puerta del baño y se quedó mirándome.

La moraleja de esta historia es que esta ocupada madre soltera trató de hacer simple y divertida la cosa, recordando que el desarrollo óptimo se fomenta cuando las necesidades físicas y emocionales de los hijos se satisfacen de manera constante. No dejó que los mensajes dañinos que daban vueltas alrededor de su cabeza la llevaran a prácticas que añadieran cortisol (la hormona que reacciona al estrés) a la mezcla. En cambio, modeló la conducta para su hija de un modo tal que siguiera creando el vínculo de confianza y de cariño que durará toda la vida. A continuación, le damos unos consejos para empezar con el proceso de aprender a ir al baño:

- Espere a que el pequeño tenga entre dos y tres años para comenzar el proceso.
- Modele la conducta y hágalo divertido. Cante canciones, haga sonidos graciosos, aplauda o haga alguna otra cosa que muestre qué divertido es usar la pelela.
- Use una muñeca para demostrar cómo usar la pelela.
- Cuando su hijo use la pelela, ¡celebre!
- Señale momentos para ayudar a que los niños entiendan cuándo es hora de usar la pelela.
- Evite el castigo. Ningún tipo de reprimenda logrará que la vejiga de un niño coopere.
- Enséñele a su hijo a decir «pipí» o «popó» cuando tenga que ir.
- No haga un drama de los retrocesos.
- Pase gradualmente de los pañales a los pañales de entrenamiento y, luego, a la ropa interior.

¿Qué pasa cuando moja la cama durante la noche? Aunque la enuresis nocturna, término médico para la incontinencia urinaria durante la noche, no es una afección grave, puede ser frustrante para los padres. Un estudio muestra que un 30% de los pequeños todavía mojan la cama a los cuatro años y medio de edad y cerca del 10% de los niños todavía lo hacen a los nueve años y medio[3]. Esto puede generarles culpa y vergüenza y causarles problemas de baja autoestima. El Dr. Amen solía mojar la cama cuando era niño y eso lo llenaba de vergüenza. Todas las mañanas se despertaba aterrado, preguntándose si las sábanas estarían empapadas. El estrés y la ansiedad son detonantes habituales para hacerse pis en la cama. Además, las investigaciones muestran que los niños con TDAH son más propensos a experimentarlo[4]. Para los padres, el truco es ser pacientes y dejar que el control nocturno de la vejiga de su hijo se desarrolle a su propio tiempo.

No se enoje con su hijo, no lo haga sentir que es su culpa ni que está haciendo algo mal. Eso puede perjudicarlo de muchas maneras. Como ejemplo extremo, fíjese en Louis Peoples, quien fue condenado por matar a cuatro personas en 1997[5]. En las Clínicas Amen escaneamos su cerebro, y el estudio reveló una actividad anormal en la corteza prefrontal, coherente con el consumo de drogas o con un traumatismo craneal. También nos enteramos de que siguió haciéndose pis en la cama hasta la adolescencia. Si mojaba la cama, sus padres sacaban las sábanas mojadas y las usaban para atarlo a un árbol en el patio. Aunque este castigo horrible no justifica la matanza que cometió, fue dañino en extremo para su salud cerebral.

Hay varias estrategias que ayudan a reducir las posibilidades de mojar la cama. Por ejemplo, haga que su hijo deje de consumir bebidas durante la noche y evite la cafeína, la cual es un diurético. Asegúrese de que su hijo orine antes de ir a la cama y una vez más si pasó un tiempo antes de quedarse dormido. Las alarmas de humedad también pueden ayudar. Si continúa mojando la cama después de los siete años, consulte al médico que atiende a su hijo para descartar cualquier problema de salud subyacente, como apnea del sueño o constipación. En algunos casos, los medicamentos pueden servir.

Póngalo en práctica

- Use los consejos de aprendizaje que sean más eficaces para usted y para su hijo.
- Hágalo divertido; no lo convierta en algo estresante para su hijo.
- No espere que el progreso sea lineal. Los retrocesos son comunes.

CAPÍTULO 15

DESAFÍOS COMUNES: LA RIVALIDAD ENTRE HERMANOS

Como padres, no podemos hacer que los hermanos y las hermanas se amen unos a otros, pero podemos enseñarles a respetarse mutuamente.

Los hermanos pueden ser los mejores amigos o los peores enemigos. Esta relación primordial puede impulsar el desarrollo de habilidades sociales y emocionales importantes y de la confianza en sí mismos o, por el contrario, cultivar el miedo, el resentimiento, la ansiedad y la depresión[1]. Los buenos resultados dependen de entender que las relaciones de hermanos pueden producir un campo de entrenamiento seguro y eficaz para los niños.

Cuando considere que la rivalidad entre hermanos es una oportunidad para aprender, sentirá menos pánico de asegurarse de que sus hijos se traten unos a otros con amabilidad. De hecho, las peleas entre hermanos pueden reforzar las habilidades solo cuando los padres entienden los pasos necesarios para que los hijos aprendan:

1. A tener un problema o un conflicto.
2. A esforzarse para resolver el problema o el conflicto.
3. Los límites y la guía provista por un adulto.
4. A esforzarse más con el desafío.
5. El éxito final debido al esfuerzo invertido.

El esfuerzo, los límites y la orientación proporcionan un marco para que los niños elaboren soluciones, lo cual construye fortaleza mental y relaciones sanas. Cuando usted permite que los niños resuelvan sus conflictos, ellos tienden a respetarse mucho más a la larga. (Lo mismo vale para los adultos). Recuerde: su trabajo no es hacer que se amen unos a otros. Su trabajo es ayudarlos a aprender cómo encarar el conflicto y cómo lidiar con las personas que son diferentes.

Quizás, el factor más importante para una sana relación de hermanos es cómo usted modela el respeto, el perdón y la gracia para con los demás. Recordemos que los niños, a la larga, se parecerán más a nosotros de lo que podemos imaginar. Por eso es tan importante que sea ejemplo de cómo cuidarse sanamente a sí mismos, de serenidad y de límites buenos cuando usted reacciona a las explosiones entre los hermanos. Aquí unos consejos sobre cómo ayudar a resolver la rivalidad entre hermanos mientras fomenta el control y el compartir los pensamientos:

1. **Honre las fortalezas únicas de cada niño.** No haga comparaciones entre sus hijos. Ellos son individuos y necesitan que los respete y los ame por su carácter único. Además, así será ejemplo de lo que usted espera que hagan entre hermanos. Como hemos enfatizado a menudo, la calidad de la relación que sus hijos tienen con usted influirá en cualquier otra relación que ellos tengan. Si lo aman y lo respetan, será mucho más probable que, con el tiempo, aprendan a amarse y respetarse entre ellos.

2. **Enséñeles que la rivalidad con usted no funcionará.** En muchas ocasiones, la rivalidad entre hermanos en realidad es un ejemplo de que los hijos no respetan lo suficiente a sus padres como para dejar de pelear cuando los padres les piden que lo hagan. Si sus hijos no han aprendido a cumplir otros pedidos sencillos, como sacar la basura, limpiar su cuarto o lavar y guardar los platos que usan, ¿qué posibilidad hay de que obedezcan cuando les pida que dejen de golpearse y gritarse entre ellos? Si sus hijos no aprendieron a escuchar, repase el capítulo 6 sobre la disciplina.

3. **Cuídese bien a sí mismo y deje que los problemas de ellos sigan siendo entre ellos.** Podría sentirse tentado a involucrarse en la pelea cuando sus hijos estén riñendo o peleando. Esto les enseña que alguien siempre acudirá a rescatarlos cuando ellos tengan o creen

un problema con otra persona. Una táctica mejor implica dejar que la resolución del problema sea de ellos. Digamos que están en el automóvil y los niños están gritando, tratándose mal y pateando el respaldo de su asiento. El diálogo podría ser algo parecido a esto:

Madre:

—Esto es tan triste. Ustedes tienen un problema que deben resolver. Tienen que resolverlo porque se está convirtiendo en un problema para mí. ¿Qué van a hacer?

Hijos:

—Sí, pero él me dijo... / ¡Pero él está en mi lado! / Ella me pellizcó.

Madre:

—¿Qué van a hacer para resolver este problema? Si quieren algunas ideas, se las compartiré feliz de la vida. Si sigue este comportamiento, tendré que hacer algo cuando lleguemos a casa.

Hijos:

—¿Qué vas a hacer?

Madre:

—Tendré que pensarlo, pero parece que les vendría bien pasar un tiempo juntos que los ayude en su relación.

Un niño al otro:

—Un tiempo juntos significa hacer las cosas de la casa juntos.

Madre:

—Los quehaceres sirven para que las personas se vinculen, ¿no?

Hijos: (*abrazándose de pronto*)

—Nos amamos. No necesitamos ningún quehacer para eso.

Madre: (*sonriendo*)

—Bueno, me parece genial. Me alegra mucho ver que su relación ha mejorado.

Como podrá imaginar, no fue la primera experiencia que estos niños tuvieron con Amor y Lógica. La primera fue así:

Madre: (*tranquilamente y con empatía*)

—Ah, qué triste es esto. Cada uno de ustedes está a punto de recibir muchos quehaceres para reponer mi energía y para que aprendan a relacionarse entre ustedes.

Uno de los hijos:

—Eso es una tontería. No me importa.

El otro hijo:

—Yo no quiero relacionarme con ella.

Madre: (*todavía con calma*)

—Tendré que hacer algo al respecto, pero no ahora. Necesito concentrarme en manejar. Luego hablaremos de esto.

Hijos:

—¿Qué vas a hacer?

Madre:

—No estoy segura. Lo hablaremos luego.

Hijos:

—¡Tienes que decirnos!

Madre: (*con calma, pero firmemente*)

—Hablaremos luego.

En casa, un par de horas después:

Madre: (*con empatía*)

—La forma en que se peleaban en el automóvil en realidad agotó mi energía. ¿Qué podrían hacer ustedes para reponerla?

Uno de los hijos:

—¡Él es tan molesto! No fue mi culpa.

El otro hijo:

—¡Ni hablar! Tú empezaste.

Madre: (*segura de que ambos hijos participaron del problema, replica con firmeza pero con empatía*)

—Ah, me apena mucho. Los amo tanto que en realidad me agota cuando no quieren intentar llevarse bien. Supongo que esta semana pueden reponer mi energía quedándose en casa, en lugar de hacerme llevarlos a las actividades o podrían pasar un tiempo juntos como hermanos terminando algunos de mis quehaceres, como pasar la aspiradora, lustrar los muebles, limpiar los baños y cualquier otra cosa que se les ocurra. Me he dado cuenta de que hacer juntos las tareas del hogar ayuda a las personas a afirmar su vínculo para que puedan llevarse mejor, pero es decisión de ustedes. Si deciden hacer las tareas de la casa, les mostraré qué hay que hacer antes del lunes a las seis de la tarde.

Note cómo esta madre se cuidó a sí misma, en lugar de dejarse arrastrar a la batalla con sus hijos. Observe también cómo aplicó la técnica de la pérdida de energía del capítulo 6. Es importante recordar que la técnica de la «pérdida de energía» no fue pensada para usarse con sarcasmo o enojo. Tampoco está destinada a usarse de manera que haga sentir culpables a sus hijos. La intención es darles la oportunidad de compensar los efectos de su mala conducta. Un beneficio adicional es que suelen sentirse muy orgullosos de sí mismos después de hacerlo.

4. **No trate de averiguar quién empezó.** Si pudiéramos embotellar la energía desperdiciada por los padres intentando determinar «¿quién empezó?», podríamos iluminar una gran área metropolitana durante meses; quizás, años. Por lo general, todos «la empezaron» de alguna manera, forma o modo. A menudo, el niño que parece ser la víctima inició la revancha mirando de mala manera al otro o susurrando una burla. A menos que lo sepa sin ningún lugar a dudas, no se convierta en un detective. Al hacerlo, puede terminar reafirmando un comportamiento encubierto e insano que tuvo el niño que parece estar metido en lo suyo. Ningún padre quiere perpetuar este modelo.

Póngalo en práctica

* Celebre hoy las fortalezas únicas de cada hijo.
* No se involucre en la pelea cuando sus hijos estén riñendo.
* Pregúnteles a sus hijos cómo van a solucionar su problema.
* No pierda el tiempo tratando de averiguar quién la empezó.

CAPÍTULO 16

DESAFÍOS COMUNES: CUANDO SU HIJO SUFRE ACOSO U HOSTIGAMIENTO

Enseñarle a su hijo cómo arreglárselas cuando lo fastidian
puede ser una habilidad beneficiosa a cualquier edad.

Hay pocas cosas más tristes e indignantes que descubrir que su hijo se ha convertido en objeto de burlas o de hostigamientos. Pese a que es tentador intervenir para rescatar a su hijo, esto no siempre es el método más aconsejable, a menos que el acoso y el hostigamiento se hayan convertido en abuso o agresión. Hace poco, el Dr. Fay vio un video de un niño al que lo estrangulaban y le daban puñetazos y cachetadas en un autobús escolar. El agresor parecía mayor y mucho más corpulento que él. Los comentaristas del noticiero decían que era un caso de *acoso*. No, eso era abuso. Era agresión. Tanto el abuso como la agresión son ilegales; los padres deben involucrarse al extremo, al punto de presentar cargos legales.

Dicho esto, es muy frecuente que los niños que reciben burlas u hostigamiento crean que alguien los rescatará en cualquier momento que enfrenten un conflicto o maltrato. Esto ocurre cuando el triángulo del drama, el cual el Dr. Stephen Karpman analiza extensamente, persiste de manera crónica[1]. Esta dinámica, descrita en la próxima página, crea una situación en la cual la persona hostigada comienza a asumir perpetuamente el rol de «víctima» porque recibe más atención y compasión cuando tiene una crisis que cuando trabaja activamente para evitar o resolver la crisis. Curiosamente, como se representa a través de las flechas con puntas dobles, es habitual que estos roles se inviertan y que la víctima termine criticando a su rescatador por no haberla rescatado como deseaba. El comportamiento de la víctima muestra que se cree merecedora de privilegios y se siente justificada para atacar al hostigador original. Es el tipo de conflicto complicado que nadie en su sano juicio quiere que suceda en su casa o en su escuela.

En los niños, el Dr. Fay ha observado que la manera más rápida de evitar o salir del esquema perjudicial del triángulo del drama es empoderando a la víctima para evitar o minimizar que adopte el rol emocional de víctima. Esto quiere decir ayudarlos a darse cuenta de cómo manejar las situaciones con firmeza, humor, calma o cualquiera otra actitud que le demuestre al hostigador que su potencial víctima *no* es un objetivo divertido y estimulante.

No les quite su lugar a los niños rescatándolos de manera constante. Cuando lo hacemos, automáticamente los colocamos en el rol de la víctima. Cuando su hijo no corra un claro peligro emocional o físico, es sabio dejarlo luchar un poco para que aprenda las habilidades maravillosas que le serán útiles por el resto de su vida. Cuando se vea a sí mismo teniendo éxito, la alegría y la mejoría en su autoestima serán inestimables. Como todos sabemos, el hostigamiento no se termina después de la primaria o la secundaria. La mayoría hemos sido testigos de él o lo hemos sufrido como adultos. A continuación, verá una lista con algunas claves para educar y empoderar a los niños de todas las edades:

1. **Ayúdelos a entender la diferencia entre hostigamiento y desacuerdo.** Écheles un vistazo a estos ejemplos de desacuerdos menores confundidos con hostigamientos:

    -   Una alumna de segundo grado fue llorando a la oficina de la administración, diciendo que la estaban hostigando. Cuando le preguntaron qué había sucedido, dijo: «Emma dijo que no le gustaban mis zapatos».
    -   Un estudiante de secundaria les dijo a sus padres que había sido hostigado cuando un compañero de clase comentó que su mariscal de campo favorito de la NFL, Tom Brady, era horrible.

Los desacuerdos no califican automáticamente como hostigamiento. Una forma de explicarlo es decir que todos tienen un dispositivo interno invisible que controla su reacción a los desacuerdos que los demás tienen con ellos. Lo llamamos «ofensómetro». El ofensómetro de algunas personas está programado muy alto, lo cual significa que se molestan aun por los desacuerdos más pequeños. Por ejemplo, si alguien dice que no le gusta el color de la camiseta de otra persona, ¡Pum!, el ofensómetro de la otra persona se dispara y le arruina todo el día. ¿No le parece triste por esas personas? Otros tienen el ofensómetro en una altura media o baja. Las personas que tienen la vara baja son las más felices porque alguien puede decir algo con lo que no estén de acuerdo, pero a ellos no les importa demasiado. Sencillamente, no le dan importancia y siguen teniendo un gran día.

2. **Enséñele el «poder del frío».** Un método eficaz es ayudar a su hijo a que entienda que una forma de reducir las posibilidades de ser reiteradamente el objetivo de un hostigador es demostrarle, o al menos fingir, que sus palabras no lo molestan ni lo ponen nervioso. Pídale a su hijo que describa qué sucede cuando su ofensómetro se dispara y qué cosas comienza a hacer o a decir que demuestran que está molesto o enojado. Luego, pregúntele: «¿Así es más o menos probable que te hostiguen?».

Muchos niños responden rápidamente que a los hostigadores parece agradarles atormentar a los niños que se ponen mal. En otras palabras, muchos niños entienden intuitivamente que los hostigadores se sienten poderosos cuando pueden causar angustia emocional en otros. Si a su hijo le cuesta entender este concepto, explíquele apaciblemente que la reacción emocional es como un premio para el hostigador.

El señor Menéndez entendía este concepto, por lo tanto, les enseñó a sus alumnos de segundo grado cómo actuar en frío cuando alguien dijera algo desagradable. Practicaban en clase cómo aparentar que estaban tranquilos, relajados y compuestos cuando empezaban a sentir que su «ofensómetro» se había disparado. El señor Menéndez ayudó a su clase a ensayar muchas veces cómo fingir que no les interesaba su ofensómetro o lo que dijeran o hicieran otros niños. Lo describió como «tener el poder del frío».

A Manny, un niño de la clase del señor Menéndez, solían fastidiarlo en los pasillos unos alumnos mayores. Casi todos los días, lo increpaban con frases como: «Tu mamita hace tal cosa...» o «Tu mamita es tal otra...» o «Vi a tu mamá en...». Después de aprender sobre el «poder del frío», Manny dejó de enojarse y frustrarse. En lugar de eso, sonreía y respondía: «Sí, le he dicho que deje de hacer esas cosas, pero no quiere escucharme». Los hostigadores pronto se dieron cuenta de que no podían hacer reaccionar a Manny y empezaron a buscar a otro que no tuviera el «poder del frío».

3. **Recuérdele cuestionar sus ANTs sobre ser hostigado.** Todos necesitamos recordar que los ANTs siempre empeoran las cosas, sin importar cuál sea la situación. Lo mismo ocurre cuando alguien recibe burlas u hostigamiento. De hecho, aquí es cuando necesitamos los pensamientos más sanos posibles. Algunos de los pensamientos más habituales que surgen de las burlas y el hostigamiento son:
   - *Soy una víctima.*
   - *Soy un inútil.*
   - *Es mi culpa que ellos sean crueles conmigo.*
   - *Odio a esos niños. Me las van a pagar.*
   - *No hay nada que yo pueda hacer. Es inútil.*

El Dr. Fay dirigía una asamblea escolar sobre el hostigamiento en Houston, Texas.

«Estábamos conversando sobre cómo confrontar los ANTs cuando una niñita levantó la mano y dijo:

—Mi papá dice que use las frases mágicas. Necesitas tener frases mágicas que te digas a ti mismo cuando alguien te acosa o te pasa algo malo.

Le pedí un ejemplo, y ella dijo:

—Cuando alguien me hostiga o es cruel conmigo, me digo a mí misma: *No dejen que el mal los venza, más bien venzan el mal haciendo el bien.* Me digo eso todo el tiempo a mí misma. Mi papá me dijo que no lo diga en voz alta, que me lo diga a mí misma.

¡Esta niñita es una afortunada de tener un padre tan sabio!».

Cuestionar la exactitud de los ANTs y reemplazarlos por el pensamiento preciso adecuado, o la «frase mágica», puede ayudar a que cualquier niño aprenda a ver a los hostigadores como personas que *sufren*, en lugar de verlos como personas que *hacen* sufrir. Puede ayudar a los adolescentes a entender que no tienen que creer todo lo que dice alguien y que ni siquiera tienen que creer lo que ellos dicen sobre sí mismos, a menos que sea algo acertado. Un adolescente compartió su frase mágica favorita: «El día que estoy teniendo depende de mí». Esta simple frase le recordaba al adolescente que su manera de responder a las cosas era algo que él podía controlar por completo. Una mujer a la cual el Dr. Fay aconsejaba le dijo la frase que ella se decía cuando su suegra sumamente crítica la hostigaba: «Agradezco tanto que su hijo tenga una personalidad distinta». Para más ideas sobre el tema, lea el libro increíblemente útil de Sally Ogden, *Words Will Never Hurt Me* (Las palabras nunca me lastimarán)[2]. La mayoría de los niños pueden leerlo por sí mismos y aplicar con éxito sus propuestas.

4. **Enséñele cómo evitarlo o mantenerlo.** El experto preeminente en hostigamiento, Dan Olweus, pasó más de cuarenta años investigando por qué es un problema tan grande y qué se puede hacer al respecto. En su provechoso libro *Conductas de acoso y amenaza entre escolares,* describe lo que él llama la «víctima provocativa»[3]. Es el niño que participa de su propio maltrato por instigar el conflicto y mantenerlo, sutilmente yendo y viniendo de ser la víctima indefensa a ser el instigador sarcástico. Son los niños que suelen hacer cosas como insultar en voz baja a otros, ponerles mala cara, meterse en chismorreos, hacer comentarios llenos de sarcasmo, discutir innecesariamente con otros niños, burlarse o jugar demasiado brusco. Los niños con TDAH son más pasibles de ser hostigados y ser «víctimas provocativas» por causa de su impulsividad, su hiperactividad y porque pueden ser incitados emocionalmente[4]. Los niños con una excesiva actividad en el giro cingulado anterior (GCA) de su cerebro, pueden persistir en demasía y seguir empecinadamente una disputa, aunque pierdan en la discusión.

El Sr. Menéndez, el maestro que enseñó a sus alumnos el «poder del frío», usó la eficaz estrategia de ayudarlos a ver que debían hacer todo lo que estuviera en su poder para evitar ser parte del problema de las burlas o el hostigamiento. Por supuesto, él los ayudaba cuando necesitaban ser rescatados, pero también los alentaba llevándolos aparte y preguntándoles: «¿Estás usando las habilidades que aprendimos para manejar las burlas y el hostigamiento?». Estas habilidades incluían usar el poder del frío y evitar los comportamientos que provocaran a otros.

Él advirtió que, en general, era claro cuáles estudiantes usaban el «poder del frío» y hacían todo lo posible por ser pacificadores. En esos casos, él adoptaba un rol más activo en la resolución del problema para asegurarse de que cesara el hostigamiento. En otros casos, era obvio que el estudiante estaba a salvo pero trataba de lograr la mayor cantidad posible de drama y de atención manteniendo el conflicto. En esos casos, él decía: «Parece que aquí tienes una buena oportunidad de usar tus habilidades. Cuéntame cómo te va».

A veces, esta estrategia provoca que el niño use sus habilidades y la situación se resuelva. ¡Qué incentivo para la autoestima! En otras ocasiones, es posible que usted deba actuar para resolver el problema.

5. **Enséñeles a desarrollar un sistema de apoyo y cómo usarlo.** Dan Olweus descubrió tres grupos, cada uno de los cuales representaba un rol en el problema del hostigamiento: (1) el hostigador, (2) la víctima y (3) el espectador. Los espectadores son los que ven que el hostigamiento está ocurriendo y tienen miedo de involucrarse. Las escuelas pueden dar grandes pasos para reducir el comportamiento hostigador, ayudando a los alumnos a verlo como lo que es y a interponerse en muchas ocasiones. Avísele a su hijo que, si alguien se burla de él o lo hostiga, debería acercarse lentamente a sus amigos o a un adulto, sin decir nada sobre el problema en ese momento. Cuando el niño se acerca a su sistema de apoyo, pero señala al hostigador y dice: «¡Él me está insultando!» o «¡Me está molestando!», incita a que el hostigador se desquite.

Además, nuestros hijos deben informar del hecho a los maestros y describir qué cosas están haciendo para evitar el problema. Cuando pueden hacerlo con calma y describir las estrategias maduras para manejarlo, ayudan a que el adulto entienda mejor que la situación es muy seria.

6. **Actúe cuando el hostigamiento continúe o se incremente.** Si bien es difícil responder estrictamente cuándo es necesario intervenir, hay dos principios que, en general, son ciertos: (1) si se está produciendo un maltrato o un ataque, hacemos todo lo posible por frenarlo, y (2) cuando hay burlas y acoso, intentamos hacer lo mejor de nuestra parte para que los niños entiendan que pueden resolver exitosamente el problema sin nuestra ayuda. Si ellos no pueden, intervenimos. Cuando el rescate sea justificado, los padres deben desempeñar su papel de dirigirse al personal de la escuela para que ellos sigan empoderando a su hijo. Describir los incidentes por escrito y detallar cómo han empoderado a su hijo para resolver el problema es una continuación importante a un encuentro en persona o a una llamada telefónica.

Póngalo en práctica

- Ayude a sus hijos a entender la diferencia entre hostigamiento y desacuerdo.
- Enséñeles a sus hijos cómo usar el «poder del frío».
- Anime a sus hijos a cuestionar sus ANTs relacionados con el hostigamiento y las burlas.
- Asegúrese de que sus hijos sepan cómo pueden evitar incentivar el hostigamiento.
- Que los hijos sepan cómo sus amigos y los adultos pueden actuar como un sistema de apoyo cuando ocurre el hostigamiento.
- Si los esfuerzos de sus hijos no resuelven el hostigamiento o si el hecho se vuelve violento, intervenga.

CAPÍTULO 17

DESAFÍOS COMUNES: LOGRAR QUE LOS DEPORTES SIGAN SIENDO SANOS Y DIVERTIDOS

*No espere que los deportes formen el carácter. Espere que
el carácter mejore la experiencia con los deportes.*

Dado que los deportes comienzan alrededor de la edad de la escuela primaria, pueden ser buenos para los niños porque los ayudan a aprender el trabajo en equipo, el valor del esfuerzo y a ponerse metas. Otros beneficios incluyen un mejor rendimiento académico, la autorregulación fortalecida, mejor salud física, etcétera[1]. En otros casos, el participar en deportes puede poner a prueba la resistencia emocional, el dominio propio y la madurez de todos los involucrados. Para lograr que los deportes sigan siendo divertidos, así como física y emocionalmente saludables, procure seguir los siguientes consejos.

1. **Proteja el cerebro de sus hijos.** El fútbol, el fútbol americano y algunos otros deportes están asociados con lesiones que pueden estropear el futuro de su hijo. Las lesiones cerebrales traumáticas que ocurren anualmente en los Estados Unidos ascienden a 3.800.000. Se estima que el 10% son a causa de los deportes y de traumatismos craneales relacionados con la recreación[2]. El traumatismo craneal puede ser devastador para la salud mental, si se tiene en cuenta que está asociado con un mayor riesgo de problemas de la salud mental a lo largo de la vida, tales como ansiedad, depresión, TDAH, consumo de drogas y de alcohol, problemas de aprendizaje, hostilidad, etcétera.

   Si bien el uso del casco brinda cierto nivel de protección, los impactos (aun los suaves) pueden lesionar el cerebro. Cuando un niño recibe un golpe en la cabeza, el cerebro puede sacudirse adelante y atrás dentro del cráneo, golpeándose con las partes puntiagudas que tiene el cráneo y recibir daños. Uno de los muchos problemas de dichos traumatismos craneoencefálicos cerrados es que a menudo *parecen* no causar ningún daño en lo inmediato. Una sola lesión o los reiterados golpes (piense en cabecear pelotas de fútbol repetidamente), pueden ser acumulativos con el tiempo. A menudo vemos a niños, adolescentes y adultos con serios problemas de dominio propio, atención, ansiedad, desánimo, ira, impulsividad en la toma de decisiones y otras cuestiones que pueden tener relación con un traumatismo cerebral.

2. **Proteja sus cuerpos.** Los protocolos para el descanso y la mecánica adecuada para los deportes escolares y recreativos han avanzado años luz en la última década. Muchos entrenadores son cuidadosos en cuanto al tipo y la cantidad de repeticiones que permiten que practiquen los niños, protegiendo los cuerpos en crecimiento. Algunos no lo hacen porque les falta conocimientos o, simplemente, porque no les interesa. No deje que la salud física de su hijo dependa del entrenador. Aprenda todo lo que pueda sobre este tema y hable si hay algún problema. El Dr. Fay sacó a su hijo de diez años de un equipo de béisbol porque el entrenador no quería respetar los límites recomendados del conteo de lanzamientos y descanso.

3. **Espere que sus hijos muestren responsabilidad y buen carácter en todo momento.** La competencia puede sacar lo mejor y lo peor de todos nosotros. Ponga límites firmes a sus hijos en cuanto a quién debe encargarse de que el equipamiento esté organizado y llevarlo a

las prácticas y a los partidos. Cuando su hijo se olvida un guante de béisbol, la raqueta de tenis o los zapatos de golf, piense en ello como una oportunidad para que aprenda con unas consecuencias baratas. Además, ponga límites sobre cómo debe comportarse durante los partidos y las prácticas: no usar el teléfono; no hacer comentarios maliciosos dirigidos a los demás; no discutir ni mirar con mala cara a los árbitros ni a los entrenadores; nada de insultos; no actuar con pereza ni desinterés. Es más, espere que se porten mejor que muchos deportistas profesionales.

En la casa del Dr. Fay, él y su esposa dejaron en claro que los hijos participarían en deportes solo cuando ninguna de estas cosas fuera un problema. Sí, estaban preparados para cancelar cualquier deporte si la actitud se convertía en un problema. Cuando los niños saben que usted está dispuesto a cumplir, es menos probable que lo obliguen a hacerlo.

4. **Muestre *usted mismo* responsabilidad y buen carácter en todo momento.** Como padre de un lanzador de nivel universitario que está en la escuela secundaria, al Dr. Fay le costaba mantenerse callado y comportarse mientras estaba sentado en las gradas. «Por suerte, tengo dos cortezas prefrontales: una dentro de mi cráneo y la otra dentro del de mi esposa. Juntos nos las arreglamos para mantener la cordura». Gritarles a los entrenadores, a los niños, hacer rabietas de adultos y otras conductas desagradables avergüenza a sus hijos, es desmotivador y da un ejemplo terrible. Al ver este comportamiento, ellos no piensan: *Vaya, cuánto me alegro de tener padres que estén dispuestos a pelear por mí.* Un jugador le confesó al Dr. Fay: «A veces, desearía que mi bate fuera una pala para poder cavar un hoyo en la tierra y esconderme. Mi mamá se descontrola».

5. **Sea el padre de su hijo, no su entrenador.** ¿Por qué quiere arruinar su propio placer y el de su hijo tratando de ser el entrenador? Está bien pasarla bien jugando en casa, pero absténgase de tratar de cambiar sus habilidades. Además, es probable que su entrenador o su preparador ya les haya enseñado ciertas instrucciones o mecanismos adecuados en los cuales concentrarse. Cuando usted trata de darle instrucciones, muchas veces confunde a su hijo. Nosotros también preferimos que los padres no entrenen al equipo de sus hijos. Hemos visto que a algunos les va bien, pero se pone más complicado y propenso al conflicto a medida que el hijo crece y entra en el juego

competitivo. Lamentablemente, algunos padres deciden ocupar su puesto como entrenador para preparar a sus hijos para las ligas mayores, completamente ajenos del hecho de que esto no es justo para su hijo ni para los demás niños del equipo.

6. **Permita que su hijo se comunique directamente con su entrenador y resuelva sus problemas.** La mayoría de los entrenadores juveniles son hombres y mujeres excelentes que se interesan profundamente por la salud y el bienestar de sus jóvenes deportistas. Entienden que los jóvenes se sienten más motivados a trabajar con esfuerzo para quienes consideran personas firmes y empáticas. Ponen la vara muy alta, pero ayudan a sus deportistas a satisfacer estas exigencias de maneras positivas. ¡Nos sacamos el sombrero ante esos entrenadores! Los hijos se benefician mucho cuando los padres se mantienen al margen de la mayoría de las cuestiones, dejándolos a ellos discutir sus asuntos directamente con el entrenador.

Desgraciadamente, algunos entrenadores actúan como imbéciles. «Imbécil» es el término clínico para alguien que es egoísta y a quien le importan más sus propios deseos de control y de gloria que la salud de sus deportistas. En algunas ocasiones, no es horrible para los niños tener como entrenador a un imbécil de bajo nivel (IBN). Los IBNs pueden servir para que los niños se fortalezcan más y puedan manejarse mejor en un mundo lleno de IBNs. De vez en cuando, estos IBNs pueden gritar un poco de más, hacer comentarios sarcásticos, tener favoritos o encabronarse con los árbitros. Aun con los IBNs, es aconsejable dejarle a su hijo la responsabilidad de comunicarse directamente con su entrenador. Manténgase al margen de la mayoría de las cuestiones para que su hijo tenga las habilidades para enfrentar a otros IBNs en el futuro.

Los IMNs (imbéciles de máximo nivel), por otro lado, son bravucones tóxicos y narcisistas que representan el modelo de todo lo que se opone a los valores de su familia. Avasallan físicamente a los niños, suelen insultar a los árbitros, les gritan a las personas, patean y lanzan cosas y tienen por costumbre tener favoritismos. Son los amos del engaño porque hacen y dicen todo lo correcto ante sus superiores. A menudo, consiguen que sus jugadores sientan que no deben contar sus secretos a los padres o a otros adultos. Muchos padres les temen a los IMNs, así que no espere que las cosas cambien. Son demasiados los padres que están dispuestos a que sus hijos, u otros, sufran con tal de que puedan jugar o conseguir esa codiciada propuesta universitaria. Lamentablemente, muchos directivos de distritos escolares también les tienen miedo o son engañados por estos entrenadores manipuladores. Agitar el avispero enfrentándose a un entrenador bravucón es más de lo que pueden manejar.

Entonces, ¿qué debe hacer usted si un entrenador del tipo de los IMNs está lastimando a su hijo? No espere que su hijo cambie a un IMN, y no se sienta mal si usted tiene que intervenir. En general, el mejor método es cambiar de equipo. Aunque es una táctica dolorosa, la salud mental y física de su hijo lo valen. También cabe recordar que el porcentaje de deportistas de escuelas secundarias que compiten a nivel universitario ronda el 7%[3]. El porcentaje de deportistas que pasan de allí a los profesionales es aproximadamente el 2%. Menos del 1% de los jugadores de las Pequeñas Ligas de béisbol (Little League) llegan a las ligas mayores[4]. Si mantiene esa perspectiva de los deportes, puede hacer que la participación deportiva sea una oportunidad sana para sus hijos.

Póngalo en práctica

* Incentive a sus hijos a que practiquen deportes que no aumenten el riesgo de lesiones craneales.

* No deje que sus hijos cabeceen pelotas de fútbol ni jueguen fútbol americano, y asegúrese de que usen casco cuando lo necesiten.

* Esté al tanto de las exigencias físicas que tiene su hijo.

* Espere un buen comportamiento de su hijo y sea usted un ejemplo de buen comportamiento en todos los eventos deportivos.

* Dedique tiempo a jugar a algún deporte con su hijo, pero absténgase de darle instrucciones.

* A menos que tenga razones para creer que el entrenador es agresivo o un imbécil de máximo nivel, no intervenga hablando con el entrenador de su hijo cada vez que haya un problema. Anime a su hijo para que hable directamente con el entrenador.

CAPÍTULO 18

DESAFÍOS COMUNES: LOS AMIGOS Y LA PRESIÓN DE LOS COMPAÑEROS

Cuando usted ha desarrollado un vínculo fuerte con su hijo, es probable que él elija amigos que compartan los mismos valores. Cuando carecen de ese vínculo, es más probable que su hijo busque amistades que usted no apruebe.

Los amigos son esenciales para el círculo social de la salud mental. Los niños que tienen por lo menos uno o dos amigos leales tienen muchas menos probabilidades de padecer problemas de salud mental, problemas de conducta y adicción a las drogas[1]. Mientras que algunos de los introvertidos solo quieren tener uno o dos amigos íntimos, los extrovertidos quieren toda la escuela. Ambas personalidades son sanas, ambas se corresponden con las conexiones prenatales del niño y, en ambos casos, es poco probable que cambien a medida que el niño crezca.

Aunque las amistades pueden proporcionar algunas de las alegrías más grandes en la vida de los hijos, también pueden, en algunos casos, plantear ciertas ansiedades para usted. Por ejemplo, que los hijos elijan algunos amigos que usted no considera buenos para ellos causa fricciones. El Dr. Fay ve esto en familias donde los padres sargento de instrucción y helicóptero son demasiado controladores, llevando a que los hijos se rebelen al hacerse amigos de niños que no les agradan a sus padres. Esta situación requiere de delicadeza porque usted no tiene ningún control práctico sobre el asunto. Puede mudarse a otra ciudad, cambiar de escuela a su hijo, vivir en una comunidad aislada o ingresar en algún tipo de programa de protección a testigos. Cualquier medida drástica que, de todas maneras, no funcionarán. Sus hijos seguirían conociendo personas que a usted le costaría aceptar.

En su desesperación, podría prohibirle a su hijo que fuera amigo de cualquiera que no cumpliera con sus criterios preestablecidos. Si bien es drástico, muchos padres lo intentan:

Padre:

—¡Te prohibimos volver a ver a Zack!

Hijo:

—No puedes impedirme que siga viéndolo.

Padre:

—Él es una mala influencia para ti.

Hijo:

—En realidad es genial. Es que ustedes no lo entienden.

Padre:

—Si nos enteramos de que sigues viéndolo, estarás en grandes problemas.

Hijo:

—Mis amigos no te incumben.

Este tipo de conversación no es práctica ni eficaz y, es probable que desencadene más rebeldía. Puede causar que su hijo se empecine más en seguir viendo a ese amigo *porque* usted lo desaprueba. En el fondo, cuando usted intenta controlar las amistades de su hijo, le envía un mensaje dañino: «No eres capaz de pensar por ti mismo». Esto aviva más roces y puede dañar la relación entre ustedes.

Cuando enfrente la situación de que su hijo ande con quienes usted considera amistades cuestionables, intente un método distinto. Dele un voto de confianza a su hijo, señalando cualquier dificultad que pueda encontrar por elegir pasar tiempo con esa persona. Así podría ser ese diálogo:

Padre:

—Veo que te gusta mucho andar con Zack.

Hijo:

—Sí. ¿Qué tiene de malo?

Padre:

—Ah, nada. Es genial. Me parece bien que pueda tenerte a ti como amigo.

Hijo:

—Bueno, parece que él no te cae bien.

Padre:

—No es eso. Creo que me preocupo por algunas cosas que hace, porque parecen un poco riesgosas o dañinas. Afortunadamente, ahora me preocupo un poco menos por él porque tú eres su amigo. Si hay alguien que puede enseñarle cómo tomar mejores decisiones sobre cosas como la bebida, las drogas u otros peligros, eres tú.

Hijo:

—¿Lo dices en serio?

Padre:

—Sí. ¿Quién tiene que ser la persona que decida cómo vivir su vida? ¿Yo o tú? ¿Zack o tú? Creo que tu mamá y yo hicimos bastante bien nuestro trabajo de enseñarte cómo tomar tus propias decisiones. Por eso, considero que tienes lo que hace falta para manejar este tipo de cosas.

Este es un enfoque más positivo y práctico porque transmite un mensaje de gran expectativa. La investigación muestra que las expectativas son increíblemente poderosas. Nuestros hijos cumplirán con las expectativas o vivirán por debajo de ellas[2]. Además, esta estrategia suele minimizar la rebeldía y sostener su relación. El Dr. Fay ha trabajado con muchos padres que probaron esta táctica y funciona. Estos padres muchas veces descubren que el interés de su hijo por ese amigo empieza a disminuir. Muchos relatan que sus hijos descubren por sí mismos que no es tan divertido estar con ese amigo porque causa demasiados problemas.

Otra estrategia es conocer y entablar relación con tales amigos. Esto le da una oportunidad de ser una influencia positiva para ellos. Invite al amigo a cenar en su casa o a una salida familiar. Al hacerlo, estipula un entorno seguro para el niño o el adolescente, y da el ejemplo de cómo funciona una familia cariñosa.

Aunque usted no sea una persona de fe, podría consultar la Biblia para ver un hermoso ejemplo de cómo Jesús amó a las personas y usó su amor para alcanzar a los que tradicionalmente eran considerados malos o pecadores. Muchas veces, los padres dicen algo como:

—No deberías andar con esa muchacha. No es buena gente.

En su reacción, el niño o el adolescente que ha ido a la iglesia podría replicar:

—Bueno, Jesús comía con pecadores. Entonces ¿por qué yo no puedo hacerlo?

Cuando abre su hogar a los amigos de sus hijos (niños que podrían estar quebrantados o dolidos), tiene la posibilidad de establecer una relación sana con ellos. Quizás, hasta cause un efecto positivo en ellos. Quizás, sea menos probable que lleven a sus hijos por el mal camino. Quizás, sea más aconsejable que se relacionen con su hijo dentro de su casa que en alguna otra parte, lejos de su cuidado. Ciertamente, usted puede ser un modelo de la compañía que sus hijos necesitan ver. Como consecuencia, es más probable que lo respeten y menos probable que lo vean como un hipócrita digno de su rebeldía.

Póngalo en práctica

- No intente controlar las amistades de sus hijos.
- Señale las dificultades que sus hijos podrían enfrentar con ciertos amigos.
- Invite a los amigos de sus hijos a cenar en su casa o a una salida familiar para entablar una relación con ellos.

CAPÍTULO 19

DESAFÍOS COMUNES: CUANDO SU HIJO QUIERE EMPEZAR A SALIR CON ALGUIEN

*Cuando el amor juvenil causa que los niños hagan cosas locas
es mejor que los padres sean comprensivos, no críticos.*

Cuando los preadolescentes y los adolescentes empiezan a ver que otros niños de su edad «salen con alguien», ellos también quieren hacerlo. Pero no se apresure a llamarlo «salir con alguien» en esta época porque lo más probable es que sus hijos protesten diciendo que no es eso lo que está pasando. Tal vez estén «hablando con» o «viendo a» alguien o solo «pasando un rato» con alguien. La terminología puede ser confusa durante un tiempo en la vida del adolescente, cuando la vida misma ya es confusa. Y si alguna vez llegan a esa etapa tan «seria» en la que usted podría pensar que están saliendo con alguien, el problema es que muchos de ellos no tienen ni idea de qué significa en realidad salir. De hecho, podríamos discutir acerca de que nuestra sociedad, en general, tiene una opinión incompleta o imprecisa de cómo es salir o involucrarse románticamente con alguien. Esta falta de conocimiento también puede llevar a los padres por uno de dos caminos conflictivos y accidentados.

1. **El camino «libre para todo».** Esta es la avenida que no tiene ningún límite de velocidad, líneas de división, ninguna zona de adelantamiento ni vallas de contención. Es la que muchos padres tomaron en su vida y, como consecuencia, terminaron cometiendo errores que los acompañaron por el resto de su vida. El problema de este enfoque es que pone a su hijo en situaciones que requieren de habilidades, información y madurez en la corteza prefrontal que no tiene. También envía un mensaje nocivo: «No me interesas lo suficiente para decirte que no» y «No me preocupo por ti tanto como para brindarte la orientación que necesitas».

2. **El camino «no hasta que tengas cuarenta años».** Aunque cuarenta años puede ser una exageración, muchos padres dejan en claro que su hijo no «saldrá» (es decir, que no tendrá citas románticas con alguien en quien esté interesado) hasta que esté en los últimos años de la adolescencia (por ejemplo, diecisiete o dieciocho años) o incluso sean adultos. Es la calle con una barrera de cemento y un letrero que indica «Calle cerrada». Es la que muchos padres creen que evitará que sus hijos cometan errores que los acosarán toda la vida. Irónicamente, este enfoque es igual de peligroso que el camino «libre para todo», porque priva a los hijos de las capacidades que son absolutamente esenciales para salir de modo sano con alguien cuando quiten la barrera y retiren el letrero de «Calle cerrada». Además, esta estrategia envía un peligroso mensaje implícito: «No creo que seas suficientemente listo para tomar buenas decisiones o para ejercer de manera sana el control sobre tu vida». Este mensaje encubierto, pero fuerte, muchas veces lleva a una rebeldía grave, en la cual los niños saltan la barrera y salen corriendo hacia lo que podría ser un camino que los lleve a muchas consecuencias físicas y emocionales. Imagine si usted nunca ha conducido un automóvil y, de pronto, se encontrara detrás del volante en una autopista llena de curvas cerradas, descensos empinados sin vallas de contención y el tráfico a gran velocidad virara hacia usted.

Entonces, ¿qué es exactamente salir con alguien? Definimos salir con alguien simplemente como una amistad profunda. Así de simple. Aunque reservar la intimidad física para el matrimonio parece un punto de vista arcaico, ¿se imagina cómo caería en picada la tasa de divorcios si esta perspectiva fuera adoptada a gran escala? Imaginamos que muchos adultos desearían retroceder el reloj y pasar más tiempo de amistad y menos tiempo de pasión física. Es probable que de todas maneras hubieran elegido a la misma persona. Pero hubieran desarrollado más capacidades antes de comprometerse a largo plazo uno con el otro.

Durante el período de salir, o de profunda amistad, los adolescentes tienen la oportunidad de aprender cómo establecer límites sanos. Esta es la base de todas las buenas relaciones. La mayoría de ellos los habrán aprendido antes, a través de su ejemplo, donde experimentaron que usted les dijera que no y pusiera los límites. ¿Cómo aprenderán sus hijos a decirles no a otros, si nunca lo escucharon de usted? ¿Cómo aprenderán sus hijos de qué manera poner límites a cómo los trata otra persona, si no lo han visto a usted hacerlo en casa? Si no le ha enseñado límites a su adolescente, todavía no es demasiado tarde para ponerse al día mientras se acerca a la edad en la cual querrá salir con alguien.

Adopte un método neuropsicológico práctico para criar a los hijos a cualquier edad

Nunca es demasiado tarde para cambiar su método de crianza. Ya sean sus hijos niños pequeños, preadolescentes o adolescentes, usted puede cambiar exitosamente por una estrategia más eficaz que involucre mejorar la salud cerebral, identificar las metas, desarrollar las relaciones y establecer límites. Cuando esté listo para incorporar estas nuevas estrategias a su vida diaria, comuníqueselo a sus hijos. Explíqueles que aprendió una manera mejor de amarlos y cuidarlos. Deles una señal de que, al principio, algunos cambios podrán parecer alarmantes, pero que a la larga todos ustedes se beneficiarán. Aliente a sus hijos para que compartan su punto de vista a medida que vaya implementando las nuevas técnicas. Esto no quiere decir que les dé permiso para que le digan cómo criarlos. Significa mostrar una apertura al cambio cuando crea que sus comentarios son útiles. Esto lo ayudará a progresar mejor para criar hijos con fortaleza mental.

Para evitar el drama de los romances adolescentes, también es fundamental tener una breve charla sobre temas como:

Las causas y las consecuencias de las relaciones sexuales prematrimoniales. La intimidad física puede dificultar el proceso de conocimiento en una amistad. Pone el foco en el sexo, más que en aprender las habilidades saludables para la relación. Puede ser un tiempo doloroso para los preadolescentes o los adolescentes que deben soportar los altibajos del amor juvenil. Salir con alguien es aún más difícil en nuestra cultura saturada de sexo, ya que muchos jóvenes sienten que están tan enamorados que, simplemente, no pueden (o no deberían) esperar. Cuando su hijo empiece a salir con alguien, escúchelo con atención, muestre empatía, establezca límites y haga lo mejor que pueda para supervisar todos y cada uno de sus movimientos.

Cómo impacta el amor en la toma de decisiones. Los sentimientos intensos pueden afectar la toma de decisiones. La investigación sobre imágenes cerebrales muestra que las personas que están locamente enamoradas experimentan cambios en el cerebro que incrementan la producción de dopamina y puede provocar que nos obsesionemos con nuestro nuevo amor y casi no pensemos en nada más[1]. Pregúntele a su hijo si piensa que toma mejores decisiones cuando está obsesionado con la persona a la que considera perfecta. Pregúntele si cree que toma las mejores decisiones cuando se siente inseguro de si la gusta a la otra persona. Averigüe si toma las mejores decisiones cuando se siente celoso o enojado. Esta serie de preguntas no es para quebrantar a su hijo ni dejarlo con la sensación de ser interrogado. Tiene el propósito de ser una manera dulce de plantar semillas sobre la importancia de esperar hasta que su mente trabaje más activamente que sus sentimientos.

Quién es responsable por la felicidad del otro. Es muy importante que los jóvenes entiendan esto. Si su hijo constantemente trata de calmar a su persona especial para hacerla feliz o si su propia felicidad empieza a depender de la otra persona, es un problema. Hágale entender a su hijo que las personas sanas están felices consigo mismas y no necesitan obtener su felicidad de otros. Tampoco necesita controlar a otros para sentirse bien. Anímelo a mantenerse firme en sus convicciones y a prestar mucha atención a cómo reaccionan los demás. Comparta con su adolescente que el modo en que actúan los demás cuando él dice no a las actividades o experimentos nocivos es muy revelador. Las personas que se muestran enojadas, que lo menosprecian, son prepotentes, que tratan de hacerlo sentir culpable, que lo aíslan de la familia y los amigos o hacen otras cosas enfermas no son las personas que debería querer tener cerca. Un buen amigo es quien valora y acepta sus deseos de inmediato, aunque los suyos sean diferentes.

Cuando alguien los trata mal. Este asunto retoma el punto de cómo establecer límites sanos. Hágale saber a su hijo que está bien decir: «Me gustas mucho, pero en este momento estás siendo tan cruel conmigo que voy a pasar un tiempo lejos de ti. Seré feliz de pasar tiempo contigo cuando seas más agradable».

Es importante que los niños sepan que nunca deben sentirse menospreciados ni deben ser criticados constantemente. Nunca tienen que sentir que deben andar con pie de plomo, con un miedo constante a que su «amigo/a» se enoje, los lastime físicamente o los rechace. Su hijo nunca debería presenciar que su amigo controle o lastime a otros ni preguntarse si él será el próximo. Aun el saber cómo alguien trata a los animales suele ser un buen indicador de cómo, con el tiempo, tratará a las personas. Su hijo necesita entender que el encanto es pasajero. Cómo los trata esa persona cuando está molesta o enojada muestra lo más importante sobre su carácter. Ayude a su hijo a reconocer esas banderas rojas que indican que hay problemas en el horizonte.

Cuando alguien los hace sentir en peligro. Asegúrese de que su hijo sepa que nunca está bien que alguien lo haga sentir que está en peligro. Asegúrele que usted irá a buscarlo en cualquier momento del día o de la noche que se sienta amenazado o asustado.

Cuando a su hijo le gusta alguien, pero se da cuenta de que tienen metas distintas. Explíquele a su hijo que puede gustarle alguien, pero que si sus valores y sus planes no coinciden, está bien que solo sean amigos.

Al tener estas conversaciones, puede ayudar a su hijo adolescente a desarrollar mejores habilidades y tomar mejores decisiones en cuanto a las amistades especiales.

Póngalo en práctica

- Hable con su hijo sobre salir con alguien y explíquele el concepto de amistad profunda.
- Hable con su hijo sobre las relaciones sexuales prematrimoniales y sus consecuencias.
- Hable con su hijo sobre cómo el amor romántico afecta al cerebro y a la toma de decisiones.
- Hable con su hijo sobre cómo es responsable de su propia felicidad, pero no de la de los demás.

- Hable con su hijo sobre cómo establecer límites sanos cuando una persona no lo trata bien.

- Hable con su hijo sobre qué hacer si alguna vez siente que no está a salvo en una relación.

- Hable con su hijo de que está bien alejarse de alguien si no comparten los mismos valores.

CAPÍTULO 20

DESAFÍOS COMUNES: MANTENER UNA CRIANZA SANA TRAS EL DIVORCIO

Cuando se trata de su ex, siempre sea un ejemplo de conducta.

La mayoría de las personas que ha atravesado un divorcio confiesan que es una de las experiencias más dolorosas que han vivido. Muchas veces, plagados por sentimientos de pérdida, ira, culpa, duda e incertidumbre, a los padres puede resultarles difícil armarse de los recursos emocionales para ayudar a sus hijos a lidiar con esas mismas emociones. Para complicar aún más las cosas, muchos excónyuges manifiestan su ira y su dolor a través de los hijos. Cuando ocurre esto, los diferentes estilos de crianza se acentúan más. El padre que antes era un salvador moderado, ahora se convierte en un helicóptero con misiles *sidewinder*. El que tenía algunos problemas de ira o era demasiado controlador se transforma, muchas veces, en un sargento de instrucción hecho y derecho. Algunos incluso inician una campaña de enajenación, lavándoles el cerebro a los hijos para que crean que el otro padre no es digno de confianza y que, básicamente, es malo. ¿Cómo puede sostener una crianza positiva, más allá de cuán abatido se sienta o de lo mal que esté comportándose su excónyuge?

Manténgase enfocado en lo que puede controlar. Cuando los matrimonios terminan, los excónyuges pueden verse envueltos en tratar de controlar la conducta de su ex en lo que atañe a los hijos. La mayoría de las veces es una batalla perdida y contribuye a empeorar el conflicto. El Dr. Fay suele preguntarles a los padres que están en esta situación: «Si usted no pudo controlar su conducta cuando estaban casados, ¿es más o menos probable que pueda hacerlo ahora?». Esta pregunta no es para que nadie se sienta peor. Más bien, su intención es liberar a la persona del dolor de darse la cabeza contra la pared. Si tratamos de controlar a alguien que no está dispuesto a ceder, de seguro vendrán más sentimientos de enojo, frustración y desesperanza.

Si está navegando estas aguas turbulentas, considere muy preciosos sus propios recursos físicos y emocionales. Debe dirigirlos a procurar mantenerse sano y enseñarles a sus hijos cómo continuar siendo sensatos y calmos bajo circunstancias difíciles. El Dr. Fay les ha enseñado a muchos padres a recordarse a sí mismos: «Sé una persona sana y un ejemplo de conducta». Hacerlo les ayuda a enfocarse en cómo ayudarse más a sí mismos y a sus hijos. Hacerlo también los ayuda a recordarse que es sumamente gratificante controlar su propia conducta, a pesar de que el otro no lo haga.

Mantenga la constancia de las rutinas saludables y las normas de su hogar. Cuando los hijos cambien de la casa de un padre a la del otro, es probable que experimenten reglas y rutinas distintas en cada una. La mamá de unos niños de tres y seis años contó que solían volver de la casa de su papá portándose de una manera completamente fuera de control. También decían cosas como: «Papá nos deja hacer esto. Eso no es justo. ¿Por qué tú no nos dejas?».

De Amor y Lógica, aprendió una habilidad útil para restaurar el tono cuando ellos llegaban a casa actuando así. Sonreía y decía con entusiasmo:

—¡Niños, salgamos!

—¿Por qué? ¿Qué está pasando? —respondían sus hijos.

Ella contestaba indicando la puerta con gestos, tomando a cada uno de la mano y diciendo:

—Vamos, iremos afuera.

Una vez afuera, les preguntaba de una manera bastante enigmática:

—Estoy confundida. ¿Pueden ayudarme? ¿De quién es esta casa?

—Es tu casa —replicaban—. Mami, estás actuando como una niña.

En respuesta, ella preguntaba:

—¿Y cómo hacemos las cosas aquí?

Los niños pensaban un momento y luego decían:

—Entramos tranquilamente y nos quitamos los zapatos.

Entonces, la mamá decía:

—Así es. Entonces, intentemos de nuevo.

En ocasiones, tuvo que repetirlo algunas veces para que se tranquilizaran y, por un tiempo, les hizo hacer este «reinicio» cada vez que era necesario. Con amor, humor, firmeza y consistencia ayudó a sus hijitos a entender cómo hacer la transición de una manera más tranquila y feliz.

Ayudar a los niños más grandes y a los adolescentes no es muy distinto. Un papá de Denver ayudó a sus adolescentes a entender que él y su mamá tenían expectativas diferentes.

—¿Por qué piensan que manejo las cosas de una forma diferente a su mamá? —preguntó.

El terco del dúo respondió:

—Porque quieres hacernos la vida miserable.

El padre eligió ignorar el comentario y continuó:

—Es porque somos diferentes. Eso es todo. Ella tiene sus maneras y yo tengo las mías. No son maneras mejores o peores. Simplemente, son diferentes.

El papá entendió que era importante nunca degradar a la mamá de los niños y que era igualmente importante para él mantener sus expectativas congruentemente. Si usted cede un poco, sus hijos no tardarán en darse cuenta de que pueden manipularlo actuando de manera hosca, desagradable o inconformista. La congruencia es lo más importante. A pesar de que mantenerlo es un enorme desafío en el corto plazo, valdrá la pena a largo plazo. Los hijos llegan a amar y a respetar al padre que pone y hace valer los límites de maneras firmes y amorosas.

Si es necesario, infórmese sobre el síndrome de alienación parental. Es lamentable que, a veces, los padres divorciados pueden hacer todo bien, pero sentirse alienados. Este problema doloroso y sumamente nocivo es bastante común. Ocurre cuando uno o, a veces, ambos padres intentan (consciente o inconscientemente) lavarle el cerebro al hijo para que crea que el otro padre es completamente malo. Una de las marcas distintivas del verdadero síndrome de alienación parental es que el punto de vista del hijo sobre el padre alienado es completamente negativo. El hijo no ve nada bueno en el padre que de verdad está haciendo lo mejor que puede por ser firme y amoroso. No importa cuánto placer experimenten juntos el hijo y el padre durante las visitas: el hijo transmite el evento como algo totalmente terrible, incluso, tortuoso. Eso distorsiona la perspectiva del hijo y le plantea una actitud que tiende a ver las cosas como totalmente buenas o totalmente malas (uno de los ANTs discutidos en el capítulo 7). Este tipo de pensamiento puede ser dañino a lo largo de toda su vida. Un gran recurso sobre este tema es el libro del Dr. Richard Warshak: *Divorce Poison: How to Protect Your Family from*

Bad-mouthing and Brainwashing (El veneno del divorcio: Cómo proteger a su familia de la difamación y del lavado de cerebro)[1]. En algunos casos, este tipo de situación puede requerir la ayuda tanto de un abogado como de un profesional de la salud mental especializado en el tema.

Póngalo en práctica

* Dese cuenta de que usted no puede controlar el comportamiento de su ex, así que manténgase enfocado en lo que sí puede controlar.

* Transmítales a sus hijos que usted y su ex hacen las cosas de maneras diferentes porque ustedes son diferentes y eso está bien.

* Mantenga consistentes las rutinas saludables y las normas de su hogar.

* No use a sus hijos para vengarse de su ex.

* Si es necesario, infórmese sobre el síndrome de alienación parental.

CAPÍTULO 21

DESAFÍOS COMUNES: SU ROL COMO PADRASTRO O MADRASTRA

Crear límites sanos es el primer paso como padrastro o madrastra.

Por mucho, la pregunta más común que recibimos sobre el rol de los padrastros y madrastras es: «¿Cuál es mi función? ¿Debo empezar a aplicar la disciplina para que los niños sepan que deben obedecerme o solo debo empezar por construir una relación y dejar que sus padres se hagan cargo de la disciplina?».

Otra preocupación común es: «Me tratan muy irrespetuosamente. A veces, incluso juegan juegos y actúan como si yo no existiera. Me parece increíblemente hiriente. Yo sé que no soy su "verdadero padre", cosa que me recuerdan casi todos los días, pero no considero sano que crean que está bien tratarme tan mal». Estas dos cuestiones están íntimamente relacionadas. Comencemos por definir el rol que juegan las madrastras o los padrastros exitosos.

EL ROL DE PADRASTRO O MADRASTRA

Básicamente, el rol de un padrastro o madrastra es mostrar límites sanos para poder seguir siendo adultos biológica, psicológica, social y espiritualmente sanos. Los límites sanos deben ser lo primero. Cuando los tenemos, la mayoría de las cosas de la vida andan bien. De hecho, los límites sanos son los que nos permiten establecer los límites más sanos que establecemos: los que nos ponemos a nosotros mismos. Los adultos sanos se ponen límites a sí mismos para poder mantener los hábitos necesarios para cuidar su cerebro, su cuerpo, su higiene mental, sus relaciones sociales y su propósito. Cuando usted no lo hace consistentemente, se vuelve imposible ser el tipo de persona que los niños llegarán a respetar y amar. A modo de repaso, dé otro vistazo al capítulo 5 sobre los límites y las reglas. Además, recomiendo leer el libro *Límites: Cuándo decir Sí y cuándo decir No. Tome el control de su vida*, escrito por Henry Cloud y John Townsend[1]. Cuando sus límites son débiles, las ruedas de su vida se bambolean, sacándolo del equilibrio porque, simplemente, sus decisiones se basan en las emociones en lugar de la lógica. Su corteza prefrontal se sienta en el sofá a ver pasivamente el programa de telerrealidad que describe su vida. Observe estos escenarios habituales:

- **Frank, el componedor amigable.** Este tipo de padrastro piensa: *Veamos, si entro y soy amigable y relajado, la paz prevalecerá. Entonces, seré el héroe.* Es el padrastro que interviene como un helicóptero.

- **Ned, el que no anda con vueltas.** Este es el padrastro que actúa como un sargento de instrucción, que ladra órdenes y que exige respeto.

- **Vinny, el vacilante.** Vinny en realidad no sabe qué hacer, pero quiere hacerlo bien. Por eso, a menudo se encuentra atrapado en el círculo de la culpa, alternando entre imponer disciplina y ser el héroe.

Desde luego, todos estos roles están condenados al fracaso. Afortunadamente, hay otro rol, uno que suele sacar lo mejor de todos los involucrados:

- **Sandy, el sano.** Sandy no es un experto en psicología infantil, dinámica matrimonial ni en ningún otro campo similar. Simplemente, es un adulto sano, de buen corazón, que tiene límites sanos y un poco de sentido común.

El estilo preferido implica ser como Sandy, quien no gasta demasiado tiempo ni energía pensando en cómo ser amigable, rescatar a los niños o lograr que lo respeten. En cambio, demuestra las siguientes cualidades:

1. Muestra amor y respeto por su nueva esposa.
2. Muestra amor y respeto por los hijos.
3. Se cuida bien, estableciendo los límites de cómo permite que los demás lo traten.
4. También cuida de sí mismo permitiendo que los demás se hagan cargo de sus problemas y los resuelvan.
5. Puede llegar a dar un consejo, pero solo cuando otros se lo demandan.

CUALIDADES DE UN PADRASTRO O MADRASTRA EXITOSO

Las primeras dos cualidades se explican por sí mismas. Así que pasemos a la tercera cualidad: establecer límites sobre cómo quiere ser tratado. Los grandes límites son como grandes barreras. No se trata de cómo deben actuar los demás. Tienen que ver con cómo actuará usted. Imaginemos que un día los hijastros de Henry lo molestan con sus peleas incesantes. Sin sermonearlos ni amenazarlos, él podría sonreír y decir:

—Parece que se toman muy en serio un montón de cosas. Los escucharé cuando su voz esté tan calma como la mía.

La última vez que Henry permitió que los niños usaran su raqueta de tenis, volvió sucia y un poco raspada. Cuando vuelven a pedírsela prestada, él responde con empatía:

—Me da pena, pero yo presto mis cosas a las personas que las cuidan. Mi raqueta de tenis era un desastre la última vez que ustedes la usaron.

Uno de los niños ha adquirido la costumbre de hacer comentarios maliciosos dirigidos a Henry. Él se toma un momento para pensar en eso y decide decir:

—Cuando recibo comentarios como los que estuve escuchando, no me siento respetado. Siempre estoy mejor predispuesto a hacer más cosas por las personas que me tratan bien.

La cualidad número cuatro es sobre quién debe hacerse responsable y resolver los problemas que enfrenta la familia. En las familias sanas, la persona que generó el problema está autorizada a ser la principal responsable de resolverlo. Sin embargo, muchas veces, usted podría querer entrometerse y esforzarse mucho por dar un consejo o por rescatar. Los adultos sanos le dedican más tiempo a escuchar que a hablar. Veamos cómo se da esto cuando Henry descubre que su hijastra sacó una mala nota en Lengua:

Hijastra:
—Mamá me va a matar cuando se entere de que reprobé Lengua.
Henry:
—Parece que estás muy preocupada por cómo reaccionará ella.
Hijastra:
—Bueno, no sé. Es que se va a decepcionar de mí.
Henry:
—¿Te duele que ella se decepcione de ti?
Hijastra:
—Obvio. A veces, desearía que solo me gritara.
Henry:
—Lo lamento por ti. Veo que te da mucho miedo tener que decírselo.
Hijastra:
—¿Qué harías tú?
Henry:
—Podría decírtelo, pero me parece que ya se te ocurrieron algunas ideas.
Hijastra:
—Supongo que podría esperar hasta que en verdad esté de buen humor, antes de decírselo.
Henry:
—Esa es una opción. ¿Cómo crees que eso te resultará?
Hijastra:
—Creo que debería decírselo de inmediato. Es demasiado lista para eso.
Henry:
—Realmente, me alegra mucho que hayas compartido esto conmigo. Como te dije, lo lamento por ti. Si alguien puede encontrarle la vuelta a este asunto, eres tú. Te tengo confianza.

Si bien Henry dejó que la mala nota en Lengua siguiera siendo responsabilidad de su hijastra, también demostró la cualidad de abstenerse de dar consejos. Esquivó astutamente el intento de la niña por involucrarlo en la decisión que ella debía tomar. Si bien hay ocasiones en las que un padrastro o madrastra puede brindar un consejo, es importante que los niños o el otro padre expresen muy claramente que quieren dicho consejo.

Ser un padrastro o madrastra sanos significa meterse en las aguas donde nada la nueva familia. Al comienzo, sus límites pueden irritar y hasta enojar a los niños. A medida que pase el tiempo, el respeto ganado por escuchar y mostrar un comportamiento sano muchas veces provocará que los hijastros desarrollen un vínculo estrecho de amor y respeto con usted. A decir verdad, muchas personas que han tenido un padrastro (o madrastra) así han llegado a amarlo y a desear ser guiados por él. ¡Qué irónico! Cuando el respeto y el comportamiento sano comienzan por usted, por lo general se les pega a ellos.

Póngalo en práctica

- No trate de ser un componedor ni un héroe.
- Evite ladrar órdenes a los hijastros.
- No vacile comportándose como un helicóptero y luego como un sargento de instrucción.
- Recuerde que establecer límites sanos y escuchar sienta las bases para una buena relación.

CAPÍTULO 22

NIÑOS ADULTOS Y ADULTOS QUE SE COMPORTAN COMO NIÑOS

Les enseñamos a las personas cómo tratarnos a través de lo que toleramos.

Los dieciocho años: ese número mágico que vemos como la «mayoría de edad». Mucho antes de eso, la mayoría esperamos que nuestros hijos estén volviéndose más independientes, capaces, responsables y resilientes. Sin embargo, como saben los padres más experimentados, no es sino hasta que llegan a mediados de sus veinte años, o incluso más tarde, cuando la mayoría sentimos que nuestros hijos ya no necesitan nuestra guía. Sus cerebros siguen desarrollándose hasta sus veinticinco años. «Guiar» no significa que tenemos que involucrarnos demasiado en su vida de adultos, tratando de controlar sus decisiones. Tampoco significa que los rescatamos de sus malas decisiones o de las dificultades normales. Guiarlos quiere decir que les manifestamos que nos importan y que creemos en ellos, que seguimos siendo un modelo de cómo esperamos que lleguen a ser un día y compartiendo nuestra sabiduría cuando ellos la piden. Por esa razón, la mayoría de las habilidades de crianza de la neurociencia práctica también aplican a los hijos que son jóvenes adultos. Cuando usted enfrente desafíos en la relación o sepa de sus luchas, no dude en responder con amor y con firmeza.

UN REPASO DE LOS PRINCIPIOS DE AMOR Y LÓGICA

Mientras el último año de secundaria de Rachel ella iba y venía, lo mismo sucedía con las esperanzas de sus padres, Mark y Robin, de verla avanzar para entrar en el mundo real. En lugar de aprovechar a su consejero académico, su tutor privado o los intentos de cualquiera de sus padres por ayudarla, no había completado ninguna de las solicitudes universitarias. A pesar de sus buenas calificaciones, consideraba más gratificante salir a divertirse con sus amigos, obsesionarse con las redes sociales y engrosar su vasta colección de infracciones de tránsito. Cuando los días se convirtieron en semanas y las semanas en meses, cumplió dieciocho años, se graduó de la escuela secundaria y siguió sin hacer nada por prepararse para la adultez responsable. Robin se quejó: «Lo único que quiero es gritar. Le hemos dado todas las oportunidades, pero no aprovecha ninguna. Tampoco nos demuestra respeto. A veces, me cansa tanto que quiero echarla a patadas de casa. Luego, me siento horrible conmigo misma porque sé que yo causé este problema». Aunque parecería demasiado tarde para que los padres de Rachel se comunicaran con ella, los principios de Amor y Lógica todavía podían ayudar.

¿Cómo piensas hacerte autosuficiente?

Al comienzo del libro, presentamos los cinco principios de Amor y Lógica. Como en una comida deliciosa, los primeros cuatro principios son los ingredientes. El quinto representa los resultados maravillosos de combinarlos: Dignidad recíproca + Pensamientos compartidos + Control compartido + Empatía = Relaciones sanas.

Dignidad recíproca

El principio de dignidad recíproca significa que ambas partes de una relación se tratan con gran respeto y valor. Mark y Robin eran buenos para malcriar a su hija Rachel, pensando que eso estimularía su propia dignidad y sería para ella un modelo de cómo tratar a los demás de una manera digna. Obviamente, no funcionó. ¿Por qué?

Poner a alguien en un pedestal y prodigarle elogios y obsequios dignos de la realeza genera gran confusión, da la sensación de que uno merece privilegios y genera enojo para con quienes dan esos regalos. También desempeña el triste papel de atontar la capacidad para manejar la adversidad. La fortaleza mental siempre está ausente en las personas que fueron idolatradas y de quienes se esperaba que hicieran muy poco. Se muestran más ansiosas, tienen un rendimiento académico inferior, un índice mayor de abuso de drogas y otros resultados negativos[1].

Cuando alguien intenta hacer todo por nosotros y nos da todo lo que necesitamos y queremos, interfiere con el trabajo duro que nosotros tenemos que hacer para crecer y desarrollar las marcas distintivas de la madurez. Como sucedería si la vida silvestre fuera continuamente alimentada por un bien intencionado pero poco prudente amante de los animales: nos volvemos dependientes. Esta dependencia lleva al resentimiento, el cual suele fomentar agresión. Los profesionales de la salud mental a menudo llaman a este resultado comportamiento hostil-dependiente[2].

Mark y Robin descubrieron que podían proveer dignidad recíproca si practicaban constantemente tres cosas con Rachel:

- Pedir de buena manera.
- Mantener límites sanos.
- Establecer límites.

Pedir de buena manera

No siempre conseguimos lo que queremos por pedir las cosas de buena manera, pero esto siempre demuestra respeto y dignidad. Al comienzo de su carrera, el Dr. Fay fue maestro de un desafiante grupo de niños de octavo grado. Como era joven y nuevo en ese trabajo, lo estresaba por completo entender cómo lograría que el cabecilla dejara de escupir bolitas de papel a sus espaldas cada vez que él se daba vuelta para escribir en el pizarrón. Revisó sus libros de psicología y de educación en busca de una respuesta psicológica sensata. Incluso pensó en amenazar y sermonear duramente al alumno. El maestro del aula contigua le propuso algo muy simple:

—¿Probaste pedirle de buena manera que deje de hacerlo?

Al día siguiente, mientras este niño rudo caminaba hacia la puerta del salón del Dr. Fay, este lo detuvo y le pidió con una sonrisa y en un susurro:

—No quiero avergonzarte cerca de tus amigos, así que pensé en pedirte esto en el corredor. ¿Me harías el favor de dejar de escupirme bolitas de papel? Te lo agradecería mucho.

Su reacción lo sorprendió:

—Seguro, amigo. Delo por hecho.

El Dr. Fay estaba asombrado, pero no debía haberlo estado. Se consigue más por las buenas que por las malas. Y aunque no lo haga, demostrar respeto siempre es un buen primer paso.

Mark y Robin tuvieron un resultado más hostil cuando usaron este método con Rachel.

—Siempre están criticándome. Es tan estúpido que me pidan que haga todos estos quehaceres. No tengo tiempo.

Aunque no fue lo que esperaban, lograron algo importante: debido a la dignidad que le otorgaron, no tuvieron de qué sentirse culpables. A medida que comenzaron a poner en práctica otras estrategias, se concentraron en el hecho de que la falta de respeto nunca cura la falta de respeto y la ira nunca calma la ira. Una de las claves para ayudar a su hija a convertirse en una mujer fuerte y responsable involucraba su habilidad para mantenerse simpáticos pero firmes, aun cuando ella perdiera los estribos. De esa manera, serían un espléndido modelo de cómo esperaban que ella fuera al llegar a la juventud: digna bajo presión.

Mantener límites sanos

El científico Kenji Kameguchi propuso que el funcionamiento de los límites de la relación humana es similar a la membrana celular. Cada proceso biológico del soporte vital tiene sus raíces en nuestras células y para sobrevivir depende de la muy delgada barrera de la membrana celular. En una cáscara de nuez, la membrana celular tiene cinco funciones:

Mantener alejadas las cosas malas
Dejar entrar las cosas buenas
Evitar que los componentes celulares se desarmen
Mantener las células individuales distintas unas de otras
Permitir que las células individuales interactúen

Las personas que cuentan con límites saludables reconocen las situaciones o los patrones enfermizos y tienen la capacidad para impedir que queden incorporados en su vida[3]. Dado que sus límites son permeables como una membrana celular, permiten que entren lo que alimenta y salga lo tóxico. Estos límites también ayudan a mantener sus bases éticas, sus metas y su orientación cuando se ven presionadas para abandonarlas. Esencialmente, los buenos límites nos permiten ayudar a otros sin apropiarnos de sus problemas. Nos mantienen emocionalmente diferenciados, a la vez que nos habilitan a disfrutar de la cercanía con los demás. El concepto de límites emocionales no es nuevo, y no lo descubrimos nosotros. En 1974, Salvador Minuchin escribió un libro maravilloso,

Familias y terapia familiar, el cual no tardó en convertirse en el patrón de oro para comprender y tratar a las familias. El concepto de los límites está intensamente tratado en todo este libro, así como el método que enseña, al cual a menudo se refiere como teoría de los sistemas familiares[4]. Más recientemente, los doctores Henry Cloud y John Townsend han escrito de manera extensa sobre los límites en muchas áreas de la vida. Para una gran introducción sobre su obra, lea *Límites: Cuándo decir Sí y cuándo decir No. Tome el control de su vida*[5].

Mark y Robin se dieron cuenta de que necesitaban reforzar un poco sus límites. Su vida estaba inextricablemente entrelazada con la de su hija. Tal era la situación que para ellos era insoportable dejarla experimentar las dificultades, las tribulaciones y los triunfos requeridos para entrar en la adultez emocional. Sentados en el consultorio del Dr. Fay, Mark y Robin hablaron sobre los límites. El Dr. Fay tiene una prueba rápida de límites para ayudar a las personas a identificar las fortalezas y las debilidades de los límites en relación a personas o situaciones específicas.

PRUEBA RÁPIDA DE LOS LÍMITES

Límite 1
No puedo mantenerme sano con esta persona si no me cuido bien a mí mismo.

1	2	3	4	5

Es algo que olvido a menudo.   Nunca lo olvido.

Comentarios: _____

Límite 2
No puedo mantenerme sano cuando olvido a quién debería pertenecer el problema.

1	2	3	4	5

Lo olvido a menudo.   Nunca lo olvido.

Comentarios: _____

Límite 3
No tengo una actitud sana cuando estoy siempre trabajando más en el problema de la otra persona que en la persona misma.

1	2	3	4	5

Suelo trabajar mucho más.   Nunca trabajo de más.

Comentarios: _____

Límite 4

No tengo una actitud sana cuando mi autoestima, mi competencia personal y mi felicidad dependen por completo de mi capacidad para ayudar a esa persona a ser feliz y a superar sus problemas.

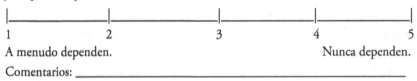

1	2	3	4	5

A menudo dependen.   Nunca dependen.

Comentarios: _____

Límite 5

No tengo una actitud sana cuando permito una excesiva dependencia en nuestra relación.

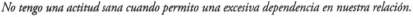
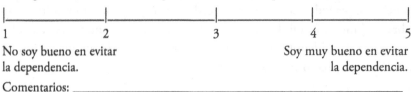

1	2	3	4	5

No soy bueno en evitar   Soy muy bueno en evitar
la dependencia.   la dependencia.

Comentarios: _____

«El número uno es un problema para nosotros», reconocieron Mark y Robin. «Nos rompemos el lomo para ayudarla y los dos estamos agotados. Al mirar el número dos, nos dimos cuenta de que hicimos nuestro el problema de su falta de preparación, regañándola constantemente, quejándonos y trabajando horas extra para solucionarlo. El número tres es obvio. Dr. Fay, recordamos que usted dijo: "Cuanto más trabajan en el problema de otro, menos interés y esfuerzo pone esa persona en su problema"». Mark hizo una pausa para respirar hondo y continuó: «Parece que el número cinco también es un problema para nosotros. Vemos que ella depende cada vez más de nosotros, en lugar de sentirse libre para lanzarse a la vida con fortaleza mental y confianza».

Establecer los límites

Como todos sabemos, es poco probable que las ideas, la concientización y las buenas intenciones promuevan un cambio, a menos que vayan acompañadas por una acción congruente. En gran parte, esta acción toma forma al establecer y hacer cumplir límites. A continuación, hay algunos ejemplos, cada uno concebido para crear límites sanos, manteniendo a la vez la dignidad de todos los involucrados:

- «Estoy dispuesto a ayudarte con esto, siempre y cuando tú trabajes más que yo para tu problema».

- «Puedes vivir con nosotros, siempre y cuando ayudes con los quehaceres diarios, seas alguien agradable con quien compartir la casa y hagas progresos concretos para independizarte».

- «Con todo gusto puedo darte un automóvil para que lo uses, siempre que cubras los gastos extra que conlleva».

- «Pasaré tiempo contigo, en tanto y en cuanto vea que te haces responsable de tu vida, en lugar de criticarme a mí por tus problemas».

- «Nosotros te amamos. ¿Cuál es tu plan para convertirte en un adulto autosuficiente?».

- «Conversaré contigo cuando tu voz esté tranquila y me trates con respeto».

- «Te amo y quiero ayudar, pero ¿quién tiene que dar los pasos para vencer esta adicción? ¿Yo o la persona que consume las drogas?».

- «Te amaremos, ya sea que tomes buenas decisiones y vivas en algún lugar limpio y seguro o que tomes malas decisiones y vivas en algún sitio insalubre y peligroso».

Como puede ver, establecer límites sanos para las situaciones fuertes no es para timoratos. Puede que haya notado algo más: cuando establecemos límites sanos, estamos estableciendo límites sobre todo para nosotros mismos. El cambio que esperamos ver en los demás comienza con las conductas que estamos dispuestos a permitir cerca y dentro de nuestras propias membranas celulares, porque eso es lo que podemos controlar.

Cuando reflexionaron en los conceptos de establecer límites, Mark y Robin decidieron que su hija Rachel no tenía nada de malo. Simplemente, hacía lo que haría una persona normal de su edad, *sin* el beneficio de tener límites amorosos y firmes. También descubrieron que la mejor herencia que podían dejarle no involucraba dinero. Implicaba enseñarle cómo se comportan los hombres y las mujeres fuertes. Es verdad que nuestros hijos probablemente tendrán grandes dificultades para mantener los límites con los demás si nosotros no establecemos límites sanos con ellos.

Para decirlo suavemente, Rachel se quedó estupefacta cuando Mark y Robin actuaron basados en estos conceptos. «Te amamos, cielo. ¿Cuál es tu plan para convertirte en una adulta autosuficiente?». Ese límite provechoso, puesto en forma de pregunta, abrió las puertas a muchas discusiones difíciles pero útiles sobre cómo empezaría a funcionar el hogar de Mark y Robin. ¿El tema básico de esas conversaciones? «Te amamos demasiado para seguir facilitándote un estilo de vida de ricos y famosos, cuando tú no das ningún paso para madurar».

Los pensamientos compartidos y el control compartido

Los límites ayudan a pasar la responsabilidad y la rendición de cuentas a donde corresponden. Cuando los acepta, usted renuncia a tratar de controlar a su hijo. Le permite tomar el control y aprender a usar su cerebro. Esa es la única manera en que su hijo crecerá y usted hará la transición para salir del rol parental. Cuando quedó en claro que Rachel ya no viviría más gratuitamente, dio pasos agigantados para conseguir un empleo de medio tiempo y anotarse en la universidad pública local. Un beneficio adicional fue que empezó a usar el transporte público, lo cual mejoró de inmediato la seguridad general en la comunidad.

Mark y Robin comentaron: «Ayudarla a entender que esquivar la vida adulta no era una opción y que ya no seguiríamos pagando su automóvil ni un lugar dónde vivir si ella decidía ser irresponsable fue una de las cosas más desgarradoras que hicimos en la vida. Consecuentemente, enfrentamos el miedo y, poco tiempo después, empezamos a ver una mujer mucho más feliz, dignificada y mentalmente fuerte, en lugar de la niña infeliz, engreída e indefensa».

Empatía

Hemos escrito mucho sobre el papel que juega la empatía en la crianza de los hijos. Es una habilidad para toda la vida, que mantendrá sana la relación que tiene con sus hijos, a pesar de que se desvíen del camino como adultos. Es esencial que la empatía acompañe la escucha, los pedidos y los límites en cualquier edad.

Brenda y Tony amaban a Manny, su hijo de treinta años, más que a su propia vida. Cuando era pequeño, descubrieron Amor y Lógica y pusieron en práctica lo que aprendieron. Manny siempre había sido un niño divertido, amado por grandes y pequeños. Todo parecía ir bien, hasta que se vino abajo con un grupo nuevo de amigos durante la escuela secundaria. Fue entonces cuando comenzó su profunda adicción a las drogas. Tenía momentos de sobriedad, seguidos por períodos de oscura dependencia y depresión. No tardó mucho en quedar completamente atrapado por la heroína y empezar a robar lo que fuera para poder sostener la adicción.

Mientras vivía con sus padres, Manny prácticamente convirtió su hogar en un antro de consumo y distribución de droga. Paralizados por la indecisión y la culpa, Brenda y Tony permitieron que esto pasara. Es decir, hasta que los llevaron esposados a la estación de policía.

Cuando la vida de Manny dio un vuelco hacia las drogas, sus padres se sintieron culpables e hicieron lo imposible por hacer que su vida fuera perfecta. *Quizás, si lo dejamos vivir con nosotros,* pensaron, *no estará tan ansioso ni necesitará las drogas. Además, así estará alejado de las malas compañías.*

Lo llevaron a terapia y se aseguraron de que recibiera un tratamiento. Brenda y Tony aprendieron de los terapeutas que las recaídas son parte del proceso. Aun así, se culpaban a sí mismos de ser «malos padres» cada vez que Manny tenía una recaída. Cuanto más ansiosos se ponían, más se dedicaba Manny a inyectarse. «¡Era tan escalofriante! —dijo Tony—. Había gente golpeando violentamente nuestras puertas y ventanas a cualquier hora de la noche. Luego, las autoridades allanaron nuestra casa... ese fue la gota que rebalsó el vaso».

Cuando las cosas se aclararon con las autoridades, Brenda y Tony se sintieron aún más culpables por haber fantaseado que los problemas de su querido hijo no estaban afectándoles la vida. Ambos descubrieron que sus límites eran débiles y que necesitaban ponerle límites reales a Manny. Este punto de vista fue reafirmado por su terapeuta, quien compartió con ellos una verdad aleccionadora: «A veces, los padres realmente buenos y diligentes tienen hijos que desarrollan adicciones y otros problemas graves. Ustedes no causaron esto y no es un problema que deban resolver. Si en verdad les importa Manny, y estoy segura de que les importa, tienen que dejar de intentar rescatarlo». Ambos coincidieron en que él necesitaba vivir en otro lado. Échele un vistazo a su prueba de los límites:

PRUEBA DE LOS LÍMITES DE BRENDA Y TONY CON SU HIJO, MANNY

Límite 1

No puedo estar sano con esta persona si no cuido bien de mí mismo.

|———————|———————|———————|———————|———————|
1   2   3   4   5
Lo olvido a menudo.   Nunca lo olvido.

Comentarios: *La culpa que sentimos por la situación hace que nos castiguemos y que rescatemos a Manny cada vez que tiene problemas.*

Límite 2

No puedo estar sano cuando olvido a quién le corresponde el problema.

|———————|———————|———————|———————|———————|
1   2   3   4   5
Lo olvido a menudo.   Nunca lo olvido.

Comentarios: *Tenemos que aceptar que es el problema de Manny.*

Límite 3

No estoy sano cuando siempre trabajo más en los problemas de la otra persona que la persona misma.

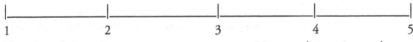

| 1 | 2 | 3 | 4 | 5 |

Yo suelo trabajar más.   Nunca trabajo más que el otro.

Comentarios: Creemos que hacer las cosas sanamente nos hará sentir horrible en lo inmediato.

Límite 4

No tengo un comportamiento sano cuando mi autoestima, mi competencia personal y mi felicidad dependen por completo de mi capacidad para ayudar a que esta persona sea feliz y supere sus problemas.

| 1 | 2 | 3 | 4 | 5 |

Suelo hacer esto.   Nunca hago esto.

Comentarios: Podemos elegir vivir una vida sana y alegre, aunque nuestro hijo no lo haga. No deberíamos sentir culpa por esto. Eso lo ayudará más que el hecho de que nos sintamos enfermos y miserables.

Límite 5

No soy positivo cuando permito una excesiva dependencia en nuestra relación.

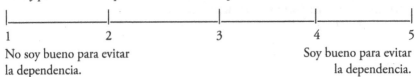

| 1 | 2 | 3 | 4 | 5 |

No soy bueno para evitar   Soy bueno para evitar
la dependencia.   la dependencia.

Comentarios: A las personas esencialmente buenas pueden sucederles cosas malas. Manny era un chico fuerte e independiente hasta que se volvió adicto. Los cambios que hubo en él nos indujeron a ser rescatadores. Ahora sabemos que necesitamos volver a las habilidades de Amor y Lógica que funcionaron tan bien cuando él era más joven.

Brenda y Tony volvieron a la empatía a la vez que establecieron un límite muy fuerte: «Manny, te amamos, y no podemos imaginar cuán difíciles son las cosas para ti. Queremos visitarte aquí, en el centro correccional, tan a menudo como tú quieras. Queremos que sepas que nos quedaremos durante todo el tiempo que sintamos que nos tratas bien. Hay algo más. Tenemos que pedirte perdón por tratarte como si no pudieras vencer tu adicción. Creemos en ti y prometemos dejar de esforzarnos por tu vida más que tú mismo. Esto significa que cuando te liberen de aquí, será tu responsabilidad encontrar un lugar dónde vivir».

Aunque fue desgarradora, esta discusión comenzó a sentar una parte muy importante de los fundamentos para la recuperación de Manny. Acompañamos en oración a esta familia que sigue recorriendo este camino lleno de desafíos. Hay altas probabilidades de un milagro, ya que confían en que Dios bendice sus esfuerzos por mantener límites sanos, a la vez que siguen amando a su hijo.

$*$ $*$ $*$

Cuando cría a sus hijos con un enfoque neuropsicológico práctico, les da la base que necesitan para convertirse en adultos con fortaleza mental que sean confiados, capaces y resilientes. Hay otros factores que pueden entrar en juego y plantear dificultades a la hora de transitar su vida como jóvenes adultos. En cualquier caso, recuerde que sus hijos adultos son los únicos responsables por sus decisiones. Su trabajo es amarlos con firmeza, amabilidad y empatía. Su consistencia fortalecerá su relación, hará hincapié en que ellos tienen el control sobre su propia vida y les garantizará que pueden acudir a usted cuando necesiten buscar apoyo.

Póngalo en práctica

- Recuerde los cinco principios de Amor y Lógica: Dignidad recíproca + Pensamientos compartidos + Control compartido + Empatía = Relaciones sanas.

- Si su hijo joven adulto no se conduce bien o no se esfuerza por ser una persona autosuficiente, comience por pedirlo de buena manera.

- Haga la prueba rápida de los límites pensando en una relación en particular para identificar las fortalezas y las debilidades de sus límites.

- Establezca y haga cumplir los límites en la relación con sus hijos jóvenes adultos de manera tal que la responsabilidad y la rendición de cuentas queden en manos de quien corresponda.

- Prepárese para el rechazo cuando establezca límites en la vida tardía de su hijo y tenga en cuenta buscar ayuda profesional de un psiquiatra, psicólogo o un terapeuta familiar que los guíe durante el proceso.

LAS 130 MEJORES COSAS QUE PUEDE HACER PARA AYUDAR A QUE SU HIJO CREZCA CON FORTALEZA MENTAL

Cuando las cosas parezcan abrumadoras, comience por lo más pequeño que causará el mayor impacto.

Le hemos dado a conocer muchos consejos y estrategias comprobados para ayudarlo a criar niños y jóvenes adultos con fortaleza mental. Aquí hemos reunido algunas de las técnicas más eficaces para aumentar su efectividad en la crianza y desarrollar los cuatro círculos de la fortaleza mental para que sus hijos cuenten con la base que necesitan para alcanzar su potencial. Algunos de ellos han aparecido en capítulos anteriores, pero son tan importantes que los incluimos aquí como recordatorios. No esperamos que siga todas las sugerencias de la lista. Elija las más apropiadas para su situación. Nosotros hemos reunido «las mejores cosas que puede hacer por su hijo» a lo largo de décadas de trabajar con niños, adolescentes y jóvenes adultos «difíciles», así como «no tan difíciles», y sus padres.

RECUERDE CÓMO ES SER NIÑO

1. Recuerde cómo era ser niño (lo bueno y lo malo). Recuerde cómo se sentía a esa edad. Esto lo ayudará a identificarse con sus problemas y sus preocupaciones con empatía.

2. Recuerde cómo se sentía cuando su mamá o su papá estaban demasiado ocupados para usted.

3. Recuerde cómo era decir una mentira y cómo deseaba que hubieran reaccionado sus padres cuando se enteraron.

4. Recuerde cómo se sentía cuando sus padres peleaban entre ellos. (¿Usted discute de la misma manera con su cónyuge o con el padre de su hijo?).

5. Recuerde cómo se sentía cuando su mamá o su papá lo llevaban a algún lugar especial.

6. Recuerde las comidas de su infancia. ¿Eran una experiencia positiva (y por qué) o eran una experiencia negativa (y por qué)?

7. Recuerde cómo se sentía a la hora de ir a la cama.

8. Recuerde la primera vez que invitó a alguien a salir en una cita romántica, o cuando recibió esa invitación, y la intensa ansiedad y emoción que implicaban salir con alguien.

9. Recuerde las sensaciones sexuales y las experiencias vividas en la infancia y en la adolescencia.

10. Recuerde los peores maestros que tuvo, así podrá identificarse con sus hijos cuando se quejen de la escuela.

11. Recuerde los mejores maestros que tuvo para que pueda decirles a sus hijos lo buena que puede ser la escuela.

DESARROLLE METAS CLARAS PARA SÍ MISMO COMO PADRE Y PARA SU HIJO

12. Desarrolle metas claras y por escrito para la crianza de sus hijos y especifique la clase de personas que le gustaría que lleguen a ser. Lea sus metas todos los días para ver si su comportamiento incentiva lo que quiere. En todas las interacciones que tenga con sus hijos pregúntese si sus actos incentivan las conductas que usted desea.

METAS PARA SÍ MISMO COMO PADRE

(La meta general es ser una fuerza competente y positiva en la vida de su hijo).

13. Involucrarse con su hijo. Asegúrese de pasar tiempo suficiente con él para poder influir en su rumbo.

14. Sea franco con su hijo. Háblele de tal manera (escucha activa y empatía) que lo ayude a hablar con usted cuando él necesite hacerlo.

15. Sea firme y ponga límites. Brinde la supervisión y los límites adecuados hasta que su hijo desarrolle sus propios controles morales/ internos.

16. Sea un buen compañero de crianza. Ya sea que estén casados o divorciados, es mejor cuando los padres se apoyan uno al otro en sus interacciones con el hijo.

17. Sea amable. Críe a su hijo de manera tal que quiera venir a verlo una vez que se haya ido de casa. Ser padre también es un trabajo egoísta.

18. Sea divertido. Haga bromas, payasadas y juegue con su hijo. Divertirse es esencial para la salud física tanto como para la emocional.

DESARROLLE METAS CLARAS PARA SU HIJO

(La meta general es mejorar el desarrollo).

19. Ser relacional. Vivimos en un mundo de relaciones. Es imperativo que le enseñe a su hijo a llevarse bien con los demás.

20. Ser responsable. Los hijos necesitan saber que comparten el control sobre su propia vida y actuar en función de esto; también deben saber que, cuando suceden cosas malas, no siempre es por culpa de otro. De lo contrario, actuarán como víctimas y no tendrán poder personal.

21. Ser independiente. Permita que su hijo tome algunas decisiones (control compartido) sobre su propia vida. Esto posibilitará que el niño tome buenas decisiones por su cuenta.

22. Ser seguro de sí mismo. Aliente a su hijo a involucrarse en distintas actividades donde pueda sentirse competente. La confianza en uno mismo a menudo viene de la capacidad de dominar tareas, deportes y actividades.

23. Aceptarse a sí mismo. Preste más atención a lo positivo que a lo negativo en su hijo. Esto le permitirá aceptarse a sí mismo.

24. Ser adaptable. Exponga a su hijo a situaciones diferentes para que sea lo suficientemente flexible para manejar las diversas tensiones que vendrán.

25. Ser emocionalmente sano. Permítale a su hijo expresarse en un entorno tolerante. Busque ayuda para su hijo si manifiesta síntomas prolongados de perturbación emocional.

26. Ser divertido. Enséñele a su hijo cómo divertirse y cómo reír.

27. Saber enfocarse. Enséñele a su hijo a desarrollar metas claras por sí mismo (metas a corto y a largo plazo).

LA AUTORIDAD ES ESENCIAL

28. La autoridad es esencial para mantener el orden y la estructura en una familia. La generación de la década del sesenta perdió el concepto de que la autoridad es algo bueno.

29. Ser firme con su hijo *no* es lo mismo que ser malo.

30. Su hijo lo respetará más si usted cree que debe ser la autoridad en la relación.

31. Establecer la autoridad (de manera cariñosa) sobre su hijo mejora la creatividad. Ellos conocen los límites y no tienen que ponerlos a prueba continuamente, dejando energía para actividades más productivas.

32. Establecer la autoridad (de manera cariñosa) sobre su hijo lo ayudará a tratar con la autoridad cuando sea adulto.

33. Sea consecuente con lo que dice. No permita que la culpa lo haga dar marcha atrás en lo que sabe que es correcto.

SU RELACIÓN CON SU HIJO ES LA CLAVE DEL ÉXITO

34. Su relación personal con su hijo es importante para su bienestar emocional. Muchos padres subestiman la influencia que tienen sobre su hijo. Con una buena relación, su hijo acudirá a usted cuando lo necesite. Si tienen una mala relación, su hijo buscará a otros (por ejemplo, sus pares) para pedir consejo.

35. Con una buena relación padre-hijo, casi cualquier forma de disciplina funcionará. Con una mala relación padre-hijo, casi cualquier forma de disciplina fracasará.

36. Respete a su hijo. Trátelo en casa como lo haría frente a otros. Eso también les enseña a los niños a ser respetuosos con los demás.

37. Cada día, pase un tiempo especial con su hijo haciendo lo que él quiera hacer. Apenas veinte minutos diarios de un tiempo especial fortalecerán el vínculo entre usted y su hijo y transformará drásticamente la calidad de su relación. Estar disponible para su hijo lo ayudará a sentirse importante y mejorará su autoestima.

38. Sea un buen oyente. Descubra qué piensa su hijo *antes* de decirle qué piensa usted.

39. Baje a su nivel cuando hable con un niño.

40. Hábleles suavemente a los niños. Así, es mucho más probable que lo escuchen.

41. Evite gritarles a los niños. ¿Cómo se siente cuando alguien le grita a usted? Probablemente, se enfade, se estrese o sienta temor. Los niños no son diferentes.

42. Cumpla las promesas que les hace a sus hijos.

43. Los niños aprenden sobre las relaciones observando cómo sus padres se relacionan entre sí. ¿Están dando un buen ejemplo?

UN AMBIENTE AMOROSO Y SERVICIAL

44. Dígale todos los días a su hijo que lo ama.

45. Muéstrele a su hijo afecto físicamente todos los días: abrácelo, tómelo de la mano, frote sus hombros o despéinele el cabello.

46. Mire a su hijo a los ojos todos los días y pregunte acerca de su día.

47. Tómese el tiempo para abrazar a su hijo cada vez que él suba a su regazo (o ingrese en su espacio).

48. Escuche su música para escuchar qué información está alimentando su mente.

49. Limite el uso de la TV, los videojuegos, las redes sociales y las

tabletas. A menudo, son actividades que «no usan el cerebro» y son de escasa ayuda para los niños.

50. No deje que los niños vean demasiadas noticias. Eso los asustará y aumentará su sensación interna de ansiedad.

51. Use los rituales (como la hora de ir a dormir, el horario de la comida y las vacaciones) para proporcionar continuidad, estructura y estabilidad a los niños.

52. Hágales conocer a los niños una gran cantidad de experiencias, aunque estén indecisos.

53. Juegue con sus hijos. La recreación es esencial para una vida equilibrada y feliz.

EXPECTATIVAS CLARAS

54. Sea claro con lo que espera de su hijo pequeño o adolescente. Para las familias es eficaz publicar en un lugar visible las normas, explicando en detalle «las reglas y los valores familiares». (Vea las ocho reglas esenciales del Dr. Amen en el capítulo 5). Y recuerde la única regla general de Amor y Lógica: no cause un problema.

ANUNCIE LO QUE LE GUSTA MUCHO MÁS QUE LO QUE NO LE GUSTA

55. Cuando sus hijos cumplan las normas y las expectativas, asegúrese de reconocerlo. Si usted nunca reafirma la buena conducta, es poco probable que consiga mucho de ella.

56. Comunique los comportamientos que le gustan de su hijo diez veces más que los que no le gustan. Esto le enseñará a darse cuenta de lo que le gusta de sí mismo, en lugar de crecer con una imagen crítica de sí mismo.

57. Los elogios y el aliento mejoran la buena conducta y enseñan nuevas habilidades a los niños. El enojo y el castigo sofocan la conducta difícil, pero, a la larga, no les enseña nada a los niños.

58. Los elogios y el aliento fortalecen el vínculo padre-hijo. El enojo deteriora el vínculo padre-hijo.

LA DISCIPLINA

59. No le diga diez veces a su hijo que haga algo. ¡Espere que su hijo

obedezca a la primera vez! Prepárese para respaldar sus palabras con la consecuencia adecuada.

60. Nunca discipline a su hijo cuando esté fuera de sí. Tómese un receso antes de perder el control.

61. Use la disciplina para enseñar a su hijo, más que para castigarlo o para desquitarse por un mal comportamiento.

62. Vea la mala conducta como un problema que usted va a resolver, no como «el niño está tratando de volverme loco».

63. Es importante tener consecuencias rápidas y claras para las reglas incumplidas; hágalas respetar de una manera práctica y objetiva. Reprender y gritar son maneras destructivas e ineficaces.

64. Recuerde las palabras *firme* y *amoroso*. Un padre que conocemos usa la frase: «Duro como los clavos y amoroso como un cordero». Trate de mantenerlas equilibradas.

65. Cuando su hijo esté atorado en una conducta negativa, trate de distraerlo y vuelva después al asunto.

66. Enfrente de inmediato la mentira y el robo.

67. No se eche atrás a la hora de enfrentar las situaciones difíciles (relaciones sexuales, drogas, falta de respeto) con su adolescente o su hijo joven adulto. Encárelas de una manera cariñosa y firme.

68. Evite dar nalgadas y otras formas de castigo físico; son desfavorables.

LAS DECISIONES

69. Dele a su hijo la posibilidad de decidir entre opciones, en lugar de dictarle qué debe hacer, comer o qué ropa usar. Si usted toma todas las decisiones por sus hijos, más adelante, ellos no podrán tomar sus propias decisiones.

70. Aliente a sus hijos a tomar decisiones independientes, basándose en el conocimiento que tienen más que en lo que sus amigos puedan decir o hacer.

LA SUPERVISIÓN

71. Supervise la experiencia escolar de su hijo. Conozca a la maestra. Sea una parte activa de la clase. A veces, los padres son las últimas

personas en enterarse de que las cosas van mal. Involucrarse lo ayudará a mantener a su hijo en el buen camino.

72. Sepa en todo momento dónde está su hijo pequeño o adolescente. Dígale a su hijo que usted quiere saber con quién está, qué está haciendo y a qué hora volverá a casa. Avísele que lo verificará periódicamente. Al principio, se quejará de la intromisión, pero a la larga agradecerá su cuidado y su preocupación.

73. La confianza se basa en la experiencia pasada. Hágales saber a sus hijos que su nivel de libertad se basa en cuán confiables han demostrado ser.

74. Pase tiempo con los amigos de su hijo (aunque ellos lo rechacen) para conocer qué clase de influencias son en la vida de su hijo.

EL APOYO DE LOS PADRES

75. Los padres necesitan trabajar juntos y apoyarse mutuamente, aunque estén divorciados.

76. Cuando a los hijos se les permite dividir la autoridad de sus padres, tienen mucho más poder del que les conviene.

77. Los padres necesitan tiempo para sí mismos. A los padres que están agotados no les queda mucha energía en el tanque para dar a los hijos sus mejores esfuerzos.

78. Una de las mejores cosas que puede hacer por sus hijos es modelar una relación amorosa con su cónyuge.

LA AUTOESTIMA

79. Tenga cuidado con los apodos y las frases que usa para describir a sus hijos. Los niños responden a los rótulos que les ponemos.

80. La autoestima de su hijo es más importante que la calidad de sus deberes escolares.

81. Aliente a los niños en las áreas que les interesan a ellos (deportes, música, etcétera). La autoestima a menudo se basa en la capacidad de la persona para sentirse competente.

ENSEÑE A SUS HIJOS

82. Enséñeles valores a sus hijos con su comportamiento. Una manera

significativa en que los hijos aprenden valores es observando el comportamiento de sus padres.

83. Enséñeles a sus hijos a partir de las experiencias de su propia vida.

84. Hable con sus hijos sobre el sexo y las drogas. ¡No le deje esa responsabilidad a la escuela, a las redes sociales, a los programas de televisión o a los amigos!

85. Ayude a sus hijos a aprender de sus errores. No los regañe ni los denigre; de lo contrario, crecerán haciéndose eso a sí mismos (y a los demás).

86. Tenga solo alimentos saludables en la casa, así los niños aprenderán a amar los alimentos que les hagan bien.

87. Haga ejercicio con su hijo. Ayúdelo a convertir la actividad física en una rutina diaria en su vida.

88. Enséñeles a sus hijos a notar lo mejor de sus vidas.

89. Enséñeles a sus hijos que la vida tiene un comienzo y un fin, para ayudarlos a entender por qué la salud espiritual es importante.

90. Enséñeles a sus hijos a predecir las mejores cosas para sí mismos.

91. No permita que sus hijos culpen a otros por cómo está resultando su vida.

92. Enseñe a sus hijos a mandar mensajes de agradecimiento.

93. Enséñeles a sus hijos habilidades organizativas para facilitar su vida. (Esto puede significar hacer que mantengan su cuarto organizado, incluso cuando naturalmente no sean propensos a esa costumbre).

94. Léales a sus hijos (o haga que ellos le lean a usted) a menudo.

95. Enséñeles cómo usar responsablemente la tecnología y establezca límites para su uso.

EL TRABAJO Y LOS NIÑOS

96. No les dé a sus hijos todo lo que piden. Incentívelos a trabajar (haciendo quehaceres del hogar, por ejemplo) para lograr lo que quieren.

97. El trabajo beneficia a los niños. Hacer todo por ellos no.

LOS HERMANOS

98. Fomente y recompense el respeto entre hermanos. Discipline el comportamiento inapropiado u hostil entre hermanos.

99. Un poco de rivalidad entre hermanos es normal. Recuerde la historia de los primeros hermanos de la Biblia: no resultó tan bien.

LOS AMIGOS Y LOS COMPAÑEROS

100. No pelee las batallas de su hijo con sus amigos o sus compañeros, pero esté disponible como consejero.

101. Brinde un hogar seguro y acogedor que inspire a sus hijos a invitar a sus amigos.

CUANDO HAY PROBLEMAS

102. Busque ayuda para su hijo cuando muestre indicios de algún problema de salud cerebral, mental o de aprendizaje. Recuerde que, en promedio, transcurren once años desde que una persona tiene un problema de salud mental por primera vez hasta su primera consulta para buscar ayuda[1].

103. No barra los problemas bajo la alfombra. Enséñeles a los niños a hablar sobre sus dificultades y sobre qué cosas no funcionan en su vida.

104. Pídales perdón a sus hijos cuando cometa un error.

105. Ayude a sus hijos a ver más allá de sus incapacidades y debilidades para que vean sus fortalezas.

ENTENDER QUÉ ES LO NORMAL

106. Actúe como la corteza prefrontal de sus hijos hasta que la de ellos esté completamente desarrollada (alrededor de los veinticinco años), dándoles gradualmente mayor responsabilidad y control a medida que crezcan.

107. Entienda cuál es el desarrollo normal, como los «terribles dos años», la independencia y la identidad en los adolescentes, etcétera.

108. Cuando su hijo adolescente se aleje de usted, búsquelo con afecto, no enojado.

109. No le diga qué hacer a su hijo de dieciocho años. Es probable que él

haga lo contrario. Sugiera alternativas, escuche y ayude dando opciones. Sea cuidadoso con las palabras. Probablemente, le responderá algo como: «Tengo dieciocho años. Puedo hacer lo que yo quiera».

APRENDA TODO LO QUE PUEDA

110. La crianza eficaz de los hijos es una habilidad aprendida. Trabaje para aprender todo lo que pueda.

111. Mantenga ágil su cerebro aprendiendo continuamente nuevas habilidades y saliendo de lo que está acostumbrado.

INTERVENCIONES CEREBRALES

112. Haga que sus hijos usen casco cuando anden en bicicleta, patineta, patines o en otras situaciones riesgosas.

113. Los niños siempre deben usar el cinturón de seguridad en los vehículos motorizados.

114. Alimente a sus hijos con una dieta equilibrada que sea baja en azúcares refinados y carbohidratos simples. Anótelos en la lista de compras de alimentos saludables para el cerebro.

115. Enseñe a sus hijos cómo tener pensamientos certeros y sanos y a criar en su interior a los osos hormigueros para librarse de sus propios ANTs.

116. Cada día, enséñeles a sus hijos a enfocarse en las cosas por las que están agradecidos en su vida. Comience cada día con la frase: «Hoy va a ser un gran día».

117. A la hora de ir a dormir, pregúnteles: «¿Qué salió bien hoy?».

118. Haga del sueño una prioridad para su hijo. Además, la hormona del crecimiento en verdad funciona más eficazmente cuando su hijo está durmiendo.

119. Envuelva a sus hijos con aromas relajantes como lavanda (para el estado de ánimo y la ansiedad), menta (para la energía y la concentración), jazmín (para el estado de ánimo y la relajación) y manzanilla (para calmar la ansiedad y favorecer el sueño).

120. Aliente a sus hijos para que armen una colección mental de experiencias maravillosas. Hágalos hacer una lista mental de sus recuerdos más felices para que puedan sacarlos cuando necesiten levantar el ánimo.

121. Coma con sus hijos para que puedan verlo disfrutar de las comidas saludables y reforzar los vínculos familiares.

122. Enséñeles técnicas de respiración profunda a sus hijos para ayudarlos a calmar y controlar las emociones y el nerviosismo.

123. Ayude a sus hijos, en especial a los que son adolescentes y jóvenes adultos, a encontrar su propósito en la vida preguntándoles qué aman hacer y cómo esto ayuda a los demás.

124. Cante o tararee con sus hijos cada vez que pueda.

125. Haga de la música bella una parte de la vida de su hijo.

126. Asegúrese de que su hijo concurra a los controles médicos y odontológicos periódicos. El cuerpo y las encías sanos son fundamentales para la salud cerebral.

127. No deje que su hijo consuma cafeína.

128. No consuma demasiado alcohol cerca de sus hijos y nunca consuma ninguna droga ilegal en su presencia.

129. Evite que sus hijos practiquen deportes de contacto en los cuales las lesiones craneales son comunes y no los deje cabecear pelotas en el fútbol.

130. No deje que su hijo se golpee la cabeza cuando esté frustrado. Enséñele a amar su cerebro.

CAPÍTULO 24

LAS 20 COSAS QUE *NUNCA* HACEN LOS PADRES DE NIÑOS CON FORTALEZA MENTAL

A veces, lo que no hace es más importante que lo que hace.

Si ama a su hijo (y estamos seguros de que así es) y quiere que sea exitoso, feliz y sano, es imperativo que preste atención a su propio comportamiento. Después de trabajar con padres e hijos durante décadas, hemos elaborado la lista de las veinte cosas principales que los padres de niños con fortaleza mental *nunca hacen*.

1. **Ignorar el cerebro de su hijo.** Cuando usted no piensa en la salud cerebral, predispone a su hijo para toda clase de problemas potenciales en casa, en la escuela y en las relaciones. En lugar de ello, debe amar y cuidar su cerebro, el cual controla todo lo que su hijo hace: cómo piensa, cómo se siente, cómo actúa y cómo se lleva con otras personas. Cuando su cerebro funciona bien, su hijo funciona bien. Cuando su cerebro tiene problemas, su hijo tiene problemas. Cuando usted y su hijo decidan qué deportes practicar, recuerde

proteger su cerebro si quiere que sea feliz, saludable y que tenga fortaleza mental por el resto de su vida.

2. **Desconocer el comportamiento normal.** Cuando usted no comprende el desarrollo normal de la infancia, es probable que espere más de su hijo, adolescente o joven de lo que él está listo para manejar. Esto genera fricción, frustración y sensación de fracaso. Cuando comprende lo básico del desarrollo, puede advertir mejor cuándo algo está dentro o fuera del rango de lo normal. Por ejemplo, es normal que los adolescentes quieran ser más independientes y que empiecen a tomar sus propias decisiones. Saber que es una parte normal del desarrollo le facilita a usted honrarlo y respetarlo y, a la vez, supervisarlo.

3. **Ser un pésimo modelo a imitar.** Si su lema es «Haz lo que digo, no lo que hago», está predisponiéndose para los problemas. Si usted miente, engaña, es grosero o irrespetuoso, come alimentos que no son saludables y nunca se ocupa de su propia salud, su hijo seguirá su ejemplo. Por lo tanto, sea el modelo de cómo quiere que sea su hijo.

4. **Olvidarse de cómo es ser un niño o un adolescente.** Si no puede empatizar con su hijo, podría alejarlo, hacerlo sentir que no es comprendido o darle el mensaje de que sus sentimientos no son aceptables. Recordar cómo fue para usted cuando tenía la edad de su hijo y todos los desafíos y las luchas que tuvo lo harán mucho más empático para con su hijo. Terminará siendo más útil para él que si aborda su vida desde la perspectiva de un adulto.

5. **Ser demasiado permisivo.** Múltiples estudios han demostrado que los niños que tuvieron padres que nunca establecieron límites apropiados al crecer tienen más problemas psicológicos.

6. **Desvalorizar al otro padre.** Por más que sea tentador, es vital que no critique, rebaje ni diga cosas negativas del otro progenitor de su hijo. Eso no solo socava la eficacia del otro padre, sino que además disminuye la autoestima de su hijo. Su hijo es producto de ambos progenitores; al decir cosas negativas sobre el otro padre, en realidad, también está diciendo cosas negativas sobre su hijo.

7. **Pasar poco tiempo de calidad con ellos.** Las relaciones requieren de dos cosas: tiempo y buena disposición a escuchar. Si usted no pasa tiempo con ellos o tienen una relación mediocre, es probable

que desarrollen un sentimiento de resentimiento y se rebelen contra usted. Si les dedica tiempo de calidad y tiene una buena relación con sus hijos (ambos elementos esenciales para vincularse), ellos se inclinarán por elegir y emular sus valores morales. Hacer las cosas que sus hijos disfrutan y escucharlos marcará una enorme diferencia en la calidad de su relación.

8. **Ser un mal oyente.** Cuando usted está en desacuerdo con su hijo y está hablando él, ¿lo interrumpe? ¿Se enfoca en entender lo que dice o está pensando cómo va a contestarle? Ser un mal oyente comunica el mensaje de que su hijo no es tan importante como para merecer su atención. Y esto puede producir efectos devastadores en su autoestima. Aprenda a escuchar activamente. No juzgue ni critique lo que dice; en cambio, repita lo que usted escuchó. A fin de cuentas, su hijo puede resolver muchos de sus propios problemas.

9. **Poner apodos insultantes.** No sirve para nada etiquetar a su hijo con un término negativo. Internalizará ese término y vivirá según las etiquetas que usted le puso. Dé un buen ejemplo a su hijo mediante su propia conducta.

10. **Notar solo lo que hace mal.** Advertir todos los pequeños errores que comete su hijo le infunde una mentalidad y una imagen propia negativas. Esto puede extenderse hacia la adultez y ser un lastre que le impida alcanzar su potencial. Además, si el único momento en que usted lo observa es cuando hace algo mal, está enseñándole que hacer algo malo es la mejor manera de conseguir que usted le preste atención. En lugar de eso, haga todo lo posible por tomarlo de sorpresa cuando hace cosas buenas. Al hacerlo, reafirmará su buena conducta y sus buenas decisiones.

11. **Ceder a las rabietas u otros malos comportamientos.** Al hacerlo, aunque sea una sola vez, le enseñará qué comportamiento tolera usted. Entonces, su hijo aprenderá la lección de que portarse mal sirve para conseguir lo que quiere. Su hijo debe saber que no puede manipularlo con su comportamiento.

12. **Ser reactivo.** Cuando su estilo de crianza es en gran medida reaccionar a las situaciones, puede llegar a mandarle mensajes contradictorios a su hijo. Para evitarlo, escriba las metas que tiene para su hijo. ¿Qué clase de niño quiere criar? ¿Qué clase de padre quiere ser? Por ejemplo, si quiere criar un hijo bondadoso, competente y que haga

un gran aporte a la sociedad, entonces usted debe dar ese ejemplo, así como reafirmar las conductas que respalden esas metas, como lo opuesto a simplemente reaccionar de un momento a otro.

13. **No supervisar.** La falta de supervisión significa que los hijos quedan por su cuenta para tomar las decisiones importantes, aunque su cerebro aún no esté desarrollado del todo. Esto puede dar como resultado que tomen malas decisiones sobre el alcohol, las drogas, el sexo y otras cosas que impactan su fortaleza mental. Usted tiene que saber dónde están sus hijos y con quién están (y controlarlos). Cuando se trata de sus hijos, recuerde lo que dijo el presidente Ronald Reagan: «Confíe, pero verifique». Si su hijo sabe que usted verificará, tomará mejores decisiones que si sabe que nunca lo hará.

14. **Nunca llegar a conocer a los amigos de su hijo.** Durante la adolescencia, las personas que más influyen en la vida de su hijo adolescente son los amigos con los que pasan la mayor parte del tiempo, no usted. Es por eso que deseará conocer los valores de las personas con quienes anda. Entienda que tratar de controlar las amistades de su hijo puede ser contraproducente. Si no está feliz con lo que descubrió, haga que su hijo se involucre en actividades con niños que tengan los valores que usted aprecia. Trate de invitar a los amigos a su casa para que puedan beneficiarse de los valores de su familia y de sus relaciones afectuosas.

15. **Alimentar a su hijo con la dieta estadounidense estándar.** El cerebro humano usa entre el 20% y el 30% de las calorías que consume una persona. Si alimenta a su hijo a base de comidas rápidas, tendrá una mentalidad de comida rápida, la cual está asociada con el TDAH, la depresión y la demencia más adelante en la vida. Enfóquese en alimentar el cerebro de su hijo con comidas sanas para el cerebro para que tenga un óptimo desarrollo y funcionamiento cerebral.

16. **Mantener a sus hijos despiertos hasta muy tarde.** Los niños necesitan dormir mucho más de lo que la mayoría de los padres se dan cuenta para que el cerebro se desarrolle y funcione óptimamente. La falta de sueño debilita su concentración y su energía; disminuye el rendimiento académico y deportivo; acrecienta los ánimos negativos, el estrés, la ansiedad; además, causa que se tomen malas decisiones.

17. **Decirles a los hijos cómo pensar.** Si su hijo no tiene la libertad para explorar maneras diferentes de pensar y de ver el mundo y, en

cambio, se siente demasiado controlado, es mucho más probable que se rebele y tenga una relación conflictiva con usted. Para evitar esto, cuando de su hijo se trata, adopte esta filosofía: «Vuélvase curioso, no furioso». Básicamente, significa dejar que su hijo piense por sí mismo mientras usted actúa como un buen instructor, más que como un dictador.

18. **Decirle a su hijo que es inteligente.** Si hace esto y su hijo termina no aprendiendo algo (lo cual es probable que ocurra en algún momento de la vida), se dirá a sí mismo que en realidad no es tan listo y lo más probable es que se dé por vencido. En lugar de eso, resalte cuánto se esfuerza. De esa manera, cuando algo en su vida sea difícil, perseverará y trabajará más duro porque su autoestima es el fruto de su esfuerzo, no de su inteligencia.

19. **Ignorar sus problemas de salud mental.** Los problemas de salud mental como el TDAH, la ansiedad, la depresión, el trastorno bipolar, el trastorno obsesivo compulsivo (TOC) y demás pueden causar un efecto devastador en la vida de su hijo. Este tipo de problemas pueden apoderarse de su fortaleza mental, su felicidad, su autoestima, su motivación y su enfoque. Como padre, preste atención y llévelo a una consulta para evaluar si hay algo que le preocupa.

20. **Ignorar sus propios problemas de salud mental.** Para su hijo puede ser devastador que usted esté luchando con síntomas no tratados de un problema cerebral como la depresión, la ansiedad o la adicción. Para ser el mejor padre dentro de sus posibilidades, debe cuidar su propia salud; esto incluye la salud mental. La trayectoria de la vida de su hijo puede cambiar si usted se ocupa de su propia salud mental.

Agradecimientos y reconocimientos del Dr. Amen

Son muchísimas las personas que participaron de la creación de *Cómo criar hijos con fortaleza mental*. En primer lugar, quiero darle las gracias a mi mejor amiga, compañera y esposa, Tana Amen, quien adoptó todos los programas de Amor y Lógica de Jim Fay y del Dr. Foster Cline para ayudarnos a criar juntos a una hija sana, ambiciosa, responsable, motivada y genial. Tana fue increíble al aprender y enseñarles Amor y Lógica a otros. Por supuesto, tengo que agradecerle a mi amigo y mentor, Jim Fay; a la vez que he desarrollado un profundo afecto, gratitud y respeto por el Dr. Charles Fay, mi maravilloso socio, coautor y desarrollador de este esfuerzo.

Asimismo, Frances Sharpe, nuestra excelente directora de Narrativa en las Clínicas Amen, ayudó a fundir magistralmente las voces de Charles y la mía. Andrea Vinley Converse es una editora muy especial que nos ayuda a ser mejores y, a la obra, más accesible.

Estoy sumamente agradecido a los miles y miles de pacientes y familias que han venido a las Clínicas Amen y nos han permitido ayudarlos en su proceso de curación. Estoy agradeciendo especialmente a los pacientes que me dieron permiso para contar parte de sus historias en este libro.

Agradezco mucho al fantástico personal de las Clínicas Amen, quienes trabajan con denuedo cada día para servir a nuestros pacientes y nos ayudan a difundir nuestro trabajo en todo el mundo, en especial a Kim Schneider, Christine Perkins, Rob Patterson, Jim Springer, Natalie Buchoz, Stephanie Villafuerte, Jeff Feuerhaken y James Gilbert por su aporte, amor y apoyo. También le doy las gracias a mi agente literario, Greg Johnson, y a todo el equipo de Tyndale, en especial a Jan Long Harris, por ayudarnos a dar a conocer este trabajo en el mundo.

Agradecimientos y reconocimientos del Dr. Fay

Mientras escribía este libro, Dios me ha bendecido dándome el apoyo, la guía y el aliento de infinidad de personas. Sin ellos, este libro nunca hubiera sido escrito. Gracias al Dr. Daniel Amen, quien amablemente me dio la oportunidad de escribir este libro con él. Su generosidad y su sabiduría hicieron posible este proyecto.

Muchas gracias a mi padre, Jim Fay, y al Dr. Foster Cline, quienes fueron los pioneros del método Amor y Lógica cuando yo era apenas un niño. Papá, tu gran cariño, tu guía y tus contribuciones profesionales han sido una increíble bendición para millones. Foster, tu amistad y tu conocimiento me han cambiado la vida. Además, le has cambiado la vida a millones de personas.

Gracias, Frances Sharpe, por tu espléndida asistencia a lo largo del proceso de escribir y editar el manuscrito. Tu gran habilidad y tu actitud positiva han hecho de este proceso desafiante algo divertido. Andrea Vinley Converse (To the Point Editorial Services) y Janis Long Harris (editora ejecutiva general de Tyndale) también merecen grandes elogios. Su asistencia en extremo útil ha marcado una enorme diferencia.

A mi esposa, Mónica. ¡Eres el amor de mi vida! Tu gran paciencia, tu gracia y tu arduo e interminable trabajo me permitieron crecer y ayudar a otros. Gracias por ser una increíble esposa, madre, amiga y colaboradora. Eres un regalo de Dios.

Acerca del
Dr. Daniel G. Amen

El Dr. Amen es médico psiquiatra certificado, especialista en niños y adultos; es un investigador laureado y autor de diecinueve títulos éxito de ventas a nivel nacional. Sus videos en línea sobre el cerebro y la salud mental han sido vistos más de quinientos millones de veces. Sharecare lo ha nombrado el experto y defensor de la salud mental más influyente en Internet y el *Washington Post* se refirió a él como el psiquiatra más popular de los Estados Unidos.

Es el fundador y director ejecutivo de las Clínicas Amen, las cuales tienen sedes a nivel nacional. El Dr. Amen es el investigador principal del estudio sobre imágenes cerebrales y la rehabilitación de jugadores profesionales de fútbol. Su investigación no solo ha demostrado altos niveles de daño cerebral en los jugadores, sino también la posibilidad de una recuperación significativa para muchos con los principios que sustentan su trabajo.

Junto con el pastor Rick Warren y el Dr. Mark Hyman, el Dr. Amen es uno de los principales artífices de El Plan Daniel, un programa para recuperar la salud del mundo a través de organizaciones religiosas que se ha realizado en miles de iglesias, mezquitas y sinagogas.

El Dr. Amen es autor o coautor de más de ochenta artículos profesionales, nueve capítulos de libros y más de cuarenta libros, incluyendo los diecinueve éxitos de ventas a nivel nacional y doce éxitos de venta del *New York Times*, los cuales incluyen el éxito de ventas con más de un millón de ejemplares número uno de los más vendidos del *New York Times*, *El Plan Daniel*, y el éxito de ventas con más de un millón de ejemplares vendidos, *Cambia tu cerebro, cambia tu vida*, el cual The VOU enumeró como uno de los mejores libros de autoayuda de todos los tiempos, junto con *The End of Mental Illness* (El fin de las enfermedades mentales); *Healing ADD* (Curando el TDA); *Cambia tu cerebro, cambia tu vida*; *Memory Rescue* (Rescate de los recuerdos); *Your Brain Is Always Listening* (Tu cerebro siempre escucha); *You, Happier* (Tú, más feliz);

y *Change Your Brain Every Day* (Cambia tu cerebro todos los días). Sus libros han sido traducidos a cuarenta y seis idiomas.

Los artículos científicos del Dr. Amen han aparecido en muchas publicaciones científicas prestigiosas. En enero del 2016, la investigación de su equipo sobre la distinción del TEPT (trastorno de estrés postraumático) respecto de las LCT (lesiones cerebrales traumáticas) en más de 21.000 imágenes SPECT fue destacada como una de las cien mejores historias de la ciencia por la revista *Discover*. En el 2017, su equipo publicó un estudio sobre más de 46.000 imágenes, mostrando la diferencia entre el cerebro masculino y el femenino; y en el 2018, su equipo publicó un estudio sobre cómo envejece el cerebro, en 62.454 imágenes SPECT.

El Dr. Amen ha escrito, producido y presentado dieciocho programas sobre la salud cerebral para la televisión pública nacional, los cuales han sido emitidos más de 150.000 veces por todos los Estados Unidos.

El Dr. Amen ha aparecido en películas documentales, incluidas *Quiet Explosions* (Explosiones silenciosas), *After the Last Round* (Después del último asalto) y *The Crash Reel* (Crónica de una caída) y fue asesor de *La verdad oculta*. Apareció en las docuseries: «Justin Bieber: Seasons» y ha aparecido con frecuencia en los programas televisivos Dr. Phil y El Dr. Oz. Ha sido invitado a los programas *Today*, *Good Morning America*, *The Early Show*, a la CNN, a la Fox y a *The Doctors*, y apareció en el espectáculo ganador del Emmy, *The Truth About Drinking*.

Además, el Dr. Amen es uno de los más visibles e influyentes expertos en salud cerebral y mental, con millones de seguidores en las redes sociales. En el 2020, el Dr. Amen lanzó su serie digital «Scan My Brain» (Escanea mi cerebro), presentando a actores famosos, artistas musicales, deportistas, empresarios e *influencers* que se transmite por YouTube e Instagram. Se han emitido más de cien episodios, los cuales se han convertido en contenido viral de redes sociales con millones de visitas en forma colectiva.

También ha dado charlas en todo el mundo, con ponencias prestigiosas en Canadá, Brasil, Israel y Hong Kong. Ha hablado ante la Agencia Nacional de Seguridad (NSA); la Fundación Nacional de Ciencias (NSF); para Harvard's Learning y para la Brain Conference; el Departamento del Interior; para el National Council of Juvenile and Family Court Judges; la Corte Suprema de Ohio, Delaware y Wyoming; y una gran cantidad de corporaciones como Merrill Lynch, Hitachi, Bayer Pharmaceuticals, GNC, Árbitros de la NBA, el personal de entrenamiento de Miami Heat; y muchos otros. En el 2016, el Dr. Amen brindó una de las prestigiosas Talks en Google.

El trabajo del Dr. Amen ha sido presentado en el *New York Times*, la

New York Times Magazine, la *Washington Post Magazine, MIT Technology, Newsweek, Time, Huffington Post,* ABC World News, *20/20,* BBC, *London Telegraph,* la revista *Parade,* el *World Economic Forum, LA Times, Men's Health, Bottom Line, Vogue, Cosmopolitan, LA Style,* NPR y muchos otros.

En noviembre del 2017, se viralizó una publicación anónima sobre la apasionada historia del Dr. Amen (de seis minutos) y tuvo más de cuarenta millones de vistas. Sus dos charlas TEDx tienen más de veinticinco millones de vistas.

El Dr. Amen está casado con Tana, es padre de seis hijos y abuelo de cinco niños. Es un ávido jugador de tenis de mesa.

Acerca del
Dr. Charles Fay

El Dr. Charles Fay es padre; especialista en Psicoterapia infantil, adolescente y de familia; autor reconocido internacionalmente; consultor; orador público altamente especializado, y presidente del Instituto Amor y Lógica, Inc., el cual se volvió parte de las Clínicas Amen en el 2020. Millones de educadores, profesionales de la salud mental y padres se han beneficiado de las soluciones prácticas y realistas del Dr. Fay para los problemas más comunes y los comportamientos frustrantes que exhiben los menores de todas las edades. Estos métodos son el resultado directo de años de investigación y experiencia clínica atendiendo a jóvenes gravemente perturbados y a sus familias en hospitales pediátricos, escuelas públicas o privadas y hogares. El interés del Dr. Fay en la educación y en la psicología se despertó desde su infancia, por haber estado expuesto durante años a algunos de los expertos más dinámicos en dichos campos de nuestro país. Esta temprana exposición fue el resultado de participar en los eventos de capacitación a los que asistía con su padre, Jim Fay. Jim es uno de los principales expertos en disciplina infantil del país y tiene más de cincuenta años de experiencia en la educación pública. El método Amor y Lógica, internacionalmente reconocido, se desarrolló literalmente alrededor de Charles Fay mientras crecía. Ahora, él bromea: «Creo que es por eso que me convertí en psicólogo [...] para descifrar qué estaban haciéndome a mí de niño. Pero [...] que quede claro [...] adoro absolutamente a mi mamá y a mi papá como resultado». El Dr. Fay obtuvo su doctorado con los más altos honores en la Universidad de Carolina del Sur. Antes y durante su formación universitaria en Psicología escolar y clínica, disfrutó de una amplia experiencia trabajando con niños en instituciones psiquiátricas, en la escuela pública y en centros de salud mental. Actualmente, el Dr. Fay trabaja tiempo completo como autor, consultor, orador y presidente del Instituto Amor y Lógica. Debido a su gran sentido del humor y a sus habilidades narrativas, el público experimenta la forma de aprendizaje más memorable que cambia la vida: el aprendizaje que está mentalmente conectado con la alegría y con ejemplos de la vida real. Muchos asistentes a las conferencias han escrito: «El tiempo se pasó tan rápido [...] es un orador muy entretenido», «Estoy tan aliviada de que nos haya dado cosas que en realidad podemos usar, en lugar de montones de teoría y cosas impracticables», y «La primera vez que escuché al Dr. Fay fue hace quince años. ¡Todavía estoy usando las habilidades que aprendí tantos años atrás!».

Recursos

CLÍNICAS AMEN, INC.

AMENCLINICS.COM

La Amen Clinics, Inc. (ACI), fue fundada en 1989 por el doctor Daniel G. Amen. La ACI tiene sedes en todo el país y se especializa en el diagnóstico innovador y en la planeación de tratamientos para una amplia variedad de problemas de conducta, aprendizaje, emocionales, cognitivos y de peso en niños, adolescentes y adultos. Las imágenes cerebrales SPECT son una de las principales herramientas de diagnóstico usadas en nuestras clínicas. ACI tiene la mayor base de datos mundial de escaneos cerebrales por problemas emocionales, cognitivos y de conducta. Cuenta con una reputación internacional por evaluar problemas de comportamiento cerebral, tales como TDAH, depresión, ansiedad, fracaso escolar, traumatismos craneales y conmociones cerebrales, trastornos obsesivo-compulsivos, agresividad, conflictos matrimoniales, disminución cognitiva, intoxicación cerebral como consecuencia del consumo de drogas o alcohol y obesidad, entre otros. Adicionalmente, trabajamos con personas para optimizar el funcionamiento cerebral y disminuir el riesgo de enfermedad de Alzheimer y otros problemas relacionados con la edad. La ACI recibe derivaciones de médicos, psicólogos, trabajadores sociales, terapeutas matrimoniales y familiares, consejeros sobre drogadicción y alcoholismo, pacientes individuales y familias. Para más información, visite nuestro sitio en línea o llame en los Estados Unidos a la línea gratuita (888) 288-9834.

AMOR Y LÓGICA

LOVEANDLOGIC.COM

Amor y Lógica, fundado en 1977, es el líder mundial en recursos prácticos para padres, educadores y otros profesionales en todo el mundo. Con su filosofía basada en la investigación integral del niño, el Instituto Amor y Lógica se dedica a hacer que la enseñanza y la crianza sean divertidas y gratificantes, en lugar de estresantes y caóticas. Proveemos herramientas y técnicas prácticas que ayudan a los adultos a lograr relaciones respetuosas y sanas con sus hijos. Todo este trabajo se basa en una filosofía psicológicamente sana de crianza y enseñanza llamada Amor y Lógica.

BRAINMD

BRAINMD.COM

Desde el 2010, BrainMD ofrece suplementos y alimentos funcionales de la más alta calidad, respaldados por la ciencia y dirigidos al cerebro, así como una amplia variedad de productos para la educación sanitaria cerebral, como libros, videos, música, etcétera.

UNIVERSIDAD AMEN

AMENUNIVERSITY.COM

En el 2014, el Dr. Amen conformó la Universidad Amen, la cual dicta cursos sobre neurociencia práctica, abordando los temas que abarcan la salud cerebral general, TDAH, ansiedad, depresión, memoria, trauma emocional, lesiones craneales, desarrollo saludable del cerebro de niños y adolescentes, autismo, insomnio y felicidad. La Universidad Amen también ofrece cursos de certificación en salud cerebral para médicos y especialistas en la salud mental, así como para profesores y entrenadores. Al día de hoy, hemos certificado a profesores de salud cerebral en cincuenta y seis países.

Notas

INTRODUCCIÓN

1. Diana Baumrind, «Effects of Authoritative Parental Control on Child Behavior» [El efecto del control parental autoritativo sobre el comportamiento infantil], *Child Development* 37, n.° 4 (diciembre de 1966): 887–907, https://www.jstor.org/stable/1126611.

CAPÍTULO 1: CEREBROS SANOS: LA BASE DE LA FORTALEZA MENTAL, LA RESPONSABILIDAD, EL DOMINIO EMOCIONAL Y EL ÉXITO

1. Daniel G. Amen, *Change Your Brain, Change Your Life* (Nueva York: Harmony Books, 2015), 26. Publicado en español como *Cambia tu cerebro, cambia tu vida*.

2. Amen, *Change Your Brain, Change Your Life*, 3, 27. Publicado en español como *Cambia tu cerebro, cambia tu vida*.

3. Jonathan Day *et al.*, «Influence of Paternal Preconception Exposures on Their Offspring: Through Epigenetics to Phenotype» [Influencia de la exposición paternal sobre la descendencia, antes de la concepción: De la epigenética al fenotipo], *American Journal of Stem Cells* 5, n.° 1 (15 de mayo del 2016): 11–18, https://www.ncbi.nlm.nih.gov/pmc/articles/PMC4913293/.

4. Estos principios y otros fueron presentados en Daniel G. Amen, *Making a Good Brain Great* [Transformar un buen cerebro en un cerebro grandioso] (Nueva York: Harmony, 2005) y en Amen, *Change Your Brain, Change Your Life*, cap. 1. Publicado en español como *Cambia tu cerebro, cambia tu vida*.

5. Estos conceptos fueron presentados en Daniel G. Amen, *Memory Rescue* [Rescate de los recuerdos] (Carol Stream, IL: Tyndale, 2017).

6. Wanze Xie *et al.*, «Chronic Inflammation Is Associated with Neural Responses to Faces in Bangladeshi Children» [En los niños bangladesíes, la inflamación crónica se asocia con las respuestas neurales a rostros], *NeuroImage* 202 (15 de noviembre del 2019): 116110, https://www.sciencedirect.com/science/article/pii/S1053811919307013.

7. Virginia A. Rauh y Amy E. Margolis, «Research Review: Environmental Exposures, Neurodevelopment, and Child Mental Health—New Paradigms for the Study of Brain and Behavioral Effects» [Revisión de investigaciones: Exposiciones al ambiente, desarrollo neural y salud mental infantil —Nuevos paradigmas para el estudio del cerebro y los efectos en el comportamiento], *Journal of Child Psychology and Psychiatry* 57, n.° 7 (14 de marzo del 2016): 775–793, https://acamh.onlinelibrary.wiley.com/doi/full/10.1111/jcpp.12537.

8. «Mental Health by the Numbers» [Estadística de salud mental], National Alliance on Mental Illness [Asociación Nacional sobre Enfermedades Mentales, NAMI por su sigla en inglés], actualización de junio del 2022, https://nami.org/mhstats.

9. Marco Colizzi, Antonio Lasalvia y Mirella Ruggeri, «Prevention and Early Intervention in Youth Mental Health: Is It Time for a Multidisciplinary and Trans-diagnostic Model for Care?» [Prevención e intervención temprana en la salud mental juvenil: ¿Es hora de contar con un modelo de cuidado multidisciplinario y transdiagnóstico?], *International Journal of Mental Health Systems* 14 (24 de marzo del 2020): 23, https://ijmhs.biomedcentral.com/articles/10.1186/s13033-020-00356-9.

10. Sarah L. O'Dor *et al.*, «A Survey of Demographics, Symptom Course, Family History, and Barriers to Treatment in Children with Pediatric Acute-Onset Neuropsychiatric Disorders and Pediatric Autoimmune Neuropsychiatric Disorder Associated with Streptococcal Infections» [Un sondeo de la demografía, de la evolución de síntomas, la historia familiar y las barreras al tratamiento en niños con desórdenes pediátricos neuropsiquiátricos de aparición aguda y desórdenes pediátricos

neuropsiquiátricos autoinmunes asociados con las infecciones por estreptococos], *Journal of Child and Adolescent Psychopharmacology* 32, n.° 9 (noviembre del 2022): 476–487, https://pubmed.ncbi .nlm.nih.gov/36383096/.

11. Instituto de Medicina [de EE. UU.], «Extent and Health Consequences of Chronic Sleep Loss and Sleep Disorders» [Alcance y consecuencias en la salud de la disminución crónica del sueño y de los desórdenes del sueño], en *Sleep Disorders and Sleep Deprivation: An Unmet Public Health Problem*, ed. Harvey R. Colten y Bruce M. Altevogt (Washington, DC: National Academies Press, 2006), cap. 3, https://www.ncbi.nlm.nih.gov/books/NBK19961/.

    Jamie Cassoff, Sabrina T. Wiebe y Reut Gruber, «Sleep Patterns and the Risk for ADHD: A Review» [Patrones del sueño y riesgo de TDAH: Una revisión], *Nature and Science of Sleep*, n.° 4 (29 de mayo del 2012), 73–80, https://www.ncbi.nlm.nih.gov/pmc/articles/PMC3630973/.

12. Adam Winsler *et al.*, «Sleepless in Fairfax: The Difference One More Hour of Sleep Can Make for Teen Hopelessness, Suicidal Ideation, and Substance Use» [El insomnio en Fairfax: La diferencia que produce una hora más de sueño en la falta de esperanza de los adolescentes, en sus ideas de suicidio y en el uso de sustancias], *Journal of Youth and Adolescence* 44, n.° 2 (febrero del 2015): 362–378, https://pubmed.ncbi.nlm.nih.gov/25178930/.

13. Jesus Pujol *et al.*, «Breakdown in the Brain Network Subserving Moral Judgment in Criminal Psychopathy» [Crisis de la red neuronal al servicio del juicio moral en la psicopatía criminal], *Social Cognitive and Affective Neuroscience* 7, n.° 8 (noviembre del 2012): 917–923, https://pubmed.ncbi.nlm .nih.gov/22037688/.

    Lena Hofhansel *et al.*, «Morphology of the Criminal Brain: Gray Matter Reductions Are Linked to Antisocial Behavior in Offenders» [La morfología del cerebro criminal: Las reducciones de la materia gris están vinculadas con el comportamiento antisocial de los delincuentes], *Brain Structure and Function* 225, n.° 7 (septiembre del 2020): 2017–2028, https://pubmed.ncbi.nlm.nih.gov/32591929/.

CAPÍTULO 2: LOS NIÑOS CON FORTALEZA MENTAL VIVEN SEGÚN METAS CLARAMENTE DEFINIDAS

1. Oficina de Censo de Estados Unidos, «Census Bureau Releases New Estimates on America's Families and Living Arrangements» [La Oficina de Censo publica nuevas estimaciones sobre las familias estadounidenses y sus disposiciones de vivienda], comunicado de prensa n.° CB22-TPS.99, 17 de noviembre del 2022, https://www.census.gov/newsroom/press-releases/2022/americas-families -and-living-arrangements.html.

2. Keita Umejima *et al.*, «Paper Notebooks vs. Mobile Devices: Brain Activation Differences during Memory Retrieval» [Libretas de papel vs. dispositivos móviles: Diferencias en la activación del cerebro en la recuperación de datos en la memoria], *Frontiers in Behavioral Neuroscience* 15 (19 de marzo del 2021), https://www.frontiersin.org/articles/10.3389/fnbeh.2021.634158/full.

3. Gail Matthews, «Goals Research Summary» [Resumen de investigación sobre metas] (presentación, Novena Conferencia Anual Internacional de Psicología, Athens Institute for Education and Research, Atenas, Grecia, 25–28 de mayo del 2015), Dominican University of California [Universidad Dominicana de California], https://www.dominican.edu/sites/default/files/2020-02/gailmatthews-harvard-goals -researchsummary.pdf.

4. Por ejemplo, Daniel G. Amen, *Change Your Brain, Change Your Life*, ed. rev. (Nueva York: Harmony Books, 2015), 194–197. Publicado en español como *Cambia tu cerebro, cambia tu vida*.

CAPÍTULO 3: ¿SU ESTILO DE CRIANZA ES CULTIVAR LA FORTALEZA O LA DEBILIDAD MENTAL?

1. Diana Baumrind, «Effects of Authoritative Parental Control on Child Behavior» [Efecto del control parental autoritativo sobre el comportamiento infantil], *Child Development* 37, n.° 4 (diciembre de 1966): 887–907, https://www.jstor.org/stable/1126611.

   Diana Baumrind, «Authoritarian vs. Authoritative Parental Control» [Control parental autoritario vs. autoritativo], *Adolescence* 3, n.° 11 (1968): 255–272.

   Diana Baumrind, «Current Patterns of Parental Authority» [Patrones actuales de autoridad parental], *Developmental Psychology* 4, n.° 1, pto. 2 (1971): 1–103, https://psycnet.apa.org/record/1971-07956-001.

   Diana Baumrind, «Rearing Competent Children» [Criando niños competentes], en *Child Development*

Today and Tomorrow [La crianza de los niños, hoy y mañana], ed. William Damon (San Francisco: Jossey-Bass, 1989), 349–378.

Diana Baumrind, «The Influence of Parenting Style on Adolescent Competence and Substance Abuse» [Influencia del estilo de crianza sobre el desempeño adolescente y el consumo de sustancias], *Journal of Early Adolescence* 11, n.° 1 (1991): 56–95, https://psycnet.apa.org/record/1991-18089-001.

Christopher Spera, «A Review of the Relationship among Parenting Practices, Parenting Styles, and Adolescent School Achievement» [Un examen de la relación entre las prácticas de crianza, los estilos parentales y los logros escolares de adolescentes], *Educational Psychology Review* 17, n.° 2 (2005): 125–146, https://psycnet.apa.org/record/2005-07205-002.

Sofie Kuppens y Eva Ceulemans, «Parenting Styles: A Closer Look at a Well-Known Concept» [Estilos parentales: Una observación más detallada de un concepto bien conocido], *Journal of Child and Family Studies* 28, n.° 1 (2019): 168–181, https://pubmed.ncbi.nlm.nih.gov/30679898/.

2. Jim Fay, *Helicopters, Drill Sergeants, and Consultants: Parenting Styles and the Messages They Send* [Helicópteros, sargentos de instrucción, y consejeros: Estilos de crianza y mensajes que comunican] (Golden, CO: Cline/Fay Institute, 1986), audiocasete.

   Foster Cline y Jim Fay, *Parenting with Love and Logic: Teaching Children Responsibility* (Colorado Springs, CO: Piñon Press, 1990), 23–25. Publicado en español como *Ser padres con amor y lógica: Cómo enseñar responsabilidad a los niños*.

   Jim Fay y David Funk, *Teaching with Love and Logic: Taking Control of the Classroom* [Enseñar con amor y lógica: Tomar control del aula] (Golden, CO: Love and Logic Press, 1995), 22–25.

3. Robert I. Sutton, *The No Asshole Rule: Building a Civilized Workplace and Surviving One That Isn't* [La regla de ningún imbécil o gilipollas: Cómo construir un espacio laboral civilizado y cómo sobrevivir en uno que no lo es] (Nueva York: Warner Business Books, 2007).

4. Jim Fay y Charles Fay, *Teaching with Love and Logic: Taking Control of the Classroom* [Enseñar con amor y lógica: Tomar control del aula], ed. rev. (Golden, CO: Love and Logic Institute, 2016), 19–28.

5. Jim Fay, *Helicopters, Drill Sergeants, and Consultants: Parenting Styles and the Messages They Send* [Helicópteros, sargentos de instrucción, y consejeros: Estilos de crianza y mensajes que comunican] (Golden, CO: Cline/Fay Institute, 1986), audiocasete.

   Foster Cline y Jim Fay, *Parenting with Love and Logic: Teaching Children Responsibility* (Colorado Springs, CO: Piñon Press, 1990), 23–25. Publicado en español como *Ser padres con amor y lógica: Cómo enseñar responsabilidad a los niños*.

   Jim Fay y David Funk, *Teaching with Love and Logic: Taking Control of the Classroom* [Enseñar con amor y lógica: Tomar control del aula] (Golden, CO: Love and Logic Press, 1995), 22–25.

6. Donald Meichenbaum, *Stress Inoculation Training* [Entrenamiento en inoculación de estrés] (Nueva York: Pergamon Press, 1985).

7. Qutaiba Agbaria, Fayez Mahamid y Guido Veronese, «The Association between Attachment Patterns and Parenting Styles with Emotion Regulation among Palestinian Preschoolers» [Vínculo entre los patrones de apego y estilos de crianza con el control emocional entre preescolares palestinos], *SAGE Open* 11, n.° 1 (10 de febrero del 2021), https://journals.sagepub.com/doi/10.1177/2158244021989624.

8. Analisa Arroyo y Chris Segrin, «Family Interactions and Disordered Eating Attitudes: The Mediating Roles of Social Competence and Psychological Distress» [Interacción familiar y actitudes desordenadas de alimentación: Los papeles mediadores de la aptitud social y el riesgo psicológico], *Communication Monographs* 80, n.° 4 (17 de septiembre del 2013): 399–424, https://www.tandfonline.com/doi/abs/10.1080/03637751.2013.828158.

9. Agbaria, Mahamid y Veronese, «Association between Attachment Patterns and Parenting Styles» [Vínculo entre los patrones de apego y estilos de crianza].

CAPÍTULO 4: NADA FUNCIONA SIN UNA RELACIÓN

1. Instituto Nacional de Ciencias Médicas Generales e Instituto de Medicina [de EE. UU.], *Preventing Mental, Emotional, and Behavioral Disorders among Young People: Progress and Possibilities* [Prevención de desórdenes mentales, emocionales y conductuales entre los y las jóvenes: Avances y posibilidades] (Washington, DC: National Academies Press, 2009), https://www.ncbi.nlm.nih.gov/books/NBK32775/.

2. J. Silk y D. Romero, «The Role of Parents and Families in Teen Pregnancy Prevention: An Analysis

of Programs and Policies» [El rol de padres y familias en la prevención del embarazo adolescente: Un análisis de los programas y las políticas], *Journal of Family Issues*, 35 (10: 2014): 1339–1362, https://doi.org/10.1177/0192513X13481330.

3. Mary D. Salter Ainsworth *et al.*, *Patterns of Attachment: A Psychological Study of the Strange Situation* [Patrones de apego: Un estudio psicológico de la Situación Extraña] (Nueva York: Psychology Press, 2015).

   John Bowlby, *Attachment* (Nueva York: Basic Books, 1969). Publicado en español como *El apego*.

   Foster W. Cline, *Conscienceless Acts Societal Mayhem: Uncontrollable, Unreachable Youth and Today's Desensitized World* [La falta de escrúpulos lleva al caos social: Los jóvenes incontrolables e inalcanzables y el mundo insensible de hoy] (Golden, CO: Love and Logic Press, 1995), 51–55.

4. Tyler Schmall, «Most Parents Think Their Kids Avoid Talking to Them» [La mayoría de los padres piensa que sus hijos evitan hablar con ellos], *New York Post*, 7 de septiembre del 2018, https://nypost.com/2018/09/07/most-parents-think-their-kids-avoid-talking-to-them/.

5. Estos conceptos fueron presentados en Daniel G. Amen, *Change Your Brain, Change Your Life*, ed. rev. (Nueva York: Harmony Books, 2015), 125–126. Publicado en español como *Cambia tu cerebro, cambia tu vida*.

6. Jim Fay, *Helicopters, Drill Sergeants, and Consultants: Parenting Styles and the Messages They Send* [Helicópteros, sargentos de instrucción, y consejeros: Estilos de crianza y mensajes que comunican] (Golden, CO: Cline/Fay Institute, 1986), audiocasete.

   Jim Fay, *Four Steps to Responsibility* [Cuatro pasos hacia la responsabilidad] (Golden, CO: Cline/Fay Institute, 1986), audiocasete.

   Foster Cline y Jim Fay, *Parenting with Love and Logic: Teaching Children Responsibility* (Colorado Springs, CO: Piñon Press, 1990), 96–111. Publicado en español como *Ser padres con amor y lógica: Cómo enseñar responsabilidad a los niños*.

   Foster Cline y Jim Fay, *Parenting Teens with Love and Logic: Preparing Adolescents for Responsible Adulthood* [Criando a hijos adolescentes con amor y lógica: Cómo preparar a los adolescentes para una adultez responsable] (Colorado Springs, CO: Piñon Press, 1992), 39.

7. Sabrina Suffren *et al.*, «Prefrontal Cortex and Amygdala Anatomy in Youth with Persistent Levels of Harsh Parenting Practices and Subclinical Anxiety Symptoms over Time during Childhood» [Anatomía del córtex prefrontal y de la amígdala en jóvenes con niveles persistentes de prácticas crueles de crianza y, con el paso del tiempo, síntomas de ansiedad subclínica durante la infancia], *Development and Psychopathology* 34, n.° 3 (agosto del 2022): 957–968, https://pubmed.ncbi.nlm.nih.gov/33745487/.

   Universidad de Montreal, «Does "Harsh Parenting" Lead to Smaller Brains?» [¿Conduce la "crianza cruel" a un cerebro de tamaño menor?] *ScienceDaily*, 22 de marzo del 2021, https://www.sciencedaily.com/releases/2021/03/210322085502.htm.

8. Kun Meng *et al.*, «Effects of Parental Empathy and Emotion Regulation on Social Competence and Emotional/Behavioral Problems of School-Age Children» [Influencia de la empatía parental y el control emocional en la competencia social y en los problemas emocionales/conductuales de niños en edad escolar], *Pediatric Investigation* 4, n.° 2 (junio del 2020): 91–98, https://mednexus.org/doi/full/10.1002/ped4.12197.

9. Jean Decety y Meghan Meyer, «From Emotion Resonance to Empathic Understanding: A Social Developmental Neuroscience Account» [De la resonancia emocional a la comprensión empática: Informe de la neurociencia sobre el desarrollo social], *Development and Psychopathology* 20, n.° 4 (otoño del 2008): 1053–1080, https://pubmed.ncbi.nlm.nih.gov/18838031/.

10. Kamila Jankowiak-Siuda, Krystyna Rymarczyk y Anna Grabowska, «How We Empathize with Others: A Neurobiological Perspective» [Cómo empatizamos con otros: Una perspectiva neurobiológica], *Medical Science Monitor* 17, n.° 1 (2011): RA18–RA24, https://www.ncbi.nlm.nih.gov/pmc/articles/PMC3524680/.

11. Daniel G. Amen, *Feel Better Fast and Make It Last* (Carol Stream, IL: Tyndale, 2018), 135–136. Publicado en español como *Siéntete mejor, de inmediato y para siempre*.

12. Estos principios fueron presentados en Amen, *Feel Better Fast*, 132–133. Publicado en español como *Siéntete mejor, de inmediato y para siempre*.

13. Amen, *Change Your Brain, Change Your Life*, 198–199. Publicado en español como *Cambia tu cerebro, cambia tu vida*.

14. Fay, *Four Steps to Responsibility* [Cuatro pasos hacia la responsabilidad].

    Cline y Fay, *Parenting Teens with Love and Logic*, 139–140. Publicado en español como *Ser padres con amor y lógica*.

CAPÍTULO 5: LOS LÍMITES Y LAS REGLAS FORJAN LA FORTALEZA MENTAL

1. Rafaela Costa Martins *et al.*, «Effects of Parenting Interventions on Child and Caregiver Cortisol Levels: Systematic Review and Meta-analysis» [Impacto de las intervenciones paternales sobre los niveles de cortisol del niño y de su cuidador: Revisión sistemática y metanálisis], *BMC Psychiatry* 20 (2020): 370, https://bmcpsychiatry.biomedcentral.com/articles/10.1186/s12888-020-02777-9.

2. Diana Baumrind, «Effects of Authoritative Parental Control on Child Behavior» [Efecto del control parental autoritativo sobre el comportamiento infantil], *Child Development* 37, n.º 4 (diciembre de 1966): 887–907, https://www.jstor.org/stable/1126611.

3. Matthew T. Birnie y Tallie Z. Baram, «Principles of Emotional Brain Circuit Maturation» [Principios de la maduración del circuito cerebral emocional], *Science* 376, n.º 6597 (2 de junio del 2022): 1055–1056, https://www.science.org/doi/10.1126/science.abn4016.

4. Daniel G. Amen, *Healing ADD* [Curando el TDA], ed. rev. (Nueva York: Berkley Books, 2013), 297–298.

5. B. F. Skinner, «Two Types of Conditioned Reflex: A Reply to Konorski and Miller» [Dos tipos de reflejos condicionados: Una respuesta a Konorski y Miller], *Journal of General Psychology* 16, n.º 1 (1937): 272–279, https://www.tandfonline.com/doi/abs/10.1080/00221309.1937.9917951.

6. Amen, *Change Your Brain, Change Your Life*, 110–112. Publicado en español como *Cambia tu cerebro, cambia tu vida*.

7. Cline y Fay, *Parenting with Love and Logic*, 60–63. Publicado en español como *Ser padres con amor y lógica*.

8. K. A. Cunnien, N. MartinRogers y J.T. Mortimer, «Adolescent Work Experience and Self-efficacy» [Experiencia de trabajo adolescente y autoeficacia], International Sociological Social Policy, n.º 29 (marzo/abril del 2009):164–175, doi: 10.1108/01443330910947534. PMID:19750144; PMCID: PMC2742471.

9. Jim Fay y Charles Fay, *Love and Logic Magic for Early Childhood: Practical Parenting from Birth to Six Years* [La magia del amor y la lógica en la temprana infancia: Prácticas de crianza desde el nacimiento a los seis años], ed. rev. (Golden, CO: Love and Logic Institute, 2015), 88–92.

    Jim Fay y Charles Fay, *Early Childhood Parenting Made Fun! Creating Happy Families and Responsible Kids from Birth to Six*, [¡La crianza en los primeros años de la infancia puede ser divertida! Cómo crear familias felices y niños responsables, del nacimiento a los seis años], kit (Golden, CO: Love and Logic Institute, 2005).

CAPÍTULO 6: LA DISCIPLINA CON AMOR GENERA FORTALEZA MENTAL

1. Carl Lindberg, «The Kurt Lewin Leadership Experiments» [Experimentos de liderazgo de Kurt Lewin], Leadershipahoy, 20 de agosto del 2022, https://www.leadershipahoy.com/the-kurt-lewin-leadership-experiments/.

2. Joan Durrant y Ron Ensom, «Physical Punismhment of Children: Lessons from 20 Years of Research» [Castigo físico de los niños: Lecciones aprendidas tras 20 años de investigación], *Canadian Medical Association Journal* 184, n.º 12 (4 de septiembre del 2012): 1373–1377, https://www.cmaj.ca/content/184/12/1373.

3. Jorge Cuartas *et al.*, «Corporal Punishment and Elevated Neural Response to Threat in Children» [Castigo corporal a los niños y respuesta neural elevada ante la amenaza], *Child Development* 92, n.º 3 (2021): 821–832, https://psycnet.apa.org/record/2021-43033-001.

4. Cline y Fay, *Parenting with Love and Logic*, 197. Publicado en español como *Ser padres con amor y lógica*.

CAPÍTULO 7: LA HIGIENE MENTAL ES VITAL PARA PADRES E HIJOS

1. Daniel G. Amen, *Change Your Brain, Change Your Life*, ed. rev. (Nueva York: Harmony Books, 2015), 109. Publicado en español como *Cambia tu cerebro, cambia tu vida*.

2. Amen, *Change Your Brain, Change Your Life*, 112. Publicado en español como *Cambia tu cerebro, cambia tu vida*.

3. Amen, *Change Your Brain, Change Your Life*, 116. Publicado en español como *Cambia tu cerebro, cambia tu vida*.

4. Bernard Weiner, «Attribution Theory, Achievement Motivation, and the Educational Process» [La teoría de la atribución, la necesidad de realización y el proceso educativo], *Review of Educational Research* 42, n.° 2 (primavera de 1972): 203–215, https://journals.sagepub.com/doi/10.3102/00346543042002203.

   Carol S. Dweck, *Mindset: The New Psychology of Success* (Nueva York: Random House, 2006). Publicado en español como *Mindset, la actitud del éxito*.

5. John Sabini, Michael Siepmann y Julia Stein, «The Really Fundamental Attribution Error in Social Psychological Research» [El error realmente fundamental de la atribución en la investigación de la psicología social], *Psychological Inquiry* 12, n.° 1 (2001): 1–15, http://www.jstor.org/stable/1449294.

6. Howard J. Markman, Scott M. Stanley y Susan L. Blumberg, *Fighting for Your Marriage: A Deluxe Revised Edition of the Classic Best Seller for Enhancing Marriage and Preventing Divorce* [Luchando por su matrimonio: Una edición revisada de lujo del clásico éxito de ventas para fortalecer al matrimonio y prevenir el divorcio] (San Francisco, CA: Jossey-Bass, 2010), 50–54.

7. Tristen K. Inagaki *et al.*, «The Neurobiology of Giving versus Receiving Support: The Role of Stress-Related and Social Reward–Related Neural Activity» [La neurobiología de dar apoyo versus recibirlo: La actividad neural vinculada al estrés y a la recompensa social], *Psychosomatic Medicine* 78, n.° 4 (mayo del 2016): 443–453, https://www.ncbi.nlm.nih.gov/pmc/articles/PMC4851591/.

8. Byron Katie, con Stephen Mitchell, *Loving What Is: Four Questions That Can Change Your Life* [Amar lo que es: Cuatro preguntas que pueden transformar tu vida] (Nueva York: Harmony Books, 2002), 18–19.

9. Amen, *Change Your Brain, Change Your Life*, 114. Publicado en español como *Cambia tu cerebro, cambia tu vida*.

CAPÍTULO 8: CRIAR HIJOS FUERTES Y CAPACES

1. Kenneth D. Stewart y Paul C. Bernhardt, «Comparing Millennials to Pre-1987 Students and with One Another» [Comparación de los mileniales con estudiantes nacidos antes de 1987, y entre sí], *North American Journal of Psychology* 12, n.° 3 (2010): 579–602, https://psycnet.apa.org/record/2011-04684-012.

2. Simine Vazire y David C. Funder, «Impulsivity and the Self-Defeating Behavior of Narcissists» [La conducta impulsiva y autodestructiva de los narcisistas], *Personality and Social Psychology Review* 10, n.° 2 (2006): 154–165, https://journals.sagepub.com/doi/10.1207/s15327957pspr1002_4.

3. Donald Meichenbaum, *Stress Inoculation Training* [Entrenamiento en inoculación de estrés] (Nueva York: Pergamon Press, 1985).

   Teri Saunders *et. al.*, «The Effect of Stress Inoculation Training on Anxiety and Performance» [El efecto del entrenamiento en inoculación de estrés sobre la ansiedad y el desempeño], *Journal of Occupational Health Psychology* 1, n.° 2 (abril de 1996): 170–186, https://psycnet.apa.org/record/1996-04478-005.

   Fahimeh Kashani *et al.*, «Effect of Stress Inoculation Training on the Levels of Stress, Anxiety, and Depression in Cancer Patients» [El efecto del entrenamiento en inoculación de estrés sobre los niveles de estrés, ansiedad y depresión en pacientes con cáncer], *Iranian Journal of Nursing and Midwifery Research* 20, n.° 3 (mayo/junio del 2015): 359–364, https://www.ncbi.nlm.nih.gov/pmc/articles/PMC4462062/.

4. Peter L. Benson, Judy Galbraith y Pamela Espeland, *What Kids Need to Succeed: Proven, Practical Ways to Raise Good Kids* [Lo que necesitan los hijos para alcanzar el éxito: Modos prácticos y probados para criar niños capaces], ed. rev. (Mineápolis, MN: Free Spirit Publishing, 1998).

5. Eric S. Kim *et. al.*, «Sense of Purpose in Life and Likelihood of Future Illicit Drug Use or Prescription Medication Misuse» [El sentido de propósito en la vida y la probabilidad de uso futuro de drogas ilícitas o uso indebido de prescripciones médicas], *Psychosomatic Medicine* 82, n.° 7 (1 de septiembre del 2020): 715–721, https://europepmc.org/article/med/32697442.

   Viktor E. Frankl, *Man's Search for Meaning* (Boston: Beacon Press, 2006), 141–143. Publicado en español como *El hombre en busca de sentido*.

   George Kleftaras e Irene Katsogianni, «Spirituality, Meaning in Life, and Depressive Symptomatology in Individuals with Alcohol Dependence» [Espiritualidad, sentido de la vida, y sintomatología depresiva en individuos con dependencia alcohólica], *Journal of Spirituality in Mental Health* 14, n.º 4 (noviembre del 2012): 268–288, https://www.researchgate.net/publication/268511923_Spirituality_Meaning_in _Life_and_Depressive_Symptomatology_in_Individuals_with_Alcohol_Dependence.

6. Patricia A. Boyle *et al.*, «Effect of a Purpose in Life on Risk of Incident Alzheimer Disease and Mild Cognitive Impairment in Community-Dwelling Older Persons» [Efecto del propósito en la vida sobre el riesgo de la incidencia del Alzheimer y el deterioro cognitivo moderado en personas mayores que viven en la comunidad], *Archives of General Psychiatry* 67, n.º 3 (marzo del 2010): 304–310, https://www.ncbi .nlm.nih.gov/pmc/articles/PMC2897172/.

7. Anthony L. Burrow y Nicolette Rainone, «How Many *Likes* Did I Get? Purpose Moderates Links between Positive Social Media Feedback and Self-Esteem» [¿Cuántos «me gusta» conseguí? Vínculos moderados entre tener propósito y la retroalimentación positiva de los medios sociales y la autoestima], *Journal of Experimental Social Psychology* 69 (marzo del 2017): 232–236, https:// www.sciencedirect.com/science/article/abs/pii/S0022103116303377.

8. Viktor E. Frankl, *Man's Search for Meaning* (1946; Boston: Beacon Press, 2006). Publicado en español *El hombre en busca de sentido.*

9. Laila Kearney, «Later Retirement Linked to Lower Risk of Alzheimer's, Study Shows» [La investigación muestra que el retiro laboral más tardío se asocia con un menor riesgo de Alzheimer], Reuters, 15 de julio del 2013, https://www.reuters.com/article/us-usa-alzheimers-retirement/later-retirement-linked -to-lower-risk-of-alzheimers-study-shows-idUSBRE96F02M20130716.

10. Deanna L. Tepper, Tiffani J. Howell y Pauleen C. Bennett, «Executive Functions and Household Chores: Does Engagement in Chores Predict Children's Cognition?» [Funciones ejecutivas y tareas domésticas: ¿Permite la participación en tareas del hogar predecir la capacidad cognitiva de los niños?], *Australian Occupational Therapy Journal* 69, n.º 5 (octubre del 2022): 585–598, https://pubmed .ncbi.nlm.nih.gov/35640882/.

Elizabeth M. White, Mark D. DeBoer y Rebecca J. Scharf, «Associations between Household Chores and Childhood Self-Competency» [Vínculo entre tareas del hogar y la competitividad en la infancia], *Journal of Developmental and Behavioral Pediatrics* 40, n.º 3 (abril del 2019): 176–182, https://pubmed .ncbi.nlm.nih.gov/30507727/.

11. Walter Mischel, *The Marshmallow Test: Mastering Self-Control* [El test del malvavisco: Alcanzar el autocontrol] (Nueva York: Little, Brown, 2014).

CAPÍTULO 9: AYUDAR A LOS NIÑOS A DESARROLLAR UN CUERPO SALUDABLE PARA TENER UNA MENTE MÁS FUERTE

1. Universidad de Warwick, «Fruit and Veggies Give You the Feel-Good Factor» [Las frutas y verduras brindan el factor sentirse-bien], ScienceDaily, 10 de julio del 2016, https://www.sciencedaily .com/releases/2016/07/160710094239.htm.

Redzo Mujcic y Andrew J. Oswald, «Evolution of Well-Being and Happiness after Increases in Consumption of Fruit and Vegetables» [Mejora del bienestar y de la felicidad después del aumento de consumo de frutas y verduras], *American Journal of Public Health* 106, n.º 8 (1 de agosto del 2016): 1504–1510, https://ajph.aphapublications.org/doi/full/10.2105/AJPH.2016.303260.

2. El doctor Amen aborda en sus libros y conferencias estas reglas sobre alimentación, ya que son fundamentales para la salud mental a cualquier edad.

3. Matthew T. Gailliot *et al.*, «Self-Control Relies on Glucose as a Limited Energy Source: Willpower Is More Than a Metaphor» [El dominio propio depende de la glucosa como una fuente de energía limitada: La fuerza de voluntad es más que una metáfora], *Journal of Personality and Social Psychology* 92, n.º 2 (2007): 325–336, https://psycnet.apa.org/record/2007-00654-010.

4. Centros para el Control y la Prevención de Enfermedades [CDC, por su sigla en inglés], «New Research Uncovers Concerning Increases in Youth Living with Diabetes in the U.S.» [Investigaciones recientes revelan un preocupante aumento de jóvenes con diabetes en los EE. UU.], comunicado de prensa, 24 de agosto del 2021, https://www.cdc.gov/media/releases/2021/p0824-youth-diabetes.html.

5. Lawrence E. Armstrong *et al.*, «Mild Dehydration Affects Mood in Healthy Young Women» [La deshidratación moderada afecta el humor en mujeres jóvenes sanas], *Journal of Nutrition* 142, n.º 2 (febrero del 2012): 382–388, https://www.sciencedirect.com/science/article/pii/S0022316622028899.

Matthew S. Ganio *et al.*, «Mild Dehydration Impairs Cognitive Performance and Mood of Men» [La deshidratación moderada deteriora en los varones el desempeño cognitivo y el humor], *British Journal of Nutrition* 106, n.° 10 (noviembre del 2011): 1535–1543, https://pubmed.ncbi.nlm.nih.gov/21736786/.

6. Klaus W. Lange, «Omega-3 Fatty Acids and Mental Health» [Los ácidos grasos Omega-3 y la salud mental], *Global Health Journal* 4, n.° 1 (marzo del 2020): 18–30, https://www.sciencedirect.com/science/article/pii/S241464472030004X.

7. Daniel G. Amen, con Brendan Kearney (ilustradora), *Captain Snout and the Super Power Questions* [El capitán Narigón y las preguntas superpoderosas] (Grand Rapids, MI: Zonderkidz, 2017).

8. László Harmat, Johanna Takács y Róbert Bódizs, «Music Improves Sleep Quality in Students» [La música mejora la calidad del sueño en los estudiantes], *Journal of Advanced Nursing* 62, n.° 3 (mayo del 2008): 327–335,https://pubmed.ncbi.nlm.nih.gov/18426457/.

Tabitha Trahan *et al.*, «The Music That Helps People Sleep and the Reasons They Believe It Works: A Mixed Methods Analysis of Online Survey Reports» [La música que ayuda a las personas a dormir y las razones por las que creen que funciona: Un análisis por método mixto de informes de encuestas por internet], *PLOS One* 13, n.° 11 (14 de noviembre del 2018): e0206531, https://www.ncbi.nlm.nih.gov/pmc/articles/PMC6235300/.

9. Instituto de Medicina [de EE. UU.], *Educating the Student Body: Taking Physical Activity and Physical Education to School* [Educando a la comunidad de estudiantes: Incorporar la actividad física y la educación física en la escuela] (Washington, DC: National Academies Press, 2013).

10. Jaana T. Kari *et al.*, «Childhood Physical Activity and Adulthood Earnings» [Actividad física en la infancia e ingresos en la vida adulta], *Medicine and Science in Sports and Exercise* 48, n.° 7 (julio del 2016): 1340–1346, https://pubmed.ncbi.nlm.nih.gov/26871991/.

11. Francesco Recchia *et al.*, «Comparative Effectiveness of Exercise, Antidepressants and Their Combination in Treating Non-severe Depression: A Systematic Review and Network Meta-analysis of Randomised Controlled Trials» [Eficacia comparativa del ejercicio, los antidepresivos y su combinación en el tratamiento de depresión moderada: Una revisión sistemática y un metanálisis de pruebas aleatorias controladas], *British Journal of Sports Medicine* 56, n.°23 (diciembre del 2022): 1375–1380, https://pubmed.ncbi.nlm.nih.gov/36113975/.

12. Ian M. McDonough *et al.*, «The Synapse Project: Engagement in Mentally Challenging Activities Enhances Neural Efficiency» [El Proyecto Sinapsis: Ocuparse en actividades mentalmente desafiantes mejora la eficiencia neural], *Restorative Neurology and Neuroscience* 33, n.°6 (2015): 865–882, https://content.iospress.com/articles/restorative-neurology-and-neuroscience/rnn150533.

13. Daniel G. Amen, *You, Happier* [Tú, más feliz] (Carol Stream, IL: Tyndale, 2022), 15, 218.

CAPÍTULO 10: CUANDO LOS PADRES TIENEN ESTILOS DIFERENTES: CREAR UN EQUIPO UNIDO

1. Lucas S. LaFreniere y Michelle G. Newman, «Probabilistic Learning by Positive and Negative Reinforcement in Generalized Anxiety Disorder» [El aprendizaje probabilístico mediante el refuerzo positivo y negativo en el trastorno de ansiedad generalizada], *Clinical Psychological Science* 7, n.° 3 (2019): 502–515, https://journals.sagepub.com/doi/10.1177/2167702618809366.

Evgenia Stefanopoulou *et al.*, «Are Attentional Control Resources Reduced by Worry in Generalized Anxiety Disorder?» [¿Disminuyen los recursos de control de la atención por causa de la preocupación en el trastorno de ansiedad generalizada?], *Journal of Abnormal Psychology* 123, n.° 2 (mayo del 2014): 330–335, https://psycnet.apa.org/fulltext/2014-22133-005.html.

Kelly Trezise y Robert A. Reeve, «Worry and Working Memory Influence Each Other Iteratively over Time» [Con el paso del tiempo, la preocupación y la memoria laboral se influyen mutuamente en forma iterativa], *Cognition and Emotion* 30, n.° 2 (2016): 353–368, https://www.tandfonline.com/doi/abs/10.1080/02699931.2014.1002755.

2. Sandra J. Llera y Michelle G. Newman, «Worry Impairs the Problem-Solving Process: Results from an Experimental Study» [La preocupación altera el proceso de resolución de problemas: Resultados de un estudio experimental], *Behaviour Research and Therapy* 135 (diciembre del 2020): 103759, https://www.sciencedirect.com/science/article/abs/pii/S0005796720302138.

CAPÍTULO 11: ALCANZAR AL NIÑO DE BAJO RENDIMIENTO

1. David A. Sousa, *How the Brain Learns*, 4.ª ed. (Thousand Oaks, CA: Corwin, 2011). Publicado en español como *Cómo aprende el cerebro*.

2. Abraham H. Maslow, *Motivation and Personality*, 2.ª ed. (1954; Nueva York: Harper and Row, 1970). Publicado en español como *Motivación y personalidad*.

3. Gökhan Baş, Cihad Şentürk y Fatih Mehmet Ciğerci, «Homework and Academic Achievement: A Meta-analytic Review of Research» [Tareas para el hogar y logros académicos: Revisión metanalítica de la investigación], *Issues in Educational Research* 27, n.º 1 (2017): 31–50, https://www.iier.org.au/iier27/bas.pdf.

4. Martin Pinquart, «Associations of Parenting Styles and Dimensions with Academic Achievement in Children and Adolescents: A Meta-analysis» [Vínculo entre estilos y dimensiones de crianza con el rendimiento académico de niños y adolescentes], *Educational Psychology Review* 28, n.º 3 (2016): 475–493, https://psycnet.apa.org/record/2015-41312-001.

5. Bernard Weiner, «Attribution Theory, Achievement Motivation, and the Educational Process» [La teoría de la atribución, la necesidad de realización y el proceso educativo], *Review of Educational Research* 42, n.º 2 (1972): 203–215, https://psycnet.apa.org/record/1973-10105-001.

6. Carol S. Dweck, *Mindset: The New Psychology of Success* (Nueva York: Random House, 2006). Publicado en español como *Mindset, la actitud del éxito*.

   David Scott Yeager y Carol S. Dweck, «Mindsets That Promote Resilience: When Students Believe That Personal Characteristics Can Be Developed» [Mentalidades que promueven la resiliencia: Cuando los estudiantes creen que los rasgos personales pueden ser desarrollados], *Educational Psychologist* 47, n.º 4 (2012): 302–314, https://psycnet.apa.org/record/2012-28709-004.

7. Brian A. Fallon *et al.*, «Lyme Borreliosis and Associations with Mental Disorders and Suicidal Behavior: A Nationwide Danish Cohort Study» [La borreliosis de Lyme y su vínculo con los trastornos mentales y el comportamiento suicida], *American Journal of Psychiatry* 178, n.º 10 (2021): 921–931, https://ajp.psychiatryonline.org/doi/10.1176/appi.ajp.2021.20091347.

CAPÍTULO 12: EL MAL USO Y LA ADICCIÓN A LA TECNOLOGÍA

1. Dimitri A. Christakis, «The Challenges of Defining and Studying "Digital Addiction" in Children» [Los desafíos de definir y estudiar la "adicción digital" en los niños], *JAMA* 321, n.º 23 (18 de junio del 2019): 2277–2278, https://jamanetwork.com/journals/jama/article-abstract/2734210.

   Tim Schulz van Endert, «Addictive Use of Digital Devices in Young Children: Associations with Delay Discounting, Self-Control and Academic Performance» [El uso adictivo de dispositivos digitales en niños pequeños: Vínculos con el descuento por demora, el autocontrol y el rendimiento académico], *PLOS One* 16, n.º 6 (2021): e0253058, https://www.ncbi.nlm.nih.gov/pmc/articles/PMC8219150/.

   Fazida Karim *et al.*, «Social Media Use and Its Connection to Mental Health: A Systematic Review» [Uso de los medios sociales y su conexión con la salud mental: Una revisión sistemática], *Cureus* 12, n.º 6 (2020): e8627, https://www.ncbi.nlm.nih.gov/pmc/articles/PMC7364393/.

2. Associated Press, Washington, «Asiana Airlines Crash Caused by Pilot Error and Confusion, Investigators Say» [El accidente de Asiana Airlines fue provocado por la confusión y los errores del piloto, dicen los investigadores], *Guardian*, 24 de junio del 2014, https://www.theguardian.com/world/2014/jun/24/asiana-crash-san-francsico-controls-investigation-pilot.

3. Daniel G. Amen, *Your Brain Is Always Listening* [Tu cerebro siempre escucha] (Carol Stream, IL: Tyndale, 2021), 185–186.

4. Ken C. Winters y Amelia Arria, «Adolescent Brain Development and Drugs» [Las drogas y el desarrollo del cerebro en adolescentes], *Prevention Researcher* 18, n.º 2 (2011): 21–24, https://www.ncbi.nlm.nih.gov/pmc/articles/PMC3399589/.

5. C. B. Ferster y B. F. Skinner, *Schedules of Reinforcement* [Programas de refuerzo] (Nueva York: Appleton-Century-Crofts, 1957).

6. Irem Metin-Orta, «Fear of Missing Out, Internet Addiction and Their Relationship to Psychological Symptoms» [El miedo a perderse algo, la adicción a Internet y su relación con síntomas psicológicos], *Addicta: The Turkish Journal on Addictions* 7, n.º 1 (2020): 67–73, https://www.addicta.com.tr/en/fear-of-missing-out-internet-addiction-and-their-relationship-to-psychological-symptoms-13150.

7. Associated Press y Matthew Wright, «Boy, 11, Rampages through His Home Shooting His Cop Father [...]» [Varón, 11, enloquece en su casa y dispara contra su padre policía (...)], *Daily Mail*, 7 de marzo del 2019, https://www.dailymail.co.uk/news/article-6782651/Investigators-Indiana-boy-shot-trooper-dad-video-games.html.

8. Marvin Fong, «Daniel Petric Killed Mother, Shot Father Because They Took Halo 3 Video Game, Prosecutors Say» [Daniel Petric mató a su madre y disparó contra su padre porque le retiraron el juego de video Halo 3, sostienen los fiscales], *Plain Dealer*, Cleveland.com, 15 de diciembre del 2008, https://www.cleveland.com/metro/2008/12/boy_killed_mom_and_shot_dad_ov.html.

CAPÍTULO 13: CUANDO NADA PARECE FUNCIONAR: AYUDA PARA LOS PROBLEMAS DE SALUD CEREBRAL

1. Lydie A. Lebrun-Harris *et al.*, «Five-Year Trends in US Children's Health and Well-Being, 2016–2020» [Tendencia quinquenal en la salud y el bienestar de niños estadounidenses, 2016–2020], *JAMA Pediatrics* 176, n.° 7 (2022): e220056, https://jamanetwork.com/journals/jamapediatrics/fullarticle/2789946.

2. «Mental Health Conditions» [Condiciones de salud mental], National Alliance on Mental Illness [Alianza Nacional sobre Enfermedades Mentales, NAMI por su sigla en inglés], acceso del 31 de marzo del 2023, https://www.nami.org/about-mental-illness/mental-health-conditions.

3. Daniel G. Whitney y Mark D. Peterson, «US National and State-Level Prevalence of Mental Health Disorders and Disparities of Mental Health Care Use in Children» [Prevalencia nacional y estatal de trastornos de salud mental y diferencias en el recurso del cuidado de atención de la salud mental infantil (en EE. UU.)], *JAMA Pediatrics* 173, n.° 4 (2019): 389–391, https://jamanetwork.com/journals/jamapediatrics/fullarticle/2724377.

4. Michelle V. Porche *et al.*, «Childhood Trauma and Psychiatric Disorders as Correlates of School Dropout in a National Sample of Young Adults» [Correlación entre trauma en la infancia y trastornos psiquiátricos con la deserción escolar, en una muestra nacional de jóvenes adultos], *Child Development* 82, n.° 3 (2011): 982–998, https://www.ncbi.nlm.nih.gov/pmc/articles/PMC3089672/.

5. Linda A. Teplin *et al.*, «Psychiatric Disorders in Youth in Juvenile Detention» [Trastornos psiquiátricos de jóvenes que están en Centros de Detención de menores], *Archives of General Psychiatry* 59, n.° 12 (diciembre del 2002): 1133–1143, https://www.ncbi.nlm.nih.gov/pmc/articles/PMC2861992/.

6. Centers for Disease Control and Prevention, «U.S. Teen Girls Experiencing Increased Sadness and Violence» [Las adolescentes estadounidenses experimentan mayor tristeza y violencia], comunicado de prensa (13 de febrero del 2023), https://cdc.gov/media/releases/2023/p0213-yrbs.html.

7. «Distribution of the 10 Leading Causes of Death among Teenagers Aged 15 to 19 Years in the United States in 2019» [Distribución de las 10 principales causas de muerte de adolescentes entre 15 y 19 años en los Estados Unidos de América, en el 2019], Statista, 25 de octubre del 2021, https://www.statista.com/statistics/1017959/distribution-of-the-10-leading-causes-of-death-among-teenagers/.

8. Centros para el Control y la Prevención de Enfermedades [CDC, por su sigla en inglés], *Youth Risk Behavior Survey 2011–2021* [Informe 2011–2021 sobre conductas de riesgo de los jóvenes], 66, https://www.cdc.gov/healthyyouth/data/yrbs/pdf/YRBS_Data-Summary-Trends_Report2023_508.pdf.

9. *Youth Risk Behavior Survey 2011–2021* [Informe 2011–2021 sobre conductas de riesgo de los jóvenes], 68.

10. *Youth Risk Behavior Survey 2011–2021* [Informe 2011–2021 sobre conductas de riesgo de los jóvenes], 70.

11. *Youth Risk Behavior Survey 2011–2021* [Informe 2011–2021 sobre conductas de riesgo de los jóvenes], 66, 68, 70.

12. «Teen Trend Report» [Informe sobre tendencias de los y las adolescentes], High School, Stage of Life, marzo del 2014, https://www.stageoflife.com/StageHighSchool/TeensandMentalIllness.aspx.

13. «Teen Trend Report» [Informe sobre tendencias de los y las adolescentes].

14. «Teen Trend Report» [Informe sobre tendencias de los y las adolescentes].

15. Ronald C. Kessler *et al.*, «Age of Onset of Mental Disorders: A Review of Recent Literature» [Edad de aparición de trastornos mentales: Revisión de la literatura reciente], *Current Opinion in Psychiatry* 20, n.° 4 (julio del 2007): 359–364, https://www.ncbi.nlm.nih.gov/pmc/articles/PMC1925038/.

16. Anika Knüppel *et al.*, «Sugar Intake from Sweet Food and Beverages, Common Mental Disorder and Depression: Prospective Findings from the Whitehall II Study» [Absorción de azúcar a partir de bebidas y comida dulce, trastorno mental prevalente y depresión: Hallazgos prospectivos a partir del

estudio Whitehall II], *Scientific Reports* 7 (2017): 6287, https://www.nature.com/articles/s41598
-017-05649-7.

17. Brad J. Bushman *et al.*, «Low Glucose Relates to Greater Aggression in Married Couples» [Los niveles bajos de glucosa se relacionan con mayor agresividad en el matrimonio], *Proceedings of the National Academy of Sciences of the United States of America* 111, n.° 17 (29 de abril del 2014): 6254–6257, https://pubmed.ncbi.nlm.nih.gov/24733932/.

Sue Penckofer *et al.*, «Does Glycemic Variability Impact Mood and Quality of Life?» [¿Influye la variabilidad de la glucemia en el humor y en la calidad de vida?], *Diabetes Technology and Therapeutics* 14, n.° 4 (abril del 2012): 303–310, https://pubmed.ncbi.nlm.nih.gov/22324383/.

18. Ashley Abramson, «Children's Mental Health Is in Crisis» [La salud mental infantil está en crisis], *Monitor on Psychology* 53, n.° 1 (1 de enero del 2022): 69, https://www.apa.org/monitor/2022/01 /special-childrens-mental-health.

19. Robert F. Anda *et al.*, «The Enduring Effects of Abuse and Related Adverse Experiences in Childhood. A Convergence of Evidence from Neurobiology and Epidemiology» [Efectos perdurables del abuso en la infancia y de las experiencias adversas vinculadas. Convergencia de la evidencia de la Neurobiología y la Epidemiología], *European Archives of Psychiatry and Clinical Neuroscience* 256, n.° 3 (abril del 2006): 174–186, https://www.ncbi.nlm.nih.gov/pmc/articles/PMC3232061/.

20. Martin Sack *et al.*, «Intranasal Oxytocin Reduces Provoked Symptoms in Female Patients with Posttraumatic Stress Disorder Despite Exerting Sympathomimetic and Positive Chronotropic Effects in a Randomized Controlled Trial» [La oxitocina intranasal reduce los síntomas provocados en pacientes femeninas con trastorno de estrés postraumático, a pesar de ejercer efectos simpaticomiméticos y efectos cronotrópicos positivos en una prueba aleatoria controlada], *BMC Medicine* 15, n.° 1 (febrero del 2017): 40, https://www.ncbi.nlm.nih.gov/pmc/articles/PMC5314583/.

Jessie L. Frijling, «Preventing PTSD with Oxytocin: Effects of Oxytocin Administration on Fear Neurocircuitry and PTSD Symptom Development in Recently Trauma-Exposed Individuals» [Prevención del trastorno de estrés postraumático (PTSP, por su sigla en inglés) mediante oxitocina: Efectos de la administración de oxitocina en el neurocircuito del miedo y en el desarrollo de síntomas de trastorno por estrés postraumático en individuos recientemente expuestos al trauma], *European Journal of Psychotraumatology* 8, n.° 1 (11 de abril del 2017): 1302652, https://www.ncbi.nlm.nih .gov/pmc/articles/PMC5400019/.

David Cochran *et al.*, «The Role of Oxytocin in Psychiatric Disorders: A Review of Biological and Therapeutic Research Findings» [Papel de la oxitocina en desórdenes psiquiátricos: Una revista de los hallazgos en la investigación biológica y terapéutica], *Harvard Review of Psychiatry* 21, n.° 5 (septiembre/octubre del 2013): 219–247, https://journals.lww.com/hrpjournal/fulltext/2013/09000 /the_role_of_oxytocin_in_psychiatric_disorders_a.1.aspx.

21. Lebrun-Harris *et al.*, «Five-Year Trends in US Children's Health» [Tendencia quinquenal en la salud y el bienestar de niños estadounidenses].

22. Lebrun-Harris *et al.*, «Five-Year Trends in US Children's Health» [Tendencia quinquenal en la salud y el bienestar de niños estadounidenses].

23. Ahsan Nazeer *et al.*, «Obsessive-Compulsive Disorder in Children and Adolescents: Epidemiology, Diagnosis and Management» [Trastorno obsesivo compulsivo en niños y adolescentes: Epidemiología, diagnóstico y tratamiento], *Translational Pediatrics* 9, suplemento 1 (22 de febrero del 2020): S76–S93, https://tp.amegroups.com/article/view/31620/28326.

CAPÍTULO 14: DESAFÍOS COMUNES: QUE APRENDER A HACER SUS NECESIDADES EN EL BAÑO SEA UNA EXPERIENCIA POSITIVA

1. Academia Estadounidense de Pediatría, «The Right Age to Potty Train» [Edad apropiada para enseñar el uso del orinal], HealthyChildren.org, última actualización 24 de mayo del 2022, https:// www.healthychildren.org/English/ages-stages/toddler/toilet-training/Pages/The-Right-Age-to -Toilet-Train.aspx.

2. Timothy R. Schum *et al.*, «Sequential Acquisition of Toilet-Training Skills: A Descriptive Study of Gender and Age Differences in Normal Children» [Adquisición secuencial de las habilidades para el uso del baño: Un estudio descriptivo en niños y niñas normales sobre diferencias por género y edad], *Pediatrics* 109, n.° 3 (marzo del 2002): E48, https://pubmed.ncbi.nlm.nih.gov/11875176/.

3. Richard J. Butler y Jon Heron, «The Prevalence of Infrequent Bedwetting and Nocturnal Enuresis in Childhood. A Large British Cohort» [La prevalencia en la infancia de los eventos de orinar la cama de modo infrecuente y la enuresis nocturna. Una amplia cohorte británica], *Scandinavian Journal of Urology and Nephrology* 42, n.° 3 (2008): 257–264, https://pubmed.ncbi.nlm.nih.gov/18432533/.

4. Srirangram Shreeram *et al.*, «Prevalence of Enuresis and Its Association with Attention-Deficit/Hyperactivity Disorder among U.S. Children: Results from a Nationally Representative Study» [La prevalencia de la enuresis y su asociación con los trastornos de déficit de atención/hiperactividad en niños estadounidenses: Resultados de un estudio nacionalmente representativo], *Journal of the American Academy of Child and Adolescent Psychiatry* 48, n. 1 (enero del 2009): 35–41, https://www.sciencedirect.com/science/article/abs/pii/S0890856708601689.

5. People v. Peoples [El pueblo vs. Peoples], n.° S090602 [Corte Suprema de California, 2016], https://caselaw.findlaw.com/ca-supreme-court/1725241.html.

CAPÍTULO 15: DESAFÍOS COMUNES: LA RIVALIDAD ENTRE HERMANOS

1. Lucy Bowes *et al.*, «Sibling Bullying and Risk of Depression, Anxiety, and Self-Harm: A Prospective Cohort Study» [Peleas entre hermanos y riesgo de depresión, ansiedad, y autoagresión: Estudio prospectivo de una cohorte], *Pediatrics* 134, n.° 4 (octubre del 2014): e1032–e1039, https://pubmed.ncbi.nlm.nih.gov/25201801/.

CAPÍTULO 16: DESAFÍOS COMUNES: CUANDO SU HIJO SUFRE ACOSO U HOSTIGAMIENTO

1. Stephen B. Karpman, *A Game Free Life: The Definitive Book on the Drama Triangle and the Compassion Triangle by the Originator and Author* [Una vida libre de juegos: El libro definitivo sobre el triángulo dramático y el triángulo de la compasión, por su originador y autor] (San Francisco: Drama Triangle Publications, 2014).

2. Sally Northway Ogden, *«Words Will Never Hurt Me»: Helping Kid Handle Teasing, Bullying and Putdowns* [«Las palabras nunca me lastimarán»: Ayudando a los hijos a manejar situaciones de burla, acoso y desprecio] (Seattle, WA: Elton-Wolf Publishing, 2004).

3. Dan Olweus, *Bullying at School: What We Know and What We Can Do* (Malden, MA: Blackwell, 1993), 57–58. Publicado en español como *Conductas de acoso y amenaza entre escolares*.

4. Rebecca R. Winters, Jamilia J. Blake y Siqi Chen, «Bully Victimization among Children with Attention-Deficit/Hyperactivity Disorder: A Longitudinal Examination of Behavioral Phenotypes» [Victimización intimidante entre niños con trastorno de déficit de atención/hiperactividad: Examen longitudinal de fenotipos de comportamiento], *Journal of Emotional and Behavioral Disorders* 28, n.° 2 (2020): 80–91, https://journals.sagepub.com/doi/10.1177/1063426618814724.

CAPÍTULO 17: DESAFÍOS COMUNES: LOGRAR QUE LOS DEPORTES SIGAN SIENDO SANOS Y DIVERTIDOS

1. Katherine B. Owen *et al.*, «Sport Participation and Academic Performance in Children and Adolescents: A Systematic Review and Meta-analysis» [Participación en deportes y desempeño académico en niños y adolescentes: Una revisión sistemática y metanálisis], *Medicine and Science in Sports and Exercise* 54, n.° 2 (1 de febrero del 2022): 299–306, https://pubmed.ncbi.nlm.nih.gov/34559728/.

   Geneviève Piché *et. al.*, «Associations between Extracurricular Activity and Self-Regulation: A Longitudinal Study from 5 to 10 Years of Age» [Asociación entre actividades extracurriculares y autorregulación: Estudio longitudinal de 5 a 10 años de edad], *American Journal of Health Promotion* 30, n.° 1 (2015): e32–e40, https://journals.sagepub.com/doi/10.4278/ajhp.131021-QUAN-537.

2. Christopher S. Sahler y Brian D. Greenwald, «Traumatic Brain Injury in Sports: A Review» [Lesiones cerebrales traumáticas en deportes: Una revisión], *Rehabilitation Research and Practice* 2012 (9 de julio del 2012): 659652, https://www.hindawi.com/journals/rerp/2012/659652/.

3. «High School Athletes Playing College Sports» [Atletas de escuela secundaria que practican deportes en la universidad], RecruitLook, 3 de agosto del 2019, https://recruitlook.com/what-percentage-of-high-school-athletes-play-college-sports/.

4. Eric Ortiz, «Little League Legends Who Became Big League Stars» [Leyendas de las Pequeñas Ligas

que llegaron a ser estrellas en las ligas mayores], Stadium Talk, 28 de octubre del 2022, https://
www.stadiumtalk.com/s/best-mlb-players-who-played-in-little-league-baseball-world-series
-8582eb74a7bb483e.

CAPÍTULO 18: DESAFÍOS COMUNES: LOS AMIGOS Y LA PRESIÓN DE LOS COMPAÑEROS

1. Joseph P. Allen *et al.*, «When Friendships Surpass Parental Relationships as Predictors of Long-Term Outcomes: Adolescent Relationship Qualities and Adult Psychosocial Functioning» [Cuando las amistades superan a las relaciones parentales como predictores de resultados a largo plazo: Cualidades de los vínculos adolescentes y funcionamiento psicosocial en la adultez], *Child Development* 93, n.º 3 (mayo del 2022): 760–777, https://www.ncbi.nlm.nih.gov/pmc/articles/PMC9167890/.

   Koji Ueno, «The Effects of Friendship Networks on Adolescent Depressive Symptoms» [Efecto de las redes de amistad en adolescentes con síntomas depresivos], *Social Science Research* 34, n.º 3 (septiembre del 2005): 484–510, https://www.sciencedirect.com/science/article/abs/pii /S0049089X04000419.

   G. David Batty *et al.*, «The Aberdeen Children of the 1950s Cohort Study: Background, Methods and Follow-up Information on a New Resource for the Study of Life Course and Intergenerational Influences on Health» [Los niños de Aberdeen en el estudio de la cohorte de la década de 1950: Antecedentes, métodos e información de seguimiento sobre un nuevo recurso para el estudio del curso de vida y las influencias intergeneracionales en la salud], *Paediatric and Perinatal Epidemiology* 18, n.º 3 (mayo del 2004): 221–239, https://pubmed.ncbi.nlm.nih.gov/15130162/.

   Sara Brolin Låftman y Viveca Ostberg, «The Pros and Cons of Social Relations: An Analysis of Adolescents' Health Complaints» [Los pro y los contra de las relaciones sociales: Un análisis de los malestares de salud de los adolescentes], *Social Science and Medicine* 63, n.º 3 (agosto del 2006): 611–623, https://pubmed.ncbi.nlm.nih.gov/16603298/.

2. Robert Rosenthal y Lenore Jacobson, *Pygmalion in the Classroom: Teacher Expectation and Pupils' Intellectual Development* [Pigmalión en el aula: La expectativa del maestro y el desarrollo intelectual de los alumnos] (Nueva York: Holt, Rinehart and Winston, 1968).

CAPÍTULO 19: DESAFÍOS COMUNES: CUANDO SU HIJO QUIERE EMPEZAR A SALIR CON ALGUIEN

1. Andreas Bartels y Semir Zeki, «The Neural Basis of Romantic Love» [La base neural del amor romántico], *NeuroReport* 11, n.º 17 (27 de noviembre del 2000): 3829–3834, https://journals.lww .com/neuroreport/Fulltext/2000/11270/The_neural_basis_of_romantic_love.46.aspx.

CAPÍTULO 20: DESAFÍOS COMUNES: MANTENER UNA CRIANZA SANA TRAS EL DIVORCIO

1. Richard A. Warshak, *Divorce Poison: How to Protect Your Family from Bad-mouthing and Brainwashing* [El veneno del divorcio: Cómo proteger a su familia de la difamación y del lavado de cerebro], ed. rev. (Nueva York: Harper, 2010).

CAPÍTULO 21: DESAFÍOS COMUNES: SU ROL COMO PADRASTRO O MADRASTRA

1. Henry Cloud y John Townsend, *Boundaries: When to Say Yes, How to Say No to Take Control of Your Life*, ed. rev. (Grand Rapids, MI: Zondervan, 2017). Publicado en español como *Límites: Cuándo decir Sí y cuándo decir No, tome el control de su vida.*

CAPÍTULO 22: NIÑOS ADULTOS Y ADULTOS QUE SE COMPORTAN COMO NIÑOS

1. J. Benjamin Hinnant *et al.*, «Permissive Parenting, Deviant Peer Affiliations, and Delinquent Behavior in Adolescence: The Moderating Role of Sympathetic Nervous System Reactivity» [Crianza permisiva, relación inapropiada con pares y el comportamiento delictivo en la adolescencia], *Journal of Abnormal Child Psychology* 44, n.º 6 (agosto del 2016): 1071–1081, https://www.ncbi.nlm.nih.gov/pmc/articles /PMC4909613/.

   Karin S. Nijhof y Rutger Engels, «Parenting Styles, Coping Strategies, and the Expression of Homesickness» [Estilos de crianza, estrategias para salir adelante y expresión de nostalgia], *Journal of Adolescence* 30, n.° 5 (octubre del 2007): 709–720, https://onlinelibrary.wiley.com/doi/10.1016/j.adolescence.2006.11.009.

Deborah A. Cohen y Janet Rice, «Parenting Styles, Adolescent Substance Use, and Academic Achievement» [Estilos de crianza, consumo de sustancias en la adolescencia y rendimiento académico], *Journal of Drug Education* 27, n.° 2 (1997): 199–211, https://journals.sagepub.com/doi/10.2190/QPQQ-6Q1G-UF7D-5UTJ.

2. C. Knight Aldrich, *An Introduction to Dynamic Psychiatry* [Introducción a la psiquiatría dinámica] (Nueva York: Blakiston Division, McGraw-Hill, 1966).

3. K. Kameguchi, «Chaotic States of Generational Boundaries in Contemporary Japanese Families» [Estado caótico de las fronteras generacionales en las familias japonesas contemporáneas], in *Research on Family Resources and Needs across the World*, ed. Mario Cusinato (Milán: Edizioni Universitarie di Lettere Economia Diritto, 1996).

4. Salvador Minuchin, *Families and Family Therapy* (Cambridge, MA: Harvard University Press, 1974). Publicado en español como *Familias y terapia familiar*.

5. Henry Cloud y John Townsend, *Boundaries: When to Say Yes, How to Say No to Take Control of Your Life*, ed. rev. (Grand Rapids, MI: Zondervan, 2017). Publicado en español como *Límites: Cuándo decir Sí y cuándo decir No. Tome el control de su vida*.

CAPÍTULO 23: LAS 130 MEJORES COSAS QUE PUEDE HACER PARA AYUDAR A QUE SU HIJO CREZCA CON FORTALEZA MENTAL

1. Philip S. Wang *et al.*, «Delays in Initial Treatment Contact after First Onset of a Mental Disorder» [Demora en el contacto inicial para el tratamiento desde la primera manifestación de un trastorno mental], *Health Services Research* 39, n.° 2 (abril del 2004): 393–415, https://www.ncbi.nlm.nih.gov/pmc/articles/PMC1361014/.